PRÉCIS,

OU

HISTOIRE ABRÉGÉE

DES GUERRES

DE LA RÉVOLUTION FRANÇAISE.

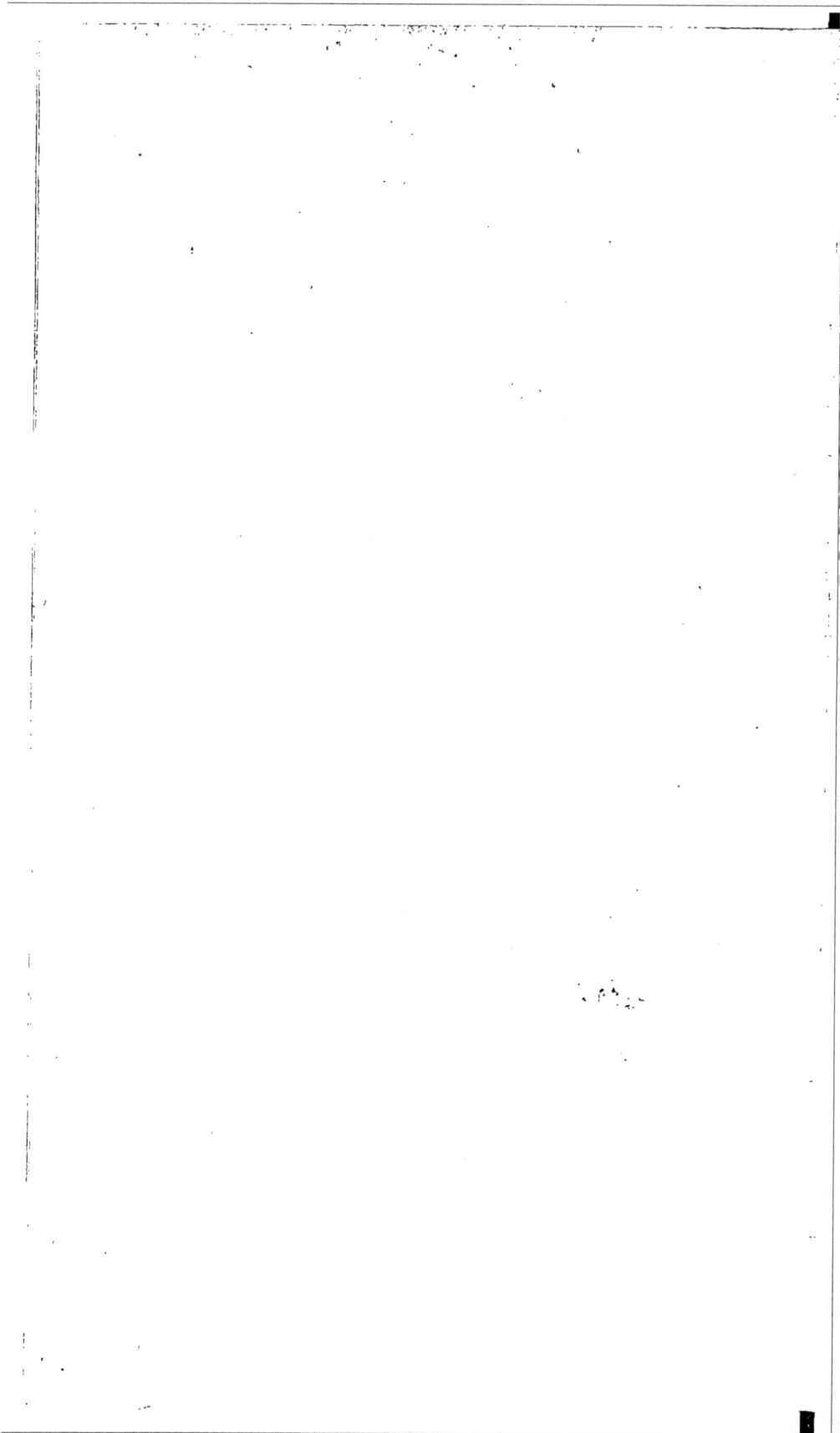

PRÉCIS,

OU

HISTOIRE ABRÉGÉE

DES GUERRES

DE LA RÉVOLUTION FRANÇAISE,

DEPUIS 1792 JUSQU'A 1815 ;

Par une Société de Militaires , sous la direction de
M. TISSOT, Professeur de Poésie latine au Collége
de France, etc.

SECONDE PARTIE.

···············

PARIS,

RAYMOND, éditeur des FASTES DE LA GLOIRE,
rue de la Bibliothèque , n.º 4.

1821.

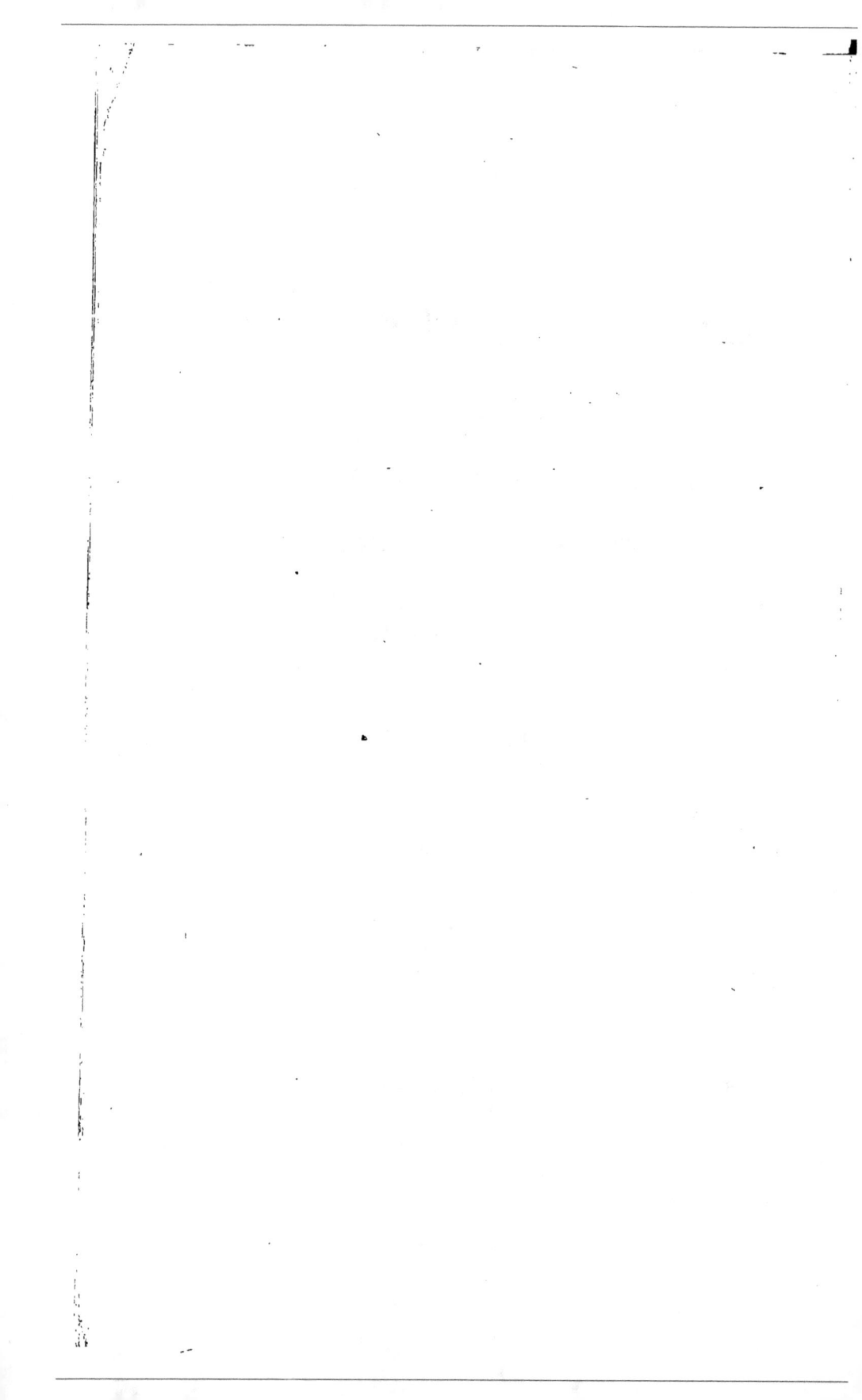

PRÉCIS,

OU

TABLEAU RAPIDE

DES

OPÉRATIONS MILITAIRES

DEPUIS 1792 JUSQU'A 1815.

———

Le traité d'Amiens avait consacré la prépondérance de la république dans la politique européenne ; celui de Presbourg y substitua la suprématie de l'homme qui chez nous avait renversé la statue de la liberté. Au dedans comme au dehors, la puissance de Napoléon devenait si formidable, que désormais il devait tout oser. Il avait étouffé les institutions démocratiques en France et en Italie ; son génie s'occupait maintenant de créer des royaumes et de distribuer des couronnes. Bientôt il allait prouver au monde qu'il ne lui était pas moins facile de chasser les anciennes dynasties que d'en fonder de nouvelles. Les électeurs de Bavière et de Wurtemberg furent les premiers élevés par sa faveur à la dignité royale. Cette promotion, qui eut lieu aux dépens des vaincus, semblait annoncer la prochaine déchéance de la maison de Brandebourg, car Napoléon n'ignorait pas qu'ébloui par l'or des Anglais et par les promesses de la Russie, le roi de Prusse, malgré de récentes protestations d'amitié, s'était formellement engagé à nous faire la guerre. Une conduite si perfide pouvait motiver une rigueur extrême ; mais Fréderic - Guillaume évita le châtiment de sa déloyauté, en venant de lui-même se mettre à la discrétion du vainqueur. Le margraviat d'Anspach, qui servit à doter l'un des nouveaux souverains, et le grand duché de Berg, que Murat reçut à titre de récompense, furent les seuls sacrifices exigés du monarque prussien, à qui un traité d'échange imposa en outre l'obligation de fermer aux Anglais les ports de l'Emms, de l'Elbe et du Weser.

Le roi de Naples, qui, deux mois auparavant, avait juré de garder la neutralité, était aussi entré dans la coalition ; il avait reçu les Anglo - Russes, et son armée se disposait à marcher avec eux pour envahir l'Italie. C'était la quatrième fois que ce prince violait ainsi ses sermens ; Napoléon, las d'opposer la clémence au parjure, ne balança plus à tirer une vengeance éclatante d'un ennemi qui avait méconnu le bienfait du pardon. Il annonça hautement, par une proclamation datée de Schœnbrun, qu'il était dans l'intention de renverser le trône de Naples. Il fut bientôt en mesure de réaliser ce projet. Dès les premiers jours de janvier, une armée française de cinquante mille hommes destinés à entreprendre la conquête des Deux-Siciles, se mit en mouvement. Joseph Napoléon, en l'absence de son frère, la commandait avec le titre de généralissime, et le maréchal Masséna dirigeait les opérations, elles furent conduites avec la plus grande rapidité. A peine nos avantgardes eurent-elles pénétré sur le territoire napolitain, que les troupes de la coalition abandonnèrent les frontières et regagnèrent leurs vaisseaux en évitant de traverser la capitale du royaume, dans la crainte d'y trouver la population insurgée contre elles. Leur retraite occasionna la dispersion des milices nationales nouvellement levées. Les troupes réglées, peu nombreuses, restèrent seules fidèles à leurs drapeaux. Elles furent réparties dans les forts de Naples et dans les places les plus importantes de la Pouille ; mais ces préparatifs de défense étaient insuffisans pour rassurer la cour. Le roi Ferdinand, après avoir vainement employé les supplications, afin de conjurer l'orage prêt à fondre sur lui, ne songea plus qu'à

chercher un refuge. Le 23 janvier, il s'embarqua et fit
voile pour Palerme, laissant à son fils aîné des pouvoirs
illimités. Ce jeune prince et la reine sa mère, firent
tous leurs efforts pour organiser la résistance; ils armèrent les lazzaronis, et parurent vouloir se mettre
à leur tête, tandis que quelques affidés de la couronne
essayaient de soulever les provinces. La nouvelle de
ces tentatives hâta la marche des Français. L'armée
de Joseph, divisée en trois corps, passa le Garigliano
le 8 février, et quatre jours après, Naples, Capoue,
et Pescara avaient ouvert leurs portes. Joseph fit le
surlendemain son entrée dans la première de ces villes,
d'où la reine s'était enfuie, emportant avec elle tout
l'argent des caisses publiques et les effets précieux des
palais. On trouva dans l'arsenal deux cents pièces de
canon, deux cents milliers de poudre, et dans le
port plusieurs navires richement chargés. Les habitans, à l'aspect de nos aigles, rendirent grâces au
ciel de les avoir enfin délivrés de l'odieuse tyrannie
qui pesait sur eux. Jamais nos drapeaux ne furent sa-
lués par les acclamations d'une joie plus sincère.

Cependant on apprit bientôt que le prince royal
venait de rassembler dans la Calabre une armée de
vingt mille hommes, presque entièrement composée

de malfaiteurs, à qui l'on avait promis l'impunité
de leurs crimes et le pillage de la capitale. Le général Reynier, à la tête d'un corps, se porta à la rencontre de cette réunion de brigands, l'atteignit à
Campo-Tenese le 9 mars, l'attaqua dans son camp
retranché, enleva ses redoutes, la défit et la dispersa.
Deux mille prisonniers tombèrent en notre pouvoir;
le reste de cette multitude se jeta dans les montagnes en se dirigeant vers le rivage où, par un prompt
embarquement, elle se déroba à la poursuite. Cette
victoire était décisive : Napoléon, en ayant appris la
nouvelle, annonça qu'il conférait le titre et la dignité
de roi de Naples à son frère Joseph. Ce prince reçut
le 13 avril, à Bagnara, le sénatus - consulte qui
l'élevait sur le trône. Aussitôt il se fit proclamer,
et partit pour visiter les provinces méridionales
de son royaume. Un mois après, il rentra à Naples,
où le peuple laissa éclater les mêmes transports de
joie qui l'avaient partout accueilli sur son passage.

Les Napolitains bénissaient le retour de la paix et
l'administration de leur nouveau monarque; après cinq
mois d'un siège glorieux, où avaient succombé les généraux Wallongue et Grigny, le brave prince de Hesse-
Philipstadt avait capitulé et remis entre les mains de

Masséna la forteresse de Gaële ; le littoral était tranquille et surveillé : rien ne semblait plus devoir troubler le calme rendu à ces contrées, lorsque les Anglais, qui avaient antérieurement échoué dans une tentative contre les îles de Procida et d'Ischia, résolurent de faire une descente en Calabre. Déjà, à la faveur de l'obscurité des nuits, ils avaient vomi sur les côtes plusieurs milliers de forçats tirés des prisons et des bagnes de la Sicile, et ils avaient réussi à réveiller chez les Calabrois cet esprit de mécontentement et d'insurrection qui fait le fond de leur caractère. Les anciennes bandes réorganisées attendaient avec impatience le moment de se montrer. Il arriva enfin ; au commencement de juillet, un convoi, sorti de Messine sous la protection de plusieurs vaisseaux de haut bord, débarqua, vis-à-vis Santa-Euphemia, dix mille hommes de troupes anglo-siciliennes auxquelles se joignirent aussitôt quatre mille insurgés. Le général Reynier courut précipitamment pour s'opposer à leurs progrès ; mais, battu dans un premier engagement contre des forces dix fois supérieures, il ne put empêcher le torrent de l'insurrection de se grossir avec une effrayante rapidité. Artisans, pâtres, paysans, tous prirent les armes et vinrent se placer dans les rangs ennemis. Après un échec, il fallait se décider à battre en retraite et soutenir le choc d'une population toute entière. Plusieurs de nos généraux avaient été grièvement blessés; le désordre était à son comble et tout était perdu, si la belle résistance du colonel Abbé, à la tête du 23.ᵉ régiment d'infanterie légère, n'eût arrêté les Anglo-Siciliens sur les bords de l'Amato, et donné à nos soldats le temps de se rallier.

Reynier avec sa division se replia sur Catanzaro, d'où il demanda des renforts. Les insurgés, au nombre de plus de douze mille, vinrent l'assiéger dans cette position; mais il les repoussa avec vigueur, et se maintint jusqu'à la nouvelle de l'arrivée prochaine du corps de Masséna à Cassano. Reynier partit aussitôt pour le rejoindre; et, au milieu des périls dont il était de toutes parts environné, il culbuta dans vingt combats les rassemblemens qui lui disputaient le passage. Partout les insurgés furent battus, soit qu'ils se présentassent en rase campagne, soit qu'ils se renfermassent dans les villes. Strongoli, Corgliano et Lauria, où ils s'étaient retranchés, furent emportés d'assaut et livrés au pillage. Castro-Villari et Morano, craignant d'éprouver le même sort, ouvrirent leurs portes à la première sommation. Ce fut devant cette dernière ville, que les avant-gardes de la division Reynier et du corps de Masséna se rencontrèrent. Dès que la jonction se fut opérée, les Anglais qui, quelques jours auparavant, étaient si fiers d'un premier succès, et surtout de la prise de l'île de Capri, du château de Reggio et du fort de Sylla, dans lequel le chef de bataillon du génie, Michel, s'était immortalisé par une résolution héroïque, désespérèrent de vaincre les forces qui allaient leur être opposées. Leur amiral, Sidney-Smith, ayant tenté une seconde attaque de l'île de Procida, avait été contraint de renoncer à s'en emparer; nos troupes, maîtresses du littoral, étaient parvenues à intercepter toute espèce de communication entre la flottille anglo-sicilienne et les bandes qui infestaient le pays. Dans de telles conjonctures, le général anglais Stuart, commandant en chef de l'armée ennemie, jugea prudent de se rembarquer avec ses soldats qu'il ramena en Sicile. Les insurgés, livrés à eux-mêmes, furent promptement détruits ou dispersés. Un moine apostat, le fameux Fra-Diavolo, le plus terrible chef de ces brigands, succomba le dernier; la ville de Saura, dans laquelle il s'était réfugié, ayant été prise d'assaut par le général d'Espagne, on crut un instant qu'il était tombé en notre pouvoir ; mais il disparut au milieu du combat, et erra quelque temps dans les montagnes, sans qu'on sût ce qu'il était devenu ; découvert enfin dans un village dont les habitans le livrèrent à nos soldats, ce misérable, qui s'était souillé de tous les crimes, subit le sort des autres agens de l'Angleterre et de la reine détrônée : il périt sur un échafaud. On avait espéré, en donnant de l'appareil à son supplice, épouvanter ceux qui seraient tentés de suivre son exemple : mais Fra-Diavolo eut des imitateurs ; et, dans le moment même où l'on pensait avoir étouffé la rebellion, elle se montra plus menaçante que jamais. Les Anglais, qui continuaient à diriger les résolutions de la cour de Palerme, firent de la Calabre une seconde Vendée. Ce pays fut l'affreux repaire où ils apportèrent encore une fois tous les bandits siciliens : le cabinet britannique eut tout lieu d'être satisfait de la conduite de ces dignes auxiliaires. Cependant, ce n'était pas assez pour lui d'entretenir l'incendie dans cette partie du continent, il nous suscita en même temps de nouveaux ennemis dans le nord.

Pitt, le plus implacable adversaire de notre révolution, était mort, emportant avec lui dans la tombe le regret d'avoir échoué dans toutes ses combinaisons. Fox, depuis long-temps l'ame de l'opposition, lui avait succédé. Ce nouveau ministre, suivant un système bien différent de celui de son prédécesseur, montrait des dispositions pacifiques, et l'on commençait à croire à la possibilité d'un rapprochement entre la France et l'Angleterre. Le prodigieux accroissement de la puissance de Napoléon et sa grande influence sur le continent, ne paraissaient pas même y mettre obstacle; et quoique, par un nouvel attentat contre la liberté des peuples, l'empereur vînt d'imposer un souverain à la Hollande, dans la personne de Louis Bonaparte, son troisième frère, et qu'il se fût arrogé le protectorat de la confédération du Rhin, en obligeant François II de renoncer à l'héritage de Charles-Quint, les négociations, entamées en février 1806, n'avaient point été interrompues. Déjà, de part et d'autre, les bases du traité avaient été posées et acceptées, et tout annonçait l'heureuse issue de ces préliminaires, lorsque Fox fut atteint d'une maladie grave. Cet événement laissa un champ libre aux partisans de la guerre. Lord Yarmouth, qui, en sa qualité de plénipotentiaire de la Grande-Bretagne, secondait les vues de Fox, fut tout-à-coup rappelé à Londres, et remplacé par lord Lauderdale dont la mission était de prolonger les conférences, de manière à voiler aussi long-temps qu'il serait nécessaire les manœuvres du gouvernement britannique, pour renouer un plan offensif. On travaillait sourdement à former une quatrième coalition, les élémens en furent promptement rassemblés. De toutes les puissances que l'on sollicita d'y entrer, l'Autriche dont les plaies étaient encore saignantes, la Porte-Ottomane et le Danemarck furent les seules qui refusèrent leur participation. Le Danemarck devait plus tard être puni de sa neutralité par l'incendie de Copenhague et par la perte de la Norwège. La Suède avait depuis long-temps une attitude hostile. La Russie qui, malgré sa défaite à Austerlitz, avait renouvelé ses aggressions, rejetait un accommodement qu'elle avait elle-même provoqué; et son empereur, oubliant la générosité de Napoléon, qui avait pu le faire prisonnier à cette fameuse journée, se préparait à rentrer en lice. La Prusse, à qui l'occupation du Hanovre et une prétendue guerre contre la Suède avaient fourni le prétexte de nombreux armemens, les tourna subitement contre nous. Les troupes de la Hesse, de la Saxe et des duchés du nord de l'Allemagne, marchaient sous ses étendards. La mort du ministre Fox, qui eut lieu à cette époque, avait pu seule déterminer cette immense levée de boucliers.

Le cabinet de Londres, n'ayant plus alors besoin de dissimuler ses véritables intentions, rappela brusquement lord Lauderdale : cet ambassadeur arriva de Paris à Boulogne, la nuit même où ses compatriotes bombardaient ce port, rendu neutre pour l'échange des courriers, et faisaient le premier essai de ces fusées à la Congrève, qui, depuis, ont été entre leurs mains un si barbare moyen de destruction. Lord Lauderdale se rembarqua à la lueur des flammes qui accusaient la perfidie de son gouvernement.

L'Angleterre a atteint le grand but qu'elle s'était proposé : les armées de la coalition s'ébranlent. Celle de la Prusse, que doivent bientôt renforcer des levées extraordinaires, s'élève à plus de cent cinquante mille hommes. Guidés par leur généralissime, le vieux duc de Brunswick qui, à l'âge de quatre-vingts ans, n'a abjuré ni la haine, ni l'orgueil qui lui dictèrent le ridicule manifeste de 1793, animés par la présence de leur roi et plus encore par celle de la reine dont la beauté et l'ardeur belliqueuse enflamment

ment tous les cœurs, les soldats prussiens s'avancent
remplis d'une folle présomption ; ils menacent la
Hollande, envahissent la Saxe, violent le territoire
de la confédération et insultent les avant-postes. La
nouvelle de cette attaque ne surprit point l'empereur
Napoléon à qui les protestations amicales de Frédéric-Guillaume n'avaient pu en imposer. Sa prévoyance
avait pourvu à tout ; et dès les premiers jours de septembre, les princes confédérés étaient avertis de se
tenir prêts à seconder son armée qui n'attendait que
ses ordres pour entrer en campagne.

Napoléon médite d'écraser la première puissance
militaire de l'Europe ; et, tandis qu'on le croit
encore à Paris, occupé à préparer des fêtes triompha-
les, il arrive à Bamberg le 6 septembre. Le signal
des combats est donné ; Murat force le passage de la
Saale ; l'ennemi est partout battu, à Hofft, à Schleitz,
à Saafeld. Le prince Louis de Prusse, l'un des plus
ardens provocateurs de la guerre, périt dans cette
dernière action. Il fut tué par un maréchal-des-logis
de hussards, l'intrépide Guindé, qui vainement l'a-
vait plusieurs fois sommé de se rendre. Ce n'étaient
encore là que des actions d'avant-garde ; mais elles
étaient importantes par la grandeur des résultats

28

qu'elles faisaient espérer. Le 14 octobre, une bataille générale s'engage sur le plateau d'Iéna ; les maréchaux Soult et Ney s'établissent sur les derrières de l'ennemi ; Murat donne aussitôt avec les cuirassiers et les dragons de sa réserve. Cinq bataillons prussiens sont enfoncés ; artillerie, cavalerie, infanterie, tout est culbuté. L'ennemi, poursuivi pendant l'espace de plus de six lieues, n'arrive à Weimar, sur l'Inn, qu'avec les Français qui le mènent tambour battant. Pendant cette course victorieuse, le maréchal Davoust triomphe sur un autre point. Chargé de défendre avec vingt-cinq mille hommes les défilés de Koesen, non seulement il demeure inébranlable au poste qui lui est assigné, mais encore il défait à Auerstaedt un corps d'élite de cinquante mille combattans. Vingt-cinq mille ennemis restèrent sur les deux champs de bataille ; soixante drapeaux, trois cents pièces de canon, des magasins immenses, plus de trente mille prisonniers, dont trente officiers-généraux, furent les trophées de cette journée. Le duc de Brunswick, commandant en chef, le feld maréchal Mollendorf, les généraux Schmettau et Ruchel, ainsi que le prince Henri de Prusse, étaient au nombre des blessés. Les trois premiers ne survécurent que de quelques jours à ce désastre de leur patrie.

Les Français ont dignement célébré par cette victoire l'anniversaire de la prise d'Ulm. Ils s'élancent
à la fois sur toutes les directions, et ne donnent
aucun relâche à l'ennemi, pour qui les places-fortes
même ne sont pas un refuge assuré. Erfurth et sa citadelle renfermant quatorze mille hommes et des approvisionnemens de tous genres, capitulent le jour
même de leur investissement. Blucher, cerné de toutes parts avec six mille chevaux, n'évite d'être pris
qu'en attestant sur son honneur que les hostilités
sont suspendues. Kalkreuth, qui voulait se sauver
par une semblable imposture, éprouve un nouvel
échec au village de Greussen. La reine, vêtue en ama-
zone, et le roi, son époux, qui tous deux partagent
les dangers de cette retraite, n'échappent que par
hasard à la dernière des humiliations. En vain le
prince Eugène de Wurtemberg, qui se précipite à leur
secours avec vingt-cinq mille hommes de troupes
fraîches, s'efforce-t-il de défendre le pont et la ville de
Halle; attaqué par Bernadotte, il y laisse deux mille
morts, cinq mille prisonniers, deux drapeaux et
trente pièces d'artillerie.

Après tant de revers, le monarque prussien s'était
arrêté à Magdebourg pour recueillir et rallier les dé-
28.

bris de son armée ; mais à peine s'est-il jeté dans cette place, qu'assailli par le maréchal Soult, il voit ses meilleures troupes, forcées dans cinq engagemens successifs, déposer les armes devant la division Legrand qui emporte le camp retranché où elles avaient cherché un asile. Frédéric-Guillaume se trouvait dans la situation la plus critique ; les plus solides remparts ne le rassurent pas contre les entreprises d'un ennemi, qu'aucun péril ne saurait rebuter ; un faible cordon s'oppose à sa sortie, il le perce à la tête de quelques régimens dévoués ; et, ne songeant plus, dans sa fuite, qu'à placer l'Elbe et l'Oder entre ses vainqueurs et lui, il néglige de prendre des mesures pour mettre sa capitale à l'abri d'une invasion.

Le 25 octobre, la forteresse de Spandau, défendue par douze cents soldats, se rend aux troupes du maréchal Lannes. Napoléon, entré le même jour dans Postdam, visite le tombeau du Grand-Frédéric et envoie à Paris l'épée de ce prince, le cordon de ses ordres, sa ceinture de général et les drapeaux de sa garde durant la guerre de sept ans. « Voilà des tro- » phées, dit-il, en les saisissant avec un noble en- » thousiasme, que je préfère à vingt millions ! J'en » ferai présent à mes vieux soldats des campagnes de

» Hanovre ; les Invalides les garderont comme un
» témoignage des victoires de la grande armée et
» de la vengeance qu'elle a tirée des désastres de
» Rosback. »

Le 26 , le quartier - général français s'établit à
Charlottenbourg, sur la Sprée , dans cette ville em-
bellie par les soins de Frédéric II , qui y plaça une
partie des richesses composant le cabinet du cardinal
de Polignac.

La victoire marque toujours les logemens de l'empereur qu'elle précède : le 27 , elle l'introduit à Berlin. C'est là qu'il va reproduire aux yeux de l'uni-
vers la clémence d'Auguste. Une lettre du prince
d'Hatzfeld vient d'être interceptée. Elle prouve sa
trahison; déjà la commission va s'assembler, et l'évidence du crime ne laisse aucun à doute sur l'issue
du jugement. La princesse , son épouse , n'a plus d'espoir que dans la générosité de Napoléon ; elle tombe
à ses genoux : il lui montre la fatale lettre ; elle n'y
voit que la condamnation de son mari. *Jetez-la au
feu* , lui dit l'empereur. Elle n'ose croire à ce qu'elle
entend ; elle hésite encore; mais bientôt rassemblant
ses forces, elle obéit ; son époux est sauvé : il n'existe
plus de preuves.

Cependant les Français ne perdaient pas de temps ; ils ne devaient se reposer qu'après avoir anéanti l'armée prussienne. On va voir comment ils accomplirent cette tâche glorieuse.

Murat, qui s'était mis à la poursuite du prince de Hohenlohe, l'atteignit au moment où il cherchait à gagner le Mecklenbourg, culbuta son arrière-garde à Zedenich et à Wigncensdorff ; tourna et attaqua à Prentzlaw le corps qu'il commandait, et le força à mettre bas les armes. Ce combat, l'un des plus remarquables de cette campagne, nous valut quarante-cinq drapeaux ou étendards, soixante canons attelés et vingt mille prisonniers presque tous de la garde royale prussienne, parmi lesquels le général en chef et un des princes de Mecklenbourg-Schwerin. Six mille hommes, qui s'étaient soustraits à cette capitulation, furent ramassés le lendemain par deux régimens de cavalerie sous les ordres du général Milhaud.

La forteresse de Stettin, munie d'une artillerie formidable, bien approvisionnée et gardée par de nombreuses troupes, était en état de soutenir un long siège ; elle ne résista pas à l'audacieuse sommation du général Lasalle, qui, avec quelques escadrons, se présenta sous ses murs. Stettin , située sur un coteau près de l'Oder , assurait à notre armée une bonne ligne d'opération.

On touche à la fin d'octobre ; encore quelques jours et il ne reste plus à l'ennemi un seul corps, une seule place-forte qui n'aient subi la loi des vainqueurs. Le général Bila, qui , à la tête d'une colonne , se diri-geait vers la Baltique, est culbuté devant Anklam , ville de la Poméranie prussienne , où il laisse quatre mille fantassins et cavaliers entre les mains des dra-gons du général Becker. Blucher , poussé l'épée dans les reins par Bernadotte, Soult et Murat , voit son infanterie écrasée dans Lubeck , et capitule lui-même à Schwartau sur le territoire danois , dont il a violé la neutralité. Quinze mille prisonniers , quarante canons , plusieurs drapeaux et étendards furent les fruits de la victoire.

La prise de Lubeck est un des plus beaux faits qui aient illustré les armes françaises. Quoique cette ville fût défendue par la Trawe , et entourée de marais profonds , les soldats de la division Drouet l'empor-tèrent d'assaut aux cris d'*en avant*. Les Prussiens s'y battirent en désespérés ; il fallut les assiéger dans tou-tes les rues , et ils ne se rendirent qu'au moment où la division Legrand, accourue par le seul point de retraite qui leur était offert, les eut placés entre deux feux. Le 8.ᵉ régiment de ligne, qui, électrisé par l'exemple de son colonel, l'intrépide Antier, avait, quelques heures auparavant, enlevé à l'abordage plusieurs chaloupes portant un bataillon de la garde suédoise, mérita de nouveaux éloges dans cette occasion.

Tandis que ces événemens avaient lieu, le général Savary, avec sa cavalerie légère, défaisait les Suédois à Rostoc, les rejetait dans leur Poméranie et s'emparait de cinquante de leurs bâtimens; le maréchal Davoust, après avoir passé l'Oder à Francfort, recevait les clefs de Custrin; le maréchal Ney, faisait défiler devant lui les vingt - deux mille hommes de garnison de l'importante forteresse de Magdebourg qu'il venait de réduire; enfin, le maréchal Mortier, à la tête de l'armée Gallo-Batave, soumettait la Hesse sans combat, faisait la conquête du Hanovre, se rendait maître des places de Hameln et de Nienburg, occupait Hambourg et Bremen, et plantant l'aigle française dans toutes les villes anséatiques, fermait à l'Angleterre ses grands entrepôts de la Baltique et de la mer du nord. Ainsi le gouvernement britannique était le premier à ressentir le contre-coup du choc qui avait ébranlé la monarchie prussienne.

La Prusse, cette puissance fondée, agrandie par l'épée et qui naguère était si florissante, si orgueilleuse, l'épée l'a maintenant effacée de la coalition. Son roi, saisi d'épouvante, a fui devant les flots de notre armée, comme un autre Darius à l'approche des phalanges d'Alexandre. La Silésie, quelques lambeaux de la Pologne et vingt mille soldats répartis dans les places-fortes de ces provinces, voilà tout ce qui lui reste. Couvert de la malédiction de son peuple, abandonné d'une cour qui s'est éclipsée aussitôt que sa fortune, Frédéric-Guillaume, que six semaines auparavant l'on avait vu afficher les prétentions les plus exagérées, trouve à peine, à l'extrémité orientale de ses états, un coin de terre où il puisse reposer sa tête. Kœnigsberg est la première ville de cette frontière qui soit hors d'un pressant danger; c'est de là que, déterminé par les conseils de la reine, du général Kalkreuth, et de cinq ou six autres généraux formant toute sa suite, le monarque se résigne à tendre des mains suppliantes, et à solliciter un armistice qui déjà deux fois lui avait été refusé. Cet acte, auquel Napoléon consentit enfin, fut signé à Charlottenbourg, le 16

novembre , peu de jours avant le fameux décret qui ,
en représailles du blocus maritime , posait les bases
du système continental; système diversement jugé ,
mais qui , en frappant d'inertie les manufactures
anglaises , a cependant concouru avec efficacité au
développement de notre industrie.

Napoléon n'avait pas encore quitté Berlin, d'où il dirigeait toutes les opérations militaires et l'administration
intérieure de son vaste empire, lorsqu'il apprit que le
roi de Prusse, cédant aux insinuations de la Russie qui
le berçait de l'espoir d'une vengeance prochaine, ne
voulait plus ratifier l'armistice qu'il avait lui-même
proposé. L'empereur n'eut pas plutôt reçu cette nouvelle , qu'il s'élança vers la Pologne avec une armée
plus formidable qu'au moment où s'ouvrit la campagne. Cent soixante mille hommes des conscriptions de
1806 , et de celle de 1807 levée par anticipation , lui
permettaient de déployer un appareil de force des
plus imposans. L'élan des braves Polonais, qui cou-
rurent aux armes pour ressaisir , à l'ombre de nos
aigles, la liberté et l'indépendance de la patrie, ajouta
encore à cette masse , dont toutes les parties déjà en
mouvement s'étendaient depuis le Mecklenbourg jusques au-delà de Posen.

Le monarque Russe venait alors d'échouer dans son projet d'envahir quelques provinces de la Turquie d'Europe. Il n'avait pas été plus heureux dans la Dalmatie, d'où, malgré l'appui de dix mille Monténégrins, ses troupes avaient été chassées par Marmont. Ces échecs, d'un sinistre présage, ne l'empêchèrent point de tenter la fortune en faveur d'un allié désormais hors d'état de se défendre par lui-même. Après être arrivé jusqu'à Warsovie, un mois plus tard qu'il ne s'était engagé à le faire, l'empereur Alexandre, qui paraissait résolu à venir au devant de notre armée, ordonna tout-à-coup à la sienne de se replier sur la Pologne russe. Cette détermination semblait d'autant plus extraordinaire, que ses avant-postes ayant à peine aperçu les nôtres, aucun engagement sérieux n'avait pu le forcer à rétrograder. Mais il voulait ainsi attirer sur ses pas l'armée française, afin de la combattre dans des contrées où elle aurait été assaillie par le climat et par des privations de tout genre. Napoléon ne donna point dans ce piége, et les plaintes du roi de Prusse, justement alarmé d'un système de guerre qui retardait la libération de son territoire, obligèrent Alexandre à se porter en avant pour prendre position sur la Narew et sur le Bug.

Nos soldats, enflammés par le souvenir récent de leurs triomphes et par l'éloquence toute guerrière de leur chef, brûlent de renouveler les prodiges d'Iéna. Concentrés sur la rive droite de la Vistule qu'ils ont franchie, ils attendent avec impatience le signal de fondre sur un ennemi qu'ils voient avec satisfaction se rapprocher d'eux. Napoléon ne laissa pas refroidir cette ardeur; le 16, il partit de Posen, arriva le 19 à Warsovie, et visita les ouvrages qu'il faisait construire en avant du faubourg de Praga. Le 23, il passa le Bug, et après avoir reconnu l'Wkra et les retranchemens construits par les Russes pour couvrir leur position, il fit jeter au confluent des deux rivières un pont que le général d'artillerie Lariboissière termina en deux heures. L'attaque commença aussitôt par le combat de Czarnowo, dans lequel les divisions Morand et Beaumont mirent en déroute quinze mille hommes que défendait une nombreuse artillerie. Cette victoire, complétée simultanément sur deux autres points par les maréchaux Ney et Bessières, fut immédiatement suivie de celles de Karmidjen, de Nazielsk, de Cursomb, de Dziadolw, de Mlwa, de Pulstuck et de Golymin. Partout les Russes opposèrent le plus grand acharnement à l'impétuosité française, et partout ils furent culbutés. En trois jours, ils perdirent quatre-vingts bouches à feu, presque tous leurs caissons, douze cents voitures et plus de douze mille hommes tués, blessés ou prisonniers. Un dégel, qui rendit les routes impraticables, put seul les sauver d'une entière destruction. Ces événemens jetèrent la consternation dans Kœnigsberg. Le roi et la reine de Prusse prirent alors le parti de quitter cette ville pour se rendre à Mémel que son éloignement et l'état de ses fortifications mettaient plus à l'abri d'un coup de main.

Après l'expérience d'un premier revers, l'empereur Alexandre parut revenir à son projet d'attirer notre armée dans les glaces du nord ; mais Napoléon ne se laissa point abuser par cette tactique. Ses troupes, fatiguées par trois mois de combats et de marches continuelles, avaient besoin de repos ; il leur fit prendre des quartiers d'hiver et rentra lui-même dans Warsovie, où il établit sa résidence, en attendant le terme d'une suspension d'armes qui n'existait que par les obstacles de la saison et par le grand intervalle que les Russes avaient mis entr'eux et lui.

L'élévation de l'électeur Frédéric-Auguste à la royauté, avec la perspective d'un accroissement de puissance, son admission, ainsi que celle des princes de la maison ducale de Saxe dans la confédération du Rhin et la déclaration par laquelle les ducs de Brunswick, l'électeur de Hesse-Cassel et le prince de Nassau-Fulde étaient déchus de leurs souverainetés, furent les actes les plus importans qui marquèrent le séjour de l'empereur dans la capitale de la Pologne.

Tandis que tout était tranquille sur les bords de la Vistule, les opérations militaires en arrière de la grande ligne de bataille n'avaient pas été interrompues. Jérôme Bonaparte, à qui son frère avait confié le commandement d'un corps de troupes alliées dans la Silésie, travaillait sans relâche à réduire les places de cette province. La reddition de Plassenbourg et du fort de Czenstochau, situés hors des frontières, avaient signalé son début. Ses progrès à l'intérieur n'avaient pas été moins rapides : Glogau, à peine investie, avait livré ses remparts, ses canons et des approvisionnemens immenses. Breslau, assiégée par Vandamme et défendue par une garnison de six mille hommes, avait capitulé après cinq sommations et trente jours de tranchée ouverte. Brieg, foyer d'une insurrection considérable fomentée par le prince d'Anhalt-Pleiss, avait succombé à la menace d'un

bombardement, et le blocus de Kosel était commencé
ainsi que celui de Schweidnits, où, après trois défaites,
le chef des insurgés s'était enfermé avec les débris de
ses bandes dans lesquelles on avait compté jusqu'à
douze mille paysans armés.

Le rivage de la Baltique offrait le spectacle d'une
semblable activité. Le maréchal Mortier, à la tête
du petit nombre de troupes que l'occupation du Hanovre lui permettait de mobiliser, avait fait une
incursion dans la Poméranie-Suédoise, et y avait pré-
ludé par des avantages partiels à des succès plus étendus. L'expédition de l'île prussienne de Wolin, dans
laquelle trois compagnies du 2ᵉ d'infanterie légère,
sous les ordres du chef de bataillon Armand, taillèrent
en pièces mille hommes de la garnison de Colberg,
sera long-temps citée comme un des plus beaux faits
de cette campagne. Quelques autres actions, telles que
l'enlèvement des postes fortifiés de Volgast et de Greiss-
wald, dont l'enceinte fut escaladée par un de nos
régimens; la prise de Grimmen et celle des hauteurs
de Rheinkenhagen d'où les Suédois furent débusqués,
nous conduisent naturellement à la fin de 1806. Mais,
avant de tracer le tableau de l'année qui va suivre,
profitons de ce que la grande armée n'a point encore

repris le cours de ses exploits pour nous reporter en arrière, afin de jeter un coup-d'œil sur les événemens maritimes qui ont eu lieu depuis le désastre de Trafalgar.

Les forces navales de la France, après les pertes que sa marine venait d'éprouver, n'étaient plus en état de balancer celles de l'Angleterre; à peine pouvaient-elles suffire désormais à ravitailler les colonies et à inquiéter dans les différentes mers du globe le commerce des dominateurs de l'Océan. Le contre-amiral Allemand, avec cinq vaisseaux, obtint dans cette tâche, moins brillante qu'utile, des succès qui ne furent achetés par aucun sacrifice. Son escadre, que les Anglais cherchèrent vainement pendant six mois, et qui reçut d'eux le nom d'*Invisible*, rentra dans Rochefort après avoir fait plusieurs riches captures, parmi lesquelles un vaisseau de guerre de cinquante-six canons. Le capitaine Collet de la frégate *la Minerve*, qui, devant l'île d'Aix, soutint un combat glorieux contre *la Pallas*, commandée par lord Cochrane, montra une rare audace dans le cours de cette longue croisière.

Le contre-amiral Leissègnes fut moins heureux. Son escadre, qui, pendant la traversée de Brest aux Antilles, avait cruellement souffert de la tempête, s'étant trouvée

trouvée tout-à-coup engagée contre des forces triples, fut prise ou détruite en totalité, après une résistance des plus héroïques. *Le Brave, le Jupiter* et *l'Alexandre,* ayant amené leur pavillon, furent conduits en Angleterre. Deux autres vaisseaux, *le Diomède,* de 74 canons, et *l'Impérial,* de 130, s'échouèrent et furent presque aussitôt incendiés. *Le Diomède,* commandé par le capitaine Henri, se défendit long-temps contre six vaisseaux ennemis ; *l'Impérial,* monté par l'amiral en personne et par le capitaine Bigot, ne quitta la ligne de bataille qu'après que tous ses officiers et plus de cinq cents hommes de son équipage eurent été tués ou mis hors de combat. Cette journée, dans laquelle la bravoure française fut impuissante, formera l'un des plus tristes épisodes dans l'histoire de nos guerres maritimes.

De tous nos amiraux, Linois montait l'escadre la moins considérable, et cependant il était celui dont les expéditions avaient eu les plus grands résultats. Depuis trois ans, qu'avec un seul vaisseau et trois frégates, il croisait dans les mers de l'Inde, il avait été vainqueur dans plus de vingt combats, avait brûlé les comptoirs des Anglais à Sumatra et à Sellabar, détruit leurs établissemens, intercepté leurs convois,

29

enlevé jusques dans leurs ports plusieurs vaisseaux de guerre et de la compagnie des Indes , et s'était maintenu dans des parages où l'ennemi entretenait des forces au moins quintuples des siennes. Jamais le commerce de l'Angleterre n'avait rencontré un adversaire aussi infatigable , ni qui lui eût fait éprouver des pertes si vivement ressenties.

Linois s'était emparé de plus de mille bouches à feu , et la valeur des prises qu'il avait faites s'élevait à plus de soixante millions, lorsqu'il apprit que le cap de Bonne-Espérance venait de tomber au pouvoir des Anglais. Cet événement ne lui laissant plus aucun port dans lequel il pût relâcher , pour réparer ses bâtimens qui manquaient d'agrès, et pour faire des vivres dont ses équipages avaient le plus grand besoin, il se décida à faire route pour la France. Le 17 février, *le Marengo* et *la Belle-Poule,* qui formaient alors toute son escadre, coupèrent la ligne équinoxiale pour la douzième fois depuis qu'ils avaient quitté le rivage de leur patrie. Après des périls , des privations et des fatigues qui surpassent l'imagination, nos marins se réjouissaient de revoir bientôt la terre natale : la fortune trompa leurs vœux. Dans la nuit du 13 au 14 mars , *le Marengo* donna inopinément au milieu d'une escadre ennemie de sept vaisseaux, deux frégates et une corvette. Il fallut se préparer au combat ; mais, quoique l'issue ne pût être douteuse, *le Marengo* et *la Belle-Poule* soutinrent vaillamment l'honneur du pavillon français ; enfin, accablés par le nombre, ils durent se rendre ; deux lieutenans de vaisseau perdirent la vie dans cette action. L'amiral Linois, son fils et huit autres officiers y furent grièvement blessés. Tel fut le déplorable dénouement d'une campagne qui, par sa longue durée et le caractère entreprenant du chef qui y présidait, avait été si funeste au commerce britannique.

Tandis que Linois succombait, pour ainsi dire, à la vue du port, l'Océan indien, qu'il venait d'abandonner, était le théâtre d'un combat à outrance dans lequel le capitaine Bourayne, commandant le brave équipage de la frégate *la Canonnière,* montrait en triomphant du *Trémendous,* vaisseau anglais de 74 canons, ce que nous aurions pu attendre de notre marine, si le soin de la diriger eût été confié à des mains plus habiles.

Il faut placer vers la même époque les expéditions des capitaines L'Hermite et Le Duc qui conduisirent leur croisière avec un rare bonheur. Le premier sorti

29.

de Lorient, et dont la division navale ne se composait que d'un vaisseau, *le Régulus*, de 74, et d'une
seule frégate, *la Cybèle*, rentra après onze mois dans
un des ports de France avec trois bâtimens de plus,
huit cents prisonniers et deux cent vingt-neuf bouches
à feu provenant de la côte occidentale d'Afrique, où
il avait détruit un grand nombre d'établissemens anglais et fait vingt et une prises dont plusieurs armées
de trente canons. Le second, après avoir, avec trois
frégates, tenu la ligne des Açores et parcouru les côtes
de l'Islande, du Groënland et du Spitzberg, était
remonté dans la mer Glaciale jusqu'au 78.ᵉ degré pour
y poursuivre, à travers mille périls, les bâtimens ennemis employés dans le nord à la pêche de la baleine.
Aucun obstacle ne put rebuter la persévérance et
l'activité extraordinaires de cet intrépide marin, qui,
digne émule du célèbre Jean-Bart, son compatriote,
était depuis long-temps familiarisé avec des entreprises de ce genre. Dans l'espace de six mois, le capitaine
Le Duc coula plus de trente baleiniers tant russes
qu'anglais, et fit plusieurs centaines de prisonniers.

Le récit des opérations de l'escadre du contre-amiral Willaumez, partie de Brest en même temps que
celle de l'amiral Leissègues, doit prendre ici sa place et

terminer l'esquisse de nos campagnes maritimes pendant l'année 1806. Un vaisseau de 80 canons, cinq de
74, et deux frégates formaient l'ensemble des forces de
Willaumez, lorsqu'il mit à la voile avec l'instruction
intempestive de relâcher au cap de Bonne-Espérance,
où tout le monde savait que les Anglais l'avaient devancé. Frappé de l'absurdité des ordres qui lui étaient
donnés, l'amiral y substitua la résolution de se porter sur les points où il prévoyait pouvoir causer le
plus de dommage à l'Angleterre. Après une traversée
pendant laquelle il avait capturé dans les mers d'Europe plusieurs bâtimens chargés de troupes, ses premières croisières eurent successivement pour but d'intercepter les convois venant de l'Inde et de la Chine
et de brûler tous les navires qui étaient à la Barbade.
Mais le manque de vivres, les courans, les vents contraires et le mauvais état de ses vaisseaux qu'il fut obligé de
ravitailler à San-Salvador et de réparer à la Martinique,
le forcèrent à adopter d'autres projets. Il se dirigea
vers Mont-Serrat, rançonna cette colonie, visita
plusieurs rades ennemies, où il fit des prises, offrit le
combat à l'escadre de Lord Cochrane, et se porta
à la hauteur du débouquement de Bahama pour y
attendre le convoi de la Jamaïque, s'en emparer et

cingler ensuite vers Terre - Neuve afin de détruire
les pêcheries, de capturer les bâtimens pêcheurs et
de choisir une croisière où il pût arrêter les navires
anglais à leur retour du Labrador, du Groënland
et de l'Islande. Malheureusement ces combinaisons
furent dérangées par la désertion du vaisseau *le*
Vétéran que Jérôme Bonaparte commandait et qu'il
eût fait prendre à l'approche des côtes de France, si
la peur et l'inexpérience ne l'eussent précipité à temps
dans la baie de Cancarneau, où aucun marin n'aurait
osé introduire la plus petite frégate. Les courses de
Willaumez dans diverses directions pour chercher le
vaisseau qui avait abandonné son escadre favorisèrent
le passage du convoi, et quand l'amiral vint reprendre
sa croisière, il n'en était plus temps ; mais dans le
doute, il persista à ne pas s'éloigner. Ce retard lui devint funeste : ses vaisseaux, surpris par une tourmente
si affreuse que jamais aucun navigateur n'en essuya
de semblable, furent dispersés. Presque tous déma-
tèrent complètement ou perdirent leur gouvernail. *Le*
Foudroyant et *l'Impétueux* éprouvèrent à la fois ce
double accident ; le premier, malgré ses avaries, réussit cependant à gagner la Havane après avoir soutenu
en route un combat contre le vaisseau rasé, *l'Anson ;*

qui l'avait attaqué et qu'il mit en fuite ; le second, jeté
à la côte vers le cap Henry, fut brûlé par des embarcations anglaises. Deux frégates qui s'étaient réfugiées
aux Etats-Unis y furent dépecées. *Le Foudroyant, le
Patriote* et *le Cassard* furent les seuls qui revinrent
en France.

Ainsi manqua, par la faute d'un seul homme, cette
expédition dont le début avait coûté plus de quinze
millions au commerce des Anglais, et qui avait occupé
pendant plus d'un an quatre de leurs escadres.

L'année 1807 commence, et avec elle le terrible
réveil de la grande armée que les Russes ont provoquée
dans ses cantonnemens. Le 25 janvier, le maréchal Bernadotte, dont les troupes avaient fait seize lieues dans
la journée, atteint, sur les hauteurs de Mohrungen,
une division ennemie, la culbute, la met dans une déroute complète, la poursuit pendant quatre lieues
et la force de repasser la Passarge : mais l'action avait
été vive, et dans le trouble de la mêlée l'aigle du 9.^e
d'infanterie légère avait disparu : ce brave régiment
ne peut supporter cet affront, que ni la victoire,
ni les lauriers de cent combats ne sauraient effacer ;
il se précipite, au milieu des bataillons russes,
avec une impétuosité sans égale, les enfonce au pre-

mier choc, et ressaisit le précieux dépôt confié à sa valeur. Tels les Romains virent, aux champs de Bebriacum, la 21.ᵉ légion de Vitellius perdre et recouvrer son aigle dans la même journée.

Les Russes laissèrent à Mohrungen près de deux mille morts, quatre cents prisonniers et deux pièces d'artillerie. Cet échec, en arrêtant l'ennemi dès ses premiers pas, détruisit en quelque sorte l'espoir conçu par le général en chef Beningsen de surprendre l'armée française. Napoléon n'avait pas attendu jusqu'à ce jour pour imprimer un mouvement général à toute sa ligne : informé que les Russes avaient reçu des renforts considérables, et que la cour de Saint-Pétersbourg envoyait de nouveaux corps en Pologne pour ajouter aux cent soixante mille combattans qu'elle y comptait déjà, il s'était mis en mesure de les prévenir. Le 31 janvier, il arrive à Willemberg avec sa garde, et bientôt des succès partiels à Passenheim, à Bergfried, à Deppen, à Walterdoff et à Hoff, ainsi que l'enlèvement du plateau de Preusch-Eylau et la prise de cette ville, après une action des plus meurtrières, sont les préludes d'une grande bataille. Ce combat, dans lequel les généraux Klein, le Grand et Viviez montrèrent autant d'in-

trépidité que de sang-froid, s'engagea le 7 février,
dans la matinée, et ne cessa qu'à dix heures du soir,
après que l'église et le cimetière, où l'arrière-garde
ennemie se défendit avec opiniâtreté, furent emportés d'assaut. Le lendemain au point du jour,
l'armée russe, forte de quatre-vingt mille hommes,
parut en colonnes à une demi-portée de canon,
ayant sur son front une artillerie formidable dont
les foudres, dirigées aussitôt contre Eylau, et
contre la division Saint-Hilaire, faisaient d'affreux
ravages dans nos rangs. L'empereur, qui, suivant
sa coutume, est au fort du danger, oppose à
ce feu terrible un feu plus terrible encore, et qui
force les masses des ennemis à se porter en avant.
Ce mouvement compromet un instant notre gauche, il faut promptement la dégager; mais à peine
a-t-on repoussé les tirailleurs qui s'avancent pour
la couper, qu'une neige épaisse, obscurcissant tout
à coup l'horizon, couvre les deux armées sans arrêter
l'ardeur des combattans. Nos colonnes perdent alors
le point de direction; mais le grand duc de Berg,
à la tête de sa cavalerie et de celle de la garde impériale que commande Bessières, tombe sur les derrières de l'ennemi et rétablit l'ordre dans notre atta-

que. Plus de vingt mille hommes d'infanterie sont culbutés par cette charge brillante, dans laquelle deux escadrons des chasseurs de la garde, conduits par l'intrépide colonel Dalhmann, percent deux fois les plus forts bataillons. Sur ces entrefaites, le maréchal Davoust, qui a manœuvré pour tourner la gauche de l'ennemi, arrive sur le plateau en avant du village de Klein-Sausgarten, se place à la droite de la division Saint-Hilaire, et couronne avec elle cette position dont elle avait chassé les Russes, qui, vainement jusqu'à trois fois, avaient tenté de la reprendre. Dès ce moment, l'ennemi est en pleine retraite ; l'armée française reste maîtresse du champ de bataille, et la victoire, enfin décidée à quatre heures du soir, reçoit un nouvel éclat par la défaite, à Schmoditten, de la division du général prussien Lestocq, et par la dispersion de six bataillons de grenadiers que l'avantgarde du maréchal Ney mène battant jusqu'à la rivière de Frisching. La nuit mit seule un terme à la poursuite.

La bataille d'Eylau, dans laquelle une moitié de notre armée ne donna pas, et l'autre ne parvint à fixer la fortune un instant infidèle à ses aigles, que par des efforts inouïs de courage et les dispositions

qu'improvisa l'empereur, est l'une des plus sanglantes des temps modernes. Sept mille Russes y périrent ; seize mille de leurs blessés entrèrent dans
Kœnigsberg, douze mille prisonniers, soixante cinq
pièces de canons, et seize drapeaux, en y comprenant les trophées de Passenheim, de Bergfried, de
Deppen, de Hoff, restèrent en notre pouvoir. De
notre côté, nous eûmes plus de deux mille morts,
parmi lesquels le brave général Corbineau, ainsi que
les colonels Dalhmann, Boursier, Lacuée et Lema-
rois. Le maréchal Augereau, les généraux d'Hault-
poult, Heudelet, Desjardins et Suchet, étaient du
nombre des blessés, qui s'éleva à près de six mille.
Un dégel, qui survint après cette mémorable journée,
nous ravit, comme à Golymin, les avantages de la
victoire. Les Russes, étant parvenus à se rallier, se
retranchèrent devant Kœnigsberg et derrière la rivière de Prégel, tandis que nos soldats, prenant pour
ligne la Passarge jusqu'à Omulew, rentrèrent dans
leurs cantonnemens d'hiver. Le 15 février, ils n'y
avaient pas encore été inquiétés, lorsqu'un corps de
vingt-cinq mille hommes commandés par le général
Essen s'avança par les deux rives de la Narew, afin
d'attaquer notre droite et d'opérer ainsi une diver-

sion que le général en chef Beningsen pût mettre à profit. Les Russes ne furent pas heureux dans cette tentative : battus dans deux engagemens, l'un sur la route de Nowogrod contre les troupes du général Gazan , l'autre dans la ville d'Ostrolenka, dont les généraux Ruffin et Campana défendirent les rues avec la plus grande résolution , ils purent se convaincre une seconde fois que l'on ne trouble pas impunément le repos d'un ennemi victorieux : mais , comme si cette leçon était insuffisante , ils ne craignirent pas, quand la prudence leur conseillait une prompte retraite, de se reformer pour ainsi dire sur le terrain où ils venaient d'éprouver un échec. Tant de sécurité leur fut fatale ; à peine prenaient-ils position, que le général Savary , ayant rassemblé les divisions Suchet et Oudinot, se précipita sur eux , les culbuta dans une action des plus vives, les chassa à une distance de plus de trois lieues , et ne s'arrêta qu'au moment où l'obscurité vint protéger les fuyards. Cette affaire, dans laquelle périt le général Soworow , fils du célèbre maréchal de ce nom , coûta à l'ennemi plus de quatre mille des siens, morts, blessés ou prisonniers. La prise de deux drapeaux et de sept pièces de canons attesta en même temps notre succès et la valeur de nos soldats ; mais elle n'affaiblit pas les regrets qu'ils éprouvaient de la perte du vaillant général Campana, mort glorieusement en leur donnant l'exemple de l'intrepidité.

Pendant ce combat, la victoire couronnait nos efforts sur plusieurs autres points. Dans la Silésie, Vandamme, s'étant fait ouvrir à coups de canons les portes de Schweidtniz, s'emparait de deux cent cinquante bouches à feu, de quatre cent milliers de poudre, et des magasins considérables, renfermés dans la place ; le général Lefebvre Desnouettes et l'adjudant commandant Rewbel, avec quelques bataillons, écrasaient, dans les gorges de Frankenstein et sous les murs de Glatz, les troupes du prince d'Anhalt-Pleiss, qui essayait encore une fois de tenir la campagne. Dans la Prusse orientale, les généraux Teulié et Bonfanti, avec la division italienne, réprimaient les excursions de la garnison de Colberg, en battant l'ennemi à Stargardt, à Massow et à Neugardt où une redoute, qui semblait inexpugnable, n'avait pas tenu contre les fusiliers de la garde, conduits par le colonel Boyer ; le général Zayonscheck, avec ses polonais, remportait quelques avantages devant Graudentz, et le général Dombrowski culbutant à Dirschau , un détachement sorti de Dantzick , lui enlevait six cents hommes et sept pièces de canon. Dans la Poméranie, enfin , le maréchal Mortier , avec des forces bien inférieures à celles des Suédois, les faisait repentir , à Frankenfort , d'avoir voulu interrompre les préparatifs du siège de Stralsund.

Huit jours ne s'étaient pas écoulés depuis que le corps du général Essen avait échoué à Ostrolenka , que déjà le général en chef Beningsen , ayant repris quelque assurance , se hasardait à faire repasser la Prégel à une portion de son armée , dans l'intention de surprendre nos avant-postes ; mais il fut encore déçu dans cette attente. La première colonne russe qui franchit l'Alle fut presque aussitôt assaillie dans Peterswalde , par la brigade du général Liger-Belair , qui la mit en déroute , et prit le général qui la commandait , tout son état-major , et plus de quatre cents soldats. Le lendemain une division ennemie de dix mille hommes , s'étant avancée jusqu'à Braunsberg , éprouva le même sort : chargée en arrivant dans cette ville par l'infanterie du général Dupont et par la cavalerie du général Bruyères , elle fut rejetée au-delà de la Passarge qu'elle avait traversée, et s'enfuit abandonnant aux vainqueurs seize pièces de canons , deux drapeaux et deux mille prisonniers. Plus de six cents cadavres russes restèrent dans les rues de Braunsberg.

Ce dernier succès fut pour l'armée française le signal de prendre à son tour l'offensive, et de balayer la rive droite de la Passarge. Partout l'ennemi fut forcé à la retraite ; à Wormditt, par le maréchal Soult ; à Guttstadt, qu'il occupait pour la seconde fois, par le maréchal Ney, qui y trouva des magasins de vivres considérables ; à Mohlsack, par le prince de Ponte-Corvo ; à Zecheren, par le 50.ᵉ regiment ; à Willenberg, par les carabiniers du prince Borghèse ; à Lingnau, par le 69.ᵉ régiment, et sur toute la rive droite de l'Alle, par la cavalerie de Murat, qui poussa une grande reconnaissance jusqu'à Bichofsburg. Fatigués d'être vaincus dans toutes les rencontres, les Russes, qui semblaient s'être promis d'être plus circonspects à l'avenir, se bornèrent quelque temps à des démonstrations insignifiantes. De legères escarmouches eurent cependant lieu entre leurs avant-postes et les nôtres ; mais, comme elles n'eurent pour la grande armée française aucun résultat remarquable, quittons un instant la Pologne pour nous reporter dans la Poméranie suédoise, où les opérations paraissent prendre un caractère décisif.

Depuis la fatale issue de son expédition sur Frankenfort, la garnison de Stralsund avait fait de fréquentes sorties; cependant, comme elles n'avaient toutes servi qu'à prouver l'inutilité de ses efforts, le
maréchal Mortier, persuadé qu'il serait toujours
temps de réduire une place dont le système de défense n'offrait que des obstacles faciles à surmonter,
porta une partie de son corps d'armée ainsi que son
quartier-général à Grimmen, dans le dessein de se
diriger ensuite sur Colberg, pour en presser le siège.
Le gouverneur de Stralsund, presque aussitôt informé
de ce mouvement, et ne se voyant plus d'ailleurs
entouré que d'un faible cordon, formé par les troupes du général Grand-Jean, jugea l'occasion d'autant
plus favorable pour tenter un coup de main, que des
renforts qu'il venait de recevoir le mettaient à même
d'accabler les assiégeans. Il se décida donc à entreprendre de faire lever le blocus; l'attaque suivit de
près cette résolution; mais, au moment où les Suédois,
fiers d'avoir vu les Français rétrograder d'abord devant
eux, se préparaient à chanter victoire, le maréchal
Mortier, revenu brusquement sur ses pas, tomba
sur leur avant-garde déjà établie à Belling et à Fer-
dinands-Hoff, la culbuta, lui fit quatre cents prisonniers,

niers , lui prit deux pièces de canon, entra pêle-mêle avec l'ennemi dans Anklam, s'empara du pont sur la Penne , et coupa par cette marche rapide une forte colonne qui, rencontrée le lendemain par la brigade du général Veau , laissa en son pouvoir cinq cents hommes et trois pièces de canon. Le reste chercha son salut à bord de la flotille qui , après avoir opéré plusieurs débarquemens, était encore stationnée dans l'Oder. Tous les autres corps ennemis furent successivement mis en déroute, et ils ne possédaient plus ni magasins, ni artillerie, lorsque le général Essen , récemment investi du commandement en chef des forces Suédoises , fit proposer au maréchal Mortier , une suspension d'armes , qui fut acceptée et signée à Schltakow , le 18 avril , c'est-à-dire , le jour même, où elle avait été demandée. Gustave IV s'empressa de donner son approbation à cet armistice ; il alla même jusqu'à témoigner ouvertement le désir de voir le plus tôt possible resserrer les liens qui avaient autrefois uni la Suède à la France ; conduite surprenante dans ce monarque , espèce de fanatique, que l'amour des vieilles idées , la haine des principes de notre révolution , les subsides des Anglais, et la jalousie que lui inspirait la gloire de Napoléon, avaient constamment empêché d'ouvrir les yeux sur ses véritables intérêts. Ainsi, après avoir été l'un de plus ardens champions de l'ancien régime, Gustave IV, dans un de ses momens lucides, paraissait tout-à-coup vouloir sincèrement s'attacher à un ordre de choses dont, la veille encore, il n'aurait pas cru que le renversement eût été payé trop cher par la perte de sa couronne.

Ce changement subit de la part d'un roi, jusqu'alors dévoué à toutes les coalitions, contraria d'autant plus les Russes, qu'il laissait le corps du maréchal Mortier libre de se joindre aux troupes qui, sous le commandement du maréchal Lefebvre, assiégeaient Dantzick. Déjà, le gouverneur de cette ville, le feld-maréchal Kalkreuth, était réduit à presser l'armement du corps de la place ; le délabrement des ouvrages extérieurs entamés par la sappe et par le canon, lui faisait redouter l'approche d'un assaut que rendait plus encore probable le couronnement du chemin couvert, opération qu'il n'avait pu empêcher. Chaque jour, les assiégeans faisaient de nouveaux progrès ; aucun obstacle, aucun péril ne lassaient ni leur persévérance, ni leur courage. Cent combats qu'il leur avait fallu soutenir contre des forces doubles des leurs, n'avaient pas sus-

pendu un instant les travaux. On les avait vus tout
affronter : l'inondation qui protégeait les remparts,
les glaces que roulait un fleuve furieux, les maladies
inséparables de l'intempérie du climat, le feu continuel des batteries, et les sorties meurtrières d'une
garnison dont rien ne pouvait égaler l'acharnement;
partout l'intrépidité de l'attaque avait surpassé l'opiniâtreté de la défense. Français, Saxons, Italiens,
Polonais, tous, dans l'accomplissement d'un même
but, n'avaient aspiré qu'à se montrer dignes les uns
des autres ; tous s'étaient illustrés par les mêmes
exploits, la même vaillance, la même résolution.
Ce mélange de guerriers de diverses nations, loin
de nuire à l'accord et à l'ensemble si nécessaires
dans les grandes entreprises, entretenait, au contraire cette émulation qui se signale par des prodiges. Le maréchal Lefebvre, chez qui l'audace était
toujours compagne du sang-froid, électrisait par son
exemple les cœurs de tous ces braves. Presque seul
de tous les généraux de la liberté, il avait conservé,
sous l'empire, cette franchise et cette popularité
républicaines qui sont toute l'éloquence des camps :
aussi les soldats mettaient-ils en ses ordres une confiance sans bornes; un mot de lui suffisait pour les

précipiter au milieu du danger : ils étaient sûrs qu'ils l'y rencontreraient. Combien de fois, depuis que le siège était commencé, ne l'avaient-ils pas vu courir avec eux les hasards sanglans d'une mêlée ! Combien d'actions héroïques sa présence ne leur avait-elle pas inspirées !

Mais ce n'était pas seulement autour de lui qu'il exerçait une semblable influence, et quoique l'immense développement des fortifications et l'irrégularité d'un terrain, tantôt couvert de marais, tantôt traversé par des rivières, ou entrecoupé de canaux, quelquefois encore parsemé de lacs et de collines, l'obligeassent à étendre ses quartiers, à disséminer ses troupes et à multiplier ses postes, l'enthousiasme gagnait de proche en proche, et chacun faisait son devoir. Toutes les expéditions, soit partielles, soit générales, ordonnées par le maréchal, furent marquées par des actes d'une bravoure si extraordinaire, qu'on ne saurait résister au plaisir d'en rapporter quelques-uns. Ici, un lieutenant du 2.ᵉ d'infanterie légère, le jeune Delavergne, aborde le premier avec un faible détachement dans l'île de Nehrung, surprend l'ennemi, égorge tout ce qui oppose de la résistance, reçoit lui-même le coup mortel, et expire satisfait d'avoir réussi à couper le dernier point de communication entre Dantzick et Kœnigsberg ; là , le capitaine Tardivelle , afin d'intercepter la navigation de la Vistule , se maintient plusieurs jours sous le feu de cinq pièces de canon , qui , d'une distance de cent cinquante pas , ne cessent de le mitrailler ; ailleurs , le tambour Zworn, sans en avoir reçu l'ordre , et par la seule impulsion de son courage , bat la charge et fonce sur des retranchemens qui sont aussitôt emportés à la baïonnette par les Saxons ses compatriotes. Les assiégeans accueillaient avec transport toutes les occasions de se signaler. Depuis l'attaque de Dirschau, où les généraux Dombrowski , Sokolniski , Nimeiewski , Puthod et Mesnard déployèrent la plus rare valeur jusqu'à la prise de l'île de Holm , décidée par l'adjudant - commandant Aymé , le chef de bataillon Armand et le capitaine Avy. Les ordres du jour avaient été remplis des plus honorables mentions ; on y lisait les éloges mérités des généraux Lariboissière , Danthouard , Lamartinière , Chasseloup - Laubat , Kirgener , Drouet , Gardanne , Schramm , Michaud , Dufour , Van-der-Welt ; du prince de Radziwil, des colonels Brayer , Vogel , **Montmarie** , Sabathier , Lacoste , Tholozé , Dombrowski , **fils du général** ; des

majors Dowranowitz et Stockharn; des chefs de bataillon Rogniat , Broussonnet , Roumitte et d'un
grand nombre d'officiers , sous-officiers et soldats. Le
nom du généreux Fortunas , qui renouvela , dans le
rang de simple chasseur , le beau trait du capitaine
d'Assas à Closter-Camp ; celui du sergent Chapot ,
qui , descendu dans le chemin couvert, désarma et fit
prisonniers douze mineurs ennemis, au moment où ils
allaient mettre le feu à la mine; ainsi que l'admirable
présence d'esprit d'un artilleur qui, s'étant élancé dans
le magasin à poudre de la batterie du Stolzenberg ,
arracha la mèche d'une bombe prête à faire explosion,
demeureront à jamais consignés dans l'histoire.

Au milieu de ce concours unanime des corps composant l'armée de siège , le feld-maréchal Kalkreuth ,
qui craignait que d'un instant à l'autre une surprise
nouvelle , ou quelques coups hardis ne vinssent déconcerter sa vieille expérience , et mettre en défaut ses
plus sages dispositions pour la défense de la place ,
s'empressa de demander des secours. Le général
Beningsen , à qui il s'adressa, lui expédia sur-le-champ
vingt mille hommes, qui , sous le commandement du
général Kaminski , se dirigèrent vers le port de Pillau ,
où des embarcations les attendaient. Pendant que ce

mouvement s'exécutait, Beningsen, qui voulait détourner l'attention de l'empereur Napoléon , et tenir en
échec la plus grande partie de ses forces en Pologne ,
forma des attaques simulées sur les divers points occupés par la grande armée , depuis la Baltique jusqu'à
la Narew. La nécessité de donner à ces manœuvres
quelqu'apparence de réalité, tourna constamment au
désavantage des Russes ; non seulement ils furent
défaits toutes les fois qu'ils provoquèrent un engagement , mais encore ils furent complètement déçus
dans l'espoir de dérober à l'empereur les motifs qui
les rendaient si entreprenans. Napoléon , averti de
leurs préparatifs pour secourir Dantzick , avait déjà
pris toutes les mesures propres à paralyser les efforts
qui allaient être tentés en faveur de cette place, et dans
le même temps que le général Kaminski, sous la protection du canon de Weichselmunde , débarquait
ses troupes au camp retranché de Newfahrwasser ,
dont heureusement les communications avec la ville
avaient été interceptées auparavant , le maréchal
Lannes , à la tête de la réserve composée des grenadiers d'Oudinot , se joignait au corps du maréchal
Lefebvre. Cette réunion , qui eut lieu le 12 mai,
jeta de l'irrésolution dans les plans de l'ennemi. Ce-

pendant Kaminski, après trois jours d'hésitation, se décida à attaquer. Le 15 mai, à cinq heures du matin, il déboucha de son camp sur quatre colonnes, et le combat commença aussitôt : trois fois les Russes essayèrent d'enfoncer la ligne française, et trois fois ils furent repoussés avec perte. Ils revenaient à la charge avec de nouvelles forces, se disposant à accabler de leur choc le général Schramm, dont la résistance excitait leur fureur, lorsque le maréchal Lannes parut sur le champ de bataille guidant une colonne de grenadiers. La présence de cette élite redouble à la fois l'énergie des troupes de Schramm, et l'acharnement de leurs adversaires. La lutte devient des plus sanglantes : Oudinot y est démonté ; malgré cet accident, il s'élance à la tête de ses braves, culbute les Russes, et ne s'arrête qu'au bord de la mer où, par l'entière destruction d'une de leurs colonnes, il achève de rendre la victoire décisive. Témoins de la défaite de leurs alliés, cinq mille Prussiens qui n'avaient pas encore donné, balancent à venir se mesurer avec nos soldats : mais les généraux Albert et Beaumont ne laissent pas à cette troupe le temps de prendre un parti ; ils se précipitent à sa rencontre, l'atteignent entre Passenwerder et Stege, la combattent, la dis-

persent et cueillent à sa poursuite les derniers lauriers
d'une journée qui coûtait déjà plus de quatre mille
hommes à l'ennemi.

Ainsi battu presqu'en arrivant, Kaminski n'eût
pas même la gloire d'avoir interrompu les travaux
du siège : et le feld-maréchal Kalkreuth, qui avait
compté sur le secours de ses valeureux auxiliaires,
se trouva, comme auparavant, réduit aux seules
forces de sa garnison. La détresse de Dantzick allait
parvenir à son comble; des ponts élevés comme par
enchantement couvrent la Vistule, le canal de Laak,
et la Motlau ; les assiégés resserrés de plus en plus
dans leurs remparts ne peuvent plus rien recevoir du
dehors : des postes établis sur les deux rives du fleuve,
en ferment l'accès à tout bâtiment qui entreprendrait
de le remonter. Une corvette anglaise, armée de
vingt-quatre canons, et défendue par cent-soixante
marins ou soldats, la *Sans-Peur*, qui, en dépit de cette
surveillance, cherchait à introduire des munitions
dans la place, fut assaillie et prise à l'abordage par les
grenadiers de la garde de Paris. Le succès de
ce coup audacieux qui enlevait au gouverneur Kalkreuth sa dernière ressource, n'abattit cependant
point son courage. L'assaut était imminent ; pour le

retarder , il résolut de faire une grande sortie et de
distraire les ouvrages des assiégeans. Mais loin de répondre à son attente, l'issue de cette tentative ne
servit au contraire qu'à prouver la faiblesse et le dénuement des troupes qu'il commandait. A peine se
montrèrent-elles , que , vivement repoussées par le
colonel Lafosse et le chef de bataillon Oudot à la tête
des 44° de ligne et 12° léger , elles furent forcées
de rentrer précipitamment dans l'enceinte de leurs
fortifications. Sur ces entrefaites , le maréchal Mortier
arrivait devant Dantzick avec une portion de son corps
d'armée. Ce renfort décida le maréchal Lefebvre à ne
plus différer l'assaut; mais, avant d'en venir à cette
extrémité, il adressa une sommation au gouverneur
qui , prêtant enfin l'oreille à d'honorables propositions , se soumit à capituler. Napoléon était
à Finckinstein quand , le 25 mai , on lui présenta l'acte d'après lequel devait s'effectuer la remise
de la place : il le ratifia sur-le-champ , et deux jours
après, le maréchal Lefebvre qui avait dirigé ce siège,
l'un des plus fameux des temps modernes , fit, à la
tête du dixième corps d'armée , son entrée triomphale dans la ville que son habileté et sa valeur
venaient de conquérir. Il avait témoigné au maréchal

Lannes et au général Oudinot le désir de leur faire partager les honneurs de cette journée, mais ces deux guerriers s'y refusèrent avec une noble modestie.

La reddition de Dantzick amena celle du fort de Weichscelmunde, dont la garnison sortit volontairement et se constitua prisonnière. L'officier, qui la commandait, se sauva par mer avec le général Kaminski, qui, après avoir fait embarquer à la hâte ce qui lui restait de troupes, fit voile pour Pillau.

En nous rendant maîtres de l'embouchure de la Vistule, la chute de Dantzick privait les alliés d'un appui des plus importans, et délivrait la gauche de notre armée des inquiétudes qu'elle aurait pu concevoir si cette place, la reine de la Baltique, eût fait une plus longue résistance. Cependant, loin d'épouvanter les souverains de la coalition, cet événement ralluma dans leurs cœurs l'espoir de vaincre et la soif de la vengeance. Des négociations de paix, entamées depuis quelques mois, furent brusquement rompues au moment même où la modération de Napoléon et l'avantage de sa position ôtaient tout prétexte à la guerre. L'empereur Alexandre, séduit par le plan d'une agression gigantesque, pour laquelle le cabinet de Saint-James avait promis quarante mille hommes, s'était persuadé que l'Angleterre allait enfin , en faveur de la cause commune, tenter de grands efforts matériels. Mais le plan proposé par cette puissance , ainsi que la promesse de sa participation, n'étaient qu'un appât offert à la crédulité du monarque russe , et un motif pour l'empereur des Français de ne négliger aucune des précautions convenables dans la supposition d'une descente. Déjà un nouveau corps de quatre-vingt mille hommes, sous le commandement du maréchal Brune, formait une ligne qui s'étendait de Magdebourg au littoral, et qui, se réunissant par une chaîne de postes aux troupes du maréchal Mortier en observation sur la Peene , donnait la main de proche en proche aux autres corps de la grande armée. Quoique ces dispositions fissent assez connaître que le vainqueur d'Eylau ne se laisserait pas prendre au dépourvu, le Czar, comptant sur l'assistance de la Grande-Bretagne , se flattait de pouvoir bientôt placer les Français entre deux feux , et de reconquérir la Prusse , tandis que leur chef serait occupé dans la Pologne. Une faible démonstration de la part des Anglais , qui débarquèrent devant Stralsund l'avant-garde d'une légion allemande à leur solde, fut pour Alexandre le signal de reprendre la plus vigoureuse offensive. Les Russes

quittèrent aussitôt leurs quartiers d'hiver, et l'on
courut aux armes.

Les premiers engagemens eurent lieu sur la Passarge
le 4 juin. L'ennemi débuta par l'attaque de la tête du
pont de Spanden : vingt mille hommes , artillerie ,
cavalerie et infanterie s'avancèrent pour s'emparer
d'une redoute, mais ils furent repoussés sept fois par le
maréchal Bernadotte, qui, quoique grièvement blessé
dès le commencement de l'action, ne consentit à aller
se faire panser qu'après que ses savantes dispositions
et l'exemple de son intrépidité toute chevaleresque eurent assuré la victoire. Pendant ce combat qui fit briller
la valeur des généraux Frère, Girard , la Houssaye et
Villatte, la brigade Ferey, du corps de Soult, culbutait
deux divisions à Lomitten , et les troupes du maréchal Ney disséminées à Guttstadt, à Wolfesdorf, à
Amt et à Altkirken , se maintenaient dans ces postes
malgré les efforts combinés du général en chef Beningsen et du grand duc Constantin, qui avaient avec eux
toute la garde impériale Russe renforcée de trois divisions d'élite. Ce succès de la résistance de Ney assailli, pour ainsi dire, à l'improviste sur toute sa ligne par des forces doubles des siennes , était si prodigieux, qu'il ne pouvait pas se promettre de le renou-

veler en gardant les mêmes positions. Il se replia en conséquence sur Deppen, où il concentra son corps, et se prépara à soutenir un second choc. L'ennemi ne se fit pas attendre : dès le lendemain il se présenta devant Deppen, et voulut l'emporter d'assaut. La lutte fut terrible, mais elle ne demeura pas long-temps indécise : les Russes, dispersés et mis en fuite, laissèrent sur le champ de bataille plus de deux mille morts et un grand nombre de blessés.

Cependant Napoléon désirait terminer la guerre par un coup de foudre. Le 7, il coucha au bivouac de Deppen, et le 9 il se porta sur Guttstadt avec sa garde, la cavalerie de réserve et les corps des maréchaux, Ney, Davoust et Lannes. Quinze mille hommes de l'arrière-garde ennemie, commandée par le prince de Bagration, voulurent en vain disputer aux Français le passage de Glottau : Murat les débusqua de leurs positions. Les brigades Pajol, Bruyères, et Durosnel, ainsi que les cuirassiers et carabiniers de la division Nansouty, renversèrent tous les obstacles. Guttstadt, emportée de vive force à huit heures du soir, reçut aussitôt l'empereur dans ses murs. Mille prisonniers Russes et la déroute de leurs différens corps, parmi lesquels se trouvait celui de Kaminski, qui, déjà la veille, à Wolfesdorf, avait éprouvé un échec, attestèrent la valeur de nos troupes.

Le lendemain l'armée française , continuant son mouvement en avant, se dirigea vers Heilsberg. A midi , Murat atteignit une seconde fois l'arrière-garde Russe ; elle était soutenue par de nombreuses lignes d'infanterie ; mais plusieurs charges brillantes , exécutées par les généraux Espagne et Victor Latour-Maubourg, la forcèrent d'abandonner un terrain sur lequel elle s'était défendue pendant deux heures avec fureur. Le corps du maréchal Soult arriva sur ces entrefaites , et se forma devant l'ennemi. Les deux divisions Saint-Hilaire et Leval marchèrent sur la droite, et celle du général Legrand s'empara sur la gauche de la pointe d'un bois qui pouvait appuyer notre cavalerie. L'armée russe était en grande partie réunie autour d'Heilsberg. Elle fit des efforts incroyables pour se maintenir en avant de la ville ; mais à dix heures du soir elle fut réduite à chercher un abri dans ses retranchemens. Le maréchal Lannes , ainsi que les genéraux Verdier et Savary se couvrirent de gloire. On les vit constamment au fort du danger braver la mitraille de soixante bouches à feu ; le général Roussel y perdit la vie. Les exploits de la cavalerie ne furent pas moins remarquables; un seul trait pourrait faire apprécier les services qu'elle rendit dans cette journée. Au retour d'une charge brillante, dans laquelle Murat avait eu deux chevaux tués sous lui, le colonel du 6ᵉ de cuirassiers, l'intrépide Davenay, se présente à lui le sabre tout dégouttant de sang : « Prince, dit-il, passez la revue » de mes soldats, et vous verrez qu'il n'en n'est pas » un dont le sabre ne soit comme le mien ». Cet éloge pouvait être commun à tous les régimens de la même arme. Le 4.ᵉ qui déploya la plus grande vigueur, fut témoin d'une de ces résolutions si héroïques, qu'à peine en citerait-on un second exemple : un de ses chefs d'escadrons reçut cinquante-deux blessures sans cesser de combattre. Ce brave se nommait Chipault.

Les deux armées prirent quelque repos. Le lendemain, Napoléon visita le champ de bataille, et disposa ses différens corps pour une affaire décisive. Il s'attendait à voir sortir les Russes de leurs retranchemens, mais l'activité avec laquelle ils s'occupaient de fortifier leur camp, dont les ouvrages avaient déjà coûté plus de quatre mois de travail, le convainquit bientôt qu'ils n'accepteraient le combat que dans l'enceinte qui les protégeait. Il fallait donc les

attaquer

attaquer sur le terrain qu'ils avaient eux-mêmes choisi.
Le 11 au soir , Napoléon changea son plan ; mais à
l'aspect des nouveaux préparatifs, l'ennemi, craignant
tout à coup d'être forcé et enveloppé, renonça à sa
défense , et passa sur la rive droite de l'Alle. Le 12 ,
au point du jour, les colonnes françaises s'ébranlèrent,
et Heilsberg , où elles s'étonnèrent d'entrer sans
éprouver la moindre résistance , fut immédiatement
occupé. Cette ville, dans laquelle les Russes avaient
abandonné plus de quatre mille de leurs blessés, renfermait des approvisionnemens immenses en vivres et
en munitions.

Les brillans avantages remportés par Napoléon sur
la Passarge et sur l'Alle , se répétaient en même
temps à l'extrême droite de notre armée , sur l'Omulew et sur la Narew, où Masséna, vaillamment secondé
par les généraux Suchet, Gazan , Claparède et Mont-
brün , battait et repoussait, jusqu'à Ostrolenka, un
corps de seize mille hommes qui s'étaient présentés
pour enlever la tête du pont de Drewkenow.

L'empereur ne s'arrêta pas à Heilsberg ; après avoir
donné à Murat, dont la cavalerie était soutenue par
les corps des maréchaux Soult et Davoust, l'ordre de
manœuvrer sur Kœnigsberg, afin de déborder l'en-

31

nemi et de lui couper la retraite, il porta le soir même son quartier-général à Eylau, et le 14, à trois heures du matin, il parut devant Friedland au moment où l'armée Russe, débouchant par le pont de cette ville, était déjà aux prises avec les corps des maréchaux Lannes et Mortier. Aux premiers coups de canon qui se firent entendre, Napoléon s'écria : « C'est un heureux jour, c'est l'anniversaire de Marengo ! » Deux heures après, ses troupes étaient rangées en bataille, et l'ennemi qui vainement jusqu'alors avait tenté de s'ouvrir un passage, achevait de déployer ses forces. Toutefois l'action ne s'engagea chaudement qu'à cinq heures et demie du soir.

La gauche des Russes est aussitôt attaquée ; plusieurs de leurs colonnes chargées à la baïonnette et acculées sur l'Alle, y sont précipitées par la division Marchand ; leur garde impériale à pied et à cheval, une partie de leur centre et de leurs réserves, sont enfoncées par les divisions Bisson et Dupont qui en font un horrible carnage. Notre artillerie, dirigée par le général Sennarmont, emporte des bataillons entiers. Au milieu des dangers qui les environnent de toutes parts, foudroyées, écrasées par un feu continuel, les troupes ennemies se replient en désordre dans Friedland, où elles tâchent de se former de nouveau ; mais toute résistance est inutile, Friedland est enlevé, et le maréchal Ney, qui a présidé au mouvement, pénètre dans la ville sur les cadavres de ceux qui voulaient en défendre l'entrée.

Ce succès était, pour les armes françaises, le gage d'un éclatant triomphe. Cependant, le général en chef Beningsen, espérant ramener la fortune sous les étendards russes, médite un dernier coup contre le centre de notre armée. A la voix de ce chef, cent bataillons et un égal nombre d'escadrons s'élancent pour rompre les rangs qui leur sont opposés : cavalerie, infanterie, ensemble et tour-à-tour, s'épuisent en charges réitérées afin d'entamer le front de fer de nos soldats. Mais loin d'en être ébranlés, ces guerriers invincibles, à qui le maréchal Lannes, ainsi que les généraux Oudinot et Verdier communiquent l'impulsion de leur grand courage, redoublent d'ardeur et de résolution à mesure que les périls se multiplient. Les Russes sont partout repoussés ; partout ils fuient, et ceux que les boulets et les balles ont épargnés, trouvent la mort sous les baïonnettes de ces adversaires, dont leur impétuosité et leur dévouement n'ont pu dompter la valeur.   31.

L'aile droite de l'ennemi est seule intacte ; Korsa-kow, qui la commande , cherche inutilement à lier ses opérations avec le reste de l'armée russe ; il ne peut que partager sa défaite. Il a pour lui la supé-riorité du nombre ; mais cet avantage lui est arraché par la fermeté et le sang-froid du maréchal Mortier , qui conduit la gauche de nos troupes. Korsakow , après avoir échoué dans ses dispositions offensives , est lui-même assailli avec impétuosité ; il dispute d'abord le terrain pied à pied et continue à se main-tenir malgré la violence du choc , quand tout-à-coup saisi de la crainte de voir fondre sur lui la plus grande partie de nos forces, il rétrograde dans la direction de Friedland dont il ignore encore que le général en chef Beningsen a été chassé. Korsakow paya chèrement cette erreur : poursuivi, enveloppé , il fut réduit à la cruelle alternative de mettre bas les armes ou de se jeter dans l'Alle en abandonnant ses bagages et son artillerie ; ce dernier parti lui parut préférable à la honte d'être pris. La découverte d'un gué sem-blait lui offrir une chance de salut ; il l'indiqua à ses colonnes ; mais elles s'y portèrent avec tant de précipitation, et la confusion fut telle , que des mil-liers de Russes périrent dans les flots.

La victoire, qui n'avait pas été un instant incertaine, fut complète à onze heures du soir. Quinze mille ennemis perdirent la vie sur le champ de bataille. Dix pièces de canon, un grand nombre de caissons, plusieurs drapeaux et quelques milliers de prisonniers tombèrent au pouvoir des Français. Vingt-cinq généraux russes furent pris, tués ou blessés.

Napoléon montra dans cette journée les mêmes talens et la même activité que dans les campagnes précédentes. On le vit, pendant le combat, se transporter au milieu du feu, d'une extrémité à l'autre de la ligne, et souvent les soldats remarquèrent avec effroi les boulets qui passaient près de lui, ou qui venaient mourir à ses pieds. Le major-général Berthier, les maréchaux Ney, Mortier et Lannes; les généraux Oudinot, Marchand, Grouchy, Nansouty, Victor Latour-Maubourg, Dupas, Verdier, Dupont, Savary, Drouet, Victor, Coëhorn, Brun, Mouton et Lacoste; les colonels Curial, Renaud, Lajonquières et La Mothe, donnèrent des preuves signalées d'intrépidité et de zèle. Le colonel d'artillerie de Forno et le chef d'escadron Hutin, qui s'étaient également distingués, furent au nombre des morts, ainsi que les officiers Pérignon, Garran de Coulon et Clément de Ris, fils des sénateurs de ce nom. Il n'y avait pas un mois que ces trois jeunes gens étaient sortis de l'Ecole-Militaire.

L'empereur coucha à Friedland ; le lendemain il marcha sur Wehlau, où les têtes de colonnes des deux armées arrivèrent presqu'en même temps, et, le 16, il passa la Prégel.

La rapidité de cette course triomphale accéléra la chute de Kœnigsberg. Cette ville, ancienne capitale du duché de Prusse, était un des plus vastes entrepôts de guerre des coalisés. Le général prussien Lestocq, qui s'y était enfermé après avoir été battu à Kreutz-bourg par les dragons du général Milhaud, avait entrepris de la défendre. Mais un assaut, dont le succès dû en partie à l'audace du général de brigade Buget, rendit le maréchal Soult maître des faubourgs sur la rive gauche de la Prégel, et l'enlèvement de quatre mille Russes cernés par la cavalerie de Murat, au moment où, pour échapper aux vainqueurs de Friedland, ils tentaient de se jeter dans la place, avertirent l'ennemi qu'il était temps d'abandonner un poste où il ne pouvait que s'attendre à un grand revers. Kœnisberg, évacué le 16, fut immédiatement occupé par les Français qui y trouvèrent des richesses immenses, trois cents gros navires chargés de toute espèce de munitions, cent soixante mille fusils que l'Angleterre envoyait au Czar, et toutes les ambulances de la coalition, ses hôpitaux et plus de vingt mille de ses blessés.

Ce n'était pas seulement sur les bords de la Passarge, de l'Alle et de l'Omulew, que nos armes étaient heureuses; dans la Silésie, un corps nombreux, conduit par le général Kleist au secours des remparts de Neiss, avait été détruit par les généraux Lefebvre-Desnouettes et Dumui. La place de Neiss elle-même, avec une garnison de six mille hommes, venait, après quatre mois de siège, de se rendre au général Vandamme; celle de Glatz, malgré sa longue résistance, avait fini par être réduite, et son gouverneur, le comte de Goëtzen, avait capitulé après avoir vu enlever par les Bavarois et les Wurtembergeois le camp retranché qui faisait sa sécurité; la forteresse de Kosel, investie par le général bavarois Waglowich, avait aussi stipulé les conditions auxquelles devait s'effectuer la remise de ses clefs; enfin, le roi de Prusse ne possédait plus réellement en Silésie que le fort de Silberberg qui ne pouvait pas tenir long-temps, sur la Vistule, que la place de Graudentz vivement resserrée, et sur la

Baltique, que Colberg qui touchait à l'époque de sa reddition.

Le premier soin du maréchal Soult, après avoir pris possession de Kœnigsberg, fut d'envoyer une de ses brigades s'emparer de Pillau, afin de fermer l'entrée du golfe de Frische-Haff, et d'affermir notre position en avant de la Prégel. Pendant que cette expédition, à laquelle concouraient le général Rapp et les marins de la garde impériale, était couronnée d'un plein succès, le gros de l'armée s'avançait à la poursuite des vaincus. Le 19, à deux heures de l'après-midi, Napoléon entra dans Tilsitt que l'empereur de Russie et le roi de Prusse avaient quitté depuis peu de jours. Ce fut aux approches de cette ville que les Français aperçurent pour la première fois des Kalmoucks, espèce de sauvages, armés seulement de flèches qu'ils décochent en fuyant à la manière des Parthes. L'aspect de ces Tartares et leur bizarre accoutrement excitèrent la risée de nos soldats pour qui de tels adversaires n'étaient guères redoutables.

La ville de Tilsitt est située sur le Niemen ; ce fleuve, dont les Russes, qui paraissaient vouloir se retirer vers la Samogitie, avaient incendié le pont, était alors la seule barrière à franchir pour que

Napoléon portât la guerre sur leur territoire. La saison était favorable ; nos troupes étaient remplies de confiance et d'ardeur; celles de la Russie, au contraire, entièrement démoralisées, alliaient, au sentiment de leur faiblesse et de leur impuissance, la persuasion que leurs défaites étaient un châtiment du ciel courroucé par une injuste agression. Le Czar trembla de voir nos aigles prendre un nouvel essor : il se résigna pour sauver ses états, à s'humilier une seconde fois, et retrouva à Tilsitt le héros magnanime d'Austerlitz.

Napoléon écouta les premières propositions qui lui furent faites pour le rétablissement de la paix. Un armistice fut conclu le 21 juin, et le 25 du même mois, un pavillon, élevé à la hâte au milieu du Niemen, reçut les deux empereurs qui, dans l'effusion de leur joie, s'embrassèrent à la vue des deux armées que séparait le fleuve. Ce fut là que s'établirent des conférences d'où semblaient dépendre les destinées du monde. Jamais entrevue n'offrit un spectacle plus imposant. Le roi de Prusse vint bientôt compléter cette réunion qu'embellit la présence de la reine. Cette princesse qui, joignait aux grâces de son sexe, toutes les vertus d'une héroïne, fut l'objet des prévenances de Napoléon : on eût dit que, par une cour assidue, ce monarque cherchait à lui faire oublier les sarcasmes lancés contre elle dans ses bulletins.

La paix, si ardemment désirée, fut enfin signée le 9 juillet. Il y eut deux traités, l'un entre la France et la Russie, l'autre avec la Prusse. Le roi Frédéric-Guillaume paya tous les frais de la guerre. Les provinces entre le Rhin et l'Elbe servirent à doter le royaume de Westphalie, fondé par Napoléon en faveur du prince Jérôme, son frère, qu'il allait unir à la princesse Frédérique-Catherine de Wurtemberg, de même que, deux ans auparavant, il avait uni son fils adoptif, le prince Eugène de Beauharnais, à une princesse de Bavière. La partie de la Pologne, échue à la maison de Brandebourg par le partage de 1772, fut érigée en duché, et donnée au roi de Saxe; ainsi que le cercle de Colbus dans la Basse-Lusace. Les possessions des princes d'Anhalt sur la droite de l'Elbe; la ville de Dantzick et son territoire furent également distraits de la monarchie prussienne. La Russie céda au roi de Hollande la seigneurie de Sever dans l'Ost-Frise, et obtint en échange d'étendre ses frontières aux bords du Bug et de la Narew. La confédération du Rhin et les nouveaux souverains, créés par Napoléon, furent solennellement reconnus.

Aux yeux de l'impartiale postérité les deux traités de Tilsitt seront des témoignages irrécusables

de la modération d'un homme que l'on a voulu assi-
miler à un conquérant en délire. L'histoire dira que,
lorsque la conquête lui donnait le droit de dépouiller
un prince qui avait faussé ses promesses, et manqué
à la foi jurée, il lui restitua sa couronne, et que,
vainqueur du premier potentat de l'Europe, il ne
lui demanda que son affection, son estime et son
alliance. Napoléon eût pu dès-lors, en commandant
l'intégrité de l'indépendance polonaise, en relevant
l'antique trône des Jagellons et des Sobieski, acquit-
ter la dette de la reconnaissance envers une nation
généreuse et brave, en même temps qu'il en aurait
fait une barrière formidable contre les invasions hyper-
boréennes, et un contre-poids à l'Autriche; mais d'autres vues occupaient sa pensée. La ruine de l'Angleterre était l'unique but qu'il poursuivait, et pour l'atteindre, il avait résolu de transporter sur le continent
les grands foyers de l'industrie et du commerce. L'accomplissement de cette œuvre ne pouvait avoir lieu
sans la coopération de la Russie : il ne devait donc
pas exiger qu'elle renonçât à ses possessions de la
Pologne, surtout si, comme il est vraisemblable,
il avait concerté avec l'empereur Alexandre le projet
d'établir en Europe deux grandes divisions, celle du

midi, dont la France eût été le centre, et celle du nord, sous la domination du Czar.

La possibilité de l'adoption d'un pareil plan devait d'autant plus inquiéter le cabinet de Saint-James, que depuis long-temps, ce cabinet semblait avoir pris à tâche de mécontenter tous les peuples. Les Anglais craignirent de voir se renouer, à l'ombre des deux premières puissances continentales, la confédération maritime, dissoute par l'assassinat de Paul Ier. Pour conserver l'empire de la Baltique, ils formèrent le dessein de forcer le roi de Danemarck à se déclarer en leur faveur, de le réduire sous les lois du vasselage, d'enlever sa flotte, de s'emparer du Sund, et d'en rester maîtres aussi irrévocablement que de la forteresse de Gibraltar. Deux fois, en 1800 et 1801, ils avaient tenté inutilement cette entreprise ; mais ils espéraient qu'au moyen d'une diversion opérée par les forces de la Suède, ils seraient plus heureux à la troisième. Gustave IV, vivement sollicité d'attirer sur lui le corps d'observation français qui couvrait le littoral, céda de nouveau au prestige des séductions britanniques. La convention de Schaltkow fut violée. En vain, dans une entrevue avec le monarque, le maréchal Brune en réclama-t-il l'exécution ; il ne reçut pour réponse qu'une sorte d'injonction de concourir, avec les émigrés français, soldés par l'Angleterre, au rétablissement de la dynastie des Bourbons. Brune repoussa une ouverture aussi étrange qu'intempestive, et sa noble fierté ne laissa au prince que le regret d'avoir profané la majesté royale, en ne rougissant pas de descendre au rôle d'un agent de corruption qui veut engager un guerrier à devenir un traître.

Gustave IV n'attendit pas même que le terme de rigueur après la dénonciation de la rupture de l'armistice fût expiré. Le 13 juillet, il faisait reprendre à son armée une attitude offensive, et quoique, depuis treize jours, la Russie et la Prusse eussent déposé les armes, il se flattait, avec l'aide de Dieu et le secours de quelques bataillons anglais, de réaliser bientôt toutes les chimères des coalitions. Les Français dissipèrent promptement cet espoir. Un premier combat, livré le 6 août, les conduit jusques sous les murs de Stralsund ; et cette place, dans laquelle Gustave s'est enfermé, après avoir couru les plus grands dangers, est sur-le-champ investie par les divisions Grandjean, Boudet et Molitor. Au bout de cinq jours, la tranchée est ouverte, le siège se poursuit avec vigueur, les sorties de l'ennemi sont repoussées , une artillerie nombreuse bat les remparts, et déjà tout semble annoncer l'approche d'un assaut , lorsque le roi de Suède , feignant de vouloir épargner à la ville les horreurs d'un bombardement , mais craignant plutôt pour sa propre sûreté , demande à entrer en pourparler. Cette démarche reçut l'accueil qu'elle méritait.

Le maréchal Brune répondit que , le passé n'inspirant aucune confiance pour l'avenir , on ne pouvait plus compter sur la parole d'un prince qui se jouait des engagemens les plus sacrés. Dans cette pénible extrémité , Gustave prit le parti de se retirer avec ses troupes , qu'il commandait en personne. Le général Peyron , l'un de ses aides-de-camp , accompagné de deux des principaux magistrats de Stralsund, vint alors offrir de capituler ; mais cette proposition était trop tardive. Le maréchal Brune la rejeta et fit le même jour , 20 août , son entrée triomphale dans la ville , où il trouva quatre cents bouches à feu et des approvisionnemens considérables en munitions et en vivres. Les habitans , rassurés par la générosité du vainqueur, laissèrent éclater leur joie d'être délivrés de la présence d'un maître qui les avait sacrifiés à la politique de l'Angleterre.

Gustave s'était réfugié dans l'île de Rugen ; mais

les murmures de son armée, fatiguée de combattre
pour une cause qu'elle était loin de regarder comme
nationale, l'abandon auquel le livraient les Anglais,
occupés d'agir contre les Danois, et les préparatifs
d'un débarquement, le déterminèrent à quitter cet
asile, pour aller en chercher un plus sûr à Stockholm.

Le départ du roi fut bientôt suivi de la reddition de
l'île. Les Français en prirent possession le 9 septembre, et cette conquête, jointe à l'occupation
de la Poméranie suédoise, couronna les travaux de
la grande armée pendant cette longue et glorieuse
campagne. Ainsi s'éteignit, dans le nord, le dernier
foyer d'une guerre à laquelle les Anglais, éternels
artisans de rapines et de destruction, ne prirent
de part active qu'en tournant leurs armes avilies
contre le Danemarck, dont le souverain, depuis long-
temps père et ami de ses sujets, voulait continuer
de faire leur bonheur par le maintien d'une neutralité
paisible. Ces insulaires vengèrent sur l'infortuné Christiern et sur son peuple la ruine des espérances qu'ils
avaient conçues d'une quatrième coalition, et menacèrent du même sort toutes les nations maritimes en
Europe, et jusqu'en Amérique. Que d'avantages Napoléon aurait pu retirer d'une si odieuse tyrannie !

Mais, quand il devait ne se montrer animé que de ces pensées libératrices qui séduisent les peuples, son génie, ennemi déclaré de tout affranchissement, semblait ne se complaire que dans les rêves du despotisme.

Le sceptre impérial s'apesantissait à chaque victoire, et la France triomphante, mais veuve de ses libertés, se présentait au monde, non plus comme une bienfaitrice qui allait répandre sur la terre les principes de la grande régénération philantropique, mais comme le docile instrument d'un dominateur redoutable.

Fidèle à sa propension vers le pouvoir absolu, Napoléon, de retour dans sa capitale, depuis le 24 juillet, achevait de faire disparaître de son gouvernement ce qui restait encore des institutions républicaines. Le tribunat qu'il avait d'abord conservé n'était pas assez monarchique : le tribunat fut effacé de l'acte des constitutions de l'empire. Les Français ne ressentirent pas alors combien était funeste cette atteinte portée aux prérogatives de la nation; trop d'enthousiasme enflammait tous les cœurs. La paix comblait tous les vœux, et la publique admiration, qui s'attachait au char du conquérant, absorbait jusqu'à la faculté de réfléchir à de plus chers intérêts. Au milieu

des

des transports de l'allégresse universelle, du concert de louanges prodiguées à l'empereur par les grands corps de l'état, de l'éclat des fêtes par lesquelles la France célébrait les exploits de son invincible armée, personne n'entendit la voix du sénat prononçant la suppressoin de la seule chambre législative qui eût gardé quelques formes démocratiques.

Pendant que les Français, ainsi subjugués par la gloire militaire de leur chef, se montraient indifférens à la perte de leurs droits, les autres peuples, se reposant dans le calme après lequel ils soupiraient depuis long-temps, fermaient les yeux sur l'extension que Napoléon donnait à son empire. La tranquillité était générale, Naples même commençait à en goûter les bienfaits, et ce royaume touchait au terme d'une guerre, qui, allumée avec la troisième coalition, s'était prolongée au-delà de la quatrième. L'insurrection de la Calabre dont nous avons suspendu le récit, pour assister à des événemens d'une plus grande importance, était sur le point d'être apaisée, et il ne restait plus que de faibles étincelles d'un embrasement qui s'était manifesté avec tant de violence. La place d'Amantea, à laquelle la cour de Palerme avait fourni toute espèce de secours, s'était rendue le

32

6 février, après trois mois d'une opiniâtre défense ; le siège du château de Fiumme-Freddo s'était effectué heureusement ; plusieurs rassemblemens de brigands avaient successivement été dispersés à Longobardi ; la petite ville de Belmonte était rentrée dans le devoir ; celle de Cotrone, alternativement prise, abandonnée et reprise, avait vu fuir l'un des plus déterminés chefs de bande, le fameux Corem-Cantore, qui, avec quatre-vingts galériens, cinq cents hommes des milices du pays et deux cents soldats siciliens, s'était enfermé dans ses murs. Un corps de six mille combattans, amené de Sicile par le prince de Hesse-Philipstadt, avait été défait à Mileto où il avait laissé plus de cinq cents morts et deux mille prisonniers ; la plupart des principaux rebelles avaient été passés par les armes, ou s'étaient cachés dans les montagnes ; leurs repaires étaient incendiés, leurs auxiliaires réduits à l'impuissance, leurs ressources épuisées ; ni le poignard, ni les embûches, ni les surprises, ni le climat dont l'influence mortelle décimait notre armée, ne pouvaient les sauver d'une entière destruction. Nos troupes, soutenues par l'exemple du général Reynier qui en avait pris le commandement au départ de Masséna, avaient lutté contre toutes les privations, bravé

tous les périls, surmonté toutes les difficultés; enfin pour achever de soumettre le pays, il ne s'agissait plus que de s'emparer des postes fortifiés de Reggio et de Scylla, seuls points en terre ferme où flottât encore le drapeau du roi Ferdinand. Mais déjà l'attaque se préparait, et il était aisé de prévoir quelle en serait l'issue. La prise des deux forts, investis en décembre 1807, devait un mois plus tard mettre fin à une campagne dont le succès assurait à Joseph Bonaparte la paisible possession de ses états.

Napoléon pouvait maintenant appliquer son régime prohibitif depuis les côtes du Holstein jusqu'au détroit de Messine; mais sur d'autres rivages dont il n'avait pas la surveillance immédiate, cette interdiction était fréquemment éludée. Le Portugal surtout, malgré l'apparente soumission de la maison de Bragance, n'était plus qu'une colonie de l'Angleterre, dont les marchandises se répandaient de Lisbonne dans toute la péninsule. L'empereur résolut de le ranger sous sa domination; et, pour s'en ménager les moyens, il conclut avec la cour de Madrid un traité qui fut signé à Fontainebleau, le 27 octobre 1807. Cet acte portait en substance que le prince espagnol qui régnait sur la Toscane, renoncerait à la souveraineté

32.

de ce pays, et en serait indemnisé par la province d'Entre-Duero-et-Minho , et par la ville d'Oporto ; que l'Alentejo et les Algarves seraient donnés en toute propriété à Manoël Godoï, prince de la paix ; que le reste du Portugal demeurerait en dépôt jusqu'à la paix générale, et qu'à cette époque, ou au plus tard dans trois années, Napoléon reconnaîtrait Charles IV comme empereur des deux Amériques. Les principautés accordées au roi d'Etrurie et à Manoël Godoï, étaient, en cas d'extinction de leurs progénitures, reversibles à la couronne d'Espagne. Une convention, arrêtée le même jour , réglait que l'expédition projetée s'effectuerait de concert par un corps de troupes françaises et par trois divisions castillanes. Le général Junot devait diriger les mouvemens militaires ; le 17 octobre , il franchit les Pyrénées à la tête de vingt-six mille hommes , prit en route une partie du contingent espagnol commandé par le général Caraffa , pénétra le 19 novembre sur le territoire portugais, et entra le 22 dans Abrantès. Cette marche de trois jours , à travers les montagnes incultes , hérissées de rochers , coupées par de profonds ravins, sillonnées par des torrens furieux, interrompues par d'horribles précipices, était déjà, par la nature seule du terrain, une

des plus pénibles que pût entreprendre une armée s'a-
vançant pour combattre ; elle devint affreuse par la
négligence de nos alliés qui n'avaient rien préparé
pour nous aider à en surmonter les obstacles. Un grand
nombre de soldats périt de fatigue et de misère dans
les épouvantables gorges du Beira ; et il n'est pas douteux que dans cette situation où nous manquions de
tout, deux mille ennemis, qui auraient occupé la formidable position de Las-Tailladas, ne nous eussent
forcés à rétrograder. Mais il était trop tard quand les
Portugais songèrent à défendre ces Thermopyles de
leur pays : leurs milices ne purent pas être rassemblées à temps, pour nous en fermer le passage, et Junot était le 29 à une lieue de la capitale, avant que le
gouvernement fût parvenu à organiser la moindre résistance. Plusieurs députations vinrent alors annoncer
que le prince régent, et tout ce qui tenait à la cour,
s'était embarqué pour le Brésil, que les habitans étaient
dans la plus grande stupeur, et qu'une flotte anglaise
établie à la barre du Tage, semblait vouloir s'introduire dans le port.

Junot n'avait avec lui que son avant-garde, et il
n'était pas sans inquiétude sur les autres corps qui se
trouvaient en arrière : il ne se dissimulait pas combien

il y avait de témérité à se risquer avec des forces si peu imposantes, au milieu d'une population de trois cent cinquante mille ames, dans une ville qui renfermait plus de quatorze mille hommes de troupes réglées, que pouvait enhardir la proximité des Anglais; toutefois il crut encore plus dangereux de laisser à cette multitude le temps de la réflexion, et dès le lendemain il fit son entrée dans Lisbonne à la tête de quinze cents hommes seulement, sans escorte de cavalerie, sans une pièce de canon et presque sans une cartouche. Les colonnes qu'il attendait arrivèrent successivement, mais dans un état si déplorable, qu'il leur eût été impossible d'aller plus loin. Des compagnies entières n'avaient plus ni armes, ni vêtemens, ni chaussure; un grand nombre de soldats étaient méconnaissables et presque moribonds.

Le général en chef s'occupa d'abord de pourvoir aux premiers besoins de ces malheureux ; la nécessité de réparer son matériel, qui se trouvait dans un délabrement extrême, fut le second objet de sa sollicitude; il le renouvela presqu'en totalité; prit ensuite des mesures administratives propres à calmer ou à contenir les esprits violemment agités, régularisa l'invasion qui en peu de jours s'étendit à toutes les

provinces et substitua sur les édifices publics , sur les
forts , sur la flotte portugaise , le pavillon tricolore
à l'étendard révéré que les crédules habitans de la
Lusitanie disaient tenir du Fils de Dieu lui-même. Ce
dernier acte, en révoltant le sentiment national, faillit
aiguiser les poignards du fanatisme ; il n'y eut sortes
d'impostures employées par les prêtres pour exciter
le peuple à la révolte : des miracles se faisaient dans
toutes les églises; des prophètes parcouraient les rues ,
annonçant que le fameux roi don Sébastien , mort
depuis cinq cents ans à la bataille d'Alcala , allait
enfin reparaître pour exterminer les Français; la statue
équestre de Joseph I.er venait , suivant d'autres, de
tourner deux fois sur elle-même. A ces signes , dont
la superstition ne pouvait nier l'évidence , de nombreux attroupemens se formèrent, des vociférations
et des menaces se firent entendre, c'était le signal de
l'insurrection générale ; mais ce mouvement qui avait
été prévu , n'eut aucun résultat : la populace fut sur-
le-champ dispersée, les instigateurs arrêtés et le calme
rétabli.

Nous étions maîtres du Portugal. Pour en conserver la possession , il était indispensable de régner
sur l'Espagne ; Napoléon avait plus d'un motif pour dé-

clarer la guerre à cette puissance : plusieurs fois il avait eu à se plaindre de l'instabilité du cabinet de Madrid , et il avait pu se convaincre que la crainte seule d'encourir la vengeance des Français, l'avait empêché de se donner ouvertement à l'Angleterre ; deux proclamations lancées par Godoï pendant la guerre de Prusse, avaient assez fait connaître, malgré le ton ambigu dont elles étaient écrites, que le gouvernement espagnol n'attendait que l'occasion d'un revers pour se ranger parmi nos ennemis. A la vérité, le traité de Fontainebleau avait paru l'effet d'une franche réconciliation , mais comme il n'était que la suite des protestations d'amitié, qu'à chaque nouveau triomphe de Napoléon, le prince de la Paix ne manquait jamais de dicter à son roi, on ne pouvait guères compter sur une alliance qui n'avait d'autres fondemens que la peur. D'ailleurs plusieurs conditions de ce même traité avaient été éludées, mal remplies ou faussement interprétées. Cette mauvaise foi était encore plus manifeste , depuis que l'abdication forcée de Charles IV avait fait monter Ferdinand VII sur le trône de son père. Personne n'ignorait que ce prince , en apparence si soumis aux volontés de l'empereur , était entièrement dévoué au cabinet de Saint-James , dont les émissaires étaient seuls admis dans son intimité.

Une conduite semblable eût suffi , dans des temps ordinaires, pour légitimer une agression de la part de la France ; mais Napoléon avait encore d'autres motifs ; il crut devoir employer d'autres expédiens. La division déjà très-prononcée dans la famille régnante , devait causer des troubles, et le discrédit dans lequel elle était tombée , faire accueillir avec joie un changement de dynastie ; telle était du moins la pensée qui se présentait le plus naturellement à l'esprit : cette pensée fut un piége pour Napoléon. Séduit par un concours de circonstances qu'il n'avait point provoqué et qui lui fournissait les moyens de s'emparer d'un trône sans coup férir, il commença à le convoiter , et comme il avait pour lui l'autorité de l'histoire et l'exemple des Romains dans de semblables occasions, il résolut de saisir celle qui lui était offerte. Mais les temps n'étaient plus les mêmes : Rome , dans ses usurpations , ne rencontrait jamais d'autres obstacles à renverser que les cohues armées des rois qu'elle subjuguait; l'enthousiasme religieux, inconnu aux peuples de l'Antiquité, n'était pas chez eux l'auxiliaire de l'orgueil national : en Espagne, au contraire , le fanatisme dominait, et si l'on excepte les hommes des premiers rangs qui avaient voyagé et

participé aux lumières européennes, il entrait d'une
manière indélébile dans le caractère de toutes les
classes de la population : deux dogmes s'y fondaient
dans l'opinion générale, la légitimité des Bourbons
et le catholicisme, l'une et l'autre assez ardens pour
repousser avec fureur les attaques qui leur seraient
livrées, l'une et l'autre capables, s'ils étaient oppri-
més, de prendre les couleurs fortes du patriotisme et
les traits horribles de la vengeance.

En attaquant le premier de ces dogmes, Napoléon
n'avait pas assez étudié le terrain sur lequel il allait
s'engager ; non seulement, il se donnait pour ennemis
tous ceux dont il blessait la croyance, mais encore,
il les réduisait à chercher au dehors les soutiens les
moins orthodoxes. Ainsi les Anglais, qui excluent de
leur droit public la légitimité du trône, devaient
être appelés à la défendre chez le peuple espagnol,
et à rattacher à cette cause celle du dogme catholi-
que, que cependant ils repoussent également de
leur île.

Une franche rupture de la part de l'empereur était
la voie la plus certaine pour atteindre le but qu'il se
proposait ; il préféra celle des machinations qui privait son règne de cette teinte héroïque, à laquelle il

devait autant de partisans qu'il comptait d'admirateurs.

Afin de former une armée dans le voisinage de l'Espagne, et de l'introduire dans ce royaume sans dévoiler ses projets, il prétexta la nécessité de renforcer le corps que Junot commandait en Portugal. Quatre-vingt mille hommes furent rassemblés au pied des Pyrénées. Ces troupes, qui se composaient en grande partie de conscrits levés pendant l'hiver, et qui n'avaient pour officiers que des vétérans rappelés depuis peu de l'inaction d'une longue retraite, ou des jeunes gens récemment sortis de l'Ecole - Militaire, ne tardèrent pas à se mettre en marche; et le cabinet de Madrid, trompé sur leur destination, les vit sans défiance traverser une frontière dont lui-même accordait le passage. Elles pénétrèrent ainsi dans le cœur de l'Espagne, et en occupèrent les places les plus importantes, avant même qu'on soupçonnât qu'elles s'avançaient dans des intentions hostiles.

Pendant cet envahissement, Ferdinand VII, attiré à Bayonne par une suite d'intrigues, y était retenu prisonnier ; Charles IV annulait sa première abdication par une seconde ; Napoléon, à qui le vieux roi cédait sa couronne, en disposait en faveur de son frère Joseph, et Murat dans Madrid se préparait à enlever de vive force l'infant don Antonio, dont la junte centrale improuvait le départ.

Le peuple de la capitale, irrité de ces violen-ces, se livra à des atrocités. Plus de cinq cents Français furent égorgés dans les rues. Cette ré-volte, connue sous le nom de journée du 2 mai, fut promptement apaisée; mais elle devint comme un signal auquel répondirent toutes les provinces. Les Espagnols établirent un gouvernement provisoire à Séville ; et tous les conseils provinciaux pro-testèrent contre l'abdication de Bayonne. Quelques jours après ces déclarations , un rassemblement de paysans , dirigé par le moine Fernando , se jeta dans Valence, et massacra tous les étrangers, fils, ou arrière-petits-fils de Français qui y étaient éta-blis de temps immémorial ; le capitaine-général don Miguel Saavedra , gouverneur de la place, tomba aussi sous les coups de ces forcenés. Cuença , Cartagène, Gre-nade, San-Lucar-de-Baromeda, Jaen, Cadix, Saragosse, Badajoz, Valladolid, ainsi que la plupart des autres villes furent le théâtre de scènes non moins sanglantes. Au 15 juin, le soulèvement était général , et plusieurs armées espagnoles s'organisaient en même temps. Ce fut à tra-vers cet incendie que Joseph , qui venait de quitter le trône de Naples, et qui, par un décret du 16 juin, avait été proclamé roi des Espagnes et des Indes, s'avança pour prendre possession de ses nouveaux états.

Cependant Murat , qui commandait en chef nos troupes en Espagne, n'avait pas perdu de temps pour s'opposer aux progrès de l'insurrection. Dès le commencement des troubles , l'armée , divisée en quatre corps , s'était mise en mouvement. Le maréchal Bessières, avec sa cavalerie , avait balayé les environs de Burgos. Le général Frère, à Ségovie, avait dispersé cinq mille révoltés dont l'artillerie était tombée entre ses mains. Les généraux Verdier à Logrono, Lasalle à Torquemada et à Valladolid, Merle et Ducos à Saint-Ander, avaient obtenu de semblables succès. Ces combats, qui d'abord avaient paru décisifs , se renouvelèrent sur d'autres points.

Le général Duhesme, en Catalogne, força les Espagnols dans leurs retranchemens sur les bords du Lobrégat , les poursuivit dans les montagnes , les battit une seconde fois à Bésoz où ils cherchaient à se rallier , emporta d'assaut le camp et le château de Mongat, fit un grand nombre de prisonniers, et s'empara de quinze bouches à feu.

Quatre mille insurgés de la Navarre et de l'Aragon furent défaits à Tudela par le général Lefebvre-Desnouettes qui leur enleva tout leur matériel. Le général Caulaincourt jeune en détruisit un égal nombre dans la province de Cuença.

Vingt-cinq mille hommes, presque tous équipés et

déjà exercés au maniement des armes, s'étaient réunis dans le royaume de Valence. Le maréchal Moncey, envoyé à leur rencontre, les atteignit au bourg de la Pesquera, les culbuta sur le pont et dans le défilé de Cabriel, les poussa, la baïonnette dans les reins, l'espace de plusieurs lieues, et acheva leur dispersion dans un un nouveau combat sous les murs de Valence. Le siége de cette place commença aussitôt; et malgré les efforts des insurgés pour opérer une diversion, six mille d'entr'eux qui, dans ce but, se montrèrent sur la rive droite du Xuxar, y furent attaqués, mis dans la déroute la plus complète, et chassés jusqu'au col d'Almanza, sur la frontière de Murcie. Moncey poursuivait ces brillans avantages, et il avait déjà détruit cinq mille ennemis, pris cinquante canons, enlevé trois drapeaux, quand il fut rappelé en toute hâte.

De funestes événemens en Andalousie avaient rendu cette mesure indispensable. Le général Dupont était entré dans cette province, avec l'ordre de s'emparer de Cadix. Après avoir occupé Cordoue, il marchait sur Séville, lorsque l'approche d'un corps considérable, envoyé contre lui par la junte suprême, l'obligea de rétrograder sur Andujar. Une fausse manœuvre du général Vedel facilita aux ennemis le passage du Guadalquivir, et leur offrit le moyen de couper les communications des Français. Dans cette situation critique, le général Dupont résolut d'occuper Baylen, et de s'y concentrer ; mais déjà les Espagnols, commandés par le général suisse Reding, étaient maîtres de cette position : il fallut les attaquer. L'action s'engagea avec acharnement, mais tandis que l'ardeur de nos bataillons se signalait par des prodiges, une brigade suisse qui servait dans les rangs de notre armée passa toute entière sous les drapeaux de l'ennemi. La lutte allait se décider en notre faveur : cette défection et la mort du brave général Gobert , tué en chargeant à la tête des cuirassiers , la rendirent incertaine et en prolongèrent la durée. Sur ces entrefaites , le général Castanos arriva au secours de ses compatriotes par la route d'Andujar , et le général Vedel, averti par la canonnade, parut en même temps du côté opposé. Ainsi de part et d'autre les combattans se trouvèrent avoir à dos des adversaires : cette singulière disposition présentait des chances dont un chef habile aurait su profiter; mais le général Dupont, cédant trop tôt à la crainte d'un grand revers, arrêta de lui-même l'élan d'une partie de ses troupes, et finit, malgré les sages avis du général Pryvé, par signer une capitulation que n'imposait pas la nécessité. Etonnés autant que fiers de ce succès, les Espagnols y virent les marques non équivoques de la protection accordée à leurs armes par cette divine Providence, dont les prêtres leur faisaient espérer l'appui; et leur foi grandit en même temps que leur courage.

La convention de Baylen fut violée indignement ; nos soldats qui devaient rentrer dans leur patrie, furent retenus prisonniers, il n'y eut sortes d'humiliations et de mauvais traitemens dont on ne leur fit subir l'épreuve. Les uns furent assassinés par les féroces habitans de la Siera-Morena, qui, peu de jours auparavant, avaient brûlé vif le général René, dont le nom se rattache à nos triomphes de l'Egypte et de la Ligurie; d'autres périrent de faim et de misère, ou furent transportés dans l'île de Cabrera pour y être exposés aux insultes d'une population à demi-sauvage; le plus grand nombre fut entassé dans les pontons infects de l'Angleterre.

La fortune qui s'éloignait de nos aigles à Baylen, leur restait fidèle dans le nord de l'Espagne, où commandait Bessières. Ce maréchal, informé qu'une armée régulière organisée sous les auspices de la junte d'Oviédo, et conduite par le général Cuesta, menaçait de se porter sur Valladolid et sur Burgos, afin d'intercepter les communications de Madrid avec la France,

France, résolut de s'opposer à cette entreprise : il s'a-
vança en conséquence à la tête de quatorze mille hommes, et se trouva, le 14 juillet, en présence de l'ennemi. Les Espagnols, au nombre de cinquante-six mille,
étaient rangés sur les hauteurs qui dominent la ville
de Medina-de-Rio-Seco, ayant sur leur front quarante pièces de canon en batterie. Cet appareil formidable n'imposa point au maréchal Bessières : il ordonna l'attaque, et ses troupes se précipitèrent sur les
positions; en vain les gardes wallonnes et quelques
vieux régimens voulurent-ils résister à l'impétuosité
de ce choc ; tous les corps insurgés furent successivement culbutés, et après un combat de six heures,
Cuesta, dont les soldats avaient rassemblé une quantité considérable de fers et de cordes pour garrotter
les Français , fut contraint de s'enfuir, abandonnant son artillerie, ses munitions, ses bagages et six
mille prisonniers. Les généraux Mouton, Lasalle,
Merle , Colbert , Ducos et Sabathier , l'adjudant-
commandant Guilleminot et le colonel Piéton déployèrent dans cette journée autant de talent que
de bravoure. Le dernier de ces officiers fut mortellement frappé en chargeant à la tête du 22.e régiment de chasseurs.

La victoire de Medina paraissait décisive. Napoléon, en apprenant la nouvelle, s'écria : « C'est une seconde bataille de Villa-Viciosa; Bessières a mis mon frère sur le trône d'Espagne, comme autrefois le duc de Vendôme y plaça l'arrière-petit-fils de Louis XIV. » Joseph entra effectivement à Madrid le 20 juillet; mais il y fut reçu avec une froideur qui n'était pas d'un heureux augure. Dix jours après, l'approche de l'armée du général Castanos, arrivée aux confins de la Manche, l'obligea de transférer sa résidence à Vittoria. Tous les corps de l'armée française eurent ordre de se concentrer sur Burgos; le général Verdier qui, depuis plusieurs mois, était devant Saragosse, dut en lever le siège, à la veille d'obtenir peut-être par une dernière attaque la reddition de cette place que le général D. Joseph Palafox défendait avec tout le courage et toute la résolution que peuvent inspirer à un jeune homme l'ardente soif des richesses, le désir immodéré des honneurs et l'ambition d'une grande renommée.

Le mouvement rétrograde de nos troupes obligées de se concentrer dans la Navarre, n'était qu'une des premières conséquences du désastre de Baylen. Nos soldats furent assaillis dans leurs cantonnemens par

une maladie contagieuse qui fit des progrès si rapides ,
que , malgré les soins les plus actifs , on put à peine
sauver douze à quinze hommes par compagnie. Murat
lui-même ne put rétablir sa santé, qu'en rentrant en
France; mais il n'y resta pas long-temps , la bienveillance de l'empereur lui destinait le trône de Naples ; il
alla l'occuper, et signala son avénement à la couronne
par la prise de Caprée, d'où son prédécesseur avait deux
fois infructueusement tenté de chasser les Anglais.Cette
île , où jadis Tibère se croyait à l'abri des vengeances
de Rome et de l'indignation du monde , est bordée
d'une chaîne non interrompue de rocs à pic dont la
cime se perd dans les nues. A l'aspect de cette formidable enceinte, on est frappé de l'idée que , pour
y pénétrer , il n'est pas d'autre chemin que le ciel ;
quatre forts et quarante pièces de canon ajoutaient encore à ces obstacles naturels ; tant de difficultés , pour
ainsi dire insurmontables , n'effrayèrent pas le général Lamarque qui dirigeait l'expédition. Caprée fut
escaladée en plein jour sous le feu le plus terrible ; et
seize cents Français , assiégés eux-mêmes pendant
leur attaque par six frégates , cinq bricks , trente bom-
bardes et plusieurs bâtimens de transports qui faisaient
craindre un débarquement , s'emparèrent d'une place

défendue avec le plus grand courage par trois mille Anglais sous les ordres du général Hudson Lowe.

L'audacieux assaut de Caprée, nous a fait perdre un instant le fil des événemens au-delà des Pyrénées; hâtons-nous de le reprendre. Les Anglais, qui, jusqu'alors avaient paru voir d'un œil impassible l'invasion de la Péninsule, ne tardèrent pas à prendre part dans une guerre qui était spécialement dirigée contre leur commerce. La première expédition qu'ils préparèrent eut pour destination le Portugal; sir Arthur Wellesley la commandait. Le 1.er août 1808, ce général débarqua dans la baie de Mondego avec vingt-quatre mille hommes auxquels se réunirent cinq mille soldats du général Spencer parti de Cadix, et un corps de quinze mille Portugais qui s'était formé à Coïmbre. L'armée française, sur les deux rives du Tage, comptait à peine quinze mille combattans; encore venait-elle récemment d'être affaiblie par les efforts qu'elle avait faits pour soumettre la province d'Alentejo. Les forces que présentait l'ennemi, étaient plus que doubles des nôtres, et cette disproportion allait devenir plus effrayante encore par l'arrivée des nouvelles troupes qu'attendait lord Wellesley. Cette considération détermina le général en chef Junot à tenter sans délai les chances d'une bataille. Il prit donc toutes les mesures nécessaires pour maintenir la capitale, et la quitta le 16 août, emmenant avec lui quelques bataillons, des munitions suffisantes et dix pièces d'artillerie ; quelques jours après il fut rejoint par la division Loison et par le général Laborde, qui, avec une avant-garde de deux mille hommes, venait de battre à Rorissa un corps de quatorze mille Anglais. Junot, se trouvant alors à la tête de quinze mille soldats, marcha aussitôt sur Vimeiro, où sir Arthur Wellesley avait pris position pour protéger le débarquement d'un renfort considérable conduit par le général Anstruther. L'attaque eut lieu le lendemain dans la matinée, les Français secondèrent avec une rare valeur les sages dispositions de leur chef ; mais cet accord du courage et des talens ne put balancer l'immense supériorité numérique d'un ennemi qui, avec trois fois plus de canons qu'on ne pouvait lui en opposer, couronnait des hauteurs inexpugnables. Après un combat de douze heures, Junot, ayant vu périr l'élite de ses braves, se décida à ordonner la retraite.

L'armée se replia en bon ordre sur Torres-Vedras, afin d'en garder le défilé et de couvrir Lisbonne. Néan-

moins cet échec ayant rendu notre situation des plus
critiques, le général en chef, pressé par le nombre toujours croissant de ses ennemis, par le manque de
vivres, et par les progrès de l'insurrection, assembla
en un conseil de guerre ses principaux officiers, et les
consulta sur le parti à prendre dans de telles conjonctures. Tous furent d'avis d'entrer en pourparler avec les
généraux anglais ; le général Kellerman, envoyé aussitôt
dans leur camp sous le prétexte de négocier un échange
de prisonniers, sut les amener adroitement à proposer
les bases d'une convention honorable pour les Français;
et cet acte, dont la discussion donna lieu d'abord à
quelques difficultés, fut définitivement signé à Cintra
le 5o août 1808. La fermeté de Junot triompha de
l'exigence de Wellesley. Son énergie enleva pour ainsi
dire d'assaut toutes les conditions qu'il voulut, et nos
troupes embarquées sur des vaisseaux anglais furent
ramenées en France avec armes et bagages.

Le traité de Cintra, si glorieux pour une armée
qui entourée de toutes parts, coupée de ses communi-
nications, et dénuée de toute espèce de ressources, eût
été forcée dans quelques jours à se rendre à discrétion, était moins pour les Français une capitulation
qu'une victoire : aussi Wellesley, pour l'avoir consenti,

encourut-il le blâme de l'Angleterre, de l'Espagne et
du Portugal. Napoléon donna des éloges à la conduite
de Junot; mais, en lui rendant justice, il ne put s'empêcher de censurer les dispositions qu'il avait prises à
Vimeiro. Suivant lui, il eût été possible de battre
l'ennemi et de le jeter à la mer. Cette assertion n'est
pas extraordinaire dans la bouche du plus grand capitaine du siècle ; mais il n'est pas donné à tout le monde
d'avoir le coup-d'œil de l'aigle.

Junot n'eut pas plutôt évacué le Portugal, que les
Anglais portèrent en Espagne la plus grande partie de
leur armée. Sir John-Moore, avec vingt mille soldats,
se dirigea sur Salamanque, et sir David Baird, à la tête
de quinze mille, descendit à la Corogne. Dans le même
temps, le port de Saint-Ander reçut le général marquis
de la Romana, qui, échappé, comme par miracle, du
Holstein où il était sous la surveillance de Bernadotte,
ramenait dans sa patrie un corps d'élite envoyé en
1807 par Charles IV, pour seconder nos armes dans
le nord. L'arrivée inattendue du marquis et de sa petite armée combla de joie les Espagnols qui célébrèrent
son retour comme celui d'un Dieu protecteur.

Ces divers renforts augmentèrent la confiance des
insurgés, dont le nombre prodigieusement accru par

notre inaction depuis la malheureuse journée de Baylen, s'élevait à plus de cent quatre-vingt mille. La rebellion promenait sa tête de géant d'une extrémité à l'autre de la Péninsule , et toute résistance devenait impossible avec les seules forces que nous lui avions d'abord opposées. .

Napoléon ne douta plus alors qu'on ne l'eût abusé, tant sur la situation de l'Espagne, que sur l'esprit et les dispositions de ses habitans ; mais fortement convaincu qu'il y avait encore moins de danger à persister dans son entreprise, qu'à montrer le découragement d'un début infructueux , il résolut de mettre tout en œuvre pour subjuguer le peuple dont l'énergie était rebelle à ses desseins. Après s'être assuré des intentions amicales de la Russie dans une entrevue à Erfurth avec l'empereur Alexandre, il dirigea vers les plaines de la Castille ses vieilles troupes stationnées en Allemagne, et annonça à ses généraux qu'il irait bientôt lui-même en prendre le commandement.

Le 5 novembre, Napoléon arriva au quartier-général de Vittoria. Aussitôt il mit ses colonnes en marche, afin de couper les Espagnols de leurs réserves, et de les empêcher de se concentrer sur Madrid. Le 10 , notre avant-garde rencontra l'armée d'Estramadure rangée en bataille auprès du village de Gamonal. Aborder les positions de l'ennemi, le culbuter et le mettre en déroute, fut l'affaire d'un instant. Le maréchal Bessières poursuivit les fuyards jusque dans Burgos, où sa cavalerie entra pêle-mêle avec eux. Leur épouvante fut telle, qu'ils ne songèrent pas même à défendre le château, qui fut occupé sur-le-champ. Trois mille insurgés périrent, et cinq mille furent faits prisonniers dans ce combat, qui fit tomber en notre pouvoir une grande partie de leur artillerie. Les savantes manœuvres du maréchal Soult, la valeur des troupes du général Mouton, et les charges brillantes du duc d'Istrie avaient décidé cet éclatant succès.

Pendant cette victoire, le maréchal Victor, qui, précédemment, près de Bilbao et sur les hauteurs de Guënès, avait battu l'armée de Galice, en achevait la dispersion à Espinosa-de-los-Monteros. Des quarante-cinq mille hommes qui la composaient, plus de la moitié était détruite, le reste errait dans les montagnes.

Treize jours après, Napoléon força à Tudela l'armée d'Andalousie et celle d'Aragon, commandées par Castanos et Palafox, qui, dans leur fuite, lui abandonnèrent sept drapeaux, trente pièces de canons, trois mille soldats et trois cents officiers, parmi lesquels douze colonels. Le 30, il attaqua la position de Sommo-Sierra, où un corps de treize mille hommes, formé des débris échappés à la poursuite, s'était fortifié. Long-temps notre infanterie fit, pour enlever les ouvrages de l'ennemi, d'inutiles et douloureux sacrifices. Accueillie par le feu le plus terrible, elle fut aussitôt obligée de se replier. L'empereur, témoin de cette hésitation, donna l'ordre aux chevau-légers polonais de s'emparer d'une batterie qui, postée sur une éminence, faisait d'affreux ravages dans nos rangs. Le chef d'escadron Kozietulski s'élança aussitôt à la tête de sa troupe, et bientôt soutenu par le reste du régiment que guidaient le colonel Krasinski et le major Dautancourt, il gravit la montagne au galop sous une grêle de mitraille. Tout ce qui voulut s'opposer à ce choc fut renversé. Artillerie et infanterie, tout fut sabré, dispersé ou pris. Cette charge audacieuse a été regardée à juste titre comme l'un des plus étonnans faits d'armes dont la cavalerie puisse se glorifier. Les résultats en furent décisifs : le corps espagnol était anéanti. Dix drapeaux, trente canons, des bagages et des caisses furent les trophées de cette action , qui ouvrit à nos troupes la route de Madrid. Le 2 décembre , l'empereur parut devant cette capitale , et , dès le lendemain , la division Vilatte , après avoir emporté d'assaut le Retiro , s'établit dans cette espèce de château fort d'où l'on peut foudroyer toute la ville. D'immenses préparatifs de défense avaient été faits , les rues étaient dépavées et barricadées , les couvens et les maisons percées de créneaux et matelassées : tout annonçait qu'il faudrait en faire le siége , lorsque le général Morla et D. Fernando de la Vera vinrent , au quartier du prince de Neufchâtel , implorer , au nom des habitans paisibles , la clémence du vainqueur. Le général Béliard , nommé gouverneur de Madrid , en occupa à l'instant tous les postes. Un pardon général fut proclamé , et les basses classes du peuple , dont on avait excité l'effervescence , en leur inspirant la terreur des Français , reprirent leurs travaux et leurs habitudes.

Le général de brigade Bruyères , tué au moment de la reddition de Madrid , fut inhumé dans l'un des faubourgs de cette ville. Il était renommé pour sa bravoure , et périt victime de sa témérité.

Pendant que Napoléon s'avançait ainsi dans le centre de la monarchie espagnole, le général Gouvion-Saint-Cyr, arrivé depuis un mois dans la Catalogne, avec un corps d'armée, s'emparait de l'importante forteresse de Roses, dispersait plusieurs des bandes qui infestaient la province, culbutait, à San-Celoni et sur le plateau de Cardaden, seize mille hommes, commandés par le marquis de Vivès; débloquait la place de Barcelonne, dans laquelle le général Duhesme, affaibli par une série de combats continuels, avait été obligé de s'enfermer, et poursuivait ces avantages au-delà du Lobrégat, où une nouvelle victoire au pont d'El-Rey et sur les hauteurs d'Ordal, lui livrait le camp retranché des Espagnols, ainsi que toute leur artillerie.

L'armée anglaise était la seule en Espagne qui ne fût pas encore entrée en lice. John Moore, qui la commandait en chef, après avoir hésité long-temps à seconder les Espagnols, qui lui reprochaient son éternelle temporisation, se décida enfin à quitter Salamanque, pour marcher sur Valladolid. Trompé par les faux rapports de la junte centrale, sur la résistance de Madrid, il espérait, en menaçant nos communica-

tions, opérer une diversion en faveur de cette capitale ;
mais à peine avait-il commencé son mouvement, qu'une
dépêche, interceptée du quartier-général français, lui
apprit les succès de l'armée impériale et les dispositions
de Napoléon, qui, pour le couper à la fois de sa retraite
sur le Portugal et sur la Corogne, avait ordonné
aux maréchaux Lefebvre et Soult de se diriger simultanément, le premier vers la haute Estramadure,
et le second vers la Galice. John Moore, voyant
que ce dernier, déjà parvenu à la frontière du royaume
de Léon, manœuvrait isolément et sans soutien, crut
pouvoir le surprendre et l'écraser. Il se concerta en
conséquence avec le marquis de la Romana, dont les
troupes devaient concourir à l'attaque, et s'avança
sur Toro ; mais, informé bientôt que deux divisions,
celles des généraux Laborde et Loison, avaient renforcé le corps du maréchal Soult, et que l'empereur
accourait par la route de Madrid, il prit sur-le-champ
le parti de rétrograder, et se replia avec tant de précipitation, que, malgré la rapidité de leur marche,
les colonnes françaises n'atteignirent son arrière-
garde que le 26 décembre, devant Benavente, sur
le bord de l'Esla. Le général Lefebvre-Desnouettes
franchit aussitôt cette rivière, à la tête de trois

escadrons des chasseurs de la garde. Il voulait signaler sa valeur en chargeant le premier sur des soldats anglais; mais ce dévouement ne fut pas heureux. Lefebvre, blessé et démonté dans un combat contre toute la cavalerie ennemie, ne put éviter d'être fait prisonnier. Sir John Moore, averti alors que Napoléon n'était plus qu'à six lieues de Benavente, se hâta de quitter cette ville, et après avoir passé l'Orbigo, dont il rompit les ponts, il redoubla de vitesse pour gagner Villa-Franca. Le corps de la Romana ne se pressait pas moins dans sa fuite; mais, serré de près par le général Franceschi, qui commandait l'avant-garde du maréchal Soult, il vit, le 30 décembre, son arrière-garde assaillie à l'improviste dans le village de Mancilla, et perdit dans cet engagement quinze cents hommes et deux drapeaux.

Le 1.er janvier 1809, Napoléon, qui avait envoyé en avant le corps du maréchal Bessières, vint établir son quartier-général à Astorga, où l'ennemi ne s'était point arrêté. Le maréchal Soult, qui arriva dans la soirée, reçut exclusivement de l'empereur la mission de poursuivre l'armée anglaise. Chaque instant augmentait les alarmes de John Moore et la terreur de ses troupes. Ce général et ses soldats semblaient entraînés par le pressentiment d'une perte certaine. Jamais ils ne croyaient avoir assez accéléré leur marche, ni qu'il n'y eût assez d'intervalle entre eux et leur adversaire ; cependant, au milieu d'une saison rigoureuse , à travers des sentiers escarpés et montueux , dont la plupart avaient disparu sous la neige ou sous l'inondation des torrens , ils étaient sans cesse retardés par une foule d'obstacles. Dans cette situation pénible , il leur fallut abandonner leurs malades, couper les jarrets des chevaux qui ne pouvaient plus suivre , et détruire en grande partie leurs bagages et leurs munitions. Tant de sacrifices et de précautions pour se soustraire aux lenteurs inséparables d'une semblable retraite , faisaient dire aux habitans de la Galice que sans doute les alliés de l'Espagne étaient venus parmi eux dans le seul but de défier les Français à la course. Le 5 janvier, nos têtes de colonnes aperçurent néanmoins une seconde fois l'arrière-garde ennemie ; elle était forte de six mille hommes , et occupait , près du défilé de Cacabellos , une position de l'accès le plus difficile. Le général Merle débusqua promptement les Anglais, et leurs bataillons en déroute laissèrent plus de trois cents morts sur le champ de

bataille. Nos troupes, suivant leur habitude, montrèrent dans cette occasion que le courage l'emporte
souvent sur le nombre. La cavalerie légère surtout
contribua puissamment au succès par la vigueur de
ses charges ; mais elle eut à déplorer la perte d'un
de ses chefs les plus vaillans. Le général Auguste
Colbert, dont l'Egypte, l'Italie et l'Allemagne avaient
vu les exploits, ne devait plus vivre que dans le souvenir des braves. Renversé de cheval par une balle
qui l'avait frappé au front, il recueillit un instant ses
forces, et s'adressant aux officiers qui l'entouraient :
« Mes amis, leur dit-il, je suis bien jeune encore
» pour vous quitter ; mais ma mort est digne d'un
» soldat de la grande armée, puisqu'en expirant,
» je vois fuir les plus implacables ennemis de ma
» patrie ». Colbert, homme d'esprit, de tête et de
cœur, n'avait pas trente ans, lorsqu'arrêté dans la
carrière des honneurs et des récompenses que lui
destinait l'empereur, il emporta dans la tombe les espérances d'une vie toute consacrée à la gloire.

La défaite de l'arrière-garde des Anglais répandit
dans leur armée le plus effroyable désordre. Le frein
de la subordination disparut entièrement. L'épouvante
avait tout nivelé, tout confondu. Officiers ou soldats,
tous

tous semblaient n'éprouver d'autre besoin que de s'étourdir sur leurs appréhensions ou leur dépit, qu'ils noyaient dans des flots de vin. Leur passage à Villafranca fut marqué par des excès dont les hordes les plus barbares ne se fussent pas souillées dans une place prise d'assaut. Le viol, le pillage, le meurtre et le saccagement des maisons, tels furent les fléaux qu'ils apportèrent dans cette malheureuse cité. De si révoltantes orgies se prolongèrent sans interruption sur un espace de vingt-quatre lieues, qu'ils parcoururent en quarante-huit heures. Cette odieuse soldatesque laissa partout d'horribles traces de sa brutalité. Des villages incendiés, de jeunes filles expirantes au lieu même où leur pudeur avait été outragée, l'époux égorgé près de l'épouse, l'enfant immolé sur le sein de la mère, présentaient l'affreux spectacle d'une arène de crimes où le génie du mal aurait long-temps promené ses fureurs. A chaque pas, on rencontrait des fusils, des canons, des munitions, des caisses, des bagages abandonnés, des chevaux tués ou mutilés, et par intervalles, des cadavres dont l'uniforme attestait la vengeance que les paysans espagnols avaient tirée de leurs infâmes auxiliaires.

En arrivant à Lugo, le général anglais jugea qu'une

34

halte de deux jours était indispensable pour rétablir la discipline dans son armée, qui était menacée d'une prochaine dissolution : peut-être aussi espérait-il, par une démonstration inattendue, retremper le moral de ses soldats. Quoi qu'il en fût, le maréchal Soult, le croyant disposé à accepter le combat, rangea ses troupes en bataille ; mais son adversaire profita de l'obscurité de la nuit, pour filer en silence sur la Corogne, où il parvint le 11 janvier, après avoir perdu neuf mille hommes, six mille chevaux, presque toute son artillerie, ses magasins et son trésor.

John Moore, en attendant les vaisseaux qui devaient l'emmener, songea à se mettre à l'abri d'une tentative. La place de la Corogne n'était accessible que par un point : il s'occupa sur - le-champ d'en assurer la défense. Le maréchal Soult se trouva en présence des Anglais, le 14, avant que les travaux fussent terminés. Toutefois plusieurs de ses colonnes n'ayant pu encore le rejoindre, il ne fut que le 16 en mesure d'ordonner l'attaque. L'action s'engagea à deux heures de l'après-midi. Les généraux Merle, Mermet et Jardon avaient délogé l'ennemi d'une partie des hauteurs où il s'était retranché , quand la résistance de ses réserves arrêta tout-à-coup nos progrès. Le combat , devenu très-vif sur toute la ligne , ne cessa qu'à la nuit. Deux mille cinq cents Anglais , morts ou blessés , couvrirent le champ de bataille. Sir John Moore fut tué , le général sir David Baird eut le bras emporté ; mais nos troupes ne purent réussir à gagner du terrain. Sir John Hope , ayant pris le commandement en chef de l'armée britannique , n'attendit pas le jour pour la faire embarquer. Le 17 , à cinq heures du matin , la flotte sur laquelle il était monté leva l'ancre et fit voile vers l'Angleterre.

Les Anglais s'étaient sans doute promis une toute autre issue de cette expédition. La fortune , cette fois , ne seconda pas leurs espérances. Le tiers de leurs forces avait été détruit presque sans combattre, et leur armée entière se serait vue dans la nécessité de mettre bas les armes , si Napoléon, au moment de l'atteindre , n'eût été obligé de quitter inopinément la Péninsule, pour revenir au sein de ses états. La suite des événemens nous dévoilera bientôt les motifs de ce prompt départ.

Le 20 janvier , la capitulation de la Corogne livra aux Français deux cents bouches à feu , des mu-

nitions considérables et vingt mille fusils. Elle précéda celle du Férol , où l'armée trouva des ressources
immenses. Quinze cents canons étaient dans l'arsenal
de cette place , dont le port renfermait huit vaisseaux
de haut bord , trois frégates et plusieurs autres
bâtimens de guerre. L'occupation de Vigo com-
pléta , à la même époque , la conquête de la Galice.

Pendant que le maréchal Soult chassait les Anglais ,
le maréchal Lefebvre , ayant passé le Tage à Al-
maraz , avait dispersé une nouvelle armée , formée
par le général Galluzo des débris des corps d'Estramadure et de Castille , et avait poursuivi les divisions
espagnoles jusque sur les bords de la Guadiana.
Le maréchal Victor n'avait pas été moins heureux
à la bataille d'Uclès, où une éclatante victoire , remportée le 13 décembre, avait fait tomber entre ses
mains dix mille hommes des troupes du duc de
l'Infantado , et quarante pièces de canon. Après cette
journée, dont le succès était dû autant à l'habileté
des dispositions qu'à la valeur des divisions Vilatte
et Ruffin , Victor était entré dans la province de
Cuença , et avait ensuite pris ses cantonnemens dans
celle de Tolède.

Joseph Napoléon , que son frère , en s'éloignant ,

avait nommé généralissime des armées françaises ,
était resté à Vittoria jusqu'à la nouvelle des dernières
défaites des Espagnols et de la fuite des Anglais. Convaincu alors que sa domination allait enfin s'affermir , il s'était décidé à revenir à Madrid, et y avait
fait sa rentrée solennelle le 22 janvier. Quelques démonstrations d'enthousiasme et la voix de ses flatteurs,
l'avaient enivré de folles espérances : suivant lui, son
règne était irrévocablement commencé, et il était impossible que la haine dans le cœur des Castillans ne
fût pas changée en amour par les bienfaits de son administration ; mais Joseph , quoique bon , n'avait
aucune des qualités morales qui commandent l'estime
et l'affection des peuples ; sa bonté avait cette faiblesse , son caractère avait cette irrésolution qui ne
leur inspirent que du mépris ; transigeant sans
cesse entre ses propres idées qui étaient fort étroites,
et celles de Napoléon qui étaient beaucoup trop éten-
dues , il ne savait pas choisir entre la docilité aveugle et la fermeté invincible. Ses volontés les plus
prononcées n'étaient que des velléités, et dans le
conflit de deux intentions contraires, jamais il n'avait
assez de force pour rompre cet équilibre qui produit
et décèle l'impuissance. Apathique et lent , son état

naturel était l'inertie, et le repos son seul penchant ;
aussi, en le voyant renoncer à la vie pénible des camps,
pour s'enfermer dans un palais, avant même que les
Français lui eussent conquis, s'il était possible,
un royaume au prix de leur sang, on pouvait déjà
prévoir que le prince qui s'était endormi à Naples,
au sein de la mollesse et de l'oisiveté, ne se réveillerait
pas sur le trône des Espagnes.

Tandis que Joseph goûtait ainsi prématuré-
ment les seules douceurs qu'il envisageât dans la
royauté, l'insurrection se ranimait dans plusieurs
provinces ; l'Aragon, où jamais l'on n'avait pu parvenir même à la comprimer, avait vu toute sa population prendre les armes. Saragosse, victorieuse
d'un premier siège, entretenait l'espoir des Espagnols,
et leurs regards se tournaient exclusivement vers cette
capitale, qu'ils jugeaient imprenable. D'immenses travaux, entrepris depuis six mois, semblaient justifier
cette opinion. Palafox, loin de se laisser décourager
par sa défaite de Tudela, avait mis à profit notre éloignement de Saragosse, pour s'occuper sans relâche
d'en réparer et d'en augmenter les fortifications, dont
l'ensemble était devenu des plus imposans par le
concours d'une multitude de bras ; les campagnes

s'étaient dépouillées pour fournir aux approvisionnemens, et les magasins contenaient des vivres pour
plus d'une année. Tout ce que les paysans n'avaient pu
emporter de leurs villages avait été détruit, et lorsque,
le 19 décembre, les Français réparurent, ils ne trouvèrent pas une seule habitation, pas un seul arbre
sur pied.

Cent soixante - dix pièces en batterie hérissaient
les remparts de la place, et la garnison, ou pour
mieux dire, l'armée qui y était rassemblée, s'élevait
à quarante mille hommes : dans ce nombre, on comptait huit à dix mille soldats de ligne, et deux mille
cavaliers. Le reste se composait de contingens fournis par les provinces voisines, de quinze mille paysans armés, de moines et de prêtres. Un égal patriotisme rattachait les individus de cette masse incohérente, dont Palafox sut en homme habile accroître
et diriger l'énergie.

Bientôt le siège commença, et l'intrépidité des assaillans vint échouer contre le fanatisme des Aragonais, en qui l'exaltation et la soif de la vengeance
suppléaient à l'habitude des armes. Résolus d'avance à
s'ensevelir sous les ruines de leur cité, ils bravaient tous

les moyens de déstruction dirigés contre eux , et immobiles, au milieu des débris croulans de toutes parts,
ils continuaient leur feu rapide et meurtrier. Les
femmes partageaient ce prodigieux dévouement. L'hu-
meur martiale des Amazones, leur avait été offerte en
exemple dans des proclamations brûlantes de civisme ,
et la gloire de Jeanne d'Arc excitait leur émulation.

Les Français distinguaient parmi leurs ennemis ,
de jeunes dames élégamment vêtues , faisant dans les
batteries l'office de canonniers ; d'autres, armées d'un
fusil , d'un pistolet ou d'un sabre , se précipitaient à
travers les balles et les grenades , enflammant les officiers par le prestige d'une bravoure surnaturelle et
peut-être aussi par l'espoir de la plus attrayante des
récompenses que la beauté puisse accorder au guerrier valeureux. A leur tête , semblable à la déesse
Pallas , paraissait la jeune comtesse de Burita , issue
d'une noble famille d'Aragon ; elle unissait à toutes
les grâces de son sexe , une intrépidité sans égale.
Sous ses ordres , une compagnie de femmes qu'elle
avait formée, portait des secours aux blessés, et des cartouches aux combattans. Les bombes , les obus et
la mousquetterie ne détournèrent jamais ces fières

Aragonaises de leurs généreuses fonctions ; la plupart obtinrent par leurs services les décorations militaires.

Ce prix des belles actions était un des puissans mobiles employés par Palafox , pour animer l'ardeur de ses troupes. La religion lui prêtait ses solennités et son pieux langage : des prédicateurs, répandus dans les églises et sur les places, présentaient le christianisme comme consacrant la liberté et l'indépendance , et les miracles de l'image célèbre de *Notre Dame - del - Pilar* , regardée de tout temps comme le *Palladium* de Saragosse , achevaient de porter au plus haut degré le double fanatisme du peuple et de l'armée.

Le ministère des prêtres et des moines ne se bornait pas à des exhortations : ils parcouraient les rues en brandissant le glaive , pour rallier au combat , ou bien encore , guidant les assiégés dans leurs sorties , ils agitaient dans les airs une sainte bannière sur laquelle était peinte l'aigle française , déchirée par le lion espagnol. Les cénobites , dont les passions allumées par le régime des cloîtres et contenues par leur austérité , ont tant de violence , lorsqu'elles peuvent éclater au dehors, l'emportaient, par leur exaltation, sur tous les assiégés. Tandis que, dans cette milice sacrée, les vieillards s'occupaient avec une inconcevable activité, de transformer la terre des rues en salpêtre et le chanvre en charbon, de fabriquer des cartouches, de surveiller les travaux; les jeunes gens, et c'était le plus grand nombre, se mêlaient aux soldats pour rivaliser avec eux de fureur et d'audace. Un curé, nommé Jago Sass, se fit particulièrement remarquer : chapelain du général en chef et capitaine dans l'armée, il ne s'offrait pas une entreprise difficile ou hasardeuse, qu'il ne sollicitât l'honneur d'en être chargé. Il n'était pas le seul qui eût un commandement : plusieurs de ces serviteurs d'un dieu de paix avaient mérité des grades par de sanglans exploits : aucun effort ne lassait leur constance, et quand ils volaient au danger, aucun champion n'était plus déterminé, ni plus terrible. Plus d'une fois cependant on les vit, au milieu du carnage, quitter tout-à-coup leurs armes, et, reprenant le caractère apostolique, s'avancer, revêtus de leurs habits sacerdotaux, un crucifix à la main, pour montrer à nos postes le signe de la rédemption, et les convertir par leurs discours à la cause qui leur inspirait tant de zèle : souvent aussi, à la faveur des ténèbres, ils s'introduisaient dans notre camp, et inondaient les tranchées de proclamations écrites en six langues et dans lesquelles on n'avait négligé aucun des moyens de séduction propres à désorganiser une armée.

Pendant que Palafox cherchait ainsi à ébranler la fidélité de nos troupes, il mettait tout en œuvre pour imprimer aux siennes l'élan de l'enthousiasme. Des bulletins qu'il fabriquait et qu'il faisait ensuite publier au son des cloches et des musiques guerrières, annonçaient avec emphase de prétendues victoires remportées par les Espagnols : désormais, disait-il, rien ne pouvait leur résister, et les lâches ou les traîtres pouvaient seuls cesser d'être invincibles. D'après ce système, il faisait pendre ceux de ses officiers qui capitulaient, et ces mots, *guerre à mort*, étaient son unique réponse aux sommations qui lui étaient adressées. Il ne consentit pas même à demander une trève pour enterrer les morts. Cependant comme il redoutait les ravages d'une épidémie, il imagina de faire conduire les prisonniers français, attachés avec une corde, dans les endroits où les cadavres étaient amoncelés ; et là, tandis qu'ils don-

naient la sépulture à leurs compatriotes, des Aragonais rendaient aux leurs le même devoir. Nos soldats
craignant alors de blesser leurs camarades , et respec-
tant le soin dont ils étaient chargés , suspendaient leur
feu : l'ennemi , au contraire , continuait le sien
avec plus de fureur.

Cet incroyable acharnement n'empêcha pas les
troupes impériales de pénétrer dans la place ; mais,
quand elles eurent emporté tous les ouvrages extérieurs et franchi les remparts, leur persévérance fut
soumise à de nouvelles épreuves.

L'attaque des différens quartiers de la ville présentait des difficultés plus grandes encore que celles
des fortifications. Chaque couvent était une citadelle,
chaque maison une place d'armes qu'il fallait enlever
d'assaut. Assiégés et assiégeans tour-à-tour , les Aragonais étaient infatigables pour défendre et reconquérir leurs foyers. L'épaisseur des murailles et des
voûtes était pour eux un abri au sein duquel ils bravaient les obus et les bombes , et où l'on ne parvenait
à les atteindre qu'après avoir épuisé toutes les inven-
tions de la pyrotechnie , tous les procédés destruc-
teurs enfantés par le génie de la guerre. Les explo-
sions des pétards et des mines , le bruit de la sape

se faisaient entendre à toutes les heures. De toutes parts la foudre souterraine et la hache ouvraient un chemin à nos soldats. Ils se précipitaient aussitôt dans la brèche, et d'étage en étage, de chambre en chambre, s'engageait un combat, qui ne finissait qu'avec la vie du dernier des Espagnols. Souvent dans l'impuissance de forcer ces asiles, on était réduit à les embraser. L'ennemi tenait toujours jusqu'à la dernière extrémité, et, si parfois, convaincu de l'inutilité de la résistance, il se décidait à abandonner un édifice, il allumait lui-même l'incendie, et des torrens de flamme et de fumée étaient la nouvelle barrière qu'il opposait à l'attaque. Les Français, au milieu de cet enfer, ne laissaient pas de gagner du terrain; mais, lorsqu'ils avaient occupé une île de maisons, ils étaient obligés, pour passer dans une autre, de rompre les barricades, et de briser les chaînes qui traversaient les rues. Des retranchemens et des batteries, d'où pleuvait sur eux une grêle de balles et de mitraille, les arrêtaient à chaque pas, et partout la mort les attendait, portant sur son front l'inexpugnable couronne de Cybèle. Leurs moindres progrès étaient annoncés par le tocsin, dont le glas sinistre était pour les assiégés le signal d'accourir en foule, afin de remplacer ceux des leurs qui avaient succombé.

Il paraissait impossible que notre armée surmontât tant d'obstacles; cependant ils se multiplièrent encore, et, dans le même temps qu'elle rencontrait de si ter-ribles adversaires dans les murs de Saragosse , au dehors des rassemblemens s'avançaient sur plusieurs points pour l'envelopper et intercepter ses convois. Toute la population des campagnes se réunissait sur nos derrières, des bandes nombreuses infestaient la Sierra de la Muela , et menaçaient Alagone, où se trouvaient nos hôpitaux et nos munitions. Les montagnards de Soria , levés en masse , faisaient craindre pour Tudela , poste important sous le double rapport de la navigation du canal d'Aragon , et des communications avec Pampelune , place de dépôt , dont la route était couverte de guérillas. Une armée de secours , sortie de terre à la voix des deux frères de Palafox , manœuvrait sur la gauche de l'Ebre , et vingt mille hommes , dont elle se composait , assiégeaient en quelque sorte , dans ses lignes , la division Gazan. La présence de ces différens corps et la nécessité de les disperser ou de les contenir donnèrent lieu à des

escarmouches sans nombre, et à quelques combats.
Le général Wathier battit à Belchite cinq mille insurgés, et s'empara d'Alcanis. L'adjudant-commandant Gasquet en culbuta deux mille à Zuéra. Enfin
le maréchal Mortier, après avoir écrasé, à la Per-
diguera, l'avant-garde de don François Palafox,
défit complètement, à Nostra-Señora di Magallon,
dix mille Aragonais que conduisait ce général. Les
charges impétueuses de l'adjudant-commandant De-
lage, à la tête du 10.ᵉ régiment de hussards, contribuèrent surtout au succès de cette affaire, dans
laquelle l'ennemi perdit douze cents hommes, tués
ou prisonniers, deux drapeaux et quatre pièces de
canon.

Chaque fois que les insurgés se montraient, leur
apparition était pour nous l'occasion d'une victoire;
mais l'on ne pouvait ainsi faire face de tous côtés,
sans détourner de leur destination quelques-uns des
corps, qui eussent été employés plus avantageusement
à réduire Saragosse. Vingt-deux mille hommes avaient
d'abord été amenés devant cette place par le maréchal Moncey. Junot, qui l'avait remplacé dans le commandement, avait vu décroître ce nombre; et à peine
le maréchal Lannes, qui avait succédé à ce dernier,

comptait-il neuf mille combattans dont il pût disposer pour terminer le siége. Quatre-vingt-dix bouches à feu formaient tout le matériel de son artillerie. La cavalerie, manquant de fourrage, ne pouvait s'en procurer que les armes à la main. Toutes les troupes ne recevaient plus qu'une demi-ration de pain, sans viande. Malgré ce dénuement, le maréchal Lannes était parvenu, par le seul ascendant de son caractère, à donner plus d'ensemble et d'activité aux opérations ; mais à la fin, les soldats, que long-temps ni les privations, ni les périls n'avaient pu rebuter, se laissèrent aller à une opposition morale et à un découragement dont les suites étaient d'autant plus à craindre qu'ils croyaient ne céder qu'à une impossibilité évidente.

Le maréchal leur rendit, par son inébranlable fermeté, toute la confiance nécessaire pour arriver au but qu'il leur montra plus prochain que jamais. Bientôt ils eurent repris cette bravoure froide, cette audace réfléchie, qui pouvaient seules hâter le terme de leur entreprise, et l'enlèvement d'un faubourg sur la rive gauche de l'Ebre, par la division Gazan, fut le premier prodige de ce réveil. Nous étions maîtres du pont qui sert de communication avec la ville. Dès le lendemain, cinquante pièces de canon battaient

en

en ruines les maisons qui bordent les quais, et plusieurs fourneaux, chargés chacun de trois milliers
de poudre, avaient été placés de manière à ce que
leur détonation simultanée achevât de jeter la consternation parmi les assiégés. La junte, justement
effrayée de ces préparatifs, envoya alors une députation pour demander à capituler; mais le maréchal
Lannes, qui, la veille, avait rejeté une proposition
semblable, faite au nom de Palafox, exigea que l'on
se rendît à discrétion.

Le 21 février 1809, les Français occupèrent Saragosse. Cette ville, dont ils n'avaient pu s'emparer
qu'après cinquante-deux jours de tranchée ouverte,
n'était plus qu'un immense monceau de cendres,
de cadavres et de décombres. Plus de cinquante mille
individus, de tout âge et de tout sexe, avaient péri
dans cette malheureuse cité, où la peste vint ensuite
consumer ce qu'avait épargné la guerre.

Tel fut le sort déplorable des habitans de Saragosse:
après le siège le plus extraordinaire dont les annales du
monde aient consacré le souvenir, ils se virent encore
en proie au plus horrible des fléaux. Mieux eût valu
pour eux, dans un beau désespoir, rappeler la ré-

solution héroïque de ces Numantins qui s'entre-
tuèrent tous pour ne pas orner le triomphe du jeune
Scipion!

La perte des Français fut de trois mille morts,
parmi lesquels onze officiers du génie. Le dévouement des chefs de cette arme ne pouvait être plus
grand. Partout ils montèrent les premiers sur les
brèches. Le général Lacoste, aide-de-camp de l'empereur, fut tué en dirigeant un assaut : il était encore
dans la fleur de l'âge, et avait rendu à sa patrie d'éminens services. Les capitaines Reggio, Second, Barthé-
lemi, Joffrenot, Viervaux et Jencesse succombèrent
également: seize de leurs camarades furent grièvement
blessés. Le colonel Rogniat, choisi après la mort
de Lacoste pour présider aux travaux, et le capitaine
Fournier étaient de ce nombre. Le colonel Dode
de la Brunerie, les chefs de bataillon Haxo et Va-
lazé, les capitaines Daguenet et Prétel furent plus
heureux, et n'obtinrent pas de moindres éloges. Le
général Dedon déploya, dans le commandement
de l'artillerie, autant d'habileté que de courage.
Les généraux Suchet, Gazan, Morlot, Grandjean,
Rostolland, Meunier-la-Converserie ; le colonel Du-

peroux, le major Breuille, et le chef de bataillon Sthal, appartenant tous à la cavalerie ou à l'infanterie, méritèrent des mentions particulières.

Peu de jours après la prise de Saragosse, le maréchal Mortier, qui y avait coopéré, se mit en marche sur la Castille, afin de soutenir les opérations des autres corps dans le midi de l'Espagne et sur les frontières du Portugal. D'après le plan de Napoléon, deux armées étaient destinées à envahir ce royaume; l'une, conduite par le maréchal Victor, devait y pénétrer à travers la haute Estramadure, en descendant le Tage; le maréchal Soult, qui commandait la seconde, forte de vingt-deux mille hommes, avait reçu pour instruction de se diriger par la frontière du Nord sur Braga et sur Oporto. Il avait, en conséquence, commencé son mouvement dans les derniers jours de février; et le 4 mars, après avoir dispersé à Maurentan, un rassemblement considérable de paysans Galiciens, qui voulaient lui disputer le passage d'un pont sur la rivière torrentueuse de Sachas, il traversa le Minho à Orensé. Le lendemain, il culbuta à Monterey et sur les hauteurs d'Orsuna, vingt-cinq mille hommes des troupes, que la Romana avait réorganisées à Léon, leur fit dix mille cinq cents prisonniers, leur enleva dix pièces de canon, sept drapeaux, et une grande quantité de munitions. Les fuyards furent poursuivis jusqu'à Puebla, où ils trouvèrent un refuge dans les montagnes. Ce combat précéda d'un jour celui de Vérin, dans lequel quatre mille Portugais, postés des deux côtés du défilé qui conduit dans les provinces portugaises de Tra-los-Montes, furent débusqués, forcés d'abandonner toute leur artillerie, et poussés, l'épée dans les reins, au-delà de San-Cypriano. Cet avantage fut immédiatement suivi de la prise sans coup férir de Villarelo. Le 10 mars, l'avant-garde de l'armée française franchit la Taméga, et défit dans deux engagemens consécutifs, à Feces de Abaxo, cinq mille soldats de la garnison de Chavès, l'une des principales villes de la province. Six cents ennemis restèrent sur le champ de bataille : un plus grand nombre tomba au pouvoir des vainqueurs. Le 11, Chavès fut investie, et le 12, elle se rendit à la seconde sommation. Le maréchal Soult avait menacé de livrer un assaut et de passer la garnison par les armes. La place était riche en artillerie, en vivres et en munitions. Nos troupes y trouvèrent en abondance les provisions nécessaires pour traverser un pays dénué de toute espèce de ressources. Le 15, après un repos de trois jours, elles continuèrent leur route, emportèrent à la baïonnette les défilés de Ruivaens, de Vandanova, de Salamonde, et parvinrent le 17 à Carvalho, dont elles occupèrent les hauteurs. De leurs positions, les Français découvraient l'armée portugaise, rangée en bataille sur les montagnes en avant de Braga ; la ligne de nos avant-postes s'étendit jusqu'à San-Joao del Rey.

A l'aspect de nos aigles, le général Freire, commandant en chef les forces ennemies, voulut, d'après les ordres de la junte suprême, lever son camp et se replier sur Oporto ; mais ses soldats, qui demandaient à prendre l'offensive, crièrent à la trahison : ils refusèrent d'obéir, se précipitant sur lui, ils le massacrèrent, ainsi que la plupart des officiers de son état-major. Le baron Dében, officier hanovrien, fut choisi par ces furieux pour le remplacer.

Le nouveau général se prépara à remplir les vœux de son armée ; mais le maréchal Soult, informé de ses intentions, résolut de le prévenir en marchant à lui avec toutes ses forces. La division Delaborde s'ébranla la première ; les Portugais, en la voyant s'avancer l'arme au bras, et sans même daigner riposter à leur feu, rabattirent tout à coup de leur confiance présomptueuse : saisis d'une terreur soudaine, au moment d'être joints par leurs impassibles adversaires, ils se débandèrent et s'enfuirent, abandonnant leur artillerie, leurs bagages, leurs caisses militaires et leurs étendards. Les divisions de cavalerie des généraux Lorge et Franceschi entrèrent dans Braga, pêle-mêle avec l'ennemi, qu'elles poursuivirent au galop l'espace de quatre lieues, et dont elles firent un grand carnage.

Le maréchal Soult établit aussitôt son quartier-général dans la ville, et bientôt les places de Barcelos et de Guimaraens furent également occupées ; la prise de cette dernière eut lieu après un combat des plus opiniâtres et des plus meurtriers, dans lequel le général Jardon fut tué, en faisant le coup de fusil à la tête des tirailleurs du 17.e d'infanterie légère. La bravoure de Jardon passait depuis long-temps en proverbe parmi les vieux soldats ; jamais guerrier n'avait affronté tant de périls ; sa vie offrirait peut-être des traits plus merveilleux que celle du plus fameux flibustier. Il avait les vertus, les défauts, le caractère du fils de Télamon, et se croyait invulnérable comme lui.

Les Portugais s'étaient ralliés sur la rive gauche de

l'Ave : nos troupes effectuèrent le 26 le passage de
cette rivière, et une nouvelle victoire à Troffa et en
avant du défilé de Sidreira leur livra les approches
d'Oporto. Cette ville, la plus considérable après Lisbonne, était défendue par une enceinte fortifiée, par
des ouvrages hérissés de deux cents pièces de canon,
et par une armée de soixante mille hommes, que
commandaient des officiers supérieurs, sous la direction de l'évêque. Dès le lendemain de son arrivée,
le maréchal Soult fit sommer ce prélat; mais le général Foy, qui avait sollicité cette mission, fut retenu
prisonnier et jeté dans un cachot après qu'on l'eut
dépouillé de tous ses vêtemens. Pendant la nuit du 28
au 29, une sédition éclata dans le camp ennemi et dans
Oporto même; le maréchal Soult, averti de ce désordre par le bruit du tocsin, jugea que l'occasion était
favorable pour tenter une attaque. L'action s'engagea à sept heures du matin, par une forte canonnade
et par de nombreuses décharges de mousqueterie. En
un instant la division Delaborde eut franchi les retranchemens et enfoncé la ligne portugaise, dont tous
les corps, mis en pleine déroute, furent chargés
jusqu'au Duero par la cavalerie qui entra avec
eux dans la ville. Le pont qui conduisait sur
la rive gauche, ayant été rompu, tout ce qui

ne fut pas sabré , fut impitoyablement jeté dans le fleuve , ou mitraillé par les batteries qui tiraient sur nos têtes de colonnes. Le combat recommença néanmoins dans les rues d'Oporto ; mais cette résistance tardive des vaincus n'eut d'autre résultat que d'exposer les habitans aux horreurs d'un assaut dont le succès ne pouvait plus être disputé. La place fut emportée à huit heures du soir ; notre infanterie avait franchi le Duero , et le général Franceschi , avec sa cavalerie légère , poussait des reconnaissances sur la Vouga.

Quoique l'armée française eût tout écrasé devant elle , plusieurs villes sur ses derrières étaient encore occupées par l'ennemi. Une division entière était dans Canavès ; le général Caulincourt, à la tête de sa brigade de dragons , eut ordre de la chasser de cette ville et de balayer les bords de la Tamega ; mais ses efforts furent impuissans : obligé de rétrograder devant la supériorité du nombre , il fut lui-même assailli dans Penafiel, et eut infailliblement été rejeté de l'autre côté de la Souza , si le général Loison ne fût accouru avec deux pièces de canon et deux mille fantassins, afin de l'aider à garder ce point important pour nos communications.

L'échec éprouvé par nos troupes sous les murs de

Canavès , donna aux Portugais une audace qu'ils n'a-
vaient pas encore montrée. Silveyra , l'un de leurs
généraux , qui , dès les premiers combats , s'était
enfui dans les montagnes , revint aussitôt sur ses
pas avec un corps de six mille soldats réguliers
et de quinze mille paysans armés. Chavès , Braga
et Guimaraens , ainsi que les faibles garnisons que
nous y avions laissées , tombèrent en son pouvoir.
Déjà nos postes sur la Souza avaient été forcés de
se replier , lorsque le maréchal Soult , informé
de ces événemens , et ayant appris en même temps
que le général Morillo , du corps de la Romana ,
venait de s'emparer de Vigo , où étaient les dépôts et les caisses de l'armée française , envoya
deux régimens au général Loison, avec ordre de se
porter sur le général Silveyra. Les Portugais furent
rencontrés en avant du village de Baltar. Culbutés
aussitôt qu'aperçus , deux fois ils tentèrent de se
rallier à Fregi et dans Amarante , mais ils furent
chassés de cette ville et rejetés derrière la Tamega ,
dont ils parvinrent cependant à garder le pont. Des
papiers anglais et portugais, trouvés dans Amarante,
firent alors connaître l'état des affaires en Espagne
et dans le midi du Portugal. Le maréchal Ney ,

en Galice, était dans la plus grande détresse. Harcelé et pressé de toutes parts, il avait dû concentrer une partie de ses forces sur Lugo, et il n'y avait plus d'espoir qu'il pût prêter le moindre secours à l'armée d'invasion. Trente mille Galiciens, accourus sous les drapeaux de la Romana, qui, cent fois battu, revenait toujours à la charge, avaient pris une redoutable offensive. Huit cents Français, formant la garnison de Villafranca, avaient été réduits à mettre bas les armes, et de nombreux rassemblemens enhardis par ce premier succès, assiégeaient plusieurs autres places. Le maréchal Soult sentit la nécessité de délivrer promptement de ce pressant danger celles qui étaient le plus rapprochées de lui. Cette tâche fut confiée au général Heudelet, qui, ayant sur-le-champ traversé la province d'Entre-Duero-è-Minho, s'empara par un coup de main, de Valencia, dont il fit sauter les fortifications, passa le Minho, et défit un corps de douze mille insurgés, qui bloquaient le général Lamartillière dans la ville ouverte de Tuy, où l'armée avait son grand parc d'artillerie. Le général Heudelet, après cette victoire, ramena sa division dans Oporto.

Pendant que des obstacles imprévus avaient empêché le maréchal Soult de poursuivre sa route vers l'intérieur du Portugal, le maréchal Victor avait eu à combattre l'armée espagnole d'Estramadure, qui, réorganisée depuis sa dernière défaite, renforcée par de nombreuses levées, et toujours commandée par Cuesta, avait repris une attitude menaçante. Etablie sur la rive gauche du Tage, elle avait d'abord retardé la marche de son adversaire, en rompant le pont d'Almaras; mais la cavalerie légère du général Lasalle, ainsi que les divisions Leval et Vilatte, ayant passé le fleuve à Arzobispo et à Talavera, la chassèrent des hauteurs de Messa-d'Ibor et du Val-de-Ramas, et la poussèrent de position en position, de rochers en rochers, jusqu'au col de Miravète. Huit mille Espagnols, retranchés, et défendus par six pièces de canons, furent culbutés à la baïonnette par trois mille Allemands. Cette vigoureuse attaque força l'ennemi à dégarnir la rive gauche du Tage, vis à vis Almaras. Un pont volant fut jeté pendant la nuit; et dès le point du jour, toutes les colonnes du maréchal Victor s'avancèrent vers la Guadiana, après avoir opéré leur jonction à Truxillo, qui fut occupé à la suite d'un engagement entre la cavalerie de notre avant-garde et celle de l'arrière-garde de Cuesta.

Le général ennemi parut un instant vouloir accepter

la bataille ; mais ayant bientôt changé d'avis, il se retira derrière la Guadiana, et s'arrêta le 22 mars, dans une excellente position, en avant de la ville de Medellin. Il y était depuis quatre jours, lorsque le maréchal Victor vint l'y attaquer. L'action fut quelque temps indécise ; mais, après une résistance de cinq heures, les troupes espagnoles, quoique quatre fois plus nombreuses que les nôtres, commencèrent à se débander. Des charges aussi brillantes qu'impétueuses achevèrent de les mettre dans la déroute la plus complète. Les soldats jetaient leurs armes pour fuir avec plus de vitesse devant notre cavalerie, qui continua de les poursuivre jusqu'à la nuit. A tout moment, ses pelotons ramenaient des colonnes entières. Le nombre des prisonniers s'éleva à plus de huit mille. Ces Espagnols, qui, pendant la bataille, avaient fait entendre les provocations les plus menaçantes, marchaient alors tête baissée et avec la précipitation de la crainte. Chaque fois qu'ils passaient devant un bataillon français, ils ne manquaient jamais de s'écrier avec force : *Vivent Napoléon et ses guerriers invincibles !* Ils ne croyaient pas s'avilir par une semblable acclamation ; ils eussent préféré la mort, si on leur eût imposé le cri de *Vive notre roi Joseph !* Douze

mille ennemis furent enterrés dans la plaine de Medellin. La prise de 19 pièces de canon et de quarante
drapeaux, couronna ce prodigieux succès. Les généraux Latour-Maubourg, Bordesoult, Vilatte, Leval
et Ruffin ; le colonel Meunier, du 9.e d'infanterie
légère ; le capitaine Dratzianski, et un grand nombre
d'autres officiers partagèrent les lauriers de cette
journée, dont l'honneur appartient plus particulièrement à l'intrépide Lasalle. Jamais ce général
n'avait manœuvré avec plus de sang-froid et de précision, ni combattu avec plus de bravoure. Sa contenance au fort du danger était la même que dans
un jour de parade.

Le duc de l'Infantado, qui, à la tête de quinze
mille hommes, derniers débris de la bataille d'Uclès,
s'était porté dans la Manche, pour couvrir et garder
les défilés de la Sierra-Morena, n'avait pas été plus
heureux que Cuesta. Attaqué par le 4.e corps sous les
ordres du général Sébastiani, il avait été battu le
27, à Ciudad - Real, et poursuivi le lendemain
par le général Milhaud, qui avait complété sur la
route d'Almagro, l'avantage auquel il avait concouru
la veille. L'ennemi perdit dans ces deux jours trois
mille morts, parmi lesquels le général marquis de

Gallos, sept mille prisonniers, quatre drapeaux, douze pièces de canons, vingt-cinq caissons et une grande quantité de voitures de bagages. Tous les dépôts formés par les Espagnols au pied de la Sierra-Morena , et que les Anglais avaient abondamment pourvus d'armes , de munitions et d'autres objets de guerre , tombèrent au pouvoir des vainqueurs.

Ces revers, qui assaillirent coup sur coup les armées nationales de l'Espagne, ne firent que développer de plus en plus l'énergie de la junte suprême : elle décréta que Cuesta , ainsi que ses soldats, avaient bien mérité de la patrie, et leur vota des récompenses. Cette conduite qui rappelle celle du sénat romain, lorsqu'après la désastreuse journée de Cannes, il remercia le consul Varron de n'avoir pas désespéré du salut de la république, environna d'un nouveau prestige la cause de l'indépendance; en moins de quinze jours, elle compta trente mille défenseurs de plus, et son armée fut en mesure d'occuper, devant les troupes françaises, tous les débouchés des montagnes. Dans de telles conjonctures, le maréchal Victor, qui avait à peine vingt mille hommes à sa disposition, ne pouvait pas s'avancer vers le Portugal , sans craindre que de nombreux rassemblemens ne se formassent sur ses derrières, et

n'interceptassent ses communications avec Madrid. Il
savait d'ailleurs que les Anglais, réunis à l'armée portugaise réorganisée, avaient porté des corps considérables sur le Tage, à Abrantès, à Leiria; qu'ils étaient
prêts à se diriger sur Coïmbre, ou vers les gorges du
Beira, et que le gros de ces forces, destinées à couvrir
Lisbonne, était à Thomar. D'un autre côté, l'état du
royaume de Léon contenu seulement par une division
aux ordres du général Lapisse, n'était pas très-rassurant,
et l'incertitude dans laquelle on était sur la position
du maréchal Soult, ne permettait pas de s'aventurer
plus loin, avant de connaître le point sur lequel il
convenait de se diriger. D'autres considérations encore déterminèrent le maréchal Victor à ne pas quitter
la haute Estramadure, et à prendre ses cantonnemens
dans cette province, où il eut par la suite beaucoup
de peine à se maintenir.

L'armée française en Portugal restait ainsi dans un
isolement dont les Anglais ne tardèrent pas à profiter.
Le 11 mai, sir Arthur Wellesley, débarqué depuis
vingt-un jours avec dix-huit mille soldats de sa nation,
força les avant-postes du maréchal Soult, qui, ne se
gardant pas suffisamment, et attaqué pour ainsi dire
à l'improviste, fut contraint, à la suite d'un combat

sanglant , d'évacuer Oporto , et d'effectuer précipitamment sa retraite. Soult, après avoir traversé en neuf
jours, par un temps épouvantable, les affreuses montagnes qui aboutissent au défilé de Carvalho , arriva
dans la Galice. Les Anglais s'étant alors brusquement retournés vers le Tage , il se trouva enfin
hors d'atteinte ; mais , poursuivi et presque enveloppé par deux armées, dont chacune était au moins
double de la sienne , entouré de toute une population révoltée , il n'avait pu échapper à un
si pressant danger, qu'en se résignant à de grands sacrifices. Afin de n'être pas gêné dans sa marche , il
avait détruit son artillerie, ses munitions, ses bagages,
et abandonné ses caisses militaires. Les obstacles, les
privations et les périls contre lesquels les Français eurent à lutter dans ce trajet, surpassèrent de beaucoup
ceux qui , deux ans auparavant, avaient rendu si pénible la première invasion du Portugal. Cependant
l'armée conserva ses aigles, ses armes, ses chevaux ; et
après tant d'efforts pour se soustraire à une défaite qui
semblait inévitable, elle était prête à rentrer en campagne : c'était plus qu'on aurait osé espérer, et dans
des circonstances si critiques, le maréchal Soult, en
gardant encore une attitude imposante, avait bien
réparé

réparé le tort de s'être, en quelque sorte, laissé surprendre à Oporto.

Cette seconde expédition contre le Portugal eût
sans doute obtenu du succès, si le commandement
des corps qui devaient y concourir eût été confié à un
chef unique. Le maréchal Soult, doué d'un caractère ferme et persévérant, unissant l'habileté à l'expérience, était certainement, parmi les lieutenans
de l'empereur, l'un des plus capables de conduire à
bien une semblable entreprise. Mais dans l'impossibilité
de combiner ses opérations avec celles du maréchal
Victor, et de les soumettre à un commun système, il
ne devait compter sur quelques succès qu'en changeant
les dispositions morales des Portugais. D'adroites insinuations et le sévère maintien de la discipline furent
les moyens dont il usa pour rallier autour de lui les
habitans les plus riches et les plus influens ; il se con-
cilia ainsi l'estime et l'affection d'un grand nombre,
et, sans la malveillance qui répandit tout-à-coup
dans l'armée française, qu'il projetait de se faire
proclamer roi de la Lusitanie septentrionale, ses démarches, dont le motif se rapportait à une plus louable
ambition, eussent peut-être tourné au détriment des
Anglais.

En rentrant dans la Galice, le maréchal Soult dé-livra Lugo , où sous le commandement du général Fournier, une faible garnison, assiégée par vingt mille Espagnols et manquant de vivres, avait long-temps résisté; huit jours après il fut rejoint sous les murs de cette place par le maréchal Ney dont les troupes , réu-nies dans les Asturies à celles du général Kellermann, venaient de remporter une éclatante victoire devant Oviédo. Le marquis de la Romana , qu'elles avaient battu , s'était rembarqué ; mais il n'avait pas dé-sespéré de prendre sa revanche , et nous le ver-rons encore plus d'une fois opposer à sa mau-vaise fortune cette opiniâtreté malgré laquelle les Espagnols auraient succombé , si , quatre mois auparavant , Napoléon n'eût été obligé de retirer de la Péninsule la plus grande partie des forces des-tinées à la conquérir. Une diversion violente, opérée par une des principales puissances continentales, avait nécessité cette mesure. Pour s'expliquer comment cette diversion fut préparée , le lecteur doit se re-porter à l'époque de l'entrée de la grande armée fran-çaise en Espagne.

Depuis quatre ans , la cour de Vienne était impa-tiente de secouer le joug qui lui avait été imposé à Presbourg. Toujours vendue à l'Angleterre, elle n'attendait qu'une occasion de remplir son marché et de se venger en même temps. L'éloignement de ses vainqueurs appelés dans le midi, lui fit croire que le moment de ressaisir sa prépondérance était arrivé. De nombreux armemens en Hongrie, en Autriche et en Bohême, la levée des landwehr, et les manœuvres de plusieurs agens envoyés dans le Tyrol pour y fomenter une insurrection, donnèrent de justes inquiétudes au cabinet de Saint-Cloud; mais l'empereur François II sut imaginer un prétexte à tous ces préparatifs qu'il supposa dirigés contre la Turquie, dont il craignait, disait-il, une agression. Il écrivit alors lui-même à Napoléon, de la manière la plus affectueuse, pour l'assurer de ses bonnes dispositions et pour protester de la sincérité avec laquelle il désirait que rien ne troublât l'harmonie entre deux états faits pour se prêter un mutuel appui. Napoléon dut alors écarter de sa pensée la possibilité d'une rupture prochaine; cependant à peine eut-il franchi les Pyrénées, que l'Autriche déploya une nouvelle activité. Avant la fin de février 1809, ses armées s'élevèrent à plus de cinq cent mille hommes, et elle ne déguisa plus ses véritables intentions. La guerre allait éclater : Napoléon revint à Paris avec la rapidité de

36.

l'éclair : il épuisa d'abord toutes les voies de concilia-
tion, et proposa même la médiation de la Russie ; mais
persuadé enfin qu'on ne cherchait qu'à gagner du
temps, il ne songea plus qu'à marcher sur le Danube.
Les corps qu'il avait laissés en Allemagne prirent leurs
cantonnemens sur le Lech ; quatre divisions qui se rendaient en Espagne reçurent contre-ordre à Lyon, et
repassèrent le Rhin le 17 mars ; la légion portugaise en
garnison à Toulouse prit la même direction, et les
contingens de la confédération furent rassemblés.
Toutes ces forces formaient un effectif de cent quatre-
vingt mille combattans.

Le 9 avril, l'avant-garde autrichienne traversa
l'Inn, et le lendemain les hostilités commencèrent
sur plusieurs points. Le 16, l'archiduc Charles,
généralissime des troupes ennemies, força, à Landshut et à Landau, le passage de l'Iser, long-temps
disputé par les Bavarois, qui se replièrent sur l'Abens.
Napoléon arriva le même jour à Dillengen, où il
trouva le roi de Bavière, dont la capitale était
déjà envahie. Il s'occupa sur-le-champ de prendre
l'offensive. Le 19, les Autrichiens furent repoussés,
près de Tann par le corps du maréchal Davoust ;
à Arnhoffen, par le maréchal Lefebvre, commandant

le contingent bavarois ; et à Pfaffenhoffen , par les grenadiers d'Oudinot. Les généraux Saint-Hilaire , Friant, Morand et Gilly , le colonel Desailly , et le chef de bataillon Smith se couvrirent de gloire dans ces combats , à la suite desquels Davoust et Lefebvre opérèrent leur jonction. La perte de l'ennemi , à Tann , fut de deux mille morts et de sept cents prisonniers.

L'armée du prince Charles, si formidable par le nombre, venait , par un premier échec , d'être divisée en deux parties presque isolées. L'empereur jugea qu'il lui serait facile d'en traverser le centre , de pousser les deux ailes dans des directions contraires , et de les accabler ensuite l'une après l'autre. Ce mouvement fut presqu'aussi rapidement exécuté qu'il avait été conçu. Le 20, dès le point du jour, Napoléon , dont le quartier-général était , depuis la veille , à Abensberg , s'avança à la tête de cinquante mille combattans. Plusieurs détachemens furent culbutés par le maréchal Lannes, qui entra à Rhor avec les fuyards. Le maréchal Lefebvre et le général Vandamme dispersèrent également tout ce qui voulut leur résister ; et un dernier engagement à Rottemburg eut pour effet de rompre la communication entre l'archiduc Charles et l'archiduc Louis, qui, attaqué lui-même à Siegemburg par le général de Wrède, avait été forcé d'abandonner sa position. Nos colonnes victorieuses ne s'arrêtèrent que sur les bords de la Laber, et la nuit seule mit fin à cette suite d'actions partielles qui furent comprises, dans les relations du temps, sous le nom commun de *bataille d'Abensberg*. Sept mille Autrichiens y furent tués, blessés ou pris ; huit drapeaux et douze pièces de canon tombèrent au pouvoir des Français.

Le 21, à cinq heures du matin, notre avant-garde, impatiente de poursuivre les avantages du jour précédent, se jeta sur les troupes ennemies les plus à portée, et les chassa devant elle. A onze heures, Napoléon et toute son armée étaient sous Landshut en présence du général Hiller. Le maréchal Bessières commença l'attaque par une charge des plus brillantes. La cavalerie hongroise, sabrée et culbutée, s'enfuit en jetant l'épouvante dans les rangs autrichiens. Bientôt ce désordre s'accrut par l'encombrement des bagages, sur un chemin étroit, et de toutes parts bordé de profonds marais. Les hommes, les chevaux, l'artillerie, les équipages de pont, tout était pêle-mêle, entassé, confondu.

Le général Mouton , aide-de-camp de l'empereur, se précipita dans le faubourg de Seelingthal ,
dont il s'empara , et passant ensuite au pas de charge
le pont sur le premier bras de l'Iser , il pénétra dans
la ville. Les Autrichiens s'y défendirent quelque
temps avec résolution ; mais ils cédèrent à l'impétuosité du 17.ᵉ régiment, et se retirèrent en toute
hâte sur l'Inn , laissant entre nos mains cinq mille
prisonniers, trente-huit pièces de canon, trois équipages de pont, des magasins considérables , et plus
de six cents voitures attelées. Le général Hiller et son
corps, ne se souciant plus de rentrer en ligne, manœuvrèrent pour gagner les états héréditaires, et achevèrent ainsi de découvrir le centre de l'armée, dont
ils avaient jusqu'alors formé l'aile gauche.

Sur ces entrefaites , le maréchal Davoust , qui ,
depuis deux jours, avec vingt-six mille hommes , contenait cent mille Autrichiens commandés par le prince
Charles en personne, attaquait , sur la Laber, plusieurs corps ennemis, que les divisions Friant et
Saint-Hilaire débusquèrent des villages de Leuern-
dorf et de Sierling. Friant fut démonté dans cette
affaire , qui coûta la vie à l'un des plus anciens offi-

ciers de notre armée , au général de brigade Hervo ,
homme aussi simple que vertueux , et qui , dans une
longue carrière toute consacrée à la patrie, avait été un
parfait modèle du guerrier citoyen.

L'archiduc, soupçonnant enfin que les forces qui
l'avaient tenu en échec n'étaient pas aussi considérables qu'il l'avait pensé d'abord , fit ses dispositions
pour une attaque générale. Sa ligne s'étendait d'Eckmulh à Ratisbonne, entre la Laber et le Danube.
Le 22 , toute son armée s'ébranla. Le maréchal Davoust , renforcé , depuis la veille , par le corps du
maréchal Lefebvre , et bien préparé à défendre sa
position , dont il connaissait toute l'importance , manœuvra avec tant d'habileté et de précision , que
l'ennemi ne put faire un seul pas en avant. L'action
était engagée depuis plus d'une heure , quand une
forte canonnade dans le lointain annonça l'approche
de Napoléon , qui , après avoir détaché deux divisions
à la poursuite du général Hiller , était parti de
Landshut dans la matinée , et accourait à la tête de ses
troupes. Dès son arrivée , il dirigea ses premiers
efforts contre Eckmulh , et ordonna en même temps
au maréchal Lannes de passer la Laber , afin de dé-

border la gauche du prince Charles. Ces mouvemens, combinés avec ceux du maréchal Davoust, décidèrent du succès. L'ennemi, dont le centre était vivement pressé, et les ailes compromises, battit précipitamment en retraite par la route de Ratisbonne. Sa déroute fut telle, que l'armée entière aurait été détruite, si le prince Jean de Lichsteinstein n'eût arrêté ; par une charge audacieuse, l'élan de nos [cuirassiers. Quinze mille prisonniers, douze drapeaux, seize pièces de canons, furent pour les Français les résultats de cette journée. Cinq mille soldats autrichiens restèrent sur le champ de bataille. Les généraux Saint-Hilaire, Gudin, Morand, Saint-Sulpice, Nansouty, Vandamme, Schramm et Clément de la Roncière, montrèrent une valeur à toute épreuve. Les deux derniers furent grièvement blessés. Au nombre des morts, qui, de notre côté, s'éleva à près de deux mille, était l'un des compagnons de gloire des vétérans de la liberté, le général de division Cervoni, dont le front était ceint des lauriers cueillis dans les beaux jours de la république.

Le maréchal Davoust, dont le sang-froid et les savantes dispositions avaient puisamment contribué à la victoire , fut récompensé de sa belle conduite par le titre nouveau de *Prince d'Eckmulh*, que lui conféra l'empereur.

L'archiduc Charles avait encore plus de quatre-vingt mille hommes sous ses ordres. Toutefois le découragement de ses soldats lui fit juger qu'il serait imprudent d'attendre son adversaire dans une plaine qui n'offrait aucune position favorable , et où il pouvait être acculé au Danube. Il prit donc le parti de se retirer sur la rive gauche du fleuve , qu'il passa le 23 , au - dessous de Ratisbonne. Il y eut une mêlée de cavalerie en avant de cette ville , et le maréchal Lannes vint y former ses troupes en bataille , à huit cents pas des remparts. Napo-léon fut alors blessé pour la première fois de sa vie : une balle amortie le frappa au pied droit , et lui fit une forte contusion : « Ce ne peut être , » dit-il , qu'un Tyrolien qui m'ait ajusté de si loin : » ces gens sont fort adroits. »

Le général qui commandait dans la place avait ordre de tenir jusqu'à la nuit : mais quelques officiers aya t remarqué une ancienne brèche qui n'avait pas été réparée, le maréchal Lannes, à qui ce passage était offert, s'élança sous le feu de l'ennemi, pénétra dans les remparts, et fit ouvrir la porte de Straubing : aussitôt plusieurs de nos bataillons entrèrent de ce côté , pour fermer la retraite à la garnison qui mit bas les armes, au nombre de sept à huit mille hommes. Les colonnes françaises tentèrent de forcer le pont ; mais le général Kollowrath les arrêta par le feu de plusieurs batteries formidables.

La prise de Ratisbonne amena la délivrance du 65.ᵉ régiment prisonnier dans cette ville , devant laquelle , cinq jours auparavant , il avait arrêté deux corps d'armée pendant quarante-huit heures. Le colonel Coutard , qui commandait ce brave régiment, avait conservé son aigle ; qu'il était parvenu à dérober à toutes les recherches.

Le 24 avril , l'empereur passa une grande revue. Suivant sa coutume , il saisit cette occasion pour décerner des récompenses , et jeter , dans tous les cœurs , le feu d'un nouvel enthousiasme ; il fit lire à la tête de l'armée une proclamation dans laquelle il la félicitait d'avoir justifié son attente : « Soldats ! disait-il , l'ennemi, enivré » par un cabinet parjure, semblait ne plus conserver

» aucun souvenir de vous ; son réveil a été prompt, » vous lui avez apparu plus terribles que jamais. Naguère il a traversé l'Inn et envahi le territoire de nos » alliés : naguère il se promettait de porter ses armes au » sein de notre patrie : aujourd'hui défait, épouvanté, » il fuit en désordre ; déjà mon avant-garde a passé » l'Inn ; avant un mois, nous serons à Vienne ». Napoléon ne perdit pas un instant pour réaliser cette prédiction : cinq jours, tous marqués par de beaux triomphes, lui avaient suffi pour déconcerter des projets auxquels se liaient peut-être les vœux d'une grande partie de l'Allemagne ; maintenant il ne s'arrêtera que quand la maison d'Autriche sera à ses genoux : à aucune autre époque il n'avait été ni plus actif, ni plus habile ; c'était encore, c'était toujours le héros de l'Italie, c'était le même génie, le même bonheur, la même promptitude dans le coup-d'œil, la même hardiesse d'exécution, la même aptitude à dominer l'ensemble, à pénétrer les détails, à profiter des moindres circonstances, à se soumettre le temps et l'espace, à calculer les vitesses et les obstacles, enfin à combiner le choc des masses, leurs mouvemens et leurs directions, de manière à contre-balancer,

par son admirable tactique , l'immense supériorité
du nombre.

La maison de Lorraine n'avait jamais eu plus de
motifs de s'alarmer; cependant, aveuglée sur sa position , elle conservait encore l'espoir de faire tourner à son avantage l'issue d'une guerre dont les com-
mencemens lui avaient été si funestes : de toutes
parts elle pressait les levées, et de nouvelles forces
étaient appelées au cœur de la monarchie autrichienne , où se méditait un grand et dernier effort.

De semblables dispositions faisaient assez connaître quel devait être le premier but de l'armée française; Napoléon résolut de se porter au foyer de la
défense avant qu'elle ne fût complétement organisée.

Le 26, il partit de Ratisbonne, et toutes ses colonnes, à l'exception du corps du maréchal Davoust,
qui avait ordre de rejeter le prince Charles dans la
Bohême, et de revenir ensuite pour former l'arrière-
garde, s'avancèrent par la rive droite du Danube ,
dans la direction de l'Inn. Ce grand mouvement
obligea le général Hiller à quitter les environs de
Neumarkt, où, deux jours auparavant, il avait attaqué avec quelque succès une division bavaroise. Son

rôle se bornait désormais à couvrir, autant que possible, les frontières de l'Autriche.

Le général de Wrède trouva bientôt l'occasion
de réparer l'échec qu'il avait éprouvé. Trois fois, en
cinq jours, il battit et dispersa le corps de Jellachich
à Lauffen, à Salzburg et à Colling. Pendant que ces
succès obligeaient le général autrichien à précipiter
sa marche pour gagner la Styrie, le maréchal Lefebvre, de retour de Munich, où il avait accompagné
le roi Maximilien, s'établissait sur l'Ens, et fermait
déjà, à Kuffstein et à Rastadt, les deux routes qui,
à travers le Tyrol, conduisent en Italie; l'empereur,
avec sa garde, se portait sur Burgausen; le maréchal
Masséna débloquait la citadelle de Passau, assiégée
par le général Dedowich; les maréchaux Lannes et
Bessières s'emparaient de la ville de Wels; et le général Oudinot, qui, sous les ordres du premier,
faisait partie de l'avant-garde, entrait dans celle de
Ried, où quinze cents prisonniers et des magasins
immenses en vivres et en munitions étaient le fruit
de sa victoire. Les Autrichiens, partout où on les
rencontrait, n'opposaient plus qu'une faible résistance.
A Dittmaning, cinquante chasseurs, guidés par

le chef d'escadron Margaron , forcèrent le pont sur la Salza , et firent mettre bas les armes à un bataillon entier de la Landwher. A Riedau , deux régimens de la confédération , et trois compagnies du 4.ᵉ régiment d'infanterie de ligne , ayant à leur tête l'adjudant commandant Trinqualye , mirent en déroute , au premier choc , une division ennemie à qui ils prirent cinq cents hommes et un drapeau enlevé au fort de la mêlée par le major Descorches Sainte-Croix.

Le 3 mai', l'avant-garde de Masséna arriva à Linz , où les débris des deux corps de l'archiduc Louis et du général Hiller s'étaient arrêtés: leur position était avantageuse; cependant , comme ils craignaient d'être tournés, ils voulurent gagner la rive droite de la Traun : ils achevaient leur passage à Ebersberg , quand la division Claparède , du corps du général Oudinot , qui , ainsi que celui du maréchal Bessières , avait ordre d'accourir dans cette direction, atteignit leur arrière-garde en avant de la ville et la poursuivit sur le pont , qui est d'une longue étendue. Le général Coehorn , à la tête des tirailleurs du Pô et des voltigeurs corses , se précipita , à plusieurs reprises , sous le feu des batteries ; malgré tant d'intrépidité , il eut échoué dans son attaque , si le reste de la division ne fût ve-

nue appuyer ses efforts ; en un instant , l'artillerie ,
les charriots, les hommes, les chevaux , tout fut culbuté dans la rivière. L'ennemi était menacé d'une destruction totale; mais un horrible incendie ayant éclaté dans Ebersberg et consumé les premières arches
du pont, la division Claparède, parvenue seule à l'autre extrémité, se trouva tout-à-coup sans communications. A peine était-elle forte de sept mille combattans, et elle était engagée contre une armée de trente-
cinq mille hommes. Cette effrayante disproportion ne
fit qu'enflammer son courage; pendant trois heures,
elle soutint avec la plus grande résolution , une lutte
si inégale ; trois fois les masses les plus formidables
se ruèrent sur elle, sans pouvoir l'entamer ; l'inexpugnable bayonnette de cette poignée de braves résista
à tous les chocs. Trois cents d'entr'eux étaient tombés
sur le champ de bataille ; le nombre de ceux qui
avaient été mis hors de combat s'élevait à plus de sept
cents; plusieurs officiers , parmi lesquels les colonels
Cardeneau et Lendy , étaient mortellement frappés ;
mais ni les dangers, ni la perte, n'exerçaient aucun empire sur l'ame de si vaillans soldats : ils avaient fait serment de vaincre. Toutefois l'inévitable résultat de tant
de prodiges n'eût été que de succomber glorieusement

ment, si les généraux Legrand et Durosnel, avec quel-
quelques régimens d'infanterie et quelques cavaliers,
n'eussent enfin réussi à franchir le fleuve. A la vue de
ces nouvelles colonnes, l'ennemi, craignant d'être débordé par sa gauche, se retira aussitôt, laissant quatre
canons, deux drapeaux et un monceau de morts dans
la malheureuse ville d'Ebersberg ; douze mille Autrichiens y avaient été tués, blessés ou pris. Deux jours
après cette brillante affaire, le général Edouard Colbert attaqua, près d'Amstetten, une partie de la cavalerie ennemie, la chargea à la tête du 29.ᵉ régiment
de chasseurs, et fit cinq cents hulans prisonniers.

Le colonel de cette troupe se rendit au fils du
général Lauriston, qui, l'ayant saisi corps à corps,
le terrassa et lui arracha ses armes.

Pendant ces victoires, plusieurs autres corps qui
devaient faire partie de la grande armée française,
s'avançaient rapidement pour entrer en ligne. De ce
nombre était le contingent de la Saxe, que Bernadotte
commandait en chef ; ce maréchal, après s'être emparé
d'Egra, où il avait dissipé un rassemblement considérable de la Landwher, harcelait les derrières du prince
Charles, et, par de vives démonstrations, l'obligeait
à diviser ses forces. Le corps du maréchal Davoust, qui

57

n'avait cessé de suivre l'archiduc qu'au moment où il s'était enfoncé dans la Bohême, obéissait aussi à ce mouvement de concentration; venu de Nittenau à Linz, et remplacé dans ce dernier poste par les Wurtember-geois, sous les ordres du général Vandamme, il s'était porté sur Molk. Le maréchal Lefebvre, continuant à agir isolément, marchait sur Inspruck, afin de pren-dre à revers les détachemens autrichiens qui inquié-taient encore la Bavière.

Napoléon ne devait plus être arrêté par aucun obs-tacle jusqu'à Vienne. Le 10 mai, il parut aux portes de cette capitale, avec le corps du maréchal Lannes. Les faubourgs se rendirent sans résistance aux troupes du général Oudinot; mais l'archiduc Maximilien, ren-fermé dans l'enceinte de la cité avec seize mille hom-mes, sembla décidé à soutenir le siége. Sommé deux fois, il ne répondit qu'en faisant tirer à mitraille sur nos soldats. Le général Lagrange, envoyé en parle-mentaire, faillit être massacré par la populace; il re-vint de sa mission tout couvert de blessures : l'exas-pération des habitans n'avait jamais été portée à un si haut degré. Ils voulaient, disaient-ils, se défendre jusqu'à la dernière extrémité.

L'empereur, contraint de renoncer à la voie des

négociations, fit sur-le-champ ses dispositions pour l'attaque. Son dessein était de bombarder la ville, et de couper en même temps la retraite de l'ennemi. Pour atteindre ce dernier résultat, il fallait se rendre maître du *Prater*, et il était indispensable de jeter un pont sur le bras du Danube par lequel cette promenade est séparée des faubourgs. L'opération était difficile : mais deux officiers, le capitaine Pourtalès et le lieutenant Susaldi, s'étant précipités dans le fleuve, parvinrent, sous une grêle de balles, à la rive opposée, d'où ils ramenèrent deux barques, qui servirent au passage de deux compagnies de voltigeurs, conduites par le chef d'escadron Talhouet. Un bataillon de grenadiers hongrois, qui gardait ce poste, fut culbuté au premier choc. A huit heures du soir, tous les matériaux pour la construction du pont étaient rassemblés. Dans ce moment, une batterie de vingt obusiers, élevée à cent toises des remparts, par les généraux Navelet et Bertrand, lançait la foudre sur la ville. Plusieurs édifices y étaient déjà devenus la proie des flammes. A minuit, plus de dix-huit cents obus avaient éclaté dans les différens quartiers : l'épouvante était à son comble. De toutes parts, on entendait les cris des femmes et des enfans. Au milieu de

37.

cet effroi général , un officier autrichien , précédé d'un trompette , vint annoncer que la jeune archiduchesse Marie-Louise , qu'une maladie grave avait empêchée de suivre la cour, se trouvait dans le palais impérial , exposée au feu des assiégeans. Napoléon ne fut pas plutôt informé de cette circonstance, qu'ordonnant d'épargner la demeure de la princesse , il fit changer la direction des batteries.

L'archiduc Maximilien , voyant que ses communications étaient menacées, tenta , pendant la nuit , d'enlever le poste français établi au Prater ; mais ses colonnes , accueillies par la mitraille de quinze pièces de canon ayant été obligées de se retirer dans le plus grand désordre, il put enfin apprécier tout le danger de sa position; et dès le lendemain, il évacua la place. Le 12 , au point du jour , le général O'reilly , à qui le prince avait laissé tous les pouvoirs nécessaires , fit demander une capitulation ; et le 13 , les Français prirent possession de la ville dont la garnison demeura prisonnière. Napoléon ne fit point d'entrée dans Vienne : il resta avec sa garde au château de Schœnbrun , d'où il surveillait les préparatifs pour le passage du Danube. Le 17 , les voltigeurs de la division Molitor , débarqués dans l'île de Lobau , culbutèrent un détachement ennemi. On eut dès-lors un point d'appui pour commencer et protéger les travaux. Le 20, trois ponts, formant ensemble une longueur de cinq cents toises, unirent les deux rives. Les deux premiers, liés entre eux par un îlot, avaient été construits en un jour par les généraux Pernetti et Bertrand. Le troisième, moins étendu, avait été jeté en trois heures par le colonel d'artillerie Aubry.

Le dernier ponton n'était pas encore attaché, que déjà le major Sainte-Croix, aide-de-camp de Masséna, s'étant élancé seul dans un bateau, avait atteint l'autre bord. La division de cavalerie légère du général Lasalle le suivit de près, et se trouva presque aussitôt engagée contre quelques régimens de cavalerie autrichienne. Les divisions Molitor et Boudet passèrent pendant la nuit.

Cependant l'archiduc Charles, après avoir fait un long circuit par la Bohême, s'était rapproché de Vienne, et avait rallié à son armée les troupes du général Hiller. Arrivé, depuis le 16, au pied du mont Bisamberg, il avait appris l'occupation de l'île de Lobau ; mais, loin de vouloir empêcher Napoléon de franchir le Danube, il fit, au contraire, replier ses avant-gardes , afin de faciliter le déployement de nos troupes , et de livrer bataille sur un terrain où elles seraient adossées au fleuve,

Le 21, à quatre heures du soir , quatre-vingt-dix mille Autrichiens , soutenus par deux cent vingt-huit pièces de canon , débouchèrent , sur cinq colonnes , dans la plaine de Markfeld. Le but de cette démonstration était de renfermer Napoléon dans un cercle étroit, et ensuite de l'écraser. On savait qu'à peine trente mille hommes étaient alors réunis autour de lui , et l'on ne pensait pas que , dans cette position , il fût possible d'échapper au plus éclatant revers. Ses adversaires ne s'étaient pas encore présentés devant lui avec une telle présomption de la victoire. L'action commença aussitôt par une attaque vigoureuse du général Hiller contre Gross-Aspern , où s'appuyait notre gauche commandée par le maréchal Masséna. Trois fois, l'ennemi, avec des forces toujours supérieures , essaya d'emporter ce village, et trois fois il fut repoussé. On se battit dans chaque rue , dans chaque maison, avec un acharnement sans exemple. Les divisions Molitor et Legrand furent inébranlables , et le général Hiller , fatigué d'une résistance aussi opiniâtre, dut enfin renoncer à son entreprise. La division

Boudet, qui défendant Essling , formait la droite sous les ordres du maréchal Lannes , ne montra pas moins de fermeté et de valeur ; mais peut-être aurait-elle été forcée à la retraite ; si l'empereur , s'apercevant que l'archiduc dirigeait ses principaux efforts sur nos ailes , n'eût à propos opéré une diversion , en portant contre le centre des Autrichiens toute la cavalerie du maréchal Bessières. Cette manœuvre eut un prompt succès. Le corps du général Hohenzollern fut rompu , et le régiment d'Oreilly taillé en pièces. La nuit qui survint mit fin à ce combat meurtrier , dont aucun des deux partis ne retira d'avantage , et qui avait été signalé , du côté des Français , par la perte de plusieurs officiers d'un grand mérite. De ce nombre était le général Espagne, emporté par un boulet au moment où , à la tête de sa division de cuirassiers , il venait d'enfoncer deux carrés , et de décider de la prise de quatorze pièces de canons. Espagne était l'un de ces hommes précieux qui , au sang-froid et à la présence d'esprit nécessaires pour calculer l'étendue des périls , allient cette audace aveugle , mais sublime , avec laquelle , dans une circonstance critique, on se dévoue même au hasard. Le théâtre où ce guerrier s'illustra par un dernier exploit fut

aussi arrosé du sang des généraux de brigade Foulers
et Durosnel , qui , tombés sur le champ de bataille,
y furent faits prisonniers.

Les deux armées conservèrent chacune les positions
où elles se trouvaient, quand elles avaient cessé de
combattre. La division Saint-Hilaire, le corps de
grenadiers du général Oudinot , une partie de la
garde impériale, la seconde brigade de la division
Nansouty , et deux brigades de cavalerie légère arrivèrent de l'île de Lobau pendant la nuit. Ces renforts
portaient à quarante-cinq mille hommes l'effectif des
troupes françaises qui étaient entrées en ligne.

Le 22 , à quatre heures du matin, partit de tous
les points occupés par les Autrichiens un feu d'artillerie croisé sur notre centre , qui répondit vivement
à cette canonnade. Les villages de Gross - Aspern
et d'Essling furent ensuite attaqués avec la même fureur que la veille, et défendus avec autant de résolution. Napoléon , placé sur une éminence d'où il découvrait toute la plaine, remarqua que le centre des
Autrichiens prenait un développement extraordinaire:
il conçut alors le projet de le couper en deux.

Aussitôt les divisions Saint-Hilaire et Boudet, les
grenadiers d'Oudinot , toute la cavalerie, formée en

masse, et une artillerie nombreuse, dirigée par le général Lariboissière, s'avancèrent aux cris de *vive
l'empereur*. Le maréchal Lannes guidait cette charge
terrible. En un instant, les plus épais bataillons de
l'ennemi furent renversés et mis en déroute. L'archiduc lui-même, qui, en agitant un drapeau, essayait
de rallier ses soldats, fut entraîné dans leur fuite.
Il était neuf heures, et la bataille était décidée. Encore quelques efforts, et les Français triomphaient
d'une armée double de la leur. Dans ce moment, on
vient apprendre à l'empereur que les ponts du Danube sont rompus, et qu'il n'existe plus aucune communication avec l'île de Lobau. Tout autre chef eût été
consterné d'une si affligeante nouvelle. Napoléon,
sans montrer la moindre altération, et avec le calme
le plus héroïque, envoya au maréchal Lannes l'ordre
de ralentir son mouvement, et de reprendre sa position entre Gross-Aspern et Essling.

L'archiduc, en apercevant cette hésitation de la
colonne victorieuse, eut d'autant moins de peine à en
deviner la cause, qu'il avait d'avance préparé l'événement par lequel il échappait à une défaite certaine.
De toutes parts, on se transmet cet avis : les *Français
n'ont plus de retraite*. Ces mots volent de bouche

en bouche, et se répandent au loin avec la rapidité
de l'éclair. Tout à coup le désordre cesse, la ligne
autrichienne revient à la charge, l'artillerie rallume ses
foudres, et le combat recommence sur le même terrain,
et avec la même balance de succès que la veille. Deux
cents bouches d'airain vomissent à la fois les boulets
et la mitraille. Notre armée, obligée de ménager ses
munitions, qui ne peuvent plus être renouvelées,
n'opposera désormais à ces formidables assauts, que
des bayonnettes et un courage au dessus des revers.
Les troupes, l'arme au bras, ne tirent que lorsque
les colonnes d'attaque arrivent à la distance de quarante pas. L'intrépide maréchal Lannes parcourt incessamment son front de bataille : personne mieux
que lui ne sait enflammer le cœur des soldats :
il les anime de sa voix et de son exemple ; il se
multiplie, il est partout, et partout sa présence
enfante des prodiges. C'est Ajax, c'est Achille.
Dans son sein revit l'ame de tous ces vaillans guerriers : il les égale, il les surpasse; mais, dans ce jour,
les destins ne sont pas pour lui. Un boulet le frappe
au genou : il tombe ; et, au même instant, le général Saint-Hilaire, si long-temps associé à ses travaux
comme à sa gloire, reçoit une blessure mortelle. D'autres

chefs renommés pour leurs exploits, paient aussi le dernier tribut à la guerre. Les braves qui les suivent ne s'en laissent point abattre : inaccessibles à tout sentiment de terreur, ils serrent leurs rangs, et affrontent de plus en plus la mort qui les menace.

Napoléon voyait la victoire s'éloigner de ses aigles ; mais, supérieur à la fortune, impassible alors, et semblable à ces colosses de la Haute-Egypte qui restent encore debout au milieu des ruines que le temps a nivelées, il paraissait étranger à tant de désastres. Jamais, même dans ses plus beaux triomphes, il n'avait montré plus de sang-froid. Ses dispositions étaient admirables, son œil était partout ; mais Gross-Aspern et Essling attiraient plus particulièrement son attention. Le premier de ces villages fut pris et repris quatre fois, et le second huit (1) : à la fin, la valeur des fusiliers et des tirailleurs de la garde conduits par les généraux Mouton et Curial, conserva ces deux importantes clefs de la résistance. Le général Gros fit passer au fil de l'épée sept cents Hongrois qui s'étaient logés dans

(1) Essling fut pris et repris jusqu'à treize fois dans les journées du 21 et du 22.

un cimetière. La vieille garde , commandée par le général Dorsenne , était placée en troisième ligne : elle attendait avec impatience qu'un danger plus pressant nécessitât sa coopération ; mais les colonnes ennemies craignirent de se briser contre ce bloc de granit. Cette lutte , pendant laquelle les Autrichiens avaient tiré plus de quarante mille coups de canons , finit à neuf heures du soir ; on continua de tirailler aux avant - postes jusqu'à minuit. Chacune des deux armées garda la position qu'elle occupait avant la bataille. L'ennemi eut quinze à vingt mille hommes tués ou mis hors de combat. Parmi ces derniers , se trouvaient quatre feld-maréchaux , huit généraux et six cent soixante-trois officiers. Notre perte fut presque égale ; mais des trophées attestèrent que , sans le plus terrible des contre-temps , la victoire se fût déclarée pour nous. Quatre drapeaux et quinze cents prisonniers , au nombre desquels le feld-maréchal-lieutenant Weber, demeurèrent en notre pouvoir.

Depuis dix heures du matin , les officiers du génie et de l'artillerie , restés dans l'île de Lobau , n'avaient pas perdu un instant pour réparer les ponts, et surtout celui qui communiquait à la rive gauche.

Mais , contrariés sans cesse par les Autrichiens ,

qui lançaient dans le fleuve des arbres , des brûlots , des barques et des radeaux chargés de pierres , ils avaient été vingt fois obligés de recommencer leur travail. Toutes les circonstances semblaient s'être con-jurées pour ajouter aux difficultés de l'opération : une fonte de neiges dans les montagnes avait élevé les eaux de plus de huit pieds; les cables se rom-paient ; les bateaux , à peine replacés , étaient ou bri-sés ou entraînés de nouveau. Pendant la journée , il n'avait été possible, que par intervalle, de faire par-venir de faibles secours , et quelques munitions aux corps qui en avaient le besoin le plus urgent : aussitôt que les pontons avaient offert la moindre apparence de so-lidité , des hommes s'y étaient hasardés , et quoique peu considérables, ces renforts étaient arrivés si à pro-pos, qu'ils avaient mis les Français à même de se main-tenir jusqu'à la nuit.

Tandis que l'on prenait toutes les précautions ima-ginables pour rétablir les communications , et les mettre à l'abri des atteintes les plus violentes, les blessés s'étaient traînés vers le point de passage. Douze mille hommes; presque mourans, mais soutenus en-core par leur courage et par l'espoir d'être vengés bientôt , étaient entassés dans un étroit espace. Les uns par leurs cris et leurs gémissemens , les autres par leurs vœux et leurs prières., cherchaient à hâter le moment de pénétrer dans l'île. Un grand nombre s'était avancé jusques dans le Danube , où , surpris par le flot qui s'accroissait sous leurs pas , et pressés par la foule qui les empêchait de reculer , ils étaient emportés par le courant , et disparaissaient à jamais. Ceux qui venaient après eux ne tardaient pas à subir le même sort. Des milliers de cavaliers se noyèrent ainsi avec leurs chevaux.

Napoléon , qui , depuis quelques instans, était dans l'île, pouvait de là apprécier combien d'obstacles il restait à surmonter. Convaincu qu'il n'y avait plus rien à attendre que du temps , il donna ses ordres pour le dégagement des malheureux mutilés. L'accomplissement de ce triste soin occupait toute sa sollicitude, quand il vit s'approcher à pas lents un groupe de grenadiers, tout couverts de sang et de poussière , et dont les visages , noircis par la poudre , portaient l'empreinte d'une profonde douleur. Leurs fusils croisés sont cachés par le chêne funèbre, et sur ce brancard repose évanoui le chef illustre dont leurs récits ont tant de fois célébré la prouesse. Napoléon a distingué les traits du héros : c'est le plus fidèle de ses compa-

gnons d'armes : il vole au devant de lui, se précipite
sur son sein , et d'une voix entrecoupée : « Lannes !
» s'écrie-t-il , mon ami ! me reconnais-tu ? . . . .
» c'est l'empereur. . . . . . c'est Bonaparte. . . . .
» c'est ton ami ! » A ces mots, le maréchal entr'ouvre
ses paupières appesanties : il veut parler , le souffle
expire sur ses lèvres; mais il lève ses bras, et les passe
au cou de Napoléon , qui le presse quelque temps
contre son cœur : leurs sanglots se confondent alors
et les témoins de cette scène déchirante , ces vieux
soldats qui naguère frémissaient de rage , quand la
victoire se dérobait à leur indomptable valeur , laissent
échapper des larmes d'attendrissement. Saisis de respect et tremblans, mornes et silencieux , ils inclinent
ces fronts si terribles , et leurs regards farouches et
sombres s'égarent pour la première fois. L'empereur ,
craignant de rompre, dans un embrassement trop pro-
longé, le fil d'une si fragile existence, se détermina enfin
à s'éloigner. Tous les secours furent prodigués pour
arracher au trépas une tête si chère; mais l'heure fatale
avait sonné , et le deuil des Français apprit à leurs ennemis que le plus brave des soldats avait cessé de vivre.
La mort de ce grand capitaine , surnommé le Bayard

(592)

moderne fit un vide dans l'armée, et parut être d'un sinistre présage.

Napoléon, accompagné du maréchal Berthier et d'un seul officier d'ordonnance, M. Edmond de Périgord, se disposa à passer le grand bras du Danube. Les flots rapides et agités par un vent impétueux, les débris qu'ils charriaient sans cesse, l'obscurité d'une nuit profonde, tout concourait à rendre la traversée périlleuse. Napoléon, monté sur un frêle esquif, se confia à sa fortune ; mais, auparavant, il envoya le colonel Lejeune au maréchal Masséna, pour lui ordonner de faire sa retraite sur l'île de Lobau, dans le plus grand silence, après avoir augmenté le feu de ses bivouacs, afin de donner le change à l'ennemi. Ce mouvement fut heureusement exécuté : à quatre heures du matin, il n'y avait plus un seul Français sur la rive gauche, et le pont était déjà replié. L'empereur, parvenu sur le bord opposé, y trouva le corps du maréchal Davoust, ainsi que la division de carabiniers et de cuirassiers du général Saint Sulpice, qui, attirés dans cette direction par le bruit du canon, étaient dans la plus vive anxiété sur le sort de leurs frères d'armes, dont une barrière insurmontable

surmontable les avait séparés au moment du combat.

Les troupes, qui étaient enfermées dans l'île de Lobau, y restèrent livrées au cruel tourment de la faim: elles manquaient de tout ; on ne put leur faire passer des vivres qu'au bout de quelques jours, après qu'elles eurent dévoré un grand nombre de chevaux, et que plus de la moitié des blessés, eût péri d'inanition et dans un dénuement absolu de tout ce qui aurait allégé leurs souffrances.

L'archiduc Charles ne profita point de l'avantage que lui donnait l'isolement de cette partie de notre armée. Nous ne rechercherons pas les motifs de l'inaction dans laquelle demeura ce prince ; seulement nous croyons pouvoir affirmer que, dans une semblable position, son adversaire eût pris une détermination audacieuse dont son génie et la valeur française eussent assuré le succès. Les Autrichiens n'osèrent rien entreprendre. Napoléon, fort de leur hésitation et de la constance de son armée, médita de nouveaux plans et de nouvelles précautions ; et tandis que, dans une attitude inoffensive, on se contentait de l'observer, son activité, toujours féconde en ressources, rassemblait les élémens d'une victoire, et, par des travaux dignes des Romains, préludait à une attaque

dont aucune des chances ne devait plus être imprévue. Il brûlait d'effacer jusqu'au souvenir d'un
revers qui pouvait ébranler chez les autres la croyance
qu'il mettait lui-même en son bonheur ; mais il ne
céda pas à cette impatience : trop de précipitation eût
tout compromis. C'était peut-être la première fois
que Napoléon sentait la nécessité d'être prudent : dans
toutes ses autres campagnes, on l'avait vu, rapide comme
la foudre, ne consulter que l'ardeur de ses soldats.
Ici il leur commande de s'arrêter ; il temporise, mais
aucun moment n'est perdu pour lui. Tout entier aux
immenses préparatifs qu'il a ordonnés, il en sur-
veille les moindres détails, et ne se dérobera à des
soins si pénibles, que lorsqu'il n'y aura plus de Danube pour les Français ; alors seulement il poursuivra
sa conquête, et donnera à ses opérations un caractère
décisif. En attendant cet instant, qui ne peut être
éloigné, racontons ce qui s'était passé dans d'autres
contrées, où le cabinet de Vienne avait en même
temps porté le feu de la guerre.

L'archiduc Ferdinand, à la tête du 7.ᵉ corps de
l'armée autrichienne, s'était avancé contre le duché
de Varsovie. Un premier combat avait eu lieu, le 19
avril, en avant de Fallenty : les troupes polonaises

malgré leur infériorité numérique , résistèrent pendant trois jours avec la plus grande énergie ; mais leur général , le prince Joseph Poniatowski , craignant d'être coupé de la capitale , se décida à battre en retraite. Il fut suivi par l'archiduc , et peu de jours après , les deux partis signèrent une convention , en vertu de laquelle Varsovie était déclarée ville neutre. Par cet acte étrange , le prince Poniatowski conservait le faubourg fortifié de Praga , Modlin , Sieroch, et toutes les excellentes positions de la rive droite de la Vistule ; aussi ne tarda-t-il pas à prendre l'offensive. Les Autrichiens , attaqués sur plusieurs points, furent culbutés. Ce succès rendit de la confiance aux Polonais. Le 3 mai, ils forcèrent la tête du pont de Gora , et entrèrent dans cette place à la suite d'une lutte sanglante et opiniâtre, dans laquelle l'ennemi perdit trois mille hommes, tués, blessés ou pris, trois pièces de canon et deux drapeaux. L'archiduc , qui ne s'était pas attendu à cet échec, se vit contraint de rétrograder et d'évacuer les cercles de Stanislanow , de Salu et de Biola.

Aussitôt , de toutes parts , une jeunesse belliqueuse accourut sous les étendards victorieux. De nombreuses levées augmentèrent les forces déjà en mouvement.

38.

Poniatowski divisa son armée en deux colonnes :
la première remonta la Vistule jusqu'à Prélawi, la
seconde marcha sur Koch par Osieck et Zelechow.
L'occupation de Lublin ; l'enlèvement de la tête du
pont de Sandomir par le chef d'escadron Wladimir
Potoki ; la reddition de cette importante place au
général Sokolnicki, après un engagement, dans lequel
douze cents Autrichiens périrent, et quinze cents
restèrent prisonniers ; enfin la capitulation de la forteresse de Zamosc, où, au bout de quarante-huit heures
d'investissement, une garnison de trois mille hommes,
bien approvisionnée, demanda à déposer les armes :
tels furent, en peu de jours, les événemens qui
marquèrent dans la Gallicie les progrès de nos fidèles
alliés, et achevèrent de déterminer leur élan. La prise
de Sandomir et de Zamosc fit tomber en leur pouvoir soixante pièces de canon et des magasins considérables. Partout la fortune couronna leurs efforts. Le général Dombrowski, commandant un corps
détaché sur la basse Vistule fut infatigable dans la
tâche de repousser, de vaincre et de harceler l'ennemi, qui, battu sur toute sa ligne, depuis Bromberg
jusqu'à Czentockow, le fut encore devant Thorn, qu'il
avait voulu enlever par surprise, et dans les environs

de Plock , où il avait tenté de passer le fleuve, dans le dessein de renouveler ses attaques. Dombrowski , après avoir mis Czentockow et Thorn à l'abri de toute atteinte , assura par Inowracklaw ses communications avec la dernière de ces places, et se porta sur la Bzura. Dans le même temps , le général Kosinski mena battant jusqu'à Lowiesck la divison autrichienne du général Moehr, et le général Haugke, franchissant la Vistule , chassa un autre corps ennemi sur Sochazew et vers Pilica.

L'archiduc Ferdinand se trouvait alors dans une situation d'autant plus critique, que l'empereur Alexandre , après une longue irrésolution , qui cachait peut-être un double dessein , venait de se décider à punir l'empereur d'Autriche d'avoir rejeté sa médiation. Le manifeste qui contenait les prétendus griefs de la Russie avait paru , et le prince Serge Galitzin s'était mis en marche à la tête d'un corps auxiliaire que cette puissance envoyait à Napoléon. Cette démonstration précipita la retraite des Autrichiens : à la fin de mai , Poniatowski , presque entièrement maître de la Gallicie occidentale et orientale , avait établi son quartier-général à Brody, sur les frontières de la Wo-

lhynie , et l'archiduc Ferdinand avait renoncé à tenir la campagne.

Avec des forces plus nombreuses et des soldats plus
aguerris , l'archiduc Jean , en Italie , n'avait pas été
plus heureux. Le cabinet de Vienne avait pensé que
les peuples de ces contrées seconderaient son agression par une révolte. Pour atteindre ce but , il avait
attaché à la suite des bagages de l'invasion une foule
de transfuges , la plupart nobles ou prêtres , qui
n'avaient quitté leur pays que pour se soustraire à
la loi commune par laquelle de gothiques et absurdes
priviléges rentraient dans le néant. Ces hommes sans
patrie ne pouvaient être que les coupables instrumens
d'une cause oppressive : aussi suffit-il de leur seule
présence pour déchirer le voile trompeur dont s'en-
veloppait alors la cour d'Autriche. Les Italiens se gardèrent bien de croire à une liberté que leur promettait le gouvernement le moins libéral de l'Europe. En
vain leur fit-on entrevoir l'avenir le plus prospère, s'ils
consentaient à arborer l'étendard de la rebellion. La conduite des Espagnols , qui leur fut offerte en exemple ,
resta sans attraits pour eux. On voulut les émouvoir, en
exagérant les malheurs du Pape , que Napoléon avait

fait conduire à Savonne, en l'accusant d'avoir , à l'instigation des Anglais , fait de Rome un foyer de discordes politiques , de conspirations sourdes , mais très-étendues et très-actives. Le pape , de son côté, se plaignait de la violation de ses droits , et accusait d'ingratitude le Prince qu'il avait sacré. Toutes les provinces furent inondées de bulles d'excommunications et de doléances du souverain Pontife qui demandait à grands cris la restitution de son temporel.

Les Italiens résistèrent à toutes les séductions. Sourds à la voix des fauteurs de la vieille aristocratie , sourds à toutes les plaintes , ils demeurèrent calmes , et attendirent avec confiance la prompte libération de leur territoire des armées dont ils avaient tant de fois admiré les triomphes.

Le 9 avril , l'archiduc Jean , dont les forces étaient réunies entre la Save et le golfe Adriatique , fit parvenir aux avant-postes français la déclaration de guerre de l'empereur François II. Le prince vice-roi se trouvait alors à Udine : il rétrograda , dès le même jour, sur Mestre , pour activer la concentration de ses troupes sur sa ligne. Le 10 , à six heures du matin , les Autrichiens débouchèrent , sur plusieurs colonnes, par la vallée de Fella, et emportèrent le poste de la Chiusa, dans lequel le capitaine Schneider, à la tête d'un faible détachement, fit long-temps une glorieuse défense. Le général Broussier, promptement informé de l'attaque à laquelle avait succombé cette poignée de braves qui faisaient partie de sa division, se replia sur-le-champ, et rangea sa troupe en bataille sur un mamelon, en avant d'Ospedaletto. Le 11, il y soutint, avec autant de bonheur que de courage, un combat, qui dura toute la journée, et dans lequel plus de treize cents des assaillans furent tués, blessés ou pris. Notre perte fut beaucoup moindre : le général Dessaix reçut deux coups de feu. La nuit, qui surprit les deux partis les armes à la main, permit à la division Broussier de passer sur la rive droite du Tagliamento. Le prince vice-roi avait d'abord résolu de se maintenir sur cette rivière ; mais, ayant appris que l'archiduc avait traversé l'Isonzo avec le gros de son armée, il fit rompre les ponts de Dignano et de Spilimbergo, et prit position sur la Livenza avec les divisions Grenier, Seras, Broussier, Barbou, Severoli et Sabuc. Le 14, au soir, le quartier-général était à Sacile, et dès le lendemain, un second engagement, dans lequel les Autrichiens prirent encore l'iniative,

eut lieu devant Pordenone , où le colonel Breissand ;
à la tête du 35.º régiment de ligne , se signala par la
belle résistance qu'il opposa, pendant cinq heures, aux
masses les plus formidables. Deux jeunes officiers, les lieutenans Hoot et Richard de Tussac, quoique blessés l'un
et l'autre, au commencement de l'action , soutinrent chacun , avec vingt hommes, les charges réitérées de deux
régimens de cavalerie hongroise , qui voulaient forcer
les portes de la ville, pour couper la retraite à notre
infanterie. Les deux pelotons étaient inébranlables
à leur poste , quand , accablé par le nombre , et
cerné de toutes parts , le colonel Breissand fut forcé
de se rendre avec quatre cents de ses intrépides
soldats. Pordenone tomba au pouvoir de l'archiduc;
mais ce prince ne put s'empêcher d'honorer la valeur
avec laquelle on lui en avait disputé l'entrée. Quand
les prisonniers parurent devant lui : « Colonel , dit-il
à leur chef , un brave tel que vous ne saurait rester
désarmé. Je vais faire chercher votre épée sur le champ
de bataille ; si elle ne se trouve pas, je vous donnerai
la mienne. »

L'issue de cette affaire avertit le prince Eugène de
la nécessité de prendre lui-même l'offensive , avant
que l'archiduc n'eût complété la réunion de ses forces.
Le 16 , à neuf heures du matin , toutes ses divisions

s'avancèrent par échelons ; celle du général Sevéroli
donna la première. Bientôt le combat s'engagea sur
toute la ligne. Italiens et Français , tous , dans une
généreuse émulation , rivalisaient de courage et d'ardeur. Les généraux Seras , Grenier, Broussier, Barbou,
Roussel , Abbé , Saint-Sulpice et Garreau passèrent
successivement par toutes les alternatives de l'attaque
et de la résistance. Les deux derniers furent dangereusement blessés, en guidant une charge à la bayonnette.
Le colonel Gifflenga, à la tête d'un escadron de dragons
de la garde royale , fit des prodiges. Officiers et soldats , tous se dévouaient, tous montraient la même
résolution que si l'empereur eût été au milieu d'eux.
Ceux que n'avaient point respectés les balles oubliaient
leurs souffrances, et refusaient toute espèce de secours,
dans la crainte d'occasionner quelque désordre. Un lieutenant du 84.ᵉ régiment de ligne , le brave Pellegrin ,
venait d'avoir une jambe emportée par un boulet ;
quelques voltigeurs veulent l'enlever du champ de
bataille : « Non , mes amis, leur dit-il avec énergie ,
laissez-moi , retournez à vos rangs, où votre présence
est nécessaire ; il ne faut pas que le régiment
perde sept hommes au lieu d'un seul. » Tant
d'efforts d'une bravoure presque surnaturelle auraient
dû fixer la victoire ; l'intrépidité la mieux soutenue ,

et l'habileté des manœuvres échouèrent contre l'immense supériorité d'un ennemi , qui se présentait sans
cesse avec de nouveaux bataillons. Après dix heures
de cette lutte inégale , le prince Eugène ordonna à ses
troupes de rétrograder sur Sacile , pour reprendre
les postes qu'ils occupaient la veille. Le général Broussier couvrit glorieusement cette retraite , qui s'effectua
avec le plus grand ordre.

Cet échec détermina le vice-roi à se rabattre sur
Caldiero , et à s'établir sur l'Adige , en attendant les
différens corps qui , de l'intérieur du royaume d'Italie ,
de la Toscane et des états de Naples , accouraient
pour renforcer son armée. Il ne fut point inquiété
dans son mouvement. La lenteur des Autrichiens lui
laissa le temps nécessaire pour rassembler les élémens
épars qui devaient composer l'armée sous son commandement. La division d'infanterie du général Lamarque
et celle de dragons du général Pully le rejoignirent
les premières.

Le vice-roi avait eu la précaution de jeter des
garnisons dans les places que sa présence ne pouvait plus protéger. Celle de Palma - Nova ne tarda
pas à être investie par le général Bretfeld , qui
la fit inutilement sommer. Le général Schilt ,

qui en avait accepté la défense , prouva , par de
vigoureuses sorties , qu'il n'était pas homme à capituler. Le général Barbou, qui , avec deux de ses brigades , était allé occuper Venise , fit aussi respecter
cette ville. Assiégé , le 23 avril , dans le fort de Malghera , dont les travaux , à peine ébauchés , présentaient un abord facile , il répondit aux parlementaires
qu'il ne traiterait que sur la brèche. Cette fermeté
irrita l'archiduc , qui, à la tête d'un corps nombreux ,
s'avança pour livrer l'assaut. Le 25 , ses colonnes
parvinrent jusqu'au bord du fossé : elles se disposaient
à le franchir , quand elles furent accueillies par une
décharge terrible de toute l'artillerie du fort , qui avait
été réunie sur le point menacé. Plus de huit cents
Autrichiens restèrent sur le carreau. Le désordre et la
terreur se répandirent dans leurs rangs : il devint
impossible de les former pour une seconde attaque ,
et le siège de Malghera , qu'ils avaient espéré emporter
de vive force , fut converti en un simple blocus.

A cette même époque , l'archiduc , ayant reçu du
conseil aulique l'ordre de suspendre son mouvement ,
de manière à ne pas trop s'écarter des états héréditaires , se prépara à revenir sur ses pas. Le vice-roi
ne pouvait ignorer long-temps cette disposition. Le

29, il ordonna une reconnaissance générale. En vain l'archiduc essaya - t - il de dissimuler sa retraite, en ne rappelant que tardivement ses avant - gardes , et même en les renforçant ; malgré ces précautions, elles furent partout surprises, attaquées et battues. Les généraux Bonfanti et Sorbier acquirent la plus grande gloire dans ces combats partiels. Le dernier fut tué près des hauteurs de Bastia , à la tête des grenadiers de la garde italienne , qu'il électrisait par l'exemple de son courage.

Dans la nuit du 3o avril au 1.er mai , l'armée du vice-roi s'ébranla pour se porter en avant. Le 2 , à cinq heures du matin , l'avant-garde française atteignit l'arrière-garde ennemie près de Montebello , et la mena battant jusqu'à Olmo , dont le 9.e régiment de ligne s'empara , après avoir forcé le pont de ce village. Le général Debroc fut dangereusement blessé dans cette action; mais il ne continua pas moins à marcher avec sa brigade.

Nous avions décidément repris l'offensive. L'armée autrichienne , après avoir passé l'Alpon et la Brenta , avait pris position sur la Piave , dont elle paraissait vouloir disputer le passage. Le général Dessaix fit sonder le gué de Lovadina , et l'avant-garde

franchit la rivière , sans que l'archiduc s'y opposât.
Il fit au contraire replier ses grand'gardes, et par cette
ruse , attirant nos premiers corps sous le feu de ses
batteries , il les accueillit par de violentes décharges.
En même temps la cavalerie ennemie fit volte-face et
ramena les assaillans en désordre. Le général Dessaix
fit aussitôt ses dispositions et résista à ce choc avec tant
de fermeté, qu'il donna au prince Eugène le temps
de le soutenir. L'action s'engagea alors sur plusieurs
points ; mais tous nos efforts durent se borner d'abord
à couvrir le passage du reste des troupes , qu'une crue
subite de la Piave avait arrêtées. A trois heures ,
l'armée française , à l'exception de quelques brigades,
se trouva sur la rive gauche, et là mêlée devint générale. Les Autrichiens défendirent leurs positions
avec fureur ; mais le prince Eugène, qui parcourait
les rangs au milieu d'une grêle de balles , excita,
par sa présence, l'enthousiasme des soldats. Protégés
par le feu de l'artillerie, ils se précipitèrent à la bayonnette dans toutes les redoutes , et s'en rendirent
maîtres. A huit heures du soir, l'ennemi déposté
se retira en désordre sur Conegliano. Le vice-roi fit
alors avancer vingt-quatre pièces de canon , et ordonna aux divisions Grouchy et Pully de charger

en masse sur la réserve de l'archiduc. Cette manœuvre décida la victoire, et termina glorieusement
la journée.

La bataille de la Piave, qui devait amener l'entière
libération de l'Italie, coûta aux Autrichiens dix mille
hommes tués, blessés ou faits prisonniers ; plusieurs
drapeaux, quinze canons, trente caissons, et un
grand nombre de voitures de munitions et de bagages. Trois généraux ennemis étaient parmi les
morts ; trois autres furent conduits au quartier-général
du vice-roi.

Le 9 mai, l'armée française poursuivit les vaincus, et le général Dessaix défit leur arrière-garde
à Viganosa. Le lendemain, le général Grenier leur
fit éprouver un plus grand désastre encore à San-
Daniele, où il prit deux mille hommes et deux drapeaux. De semblables engagemens, tous également
favorables à nos armes, eurent lieu successivement,
et l'archiduc Jean, à qui de nouvelles dépêches prescri-
vaient d'accélérer sa retraite sur la Carinthie, ne
chercha plus à retarder nos progrès, que pour avoir le
temps de faire filer son artillerie, et de détruire ses
magasins.

L'occupation de Venzone, d'Osopo et d'Ospedaletto

furent les premiers résultats de la fuite des Autrichiens. Le passage de l'Isonzo à la vue d'un ennemi
bien supérieur en nombre, la prise de Prewald et de
Trieste, des forts de Malborghetto et de Pradel, mais
surtout la belle victoire de Tarvis, complétèrent, en peu
de jours, la gloire de l'armée d'Italie. Maîtresse de toutes
les positions qui couvrent les frontières de la Carinthie, elle s'avança, avec une nouvelle impétuosité sur plusieurs points. Le général Macdonald,
arrivé depuis peu auprès du vice-roi, se présenta,
avec les divisions Lamarque et Pully, à Ober-Ley-
bach, devant le camp retranché du général Meerveldt.
L'ennemi, sommé de se rendre, osa se confier à la
force de ses redoutes, qu'il regardait comme inexpugnables ; mais bientôt les dispositions de Macdonald
l'obligèrent à demander une capitulation qui mit en
notre pouvoir trois drapeaux, soixante-trois bouches
à feu, quatre mille prisonniers et des magasins considérables. Dans le même temps, le prince Eugène
manœuvrait pour arrêter les mouvemens des généraux
Chasteler et Jellachich, qui, pressés par un des corps
de la grande armée, cherchaient à se réunir à l'archiduc.
Battu complètement à San - Michele, Jellachich
y perdit huit cents hommes tués, douze cents blessés

et

et cinq mille prisonniers. Rottenmann , Leoben ; Bruck et Gratz subirent la loi du vainqueur ; enfin , le 31 mai , le général Seras rencontra , à Schottvien , au delà du Somering , les patrouilles de la division Montbrun , faisant partie de la grande armée.

Le même jour , le corps d'armée de Dalmatie se réunissait aux forces du vice - roi. Le général Marmont , qui commandait ce corps , avait suivi , d'après les ordres de l'empereur , les mouvemens des troupes d'Italie vers les frontières de l'Istrie et de la Carniole.Le général autrichien Stoïssarvick avait essayé de le contenir ; mais , obligé d'obéir à la marche ré- trograde de l'archiduc Jean,il n'avait pas tardé à éprou- ver tous les revers d'une semblable position. Battu d'abord à Mont Kilta et devant Gratzchatz , il avait essuyé dans Gospitsch , un dernier échec , qui ne lui avait laissé aucun espoir d'empêcher la jonction du général Marmont et du prince Eugène.

L'armée d'Italie continua à poursuivre l'archiduc Jean vers la Hongrie. Le général Grouchy battit l'arrière - garde autrichienne le 7 et le 10 juin ; le 11 , le général Grenier emporta de vive force le pont de Karako ; le 12 , la ville de Papa fut occupée ; et, le 14, le prince Eugène attaqua l'ennemi , qui

39

avait pris position sur la Raab. Ses soldats célébrèrent dignement, dans cette journée, l'anniversaire de Marengo et de Friedland. Le général Seras, chargé d'enlever la ferme de la *Maison - Carrée*, aborda les Autrichiens avec un rare courage ; mais, trois fois repoussé par le feu le plus violent et le plus meurtrier, il allait échouer dans son entreprise lorsque, n'écoutant plus que son désespoir, il prit la résolution de recommencer un assaut général. Après avoir ranimé l'ardeur de ses bataillons, il leur demande un dernier effort , fait battre la charge, et se précipite le premier sur les retranchemens ennemis ; en un instant, les murs sont escaladés, les portes brisées : les Français immolent à leur fureur tout ce qui leur oppose de la résistance , et parmi leurs adversaires ceux que le fer a épargnés deviennent la proie des flammes qui bientôt éclatent de toutes parts.

Un combat non moins sanglant s'était engagé dans Szabadbegy. Ce village, que sa situation rendait très - important, fut perdu et repris trois fois. Le général Durutte, appuyé par la division Pacthod, l'occupa définitivement après quatre heures d'une lutte opiniâtre. La retraite de l'ennemi s'effectua aussitôt sur S.-Yvan; mais le général Montbrun ayant coupé la route qui y conduit, l'archiduc se dirigea sur celle de Comorn, où il fut suivi par le général Sahuc. La nuit suspendit, le cours de nos succès. Quatre mille Autrichiens étaient restés sur le champ de bataille, et trois mille avaient été blessés. Les Français eurent à regretter le brave colonel Thierry, tué à la tête du 23.ᵉ régiment d'infanterie légère. Les généraux Grenier, Montbrun, Seras, Grouchy, Colbert et Danthouars furent cités comme ayant particulièrement contribué à la victoire. L'artillerie, commandée par le général Sorbier, mérita aussi de grands éloges.

Le prince Eugène, en s'éloignant de Raab, laissa, pour faire le siége de cette place, les troupes de l'aile gauche, aux ordres du général Baraguay-d'Hilliers. La canonnade commença dès le 15, et fut continuée avec tant d'activité, que, sept jours après, la garnison demanda à capituler. Le 24, les Français entrèrent dans Raab, où ils trouvèrent dix-huit pièces de gros calibre et des magasins considérables.

Dans le temps que ces grandes opérations avaient lieu, les divisions Rusca et Broussier, qui étaient restées dans la Carinthie et dans la Styrie, s'illustraient par des combats moins importans peut-être, mais aussi glorieux pour le nom français. Le général Rusca.

59.

chargé spécialement de protéger les communications
de l'armée contre les entreprises des Tyroliens, avait concentré ses troupes autour de Klagenfurt. Informé que le
marquis de Chasteler s'avançait en force pour l'attaquer , il prit lui - même la résolution d'aller au-
devant de lui. Le 5 juin , il culbuta l'avant-garde
ennemie sur la route de Villach , et lui fit cinq
cents prisonniers. Le 6 , il battit une seconde fois les
troupes tyroliennes , fit encore six cents prisonniers ,
et ramassa trois mille fusils abandonnés par les
fuyards. Cette retraite d'un corps formidable par
le nombre fut tellement précipitée , que le général
Rusca fut obligé de rentrer à Klagenfurt , sans avoir
pu atteindre l'arrière-garde.

Le général Broussier bloquait Schelsberg , lorsqu'il
apprit que le général Giulay accourait avec des
forces prodigieuses , pour le contraindre à lever le
siége de cette forteresse. Eloigné de plus de cinquante lieues des armées d'Allemagne et d'Italie ,
sans espoir de secours , à la veille de voir ses communications interceptées , il se décida à prendre une
position concentrée sur la rive droite de la Muhr ,
après avoir évacué Gratz. Ce mouvement fut exécuté ; mais , sur l'avis de l'arrivée prochaine du

corps de Dalmatie, le général français résolut d'attirer de son côté l'attention de l'ennemi par une
prompte attaque; en conséquence il détacha sur Calls-
dorf, où le général Giulay cherchait à s'établir, le 9.ᵉ régiment de ligne. Ce corps se porta à la bayonnette
contre ce village, renversa tout ce qu'il trouva devant
lui, et poussant successivement la première ligne
sur la seconde, et celle-ci sur la troisième, en moins
d'une demi-heure, il mit en pleine déroute une armée
de vingt mille hommes, ayant trente bouches à feu
et deux mille chevaux. Les Autrichiens, saisis d'épouvante, se dispersèrent de tous côtés. Les généraux
et les soldats, l'artillerie et les bagages se précipitèrent pêle-mêle, et ne s'arrêtèrent qu'à Wildon. La
nuit, qui survint, put seule les sauver d'une destruction
totale. Ce combat extraordinaire ne coûta au 9.ᵉ régiment que quarante hommes tués ou blessés.

Le général Broussier, avant d'aller se joindre au
général Marmont, qui venait d'arriver à Libog,
ordonna au colonel Gambin, du 84.ᵉ de ligne, de rentrer
dans Gratz avec deux bataillons et deux pièces de
trois. Celui-ci partit du pont de Weinzerbbruck vers
sept heures du soir. A peine avait-il fait un trajet
d'une demi-lieue, que son avant-garde rencontra et

dispersa un détachement de cavalerie ennemie. Il se
porta alors sur le faubourg de *Graben*, d'où il
débusqua les Autrichiens, qu'il poussa jusqu'au
cimetière de Saint-Léonard, où un corps plus nombreux s'était retranché. Il était minuit ; mais le
colonel Gambin, jugeant qu'il n'y avait pas un
instant à perdre pour culbuter, à la faveur des ténèbres, des forces aussi considérables, fit aussitôt
ses dispositions. La résistance fut aussi vigoureuse
que l'attaque. Le feu le plus meurtrier partait des créneaux du cimetière, et les Autrichiens lançaient des
hauteurs de Saint-Léonard une grêle de mitraille.
Ces obstacles n'arrêtèrent pas le colonel Gambin : il
aborda les retranchemens avec la plus grande intrépidité, et chassa de leur enceinte les troupes ennemies,
qui, dans leur fuite, abandonnèrent leurs armes et
leurs munitions.

Cette action n'était que le prélude d'un combat
plus terrible encore. A peine établi dans le cimetière,
le colonel Gambin fut cerné par le corps de Giulay,
qui, après sa défaite, s'était porté sur Gratz par un
long détour. Assaillis de tous côtés, les Français répondirent en faisant usage de leurs deux pièces ;
mais enfin leurs cartouches et leurs munitions se

trouvant épuisées, leur chef prit la résolution de se
faire jour à la bayonnette. Aussitôt il fit battre
la charge, et se précipitant sur les Autrichiens, il les
enfonça, et se dirigea sur le chemin de Weinzerbbruck,
où il rencontra une colonne qui venait à son secours.
Le colonel Nagle, qui la commandait, partagea avec le
colonel Gambin les cartouches de ses soldats, et tous
deux marchèrent contre l'ennemi, qui fut mené battant jusque sous les murs de Gratz.

Le 48.ᵉ régiment se couvrit de gloire dans cette occasion, où il lutta avec avantage contre des forces dix
fois supérieures. Quatre cent cinquante prisonniers
et deux drapeaux furent les trophées qu'il recueillit.
Le corps de Giulay eut douze cents hommes tués et
un nombre de blessés encore plus considérable. Trente-trois Français furent comptés parmi les morts, cinquante-trois furent mis hors de combat.

Les Autrichiens, épouvantés, se retirèrent pendant la nuit, et Gratz fut immédiatement occupé par
nos troupes qui reprirent sur-le-champ le blocus du
fort.

Le 1ᵉʳ juillet, la division Broussier et le corps du
général Marmont reçurent l'ordre de rejoindre l'armée
d'Italie, qui, six jours après, se réunit elle-même à la
grande armée.

Depuis la bataille d'Essling, aucune action n'avait eu lieu sur les bords du Danube. L'armée autrichienne, augmentée par de nombreux renforts, s'était livrée à des travaux immenses pour défendre le passage du fleuve; et l'archiduc Charles, qui avait accumulé, pour se fortifier, tous les moyens que l'art peut fournir, attendait patiemment une nouvelle attaque. Il supposait que l'armée française déboucherait sur la rive gauche au même point que la première fois; et Napoléon, établi dans l'île de Lobau, le confirma dans cette pensée par d'adroites démonstrations, dont le but était de rendre inutiles les ouvrages élevés avec tant de soin par les Autrichiens. Le 2 juillet, cinq cents voltigeurs s'établirent dans la petite île du Moulin. L'ennemi, dont l'attention fut éveillée par cette fausse attaque, y dirigea toutes les batteries du village d'Essling. Le lendemain, à dix heures du soir, le général Oudinot fit embarquer, sur le grand bras du Danube, quinze cents voltigeurs, aux ordres du général Conroux, qui, secondés par dix chaloupes canonnières, que commandait le capitaine de vaisseau Baste, descendirent sur la rive gauche, au dessus de l'île de Lobau. A onze heures, les batteries du front de la ligne française canonnèrent vigoureusement Enzersdorf, où s'appuyait la gauche de l'ennemi. Un orage terrible éclata dans ce moment; la

pluie tombait par torrens , et les éclats de la foudre
se confondaient sans interruption avec le bruit de l'artillerie ; mais rien ne pouvait s'opposer aux desseins
de Napoléon. Le colonel Descorches - Sainte - Croix
traversa le petit bras du Danube , à la tête de deux
mille cinq cents hommes , et aborda auprès d'Enzersdorf. En même temps le chef de bataillon d'artillerie, Victor Dessale, fit accrocher d'une rive à l'autre
un pont d'une seule pièce , qu'il avait construit , et
l'infanterie le franchit au pas de charge , sous une
voûte d'obus et de boulets , qui sans cesse se croisaient
sur sa tête. Deux ponts , parallèles au premier , furent
bientôt jetés à peu de distance ; en sorte qu'à trois
heures du matin , l'armée avait débouché sur quatre
points. A cinq heures , les troupes étaient formées en
bataille. Masséna occupait la gauche , Bernadotte et le
général Oudinot le centre , le maréchal Davoust la
droite. La garde impériale et l'armée d'Italie s'établirent en seconde ligne. Le village d'Enzersdorf ,
dont les maisons étaient-en cendres , fut occupé par
le colonel Sainte-Croix, et le château de Sachsengang
par le général Oudinot, qui y prit neuf cents hommes
et douze pièces de canon.

L'archiduc Charles , trompé dans ses espérances ,

ordonna de suite les manœuvres que l'état présent des choses rendait nécessaires. Dans le dessein de res-saisir, sur un nouveau champ de bataille, les avantages qu'il venait de perdre, il laissa le gros de son armée dans ses lignes, et détacha quelques colonnes d'infan-terie, soutenue d'une artillerie nombreuse et de toute sa cavalerie, pour déborder la droite de Napoléon. Ce mouvement ne réussit pas, et l'armée française, continuant à s'avancer dans la plaine d'Enzersdorf, occupa tous les villages qui se trouvent en avant de Russbach. Dans le même temps, le maréchal Masséna s'emparait des ouvrages d'Essling et de Gross-Aspern. A neuf heures du soir, l'empereur dirigea contre Wa-gram, centre de l'armée ennemie, trois divisions, com-mandées par le général Macdonald. En peu d'instans, le village fut enlevé et dépassé. Trois mille prisonniers étaient entre les mains des vainqueurs, lorsque de nombreux renforts, envoyés par l'archiduc, forcèrent le général Macdonald à rétrograder. L'obscurité qui régnait alors rendit ce mouvement funeste aux trois divisions ; car, tandis qu'elles étaient canonnées sur leurs flancs, et menacées sur leurs derrières, un corps saxon qui occupait Raasdorf, les prenant pour ennemies, fit feu sur elles et les força à se débander. A la faveur de cette confusion, les prisonniers se sauvèrent, et un seul des drapeaux qu'on venait de conquérir put être conservé.

La nuit fut employée de part et d'autre à faire les dispositions convenables pour la grande bataille qui devait se livrer le lendemain. Au point du jour, l'armée française prit les armes et la canonnade s'engagea. A cinq heures, la gauche de l'armée Autrichienne, sous les ordres du prince de Rosemberg, déboucha de Markgrafen-Neusiedel, pour déborder le maréchal Davoust. L'empereur se porta aussitôt sur ce point, qu'il renforça d'une division de cuirassiers et de douze pièces d'artillerie légère. Après un engagement opiniâtre, le maréchal Davoust repoussa son adversaire jusques dans Neusiedel.

L'archiduc, dans l'intention d'enfoncer la gauche des Français et d'isoler l'armée de ses ponts, dirigea de fortes colonnes contre les maréchaux Bernadotte et Masséna, pendant que lui-même conduisait trente-cinq mille hommes de ses meilleures troupes dans l'intervalle qui séparait notre gauche de la position de Gross-Aspern. Cette masse culbuta sans peine les postes qui se trouvaient devant elle, et inquiéta bientôt les flancs de notre armée. Il était neuf heures, et les Au-

trichiens poussaient déjà des cris de victoire. Napoléon, après avoir reconnu par lui-même la situation
des affaires, donna ordre au maréchal Davoust de
tourner Neusiedel, et de marcher ensuite sur Wa-
gram. Ce mouvement fut exécuté avec autant de bonheur que de courage. Napoléon n'eut pas plus tôt aperçu
les troupes de l'aile droite sur les hauteurs de Wa-
gram, qu'il fit dire à Masséna de tenir bon dans
ses positions, et que la défaite du prince Charles était
assurée. Il ordonna en même temps une attaque décisive
contre le centre ennemi. Le général Macdonald, qui devait la diriger, forma ses divisions en colonnes serrées ;
elles étaient appuyés par la division bavaroise de Wrède
et par trois divisions de cavalerie. Les Autrichiens,
sans attendre le choc, se replièrent sur Gerasdorf.
Ce village, hérissé d'artillerie, fut abordé avec résolution, et pendant plus d'une heure l'avantage
resta indécis ; mais une dernière charge triompha
de l'opiniâtre résistance des ennemis, dont le centre
fut entamé. Déjà leur aile gauche retrogradait devant les corps du maréchal Davoust et du général Marmont, et leur aile droite, après s'être
long-temps maintenue contre le maréchal Masséna, que l'empereur avait fait soutenir par cent piè-

cés de canon , avait pris la direction dé Stre-
bersdorf.

La bataille était gagnée ; l'armée autrichienne
précipita sa marche vers la Moravie , abandonnant
dix drapeaux , quarante pièces de canons , près de
dix-huit mille prisonniers , quatre mille morts , neuf
mille blessés et un grand nombre d'équipages. Les
feld-maréchaux Nordman , d'Aspre , Wukassowich
et le général major P. Weczai , étaient restés sur le
champ de bataille. L'archiduc Charles , les feld-maréchaux Rouvroy et Nostiz les généraux majors ,
prince de Hess-Hombourg , Mayer , Vacquant , Mat-
zen , Stutterheim , Honneberg , Merville et Roth-
kirch avaient reçu des blessures.

Notre perte , bien moins considérable , était de six
mille blessés et de deux mille six cents tués : parmi
les premiers , on remarquait le maréchal Bessières,
les généraux Grenier, Seras , Vignolle , Sahuc , Frère , Defrance ; les colonels Sainte-Croix et Aldo-
brandini - Borghèse , ainsi que les majors Corbineau et Daumesnil. L'armée eut à déplorer la
mort du vaillant Lasalle , la fleur des preux et le premier des généraux de notre cavalerie légère. Le colonel Oudet, du 9.ᵉ de ligne , promu la veille au

grade de général , avait péri dans une embuscade avec vingt-deux officiers de son régiment.

Tous les corps avaient rivalisé d'intrépidité et de gloire : dans cette mémorable journée , Napoléon , qui lui-même s'était plusieurs fois exposé au milieu du feu, décerna à ses dignes soldats les récompenses qu'ils avaient méritées. Les généraux Oudinot et Macdonald reçurent le bâton de maréchal sur le champ de bataille.

Le lendemain , les Autrichiens furent poursuivis avec la plus grande vigueur. Battus , écrasés toutes les fois qu'il fut possible de les atteindre, ils éprouvèrent encore plus d'un revers.

Le 11, le prince de Lichstenstein se présenta aux avant-postes avec la mission de proposer un armistice. Cet acte fut conclu à Znaïm dans la nuit même , aux conditions que l'ennemi évacuerait sans délai les places de Brunn et de Gratz, qu'il abandonnerait le Tyrol et le Voralberg , et remettrait le fort de Sachrenburg. Des cantonnemens furent aussitôt assignés à nos troupes ; et l'empereur, en attendant l'issue des négociations qui allaient s'entamer, reporta son quartier-général à Schœnbrunn.

C'est ici le lieu de retracer succinctement quelques

épisodes qui se rattachent plus ou moins directe-
ment à la rupture entre l'Autriche et la France.

Le gouvernement anglais, pour mieux cimenter
son alliance avec la cour de Vienne, s'était engagé à
prendre une part active à la guerre; c'était à lui
qu'était dévolue la tâche d'opérer des diversions qui
obligeassent Napoléon à diviser ses forces : deux expéditions furent entreprises dans ce but ; la première
fut dirigée contre le royaume de Naples, dont
deux provinces, les Abbruzzes et la Calabre, étaient
en insurrection. Le cabinet de Saint-James, de
concert avec la cour de Palerme, espérait, en portant des secours aux mécontens, doubler leur nombre et leur audace, et réduire l'empereur des Français à la nécessité d'employer, pour protéger Murat,
une partie de l'armée du prince vice-roi d'Italie.

Le général Stuart, commandant les troupes que
l'Angleterre n'avait pas cessé d'entretenir en Sicile,
eut ordre de tout disposer pour une descente : il
commença aussitôt ses préparatifs, dans lesquels il
fut secondé par le commodore Martin : toutefois,
quel que fut son désir de les terminer promptement,
il lui fallut quatre mois avant d'être en mesure d'a-
gir ; mais, tandis que les Anglais rassemblaient ainsi

à grands frais tout ce qui pouvait assurer le succès de leur entreprise, Murat, qui depuis long-
temps était informé de leurs projets, n'avait négligé
aucun des moyens qui pouvaient le mettre à même
d'opposer une invincible résistance. Après avoir
étouffé la rebellion et rétabli la tranquillité dans ses
états, il répartit ses troupes sur les côtes, ordonna
des levées extraordinaires, et forma des camps autour
de sa capitale qui fut métamorphosée tout-à-coup
en une ville de guerre. La plus grande activité régnait dans les arsenaux et dans les autres établissemens militaires; tous les habitans s'empressaient à
l'envi d'aider aux travaux ou de courir aux armes;
des jeunes gens, appartenant aux familles les plus
nobles et les plus riches, composaient la garde du
roi Joachim : il les avait appelés près de lui, autant
pour satisfaire à son goût pour le faste et la représentation, qu'afin d'avoir sous sa main des otages qui
répondissent de la fidélité des parens. Murat, entouré de cette élite, dont l'élégant costume était
tout chamarré d'or et de broderies, passait de fréquentes revues, et cherchait par l'appât des titres et
des récompenses à enflammer l'ardeur des officiers
et des soldats. Jamais on n'avait inspiré tant d'enthousiasme

thousiasme aux Napolitains, jamais un monarque n'avait obtenu d'eux tant de vigilance. Il était difficile que le général Stuart pût surprendre un adversaire qui se tenait aussi-bien sur ses gardes.

La flotte anglaise parut enfin ; elle était forte de de deux cents voiles, parmi lesquelles deux vaisseaux de ligne, cinq frégates, plusieurs bricks et cutters, ainsi qu'un grand nombre de chaloupes canonnières et de bâtimens de transport ; elle portait quinze mille soldats Anglais, ou Siciliens, et plusieurs centaines d'officiers isolés, qui, brevetés par le roi Ferdinand, étaient destinés à enrégimenter les habitans que l'on supposait prêts à se lever en foule à l'heure du débarquement : vingt-cinq mille uniformes avaient été confectionnés à Londres pour équiper cette milice.

L'amiral anglais longea d'abord la côte de Calabre ; mais, après avoir louvoyé pendant dix jours, sans trouver un seul point qui ne fût pas sévèrement gardé par les troupes aux ordres du général Partouneaux, il se rabattit tout-à-coup sur la petite île d'Ischia.

Le 25 juin, dans la matinée, la flottille napolitaine soutint dans ces parages un combat dans lequel elle

remporta l'avantage contre des forces bien supérieures. A trois heures et demie du soir, une corvette et
la frégate *la Cérès*, qui, sous le commandement du
capitaine *Bauzan*, avait pris une part glorieuse à
cette première action, furent attaquées de nouveau
à la pointe de Pausilippe par vingt-deux bâtimens,
dont plusieurs de haut rang ; mais elles se défendirent long-temps avec la plus grande résolution, repoussèrent l'abordage avec vigueur, et réussirent,
quoique criblées de coups de canon, et presque dé-
semparées, à rentrer dans le port de Naples, où
elles furent reçues aux cris mille fois répétés de
vivent le roi Joachim et l'empereur Napoléon !
Pendant cette lutte, qui avait duré près de trois jours,
une frégate des assaillans avait été mise hors de service, et le capitaine qui la montait avait eu le bras
droit emporté par un boulet. Ce succès coûta aux
Napolitains cinquante hommes tués, et cent vingt
blessés. Murat combla d'éloges et de récompenses
les marins qui avaient soutenu avec tant de fermeté
l'honneur de son pavillon.

Le lendemain, à quatre heures du matin, une division de trente chaloupes canonnières, revenant de
Gaëte, se trouva enveloppée par la flotte du commo-

dore : l'engagement commença aussitôt , et se continua de part et d'autre avec acharnement ; un brick
des Anglais fut brûlé , une de leurs canonnières fut
coulée bas , plusieurs autres furent fortement endom-
magées. Cependant, contrariés par le vent, les Napolitains éprouvèrent aussi des pertes ; seize de leurs
chaloupes seulement entrèrent dans le port. Des quatorze autres , six avaient sombré sous la bordée des
vaisseaux ennemis, trois avaient été incendiées, cinq
s'étaient jetées à la côte.

A la suite de ce combat , les Anglais, qui, depuis la
veille , étaient maîtres de l'île de Procida dont ils s'é-
taient emparés sans coup férir , débarquèrent six mille
hommes dans celle d'Ischia , et investirent sur - le-
champ le château-fort où le général Colonna commandait une faible garnison. Cet officier , sommé de se
rendre , répondit qu'il tiendrait jusqu'à la dernière
extrémité. Quelques jours après, le général Stuart fit
contre le fort de Scylla une tentative qui n'eut pour lui
d'autre résultat que la perte de tout son attirail de siège,
ainsi que d'une grande quantité de munitions et de vivres qu'il laissa entre les mains du général Partouneaux, dont la seule présence avait suffi pour l'engager
à se rembarquer. Deux cents cavaliers anglais, qui s'é-

40.

taient avancés dans l'intérieur des terres, furent coupés et pris par le général Cavaignac. La flotte ennemie continua à croiser sur les côtes, sans oser rien entreprendre; seulement de temps à autre elle lança sur le rivage quelques-uns de ces bandits qui, dans les campagnes précédentes, ne s'étaient signalés que par le viol, le pillage, l'incendie et le meurtre. On sait que le gouvernement sicilien était depuis long-temps familiarisé avec l'emploi de tels auxiliaires, et l'on a déjà vu les Anglais s'y prêter avec complaisance. Quoi qu'il en soit, les agens de l'insurrection se livrèrent à de trop coupables excès, pour ne pas inspirer de l'horreur pour ceux qui les employaient. Leur conduite fut si atroce, que le général Stuart et le commodore Martin se crurent obligés de les désavouer dans une proclamation.

Enfin, le 22 juillet, le général Stuart, désespérant d'atteindre le but de l'expédition, se décida à revenir en Sicile. Une maladie épidémique, qui s'était manifestée sur la flotte et y faisait d'affreux ravages, fut sans doute la principale cause qui le détermina à renoncer à une entreprise sur laquelle les cours de Londres et de Palerme avaient fondé de si hautes espérances. Le 24, l'île de Procida et celle d'Ischia, où le général Colonna avait continué de se maintenir à son poste, furent évacuées; et le 26, les deux cents voiles qui portaient l'armée anglo-sicilienne étaient hors de vue.

Pendant que Naples était menacé , le ministère britannique méditait, dans le Nord , une invasion dont il se promettait les plus importans résultats. Les Anglais, malgré leur immense supériorité maritime, ne voyaient pas sans une vive inquiétude l'activité qui régnait dans les ports de l'Escaut ; ils rassemblèrent, dans les mois de mars, avril, mai, juin et juillet, d'importantes forces de terre et de mer, dans le but de s'emparer de Flessingue où dix vaisseaux de ligne français étaient déjà réunis , de ruiner les chantiers d'Anvers où s'achevaient vingt autres grands bâtimens de guerre, et de rendre la navigation de l'Escaut à jamais impraticable. La révolte du fameux partisan Schill, lancé par la Prusse comme un balon perdu pour connaître la direction du vent, la conspiration du général Dornberg à Cassel, et les efforts du duc de Brunswick annonçaient quelles étaient les dispositions des princes du nord de l'Allemagne, et faisaient présager qu'ils s'armeraient, si les Anglais parvenaient à frapper un grand coup. Les troupes du roi Frédéric Guillaume , quoique diminuées, n'étaient point désorganisées, et pouvaient se recruter rapidement. Le Hanovre conservait toujours le souvenir de ses anciens maîtres , et désirait ardemment leur re-

tour. Les Hollandais regrettaient la perte de leur commerce, et quoiqu'ils parussent aimer le souverain qui
leur avait été imposé, ils se seraient joints par calcul,
autant que par patriotisme, à un parti qui leur aurait
offert la chance de recouvrer leurs anciennes relations.

La grande expédition des Anglais contre Anvers
parut devant les côtes de Zélande, le 29 juillet : elle
était commandée en chef par lord Chatam, frère aîné
du fameux ministre Pitt; quarante vaisseaux de ligne,
dix-huit frégates, un grand nombre de bâtimens de
moindre grandeur apportaient trente-neuf mille hommes de troupes de terre; on comptait six cents voiles
dans la flotte, et l'effectif des marins et des soldats
montait à soixante-dix mille. Il y avait long-temps
que l'on n'avait pas vu sortir de l'Angleterre un appareil guerrier aussi immense.

Le 30 juillet, les Anglais entrèrent dans l'Escaut
oriental, et commencèrent leur débarquement au
nord de l'île de Walcheren. Les forts de Haeck et de
Veer furent attaqués; le premier ne fit aucune résistance, et la ville de Veer, foudroyée pendant quatorze
heures par une artillerie formidable, ne fut bientôt
plus qu'un monceau de ruines. Middelbourg, ville
principale de la province, fit promptement sa soumis-

sion. Le premier août, les Français ne possédèrent dans l'île de Walcheren que la redoute de Rammekens qui tint encore pendant quarante-huit heures, et Flessingue, sous les murs de laquelle ils furent forcés de venir se retrancher. Les flottes françaises et hollandaises, stationnées aux deux embouchures de l'Escaut, enseignèrent à l'ennemi, en se retirant, les passes dangereuses d'un fleuve qui coule sur un fond sablonneux et mouvant.

Les Anglais s'emparèrent, sans coup férir, de Sud-Beveland, île située au sud de celle de Walcheren; et le fort de Batz, que les troupes hollandaises venaient d'abandonner sans avoir tiré un seul coup de canon, fut aussitôt occupé par une patrouille perdue de trente hommes envoyés par le général Hope pour reconnaître la plage méridionale de l'île. La prise du fort de Batz assurait aux Anglais la possession de la baie de Saeflingen, d'où ils pouvaient passer à gué, ou sur des embarcations, le canal qui sépare du continent l'île de Sud-Beveland, et arriver par terre, en peu d'heures, sous les murs d'Anvers.

Le roi de Hollande, ayant reçu à Aix-la-Chapelle, la nouvelle de ce débarquement, partit aussitôt pour Amsterdam, après avoir fait donner l'ordre aux divisions militaires de la Flandre d'envoyer en hâte sur les côtes, les conscrits qui étaient dans leurs dépôts. Toutes les troupes disponibles, qui se trouvaient à Liége et à Maëstricht, furent dirigées sur Anvers.

Les Français étaient alors loin de s'attendre à une invasion de leur propre sol ; des conquêtes lointaines à conserver ou à étendre retenaient en Autriche et en Espagne l'élite de leurs soldats sur les rives du Danube et du Tage. Les dépenses ruineuses, causées par des guerres continuelles, engloutissaient journellement les sommes destinées à réparer les fortifications des villes frontières de la France, qui, la plupart du temps, se trouvaient totalement dépourvues de défenseurs. On n'y voyait que des recrues qui allaient se faire équiper avant de se rendre aux armées, et les commandans de ces places étaient pour la plupart des officiers - généraux invalides , oubliés ou disgraciés. Il n'y avait, sur les murs d'Anvers, d'autre artillerie qu'un petit nombre de pièces de canon montées sur de vieux affûts marins.

Le fort Lillo, situé à deux lieues de cette ville, était dans le plus grand dénuement de toutes les choses nécessaires à la défense d'un poste à la veille d'être assiégé. Il n'y avait sur les rives de l'Escaut que la batterie de Terneuse et le fort de Breskens capables de faire quelque résistance; la plus grande partie des troupes arrivées à Anvers fut envoyée dans le pays de Cadsand, contre lequel on supposait que se dirigeraient les premiers efforts de l'ennemi. On était parvenu, dans la nuit du 4 au 5, à jeter trois mille hommes dans l'île de Walcheren, pour renforcer la garnison de Flessingue. Neuf cents hommes, composés de vingt-six régimens différens, reçurent du général-sénateur Rampon l'ordre d'aller à Putte, sur les frontières de la Hollande, former l'armée de la rive droite de l'Escaut. Le général Valletaud, qui commandait sur ce point, était à peine parvenu le 6 août à y réunir quinze cents hommes.

Si les Anglais eussent seulement essayé de mettre à profit l'avantage de leur situation, il n'est pas douteux qu'ils ne se fussent emparés d'Anvers. Cette ville aurait évidemment succombé à un coup de main, et peut-être même qu'enhardis par ce succès, la Hollande et le nord de l'Allemagne se seraient insurgés. La destinée se plut encore dans cette occasion à déjouer les calculs humains, et à nous protéger dans un moment où tous les événemens qu'on pouvait prévoir nous étaient contraires.

Le 11 août, dix frégates anglaises, et cent cinquante petits bâtimens , ayant forcé le passage du fleuve, malgré le feu des forts de Cadsand, remontèrent l'Escaut occidental , et vinrent se placer devant Batz. Le temps était très-pluvieux et très-favorable à un débarquement. On pouvait croire que l'ennemi avait l'intention d'attaquer ; cependant il se contenta de mettre à terre beaucoup de canons de gros calibre.

Le roi de Hollande amena, le 12 , aux environs d'Anvers , un corps de six mille hommes , composé en grande partie de sa garde. Il prit à la hâte diverses mesures de défense : il ordonna entr'autres choses de faire couler, au fond de l'Escaut , vis-à-vis le fort Lillo , un gros vaisseau rempli de maçonnerie ; ce qui devait rendre, pour plusieurs années, le port d'Anvers inaccessible même aux bâtimens marchands. Cet ordre ne fut pas exécuté.

Dans l'état de détresse où l'on se trouvait , on fit venir à Anvers jusqu'aux invalides de Louvain. Ils furent destinés à diriger l'artillerie des forts, ou plutôt à faire des cartouches. Des guerriers à cheveux blancs et de jeunes soldats mutilés accouraient avec joie au champ de l'honneur.

Les généraux Chamberlac et Dallemagne vinrent

ensuite se partager le commandement de l'aile droite
de l'armée française ; mais ils étaient sans chefs
d'état-major, et furent d'abord réduits à la nécessité
de faire transmettre de vive voix , par des ordonnances, leurs ordres multipliés et presque toujours
contradictoires, ce qui donnait lieu à des mal-en-
tendus sans nombre. A chaque instant,dans le voisinage des Polders , on rencontrait des détachemens qui
allaient et venaient, se croisant sans cesse dans tous
les sens,recevant contre-ordres sur contre-ordres,etpre-
nant,le même jour, des billets de logement dans des cantonnemens différens. Cette confusion , qui devait tout
perdre, nous fut au contraire utile. Les espions de l'ennemi,voyant les routes couvertes de troupes,crurent que
nous avions reçu des renforts , et leurs rapports exa-
gérés contribuèrent à cacher notre faiblesse. Deux
pièces de quatre , non attelées , formaient toute notre
artillerie de campagne ; on les plaça en évidence sur
une digue , plutôt comme un simulacre que comme
un moyen réel de défense. Dès que la flotte anglaise
faisait le plus léger mouvement, le général Chamberlac faisait promptement avertir le général Dallemagne de se tenir prêt à le secourir.

Le 15 , à trois heures du matin, une forte canonnade, qui, depuis plusieurs jours, se faisait entendre de l'île de Walcheren, cessa tout-à-coup ; et l'on vit le pavillon Anglais flotter sur la tour de Flessingue. Cette place venait de capituler ; elle eût pu se défendre encore long-temps si le général Monet qui la commandait, n'eût pas négligé d'en inonder les alentours comme le portaient ses instructions. D'après cet événement, on devait s'attendre que les Anglais ne tarderaient pas à faire des progrès plus alarmans. Telle était la situation des Français sur l'Escaut, lorsque le maréchal Bernadotte vint prendre le commandement des troupes réunies sous Anvers.

Il ne fallait pas moins que l'activité d'un des meilleurs capitaines de la France pour organiser une véritable armée. Tout était à créer, munitions, artillerie, canonniers, magasins. Le 15 août, le roi de Hollande et le maréchal Bernadotte passèrent une grande revue. La garde hollandaise se faisait remarquer par sa brillante tenue. Les troupes françaises, au contraire, présentaient l'aspect d'une masse faible, incohérente et mal disciplinée. L'on voyait des matelots, des dragons, des lanciers, des chasseurs et des cuirassiers, équipés pour être à cheval, suivre tristement à pied le tambour de l'infanterie. Dans ce

mélange confus et bizarre de soldats de toutes armes,
il y avait des détachemens polonais, hanovriens,
suisses, enfin de toutes les nations que la conquête
avait placées sous nos drapeaux. Des prisonniers prussiens et espagnols avaient même été employés à la
défense de Flessingue. Ce ne fut pas sans peine que
l'on parvint à faire défiler cette armée composée de
tant de parties hétérogènes.

Le général en chef parcourait les rangs, s'in-
formant avec détail de la composition et des besoins
de chaque corps. Quelquefois, à la tête des pelotons
et des escadrons, il indiquait aux jeunes officiers ce
qu'ils avaient à faire. En montrant à tous de l'estime,
il leur donnait la confiance qui leur manquait, et leur
adressait des paroles d'encouragement. Pendant tout
le temps que dura la revue, les deux pièces de quatre placées sur la digue tirèrent à poudre, pour célébrer la Saint Napoléon, et pour faire croire aux
Anglais que nous avions en abondance de l'artillerie
et des munitions. Le roi de Hollande partit, le soir
même, pour Amsterdam, avec les troupes qu'il avait
amenées.

Bernadotte employa la journée du 16 à parcourir la ligne avec des ingénieurs , et à reconnaître les divers emplacemens où il devenait nécessaire de construire de nouvelles batteries. Il rectifia ensuite la position de l'armée, et forma à Gand le noyau d'un corps d'observation , dont le maréchal Moncey vint bientôt prendre le commandement.

L'arrivée du maréchal fit cesser les conflits d'autorité qui existaient entre les chefs des différentes armes ; l'on vit disparaître les petites rivalités d'amour - propre que la présence même d'un danger imminent n'avait pu suspendre. Les ingénieurs reçurent l'ordre d'accélérer , par tous les moyens possibles , l'armement des forts Lillo et Liefkenskoek , de travailler sans relâche à la construction du fort Henry ; de tracer, à Yssendick, un nouveau fort, qui pût , dans tous les cas, assurer la communication du pays de Cadsand avec le continent, et de barrer le fleuve avec une triple estacade appuyée par la flottille et par des batteries flottantes. Par ce moyen , on était dispensé de combler la passe de l'Escaut. La révocation de l'ordre que le roi de Hollande en avait donné précédemment ranima les esprits abattus des commerçans d'Anvers. En attendant que ces ouvrages fussent achevés, une frégate et deux corvettes hollandaises servirent de bastions avancés ; deux vaisseaux de guerre furent placés en arrière.

Quoique toutes ces mesures parussent tardives, la présence d'un chef, qui communiquait à tous son infatigable activité, fit qu'on ne désespéra de rien : l'on s'occupa dès-lors, jour et nuit, des préparatifs ordonnés. Les villes de l'Ecluse, de Sas-van-Gandt et d'Anvers, furent déclarées en état de siège et approvisionnées pour six mois.

L'ennemi bombarda, le 17, la batterie de Terneuse : un obus, qui en fit sauter le magasin à poudre, tua cent cinquante hommes du 8.e régiment d'artillerie à pied et du 3.e régiment suisse. Le 18, les grands vaisseaux anglais, qui étaient restés devant Flessingue, mirent à la voile pour se rapprocher d'Anvers. Ceux qui se trouvaient déjà sous le fort de Batz, vinrent former leur ligne à peu de distance de la flottille hollandaise : après avoir manœuvré quelques instans, ils rentrèrent dans leur première position ; on crut ensuite les voir embarquer des troupes au fort de Batz, ce qui persuada qu'ils avaient le projet d'attaquer dans peu avec toutes leurs forces. Les fossés d'Anvers et les environs des forts Lillo et

Liefkenskoek, furent promptement inondés, et les troupes, nouvellement réparties dans des camps sur les deux rives du fleuve, se tinrent prêtes à se porter partout où l'ennemi essayerait de descendre.

Le 20, au matin, la flotte Anglaise entra à toutes voiles dans la baie de Saeflingem. Des matelots venaient souvent se promener à la marée basse, et chercher des coquillages sur la grève que l'eau avait nouvellement laissée à découvert ; ils provoquaient nos soldats par des injures, et, dès qu'on se préparait à aller à eux, ils remettaient avec rapidité leurs canots à flot, et gagnaient au large.

Les Français cependant regardaient comme une conquête chaque instant qui s'écoulait sans que l'ennemi exécutât ses projets ; l'espérance prochaine d'éloigner un grand danger redoublait leur zèle et leur émulation. Le maréchal Bernadotte parcourait incessamment les postes avancés, pour encourager les travailleurs, et s'assurer de la prompte exécution de ses ordres. On commença par couper des embrasures dans l'épaisseur des digues, et l'on y plaça des canons de marine, servis par des canonniers tirés de la flotte. Chaque jour, chaque

chaque nuit, on recevait des renforts, l'on achevait quelques retranchemens, ou bien l'on armait
quelque batterie nouvelle : le défilé tortueux qu'offre le fleuve entre Anvers et Lillo à la flotte qui
aurait voulu le remonter, était déjà protégé le 24
par des moyens respectables de défense. Les inon-
dations furent augmentées, et les commandans des
forts reçurent l'ordre de périr au milieu des flots
qui les entouraient, plutôt que de céder à une attaque.

La lenteur des ennemis laissa le temps et les
occasions d'aguerrir l'armée et d'instruire les recrues. Le 23, vingt-six mille hommes presque
aussi bien organisés que des troupes de ligne, et
remplis de zèle et d'ardeur, étaient sous les armes.
Les marins de notre flottille, qui s'était retirée en
arrières des nouveaux forts, avaient acquis eux-
mêmes une telle confiance, qu'ils parlaient déjà de
prendre l'offensive et d'incendier la flotte ennemie.

Le 24, on observa quelques mouvemens dans les
troupes qui étaient auprès de Batz ; on apprit que
Lord Chatam venait d'y arriver, et l'on pensait qu'il
allait donner le signal d'une attaque générale. Les
Anglais canonnèrent pendant la nuit la batterie du
vieux Docle et celle de Fréderic-Henry. Quelques-

unes de leurs compagnies d'infanterie , montées
sur des chaloupes , ayant vainement essayé de dé-
barquer, se retirèrent après avoir engagé à plusieurs
reprises une fusillade très-vive avec nos troupes. Le
jour suivant , le bombardement se continua , mais
sans résultat.

Dans la soirée du 26 , l'ennemi rangea dans le canal de Berg-op-Zoom , à la hauteur d'Ossendreck ,
tous ses bâtimens de transport , chargés de troupes.
Le reste de son armée était en bataille derrière Batz.
Tout semblait annoncer le dénouement depuis si
long-temps prévu ; nos trois vaisseaux d'avant-garde
se placèrent entre la citadelle et le bassin d'Anvers ;
mais les Anglais n'osèrent rien entreprendre. Chaque
jour on vit dès-lors diminuer le nombre de leurs vaisseaux. Il parut d'abord qu'ils se portaient sur la Hollande pour attaquer les villes de Willemstadt et de
Helvoet-Sluys, ou qu'ils se dirigeaient sur Cadsan ,
pour revenir ensuite; il était impossible d'imaginer
que des démonstrations sur des points aussi éloignés
ne fussent pas des ruses de guerre pour obliger les
Français à disséminer leurs forces. Toutefois on finit par acquérir la conviction que Lord Chatam avait
sérieusement renoncé à ses projets contre Anvers. Le

3o, il ne restait plus que soixante voiles devant Batz, et le 4 septembre, il n'y eut plus un seul bâtiment dans la baie de Saeflingen. Les Anglais se retirèrent dans l'île de Walcheren, et s'y fortifièrent dans la dessein de s'y maintenir.

Quelques jours après la prise de Flessingue, la fièvre des *Polders* s'y était manifestée; les maladies, causées par l'insalubrité du climat de la Zélande, firent de grandes ravages dans l'armée anglaise; du 28 août au 8 septembre, plus de dix mille neuf cent quarante-huit officiers ou soldats furent enlevés par cet horrible fléau. Flessingue avait été presque entièrement détruite, ou consumée pendant le bombardement par les fusées à la Congrève et par d'autres projectiles; les Anglais étaient forcés de vivre dans cette ville au milieu des décombres; les vapeurs d'un incendie mal éteint, et les exhalaisons des cadavres à peine recouverts de sable, accrurent tellement la malignité de la fièvre, qu'on fut obligé, vers la fin du mois d'août, de relever les postes deux fois dans le même jour. La maladie atteignit successivement tous les hommes, et les plus robustes étaient ceux qui succombaient les premiers; la mortalité devint si grande, qu'on n'enterra bientôt plus que la nuit, me-

41.

sure qu'on ne prend que pendant la peste, dans la crainte de frapper de terreur l'imagination des survivans, et d'accroître ainsi le mal.

Accablés par ces pertes réitérées, contre lesquelles le courage des hommes et les efforts des médecins étaient impuissans, les Anglais après avoir détruit les fortifications et le port de Flessingue, se rembarquèrent le 21 septembre, jugeant que les avantages assurés à l'Angleterre, par la possession d'une des îles de la Zélande, ne compensaient pas les sacrifices considérables qu'il faudrait faire pour la conserver.

C'est ainsi que se termina, presque sans combat, cette campagne de Walcheren, où peu d'Anglais périrent par le fer, et qui fut néanmoins aussi désastreuse pour leur armée, que si elle eût livré des batailles et éprouvé de cruelles défaites.

Les effets du désappointement de l'Angleterre se firent ressentir jusqu'à Vienne. La cour d'Autriche, qui, pendant les entreprises d'une puissance son alliée, avait été bien aise de traîner en longueur les négociations entamées depuis qu'elle avait obtenu un armistice, se résigna enfin à accepter les conditions du vainqueur. De grandes difficultés qui ne s'étaient éle-

vées de la part de l'empereur François II, que parce
qu'il avait entrevu la possibilité que l'expédition contre
la Hollande changeât sa situation , s'évanouirent
dès qu'il en eut appris l'issue. Le 14 octobre, trois
mois après la cessation des hostilités, il ratifia un traité
qui rendait encore une fois Napoléon l'arbitre de
l'Europe. Le cercle de Gorice, le territoire de Monte-
Falcone , le gouvernement et la ville de Trieste ,
la Carniole , le cercle de Wellach en Carinthie
et tous les pays situés à la droite de la Suave ,
jusqu'à la frontière de la Bosnie , ainsi que la
seigneurie de Radziard enclavée dans le pays des
Grisons, furent cédées à la France. Les pays de Salz-
berg et de Berchtlos-Gaden , ainsi que plusieurs autres provinces , furent distraits de la monarchie autrichienne et donnés aux princes de la confédération.
Le roi de Saxe reçut pour sa part toutes les encla-
ves dépendantes de la Bohême, toute la nouvelle Gallicie , un arrondissement autour de Cracovie et le
cercle de Zamosc. L'empereur de Russie , eut aussi
un accroissement de territoire avec une population
de quatre cent mille ames dans l'ancienne Gallicie.
Par le même traité, l'empereur d'Autriche sanction-

nait tous les changemens survenus ou qui pourraient survenir en Espagne, en Portugal et en Italie, et adhérait au système continental.

Deux jours avant la ratification de ce traité par lequel l'Autriche, ravalée au niveau des puissances secondaires, ne devait plus être que l'esclave des volontés du guerrier qui lui dictait la loi, Napoléon courut le danger d'être assassiné, en passant la revue de sa garde, sur la place d'armes du château de Schœnbrunn. Un jeune homme d'une figure intéressante, douce et régulière, s'élançant brusquement sur l'empereur, voulut lui porter un coup de poignard; le maréchal Berthier, détourna le bras, et le général Rapp se saisit aussitôt de l'assassin. Un effroi général s'était emparé des témoins de cet attentat : Napoléon assez maître de lui-même, pour garder un calme inaltérable, continua d'ordonner les évolutions, comme s'il n'eût été distrait que par un incident sans importance.

On conduisit le jeune homme au corps-de-garde des gendarmes, et l'on ne trouva sur lui, en le fouillant, que le poignard, quatre frédérics d'or et un portrait de femme. On l'interrogea, mais il ne répondit que par ces mots : « Je voulais parler à l'empereur ». Napoléon se le fit alors amener. — D'où êtes-vous, et depuis quand êtes-vous à Vienne, demanda l'empereur ? — Je suis d'Erfurth, et j'habite Vienne depuis deux mois. — Que me vouliez-vous ? — Vous demander la paix, et vous prouver qu'elle est indispensable. — Pensez-vous que j'eusse voulu écouter un homme sans caractère et sans mission ? — En ce cas, je vous aurais poignardé. — Quel mal vous ai-je fait?—Vous opprimez ma patrie et le monde entier; si vous ne faites point la paix, votre mort est nécessaire au bonheur de l'humanité; en vous tuant, j'aurais fait la plus belle action qu'un homme d'honneur puisse entreprendre... Mais j'admire vos talens, je comptais sur votre raison et avant de vous frapper, je voulais vous convaincre. — Est-ce la religion qui a pu vous déterminer ? — Non ; mon père, ministre luthérien, ignore mon projet ; je ne l'ai communiqué à personne ; je n'ai reçu de conseil de qui que ce soit : seul depuis deux ans, je médite votre changement ou votre mort. — Etiez-vous à Erfurth quand j'y suis allé l'année dernière ? — Je vous y ai vu trois fois. —Pourquoi ne m'avez-vous pas tué alors?—Vous laissiez respirer mon pays; je croyais la paix assurée et je ne voyais en vous qu'un grand homme. — Connaissez-vous Schneider et Schill ? — Non. — Etes-vous franc-maçon , illuminé ? — Non — Vous connaissez l'histoire de Brutus ? — Il y eut deux Romains de ce nom, le dernier est mort pour la liberté. — Avez-vous eu connaissance de la conspiration de Moreau et de Pichegru ? — Les papiers m'en ont instruit. — Que pensez-vous de ces hommes ? — Ils ne travaillaient que pour eux et craignaient de mourir. — On a trouvé sur vous un portrait, quelle est cette femme ? — Ma meilleure amie , la fille adoptive de mon vertueux père. — Quoi ! votre cœur est ouvert à des sentimens aussi doux , et, en devenant un assassin , vous n'avez pas craint d'affliger , de perdre les êtres que vous aimez ? — J'ai cédé à une voix plus forte que ma tendresse. — Mais en me frappant au milieu de mon armée, pensiez-vous échapper ? — Je suis en effet étonné d'exister encore. — Si je vous faisais grâce , quel usage feriez-vous de votre liberté ? — Mon projet a échoué , vous êtes sur vos gardes . . . . . Je m'en retournerais paisiblement dans ma famille.

Napoléon fit alors appeler son premier médecin, Corvisart, et lui demanda s'il ne trouvait pas dans ce jeune homme quelques symptômes de démence. Après l'avoir examiné avec soin, le médecin répondit qu'il ne trouvait pas même en lui les signes de la plus légère émotion.

Le malheureux resta quarante huit heures dans une salle avec deux gendarmes ; il se promenait avec tranquillité, et s'agenouillait quelquefois pour prier Dieu. On lui avait apporté avec son dîner un couteau de table, il le prit et le considéra froidement ; un de ses gardes voulut le lui ôter des mains, il le rendit en disant : « Ne craignez rien, je me ferais plus de » mal que vous ne m'en ferez. » Le lendemain, il entendit le canon, et en demanda la cause : « C'est la » paix, lui répondit-on. — La paix ! ne me trompez- » vous point ? » On lui donna l'assurance que rien n'était plus véritable. Il se livra d'abord à des trans- ports de joie ; des larmes s'échappèrent ensuite de ses yeux ; il se jeta à genoux, pria avec ferveur, et se re- levant : « Je mourrai plus tranquille. » On vint le cher- cher pour être fusillé ; il dit à l'officier qui lui an- nonça son sort : « Monsieur, je ne vous demande » qu'une grâce, c'est de n'être point lié. » On la lui accorda, il marcha librement et mourut avec calme. Napoléon ne pouvait trouver une plus belle occa- sion d'exercer sa clémence ; il ne sut pas la mettre à profit. Il avait souvent pardonné aux princes et aux rois ; mais, pour gagner l'amour des peuples, n'aurait-il pas dû montrer que le dévouement sublime qu'inspirent la haine de l'oppression, le fanatisme de l'indépendance et de la liberté n'était pas à ses yeux un crime irrémissible ? Malheureusement il s'était fait une toute autre politique.

La clause la plus importante du traité de Vienne ne faisait point partie des articles signés par les plénipotentiaires, et ne devait être divulguée que plus tard. Napoléon, résolu à rompre les liens qui l'unissaient à l'impératrice Joséphine Tascher, avait fait demander la main de la jeune archiduchesse Marie-Louise, fille aînée de François II. De grands obstacles paraissaient s'opposer à cette alliance ; les convenances, l'opinion, l'orgueil héréditaire de la Maison de Lorraine la repoussaient, mais la ferme volonté de l'empereur des Français dompta les répugnances de l'aristocratie.

Napoléon partit de Schœnbrunn le 14 octobre, et arriva le 26 au palais de Fontainebleau. Trois jours après, la paix avec l'Autriche fut publiée dans Paris ; elle fut accueillie avec enthousiasme. Déjà la nation commençait à se lasser de guerres qui se renouvelaient sans cesse. Elle espérait que la dernière leçon donnée à l'Autriche serait pour les autres puissances un avertissement de ne pas violer leurs traités ; et elle pensait que Napoléon , pouvant désormais disposer de toutes ses forces , réduirait bientôt l'Espagne , et contraindrait enfin l'Angleterre à entrer en négociations : flatteuses illusions qui ne tardèrent pas à s'évanouir! L'Espagne, aguerrie, n'était plus qu'un monde de soldats , elle ne pouvait plus être subjuguée, et l'Angleterre demeurait plus que jamais implacable. On va voir par quels efforts nos troupes se sont maintenues jusqu'à ce jour dans la péninsule , contre les armées combinées de ces deux nations. Reprenons le récit au point où nous l'avons suspendu, c'est-à-dire, à l'époque de la jonction devant Lugo des maréchaux Soult et Ney.

Une seconde expédition dans les Asturies eut lieu dans le courant de juin. La division Bonnet , forte de trois mille soldats , s'empara de Sant-Ander , et défit treize mille Espagnols , commandés par Balastéros et le marquis de Porlier. En Aragon , le général Suchet , ayant détaché six mille hommes du corps qui investissait Gironne , culbuta Blacke auprès de Santa-Fé, et lui prit trente-cinq bouches à feu, trois drapeaux et sept cents hommes. Deux mille insurgés restèrent sur le champ de bataille. Le combat de Belchite, où les Espagnols s'étaient retranchés, ne leur fut pas favorable.

Lord Wellesley, qui, depuis peu, avait pris le nom de Wellington, venait de faire sa jonction avec Cuesta, et marchait sur Madrid. Son intention était de livrer bataille aux Français, et de les rejeter au delà des Pyrénées. Ce plan ne présentait que peu d'obstacles : nous n'avions à cette époque que quatre-vingt mille combattans, disséminés sur tous les points de la Péninsule ; mais la division se mit parmi les alliés, et Wellington refusa sa coopération. Le roi Joseph marcha sur les Anglais, campés à Talavera. Plusieurs engagemens se succédèrent sans rien changer à la position des deux armées ; mais, le 3 août, Wellington, informé que le maréchal Soult marchait sur ses derrières, opéra sa retraite sur le Portugal, abandonnant tous ses blessés. Le maréchal Ney occupa Salamanque, le maréchal Soult Placentia, le maréchal Mortier Talavera de la Reyna, le maréchal Victor Tolède. Le général Sébastiani, chargé de couvrir la capitale, fit une guerre active aux Guérillas qui commençaient à reparaître. Le 11, il battit, à Almonacid, le corps de

Venegas, à qui il enleva trente-cinq canons, cent caissons, quatre mille hommes et plusieurs drapeaux.

Le mois de septembre se passa sans mouvemens
sérieux. A cette époque, le maréchal Soult fut nommé
major-général des armées françaises en Espagne. Le
18 octobre, le général Marchand, qui avait succédé
au maréchal Ney rappelé en France, fut attaqué à
Tamanès: il repoussa d'abord l'ennemi ; mais accablé
ensuite par des forces trop supérieures, il fut obligé de
se retirer. Le duc del-Parque se porta aussitôt sur
Salamanque dont il s'empara. Le général Kellermann,
ayant réuni quelques troupes, marcha contre lui, le
rencontra à Alba-de-Tormès et le défit complètement.
Trois mille Espagnols restèrent sur le carreau, quinze
pièces de canon et six drapeaux furent les trophées de
la victoire.

Dans le même temps, le général Arizzaga s'avançait dans la plaine d'Ocana à la tête de cinquante mille
hommes; le maréchal Mortier, envoyé contre cette
armée avec trente-quatre mille fantassins et quatre
mille cavaliers, l'enfonça au premier choc, la poursuivit sans relâche, et lui fit vingt mille prisonniers.
Cinquante canons et trente drapeaux tombèrent aussi
en notre pouvoir.

Le 10 novembre, la place de Gironne, après un siège long et opiniâtre, se rendit à discrétion au maréchal Augereau qui trouva sur les remparts deux cents bouches à feu. La garnison, forte de cinq mille soldats, fut conduite en France, ainsi qu'un grand nombre de moines dont les prédications avaient exalté le fanatisme des habitans. Leur résistance avait coûté aux Français plus de vingt mille hommes tués pendant les combats, ou emportés par les maladies.

Les premiers renforts, que la paix avec l'Autriche avait permis de diriger sur l'Espagne, venaient d'arriver. Le maréchal Soult ne leur laissa pas prendre de repos. Les Espagnols, après leurs défaites d'Almonacid et d'Ocana, s'étaient réfugiés dans la Sierra-Morena dont ils gardaient les passages, et avaient miné les routes. Pleins de confiance dans leur nombre et dans les travaux qu'ils avaient faits, ils se croyaient inexpugnables; mais le maréchal Soult les ayant attaqués le 20 janvier, en un instant ils furent délogés, culbutés et poussés la bayonnette dans les reins jusqu'à Andujar. A peine le duc d'Albuquerque, l'un de leurs généraux, eut-il le temps de se jeter dans Cadix. La conquête des trois royaumes ne coûta pas deux cents hommes. Séville se rendit le 31 janvier au ma-

réchal Victor. Cette place renfermait deux cent soixante-trois pièces de canon, dont cent quarante en batterie, de nombreuses munitions et des approvisionnemens immenses. Après ce succès, Victor se rendit devant Cadix dont il forma le blocus.

Le général Sébastiani, détaché sur Malaga, détruisit l'armée qui en défendait les approches et lui prit
cent quarante pièces de canon.

En Catalogne, le général Suchet après avoir obtenu de
grands avantages, battait encore l'ennemi à Vich. Le
général Souham, assailli le 7 février par le général
O'Conell, repoussa toujours avec succès les masses espagnoles, et par son sang-froid déconcerta leur attaque.
Quoique blessé d'un coup de feu à la tempe gauche, il ne
quitta sa division que lorsque l'affaire fut glorieusement
terminée. O'Conell perdit sept mille hommes, parmi
lesquels trois mille cinq cents prisonniers. Sur ces entrefaites, le général Belair dispersait les montagnards des
Alpajarès ; le général Dessoles, contenant ceux de la
Murcie, les faisait chasser de leurs positions d'Ubedo
par le chef de bataillon Grondner du 55.e régiment ;
le général Foy, envoyé en reconnaissance sur les frontières du Portugal, surprenait et mettait en déroute
à Huroyo-del-Porco un corps de deux mille Espagnols ;

enfin le maréchal Mortier signalait sa présence à Val-
verde, en poussant jusques sous les murs de Badajoz
une colonne considérable qui avait osé l'attaquer. Le
général Beauregard, frappé d'une balle au cœur en
chargeant à la tête de la cavalerie, périt dans cette action dont l'heureux résultat était dû en partie à sa
valeur.

Balasteros, après s'être sauvé de Sant-Ander, avait
organisé quelques régimens qu'il dirigea sur l'Estramadure. Le 25 mars, ce chef de parti se présenta devant le général Gazan à Etronquillo : mais il eut bientôt à se repentir de son audace ; ses avant-gardes,
forcées à la fuite, éprouvèrent une perte considérable. En avril, les villes d'Astorga et d'Oviédo tombèrent en notre pouvoir. Le fort de Montagorda ayant
été occupé, on dressa des batteries pour bombarder Cadix. Le 15 mai, quinze cents Français, reste
de l'armée de Baylen, parvinrent à s'évader du ponton *La vieille Castille,* sous le feu des chaloupes anglaises et des forts de la ville. Echappés à une longue
et affreuse captivité, ces malheureux, semblaient
avoir perdu l'usage de la raison. On les vit chanter
et pleurer à la fois, en embrassant leurs frères d'armes.

Le général Suchet, après avoir battu Villa-Campa
et

et empêché Blacke de faire une diversion sur l'Andalousie, forma le siège de Lérida. Le 23 avril, quinze
mille Espagnols, sous les ordres d'O'conell, se présentèrent devant le pont de cette ville. Le général Harispe,
qui se trouvait aux avant-postes, fit sabrer les premières
colonnes ennemies par le 4.ᵉ de hussards. Le colonel
Burthe, à la tête de ce régiment, les culbuta et en força
la plus grande partie à mettre bas les armes. La garnison tenta alors une sortie; mais par sa belle contenance,
le colonel Robert sut la réduire à être spectatrice du
combat, tandis que le 13.ᵉ régiment de cuirassiers,
commandé par le général Broussard, tournait les masses
de l'ennemi, enfonçait son infanterie par une charge des
plus vigoureuses, et obligeait sa cavalerie à se disperser. Les Français perdirent à peine quatre cents hommes dans cette action, qui leur valut six mille prisonniers, trois bouches à feu et un drapeau.

Le général Suchet profita habilement de la défaite
d'O'conel pour presser le siège de Lérida. Le 14
mai, le gouverneur, réduit aux abois, et n'ayant
plus l'espoir d'être secouru, rendit la place où l'on
trouva cent cinquante bouches à feu, cent cinquante
milliers de poudre, dix mille fusils et dix drapeaux.
La garnison, composée de huit mille hommes, fut

prisonnière. Après la prise de cette ville, le général Suchet fit investir la forteresse de Mequinenza, appelée *la clef de l'Ebre*, et située sur un roc escarpé au confluent de ce fleuve et du Sègre. On regardait ce point comme inaccessible : il ne fallut que dix-huit jours aux Français pour s'en rendre maîtres. Quarante-cinq bouches à feu et cinquante milliers de poudre furent la récompense de leurs travaux. A ne considérer que les victoires que notre armée remportait chaque jour en Espagne, il était impossible de ne pas assigner à l'entière conquête de ce pays un terme des plus rapprochés. Malheureusement les avantages du champ de bataille, quand la guerre s'est nationalisée, cessent d'être des progrès réels. Où il y a de la fermentation, où règne le fanatisme, soit religieux, soit patriotique, dix batailles gagnées ne prouvent rien. Des canons pris, des drapeaux enlevés, des forteresses occupées, n'attestaient que la valeur de nos troupes ; elles crurent y voir les gages d'une soumission qui ne pouvait plus être différée et qui devait être le prix de leurs efforts. Cette opinion s'accrut encore quand elles apprirent qu'une armée de soixante mille hommes se rassemblait près de Salamanque, et que le maréchal Masséna, à qui le commandement en était confié, devait envahir le Portugal et chasser les Anglais.

Masséna entra en campagne dans le mois de mai 1810, et débuta par la prise de Ciudad-Rodrigo, qui ne se rendit qu'après vingt-cinq jours de tranchée ouverte. Il se porta ensuite sur Alméida, et investit cette place; les travaux furent terminés le 23 août. Le lendemain, une bombe tombée sur un caisson communiqua le feu à plus de cent milliers de poudre. La commotion fut si terrible, que la ville entière disparut comme si la terre se fût entr'ouverte sous elle. La garnison renfermée dans les casemates fut seule préservée; plus de la moitié des habitans fut ensevelie sous les décombres. Cette circonstance inattendue facilita la prise de la place qui eût pu tenir long-temps. Trois mille Portugais, qui la défendaient, furent renvoyés dans leurs foyers, sur parole de ne pas servir contre la France.

Pendant que Masséna s'avançait, Wellington informé de la catastrophe d'Alméida, se rapprochait de Lisbonne. Le 19 septembre, l'armée française arriva à Viseu; le 8.ᵉ corps qui était en avant, atteignit l'arrière garde Anglo-Portugaise, et lui fit quelques prisonniers. Six jours après, un second engage-

42.

ment eut lieu à Mortagoa ; toute l'arrière-garde ennemie fut enfoncée et chassée de ses positions. Le 26,
Masséna aperçut l'armée de Wellington, couronnant
les hauteurs de Busaco, montagnes très-élevées, où il
n'y a point de chemins praticables et qui sont hors
des atteintes de la cavalerie et de l'artillerie.

Masséna, ignorant sans doute qu'il avait devant lui
toutes les forces de l'ennemi, fit ses dispositions pour
l'attaque.Il n'avait avec lui que cinquante-quatre mille
combattans ; Wellington en avait plus de soixante-dix
mille. Son front et ses flancs étaient garnis de quatre-vingts bouches à feu, et l'on pouvait regarder le
terrain sur lequel il s'était placé comme une forteresse inexpugnable. Des barricades, des fossés, des
maisons crénelées sur le penchant de la montagne
et des embuscades multipliées, complétaient l'ensemble de cette formidable défense.

Le 27 septembre, au point du jour, le général
Reynier, attaqua la droite des Anglo-Portugais, et
le maréchal Ney leur gauche ; Junot resta en réserve
avec l'artillerie et la cavalerie devenues inutiles. Malgré le feu le plus vif et le mieux nourri, nos colonnes
s'avancèrent à trois reprises différentes : il y eut un
instant d'hésitation parmi les Anglais ; mais de nou-

velles forces leur ayant rendu une nouvelle assurance , les assaillans furent partout repoussés , et plus de quatre mille d'entre eux restèrent sur la place. Le vaillant général Simon , atteint de deux balles pendant cet assaut, fut recueilli sur la crête du Busaco par les Anglais , dont la perte , dans cette journée , s'éleva à deux mille cinq cents hommes. Le 29 , Masséna , mieux instruit que la veille , fit tourner la position par Sardao ; mais Wellington, dans la crainte d'être coupé, s'étant retiré derrière le Mondégo, nos troupes se dirigèrent sur Coïmbre , où elles firent leur entrée le 1.er octobre , au milieu des illuminations , ordonnées pour éclairer le pillage et la dévastation de cette superbe ville. Le général anglais, en la quittant, avait permis à ses soldats de se livrer à des excès dont l'atrocité repugnerait même à des hordes de cannibales. Après onze jours de marches forcées au milieu des pluies continuelles, les avant-gardes françaises parvinrent à Villa-Franca. Près d'arriver à l'extrémité la plus reculée du Portugal , Masséna, se croyait au moment de couronner son expédition par un coup décisif. Persuadé que les Anglais ne songeaient plus qu'à se rembarquer , il comptait les atteindre , leur présenter la bataille dans la précipitation d'un départ et les

accabler ; mais des reconnaissances , envoyées sur divers points , trouvèrent l'armée de Wellington retranchée dans une position qu'il était impossible d'attaquer , sur la chaîne des montagnes qui s'étendent
depuis Alhandra jusqu'à Torres-Vedras. Il y eut alors
quelques affaires d'avant-postes. Le général Descor-
ches-S^{te}.-Croix y déploya la même intrépidité qu'à
Essling et à Wagram ; mais dans un dernier combat ,
il fut coupé en deux par un boulet. Il était à peine
âgé de vingt-deux ans , et était compté parmi nos
meilleurs généraux de cavalerie.

Les hauteurs de Torres-Vedras étaient hérissées de
redoutes construites avec art et battant de tous côtés.
Masséna , renonçant à l'espoir de les enlever de vive
force, fit une espèce de ligne de circonvallation : il
établit sa gauche à Villa-Franca , son centre à Alun-
ques , et sa droite à Olta. Le maréchal Ney , placé en
réserve, observait la navigation du Tage. Le général
en chef français voulut bloquer son adversaire et
l'affamer : ce fut une grande faute. Les Anglais, approvisionnés par mer , ne manquaient de rien ; notre
armée, au contraire, n'avait aucune ressource dans
le Portugal dont tout l'intérieur avait été ravagé.
Masséna ne fut pas long-temps à reconnaître les fu-

nestes effets du plan qu'il avait adopté : ses soldats furent bientôt en proie au plus affreux dénuement ; il n'y avait plus moyen de se procurer des vivres qu'à main armée ; les détachemens qu'on envoyait à la maraude étaient la plupart du temps surpris et enlevés par des corps volans ; toute communication avec l'Espagne était rompue ; la misère et le besoin avaient fait disparaître le frein de la discipline ; la voix des chefs était méconnue : cette anarchie militaire ne pouvait être que le prélude d'un grand désastre. Effrayé d'une pareille situation, Masséna, qui avait perdu sans combattre le tiers de son monde, se décida le 14 à quitter ses lignes et à se replier sur Santarem, où il prit position et se fortifia : sa droite était couverte par un mont inaccessible, et sa gauche appuyée au Tage, sur lequel il avait ordonné la construction d'un pont de bateaux afin de pouvoir faire des incursions dans l'Alentejo, province des plus fertiles, et lier en même temps ses opérations à celle du maréchal Soult qui faisait alors le siège de Badajoz. Wellington devina ce projet et en empêcha l'exécution.

Les deux armées se cantonnèrent pendant le mois de novembre. Un mois après, elles reçurent des renforts: les Anglais, le corps de la Romana qui venait d'être chassé de l'Estramadure, et les Français celui du général Drouet qui, avec les brigades du général Gardanne qu'il avait rejoint en route, couvrit les derrières de Masséna et rétablit ses communications.

Tandis que Masséna rencontrait des obstacles insurmontables, le maréchal Soult pacifiait l'Andalousie et détruisait les Guérillas. Le maréchal Victor pressait le siège de Cadix dont plus de trois cents pièces de tout calibre et des mortiers récemment inventés foudroyaient les remparts. Le général Suchet chassait Villa-Campa de l'Aragon et investissait Tortose qui capitula le 11 janvier 1811. Huit mille hommes furent fait prisonniers dans cette place; on y trouva en outre cent soixante-dix-sept bouches à feu, des munitions et des vivres pour plus d'un an.

La prise de Tortose termina pour l'année 1810 une campagne qui ne fit qu'augmenter l'effervescence des Espagnols; à peine une de leurs armées était-elle détruite et disséminée, que les soldats fugitifs rentraient dans leurs foyers et se livraient aux travaux de l'agriculture. Mais bientôt la junte faisait circuler ses proclamations; les moines parcouraient les provinces, promettant le pardon des péchés, accordant des

indulgences plénieres, et les habitans, dans la vue de gagner le ciel, allaient de nouveau affronter le fer des
Français. Le bonheur des prédestinés était la perspective qui peuplait et repeuplait sans cesse les rangs de
l'insurrection : l'avidité du butin et tout ce que peuvent convoiter la licence, l'esprit de vagabondage et
les sordides appétits de la débauche la plus grossière,
contribuaient aussi à grossir et à reformer les bandes ;
les élémens dont elles se composaient étaient inépuisa-
bles. Balesteros, malgré ses nombreuses défaites,
organisa un corps de huit à dix mille Asturiens, et
alla s'établir en Andalousie. Porlier, dit *Marquisitto,*
réunit quatre mille fantassins et occupa le royaume
de Léon. Le Pastor en Castille, Mendizabal en Biscaye et Mina en Navarre, firent une guerre affreuse
et cruelle à tout ce qui portait l'uniforme et le nom
français. Le dernier de ces chefs surpassa tous les
autres en barbarie.

Dans plusieurs provinces on ne tarda pas à ressentir les tristes effets des mesures extrêmes que
Wellington avait fait adopter par la junte. Les villes
et les villages étaient déserts : paysans ou citadins,
tous abandonnaient leurs demeures pour se réfugier
dans les montagnes ou dans d'impénétrables forêts ;

ils emmenaient avec eux leurs bestiaux et leurs provisions, et ils cachaient soigneusement, avant de partir, tout ce qu'ils ne pouvaient pas emporter. Le
gouvernement avait prononcé la peine de mort contre quiconque resterait dans une ville occupée par
nos troupes. Ce plan désastreux était efficace pour
nous forcer à évacuer les provinces où nous aurions
pu nous établir. Aussi l'armée de Portugal, éloignée
et privée de tout secours, éprouva-t-elle la première
et de plus en plus toutes les horreurs de la famine.
Dans la crise fatale où elle était réduite, elle accusait les habitans de tous ses malheurs, de ses fatigues, de ses privations. Lorsque l'assassinat, le meurtre et toutes espèces de cruautés signalèrent la
haine des Portugais, et devinrent les trophées dont
se glorifiait Silveyra leur général , lorsque dans ses
courses le soldat vit les corps de ses camarades mutilés, ou qui avaient péri dans d'horribles tortures ,
d'affreuses représailles eurent lieu, et le pays où elles
s'exerçaient ne fut plus qu'un théâtre de fureur, de
désolation et de carnage.

La campagne de 1811 s'ouvrit sous les auspices
les plus favorables. L'Andalousie, la Castille, les Asturies, l'Aragon, la Catalogne, la Biscaye, et la Na-

varre étaient au pouvoir des Français, et, malgré les revers qui avaient assailli l'expédition de Portugal, ils se flattaient d'avoir avancé l'œuvre de la conquête.

Le maréchal Soult, ayant fait de Séville le centre de ses opérations, avait réparti ses troupes depuis la Sierra-Morena jusqu'à Matagorda, et tous les villages qui bordent la route aient été transformés en postes militaires. Malaga s'était rendue à nos armes, et le général Balesteros s'était réfugié sous le canon de Gibraltar. Soult, ayant mis son gouvernement à l'abri d'un coup de main, marcha sur l'Estramadure. Il pensait que son mouvement forcerait les Anglais à dégarnir le Portugal. Olivenza, ville fortifiée, fut prise sous les yeux de Mendizabal qui était venu la défendre avec dix-huit mille hommes. On y fit trois mille prisonniers. Cette place établit la communication de l'armée avec Séville. Le général, vaincu, se retira sur Badajoz, dans l'intention d'en couvrir les approches. Le 19 février, le maréchal Soult alla l'attaquer; nos soldats se précipitèrent sur les Espagnols avec la plus grande impétuosité. Le général Girard, qui commandait l'aile droite, culbuta leurs masses, malgré la plus vive résistance. Il

avait tout enfoncé devant lui , quand le maréchal fit
sur - le - champ avancer sa réserve. Le plus grand désordre se mit alors dans les colonnes ennemies ; elles
abandonnèrent le terrain , laissant tous leurs bagages ,
leur artillerie et six mille prisonniers. Cette victoire,
qui ne coûta pas quatre cents hommes , donna
un nouveau lustre à la réputation militaire du général français, elle couvrit Mendizabal de honte et ac-
célera la chute de Badajoz, dont la garnison , forte
de neuf mille hommes , se rendit le 11 mars après un
siège honorable. On trouva dans la ville cent soixante-
dix - sept pièces en batteries , quatre-vingts milliers de
poudre et deux équipages de pont.

Le maréchal Mortier , qui dans la même province
manœuvrait sur un autre point , s'occupait aussi de
réduire les places qui pouvaient offrir un appui aux
insurgés. Celle de Campo-Major , dont il s'empara ,
fut rasée , et le fort d'Albuquerque , emporté par le
général Latour-Maubourg , reçut une garnison française. Après ce succès, Mortier retrograda et prit
position avec le gros de ses troupes , sur la Caya.

Le général Suchet, voulant profiter de la terreur
qu'avait inspirée la prise de Tortose , fit marcher la
division Habert avec quatre obusiers sur le fort Ba-

laguier, qui fut investi le 8 janvier. Le gouverneur sommé de se rendre, offrit de remettre la place, si, avant quatre jours, elle n'était pas secourue; mais le général Habert, ayant rejeté cette proposition, fit aussitôt commencer le jeu de son artillerie, attaqua les postes extérieurs, les força à se jeter dans les ravins et ordonna l'assaut. Bientôt les palissades furent renversées, et à l'aide de quelques échelles, ou en grimpant les uns sur les autres, les assiégeans atteignirent les embrasures et pénétrèrent dans le fort. Une partie de la garnison se sauva à la débandade sur la route de Tarragone; le gouverneur, treize officiers et cent vingt soldats furent faits prisonniers.

Pendant que le maréchal Soult soumettait l'Estratramadure et battait Mendizabal, les Anglais avaient résolu de s'emparer des nombreuses batteries qui écrasaient Cadix. Le 21 février, le général Graham, qui devait exécuter cette entreprise, débarqua à Algesiras et s'avança par Tariffa, à la tête de vingt-cinq mille Anglo-Espagnols. Le 3 et le 4 mars, il y eut de fortes escaramouches. Le général Villatte, repoussa les premières troupes qui essayèrent de se porter sur le canal de Sant-Petri. Les voltigeurs du 95.e régiment se signalèrent dans ce combat en détruisant les

ouvrages commencés par les Espagnols, à qui ils tuèrent plus de trois cents hommes.

Le maréchal Victor, jugeant que l'intention de
Graham était de le forcer, fit retirer ses postes. Il se
concentra et prit position à Chiclana ; mais bientôt
au lieu d'attendre l'ennemi, il alla à sa rencontre et
l'attaqua. Les Espagnols, qui étaient parvenus à s'emparer de la hauteur de Barrosa, furent culbutés par
le général Rufin. Ce brave homme se couvrit de gloire ;
mais une blessure grave qu'il reçut, ayant mis du désordre dans la colonne qu'il commandait, Graham revint aussitôt à la charge, et parvint à regagner le terrain qu'il avait perdu. Rufin, voyant que ses troupes, accablées par des forces supérieurs, ne pouvaient
pas ressaisir l'avantage, rentra dans ses retranchemens.
Sir Graham tenta de les forcer ; mais n'ayant pas
réussi, il ramena son armée dans Cadix. Cette affaire
fut d'autant plus honorable pour les Français, que
leurs adversaires avaient réuni plus de vingt - deux
mille hommes et qu'à peine put-on leur en opposer
dix mille.

Cependant, la situation du maréchal Masséna à
Santarem devenait de jour en jour plus déplorable :
son armée tombait d'inanition ; depuis plus d'un mois

elle était sans pain. De grandes chaleurs pendant le jour, des nuits froides et pluvieuses, l'humidité des bivouacs, la continuité des marches et des fatigues, avaient énervé les soldats. Les communications avec l'Espagne étaient coupées ; Silveyra, avec ses Portugais, interceptait les routes ; un courrier, escorté par quatre ou cinq mille hommes, n'était pas sûr de passer ; tout détachement isolé était perdu, l'ennemi prenait de la force et de la consistance, et nos troupes étaient au comble de la détresse.

Masséna, malgré la persévérance et l'opiniâtreté de son caractère, comprenant enfin qu'il était inutile de se roidir contre tant d'adversité, commença à effectuer sa retraite dans la nuit du 5 au 6 mars. Wellington se mit aussitôt à sa poursuite, et atteignit à Pombal les dernières colonnes françaises. Il y eut en avant de cette ville une mêlée de cavalerie, dont aucun des deux partis ne retira d'avantage. Le 11, Masséna prit position à Redinha ; le maréchal Ney, commandant l'arrière-garde, laissa filer tous les bagages, reçut, le 12 mars, l'attaque des Anglais et se replia en ordre par échelons, ménageant avec art tout ce que le terrain lui offrait de favorable. Des charges, faites à propos, forcèrent l'ennemi à être circonspect. Cependant le maréchal Ney, informé qu'un corps de douze à quinze mille hommes était dans Coïmbre, ne douta pas que Wellington n'eut le projet de couper totalement l'armée ou de l'acculer au Mondégo. Le 13, à deux heures du matin, il partit et dirigea sa marche sur la Condeixa. Le pays montueux et boisé offre de distance en distance de belles positions. L'ennemi, sorti de Coïmbre, s'était retranché sur des hauteurs : ainsi, les Français se trouvèrent pris en tête et en queue ; mais ne se laissant intimider ni par le nombre, ni par les dangers dont ils étaient environnés de toutes parts, ils se firent jour à la bayonnette et contraignirent les Anglais à rentrer dans la place. Le gouverneur fut sommé de se rendre ; mais son silence et l'avis que Coïmbre était occupée par un corps considérable, que les maisons étaient crénelées et les faubourgs fortifiés et palissadés, ayant convaincu qu'il était impossible de forcer le passage, Masséna poursuivit son mouvement dans la direction oblique de Miranda-de-Ciervo. L'ennemi, ayant aperçu cette marche de flanc, envoya en toute hâte un corps considérable à travers les montagnes pour couper la route ; mais cette troupe ne put arriver à temps. L'armée française

çaise s'arrêta sur des hauteurs à une lieue au-delà de
la Condeixa. Le maréchal Ney y fit incendier tous
les bagages et ordonna que tous les soldats employés
à les conduire rentrassent dans les rangs. Il donna
lui-même l'exemple de ce sacrifice, en faisant brûler
ses voitures et tous les objets précieux dont elles
étaient chargées.

Le 14 au matin, l'ennemi attaqua l'arrière-garde :
il fut reçu avec vigueur et perdit beaucoup de monde. Le maréchal, jugeant que l'artillerie de réserve
devait être éloignée, ordonna la retraite par échelon ;
la première ligne se forma derrière la troisième et les
brigades se relevèrent successivement. Chaque position était désignée d'avance, et les chefs de corps, à
mesure qu'ils arrivaient, étaient aussitôt conduits sur
le terrain qu'ils devaient défendre. Cette disposition,
fatale aux assaillans, se continua jusqu'à Miranda,
qu'ils n'osèrent pas dépasser.

Le 15, les Français prirent position à Ceira, laissant une arrière-garde au village de Foz-de-Aronce,
où il y eut un engagement assez vif : le 16, ils rompi-
rent le pont sur la Ceira et abandonnèrent leur position le 17, pour se retirer derrière l'Alva. Le gros de
l'armée anglaise s'arrêta sur cette rivière, pour y

43

attendre des provisions , et les Français ne furent suivis , jusqu'à Guarda , que par des troupes légères , par
des milices portugaises et par les habitans du pays,
qui les harcelaient sans relâche avec une grande animosité, ne faisant aucun quartier aux traîneurs et
aux blessés qui tombaient entre leurs mains.

Le manque de subsistances forçait Masséna de précipiter sa marche : il ne trouvait en quittant le Portugal, comme lorsqu'il y était entré, que des bourgs
déserts et des habitations vides. Nos troupes restèrent
jusqu'au 29 à Guarda, qu'elles abandonnèrent à l'approche des Anglais, pour se placer dans la forte position de Ruivinha. Elles défendirent avec avantage
le gué de Rapoula-de-Coa toute la journée du 3 avril,
et le 4, elles repassèrent la frontière portugaise, laissant
une faible garnison dans Alméida.

Masséna fut généralement blâmé dans le temps
d'avoir abandonné le Portugal : on lui fit un crime
de s'être laissé réduire à la nécessité de rétrograder. Les revers qu'il venait d'éprouver furent injuste-
ment attribués à l'envie de conserver les richesses
qu'il avait acquises dans ce pays, et cette opinion fut
accréditée par Napoléon lui-même qui ne craignit pas
de rejeter sur un de ses lieutenans les torts de sa

politique. Aux yeux de l'Europe, Masséna était tombé
en pleine disgrâce ; mais l'empereur, qui demeurait
convaincu que la conduite militaire de ce général était
exempte de reproche, lui garda toujours cette estime intérieure, qu'il ne put s'empêcher de manifester
encore par des preuves de confiance.

Masséna apporta dans cette expédition le même courage, mais il n'eut pas le même bonheur qui lui avait
fait donner en Italie le surnom d'*Enfant gâté de la
victoire*. Il gardait sur le champ de bataille un sang-
froid imperturbable, et déployait, comme dans ses
jeunes années, une rare intrépidité dans le combat ;
mais ce n'était là qu'une énergie d'habitude : il n'a-
vait plus ce coup-d'œil, ni cette rapidité de combinaisons qui l'avaient fait admirer dans les plaines de
Zurich. Les circonstances, d'ailleurs, n'étaient plus les
mêmes. Wellington avait organisé le Portugal d'après
ses propres vues, il avait fait commander les forces
portugaises par des officiers anglais : pendant six mois
de repos, il avait eu le temps de rassembler des munitions, de s'assurer des subsistances, de mettre de
l'ordre dans son administration et d'établir une discipline sévère. Wellington, connaissait parfaitement
le pays et l'avait parcouru plusieurs fois ; Masséna,

43.

n'avait vu cette contrée que sur des cartes infidèles ; enfin, le général anglais, effrayé de la réputation colossale du héros des Apennins, mais fier d'avoir un pareil adversaire, était disposé à l'étudier, à profiter de ses moindres fautes, à rivaliser avec lui de talens et des moyens. Masséna, au contraire, se reposait sur sa brillante renommée, sur l'habileté de ses généraux et sur la bravoure de ses soldats éprouvés par douze années de victoires. Etonné de ne pas déjà avoir vaincu, il croyait marcher à un triomphe assuré. Cette confiance, qui lui avait valu autrefois tant de succés, lui devint funeste : Wellington, pour se donner les apparences d'un grand capitaine, n'eut presque rien à faire. La peur lui tint lieu de prudence, les localités de génie, la disette et le temps firent le reste.

Quelque grandes que fussent nos pertes pendant la retraite du Portugal, ses conséquences furent plus funestes encore. Cette retraite rendit disponibles les nombreux renforts que Wellington avait reçus de l'Angleterre. Ce général, au lieu de poursuivre Masséna, dirigea ses colonnes sur l'Estramadure où commandait le général Drouet ; le 15 avril, il reprit Olivenza qui n'était défendu que par quinze cents hommes. Le 21, il fit, de concert avec Beresford, une reconnaissance sur Badajoz. Le général Philippon, gouverneur de cette place, attaqua les troupes qui protégeaient les chefs anglais. Le 5 mai, la tranchée fut ouverte, mais l'intrépidité de la garnison et de son chef rendit inutiles les efforts des assiégans. Le brave Philippon disputa pied à pied le terrain aux travailleurs ; le 10 , il fit une sortie, détruisit les ouvrages, et ne se retira que devant des forces supérieures.

Le même jour, le maréchal Soult accourait de Séville au secours des assiégés. A la nouvelle de ce mouvement, Beresford alla prendre position près d'Albuera, où il fut renforcé le 15 mai par le général Blacke. Le lendemain, le maréchal Soult attaqua l'ennemi, les Espagnols furent culbutés et notre cavalerie chargea sur les masses anglaises qui se débandèrent. La victoire était gagnée ; mais les généraux ennemis rallièrent leurs colonnes , et les firent soutenir par leurs réserves qu'il fut impossible d'entamer. La perte des armées alliées fut de dix à douze mille hommes, la nôtre ne fut guères moindre. La journée d'Albuéra ne nous offrit pas des avantages signalés , mais elle remplit le but que s'était proposé le maréchal Soult , les Anglais levèrent le siège de Badajoz.

Le maréchal Masséna cherchait à opérer une diversion : le 2 mai, il passa l'Aguéda; le 3, il se porta sur Alméida et attaqua Wellington qui l'avait devancé sur ce point. Le village de Fuente-de-Mora fut pris et repris plusieurs fois ; de part et d'autre on se battit avec une égale valeur ; enfin , par une sorte d'accord tacite, on se partagea ce poste. Le 5, au point du jour , l'attaque recommença. Posobello fut enlevé à la bayonnette ; l'ennemi fut chargé sur tous les points : étonné de notre vigueur, il fut culbuté et chassé de ses lignes ; il était en pleine déroute, lorsque , on ne sait trop pourquoi , les Français reçurent l'ordre de suspendre la poursuite. Le 6, les deux armées conservèrent leurs positions. Le 7 , Masséna se replia sur Sant-Felices sans avoir pu débloquer Alméida que l'empereur avait prescrit de faire sauter. Le général Brennier, qui y commandait, avait tout préparé à cet effet : les mines étaient chargées ; mais il attendait l'ordre d'y mettre le feu. Masséna fit demander des hommes de bonne volonté pour aller dans la place, quatre soldats se présentèrent : ils partirent à la fois ; les trois premiers furent égorgés après avoir dépassé les avant-postes. Un seul restait encore, c'était un chasseur du 6.e régiment d'infanterie légère, il se nommait André Thillet. Ce soldat déterminé mit trois jours et trois nuits à faire le trajet; enfin, après mille dangers, il arriva devant Alméida, s'élança sur le dernier factionnaire anglais, le culbuta et courut à la barrière de la place sous une grêle de balles dont aucune ne l'atteignit. Il remit aussitôt l'ordre au général Brennier. A minuit, les fortifications sautèrent en l'air; le gouverneur, à la tête de la garnison, enfonça la ligne du blocus, rejoignit l'armée française et y ramena André Thillet. Cette action, dont il n'y a pas d'exemple dans les temps modernes, fit une profonde impression sur les Anglais. Le colonel Bevan, commandant la portion de la ligne qui fut enfoncée, ne pouvant pas résister à la douleur qu'il éprouvait d'un événement si inattendu, se brûla la cervelle.

Le 30 mai, Wellington fit de nouveau investir Badajoz; mais le vaillant Philippon attendait les assiégeans sur la brèche. Deux fois il repoussa l'assaut le 6 et le 9 juin, et il continuait la plus héroïque défense, lorsque l'approche de l'armée de Portugal, dont le maréchal Marmont venait de prendre le commandement, détermina les Anglais à lever le siège. Le 18 juin, Marmont fit sa jonction avec Soult, et s'avança contre Wellington, qui, ayant pris position sur la Caya dans les environs d'Aronchès refusa le combat.

Le maréchal Soult, de retour à Séville, marcha contre l'armée de Murcie. L'attaque, qui eut lieu le 9 août et fut renouvelée le 10, fut si vive et si bien concertée, que de vingt mille Espagnols, à peine quatre mille parvinrent à gagner Murcie et Carthagène. Cette brillante affaire, qui ne coûta pas cinq cents hommes aux Français, mit le royaume de Grenade à l'abri d'une expédition.

Le général Drouet, ayant combattu Balasteros sur les bords de la Guadiana, le força à quitter l'Estramadure. Le général Suchet, continuant ses conquêtes en Aragon, emporta Tarragone, après deux mois de siège et cinq assauts consécutifs. Quatre mille Espagnols furent tués dans la ville, et dix mille y furent faits prisonniers. On y prit également vingt drapeaux, trois cent quarante-huit bouches à feu et cinq cents milliers de poudre. Peu de jours après, Suchet reçut le bâton de maréchal pour prix de ses importans services.

Au 1er août, l'armée de Portugal occupait Placentia. Wellington, qui suivait ses mouvemens, s'approcha de Ciudad-Rodrigo dont il fit le blocus; mais, dès qu'il eut appris que les armées combinées du nord et de Portugal marchaient contre lui, il s'empressa de s'éloigner. La position de Fuente-Guinaldo qu'il occupa immédiatement ne lui paraissant pas assez assurée, il se retira jusqu'à Villas où les Français poussèrent une forte reconnaissance. Le défaut de subsistances obligea les deux armées de rentrer chacune dans ses cantonnemens. Wellington revint alors dans son camp retranché de Fuente-Guinaldo, tandis que Castanos se rentrait dans le pays entre le Tage et la Guadiana pour y organiser un corps d'armée. Le maréchal Soult, informé que ce dernier avait déjà réuni une foule de recrues, prit des mesures pour dissiper ces rassemblemens. Le général Girard, qu'il chargea de ce soin, partit sur-le-champ; mais, pendant qu'il remplissait sa mission, le général anglais Hill résolut de le surprendre. Favorisé par un brouillard épais, il l'attaqua à l'improviste; mais, quoique dix fois supérieurs en nombre, les ennemis ne purent parvenir à entamer la colonne française.

Après la prise de Tarragone, le maréchal Suchet se porta successivement sur le général Campo Verde qu'il battit, s'empara de la ville de Murviedro, et bloqua le fort d'Orcpasa. Informé que les généraux Odonell, Villa-Campa et Saint-Juan réunissaient de troupes, le maréchal s'avança contre eux à la Puebla de Beneguacil. Les généraux Harispe et Paris, à la tête du 7.ᵉ régiment de ligne, enfoncèrent les Espagnols; en vain Odonell voulut-il opérer sa retraitte, le 4.ᵉ régiment de hussards renversa ses masses : l'armée entière fut anéantie.

Si les Espagnols ne pouvaient rivaliser avec nous de courage et d'audace, du moins ils surent nous opposer une constance au dessus des revers. Blacke, chassé de la Murcie, parvint à réunir une armée de plus de vingt mille hommes d'infanterie et de trois mille chevaux. Posté sur les hauteurs de Puch et s'appuyant à la mer, sa droite était flanquée par une flotte anglaise, tandis que sa gauche s'étendait du côté de Livia. Le maréchal Suchet, pensant que Blacke ne tarderait pas à faire un mouvement offensif, laissa le général Balathier devant Sagonte; le général Compère était chargé d'observer la route de Ségorbé : tous deux servaient de réserve aux généraux Schopiscki et Robert destinés à agir par le défilé de Gilet. L'action eut lieu le 25 octobre; les alliés, attaqués vigoureusement, furent culbutés sur tous les points; on leur prit qua-

tre mille six cents hommes, seize pièces de canon et
six drapeaux.

L'occupation des forts de Sagonte suivit de près
cette victoire. Valence, devant laquelle nous avions
mis le siège, fut serrée de plus près; tous les ouvrages extérieurs furent emportés, et Blacke n'eut plus
d'autre refuge que l'intérieur de la place qui capitula
le 9 janvier 1812. Le général espagnol y fut fait prisonnier avec vingt mille des siens. Les Français trouvèrent dans Valence deux cent soixante-quatorze bouches à feu et des magasins immenses. Les habitans
n'eurent qu'à se louer de l'humanité du vainqueur.
Suchet employa tous ses soins à maintenir l'ordre et
la discipline parmi ses troupes, et à leur ménager
des ressources. Son armée, bien payée, bien vêtue,
bien nourrie, ne se ressentit jamais des misères de
cette guerre désastreuse.

La province entière ne tarda pas à se soumettre;
Alcyra, Sant-Philippe, Gaudia et Dénia ouvrirent
leurs portes; soixante-neuf bouches à feu étaient en
batterie sur les remparts de cette dernière place. Ta-
rifa, que le général Leval assiégeait depuis le 20 décembre, fut également sur le point de se rendre; mais
une démonstration du général anglais Hill suspendit

tout à coup les attaques auxquelles elle allait succomber.

Le 19 janvier, Wellington se présenta devant Ciudad-Rodrigo ; après dix jours de canonnade, la trahison d'un habitant le rendit maître de cette ville. Le 16 mars, il investit Badajoz, le général Philippon y commandait encore ; sa résistance fut digne d'un chef dès long-temps éprouvé. Pendant dix-huit jours il soutint le choc des masses anglaises ; et lorsqu'enfin elles eurent pénétré dans la place, il se retrancha dans une église, jusqu'au moment où toutes ses munitions étant épuisées, il fut contraint de se rendre. Ce siège était le troisième que Badajoz soutenait depuis quinze mois. Cinq mille assiégeans périrent dans le dernier assaut.

Vers cette époque, plusieurs corps, parmi lesquels la garde impériale qui se trouvait à Valladolid, furent rappelés en France ; et l'armée dite du Nord fut dissoute. Le départ de ces troupes, dont on ne pouvait que soupçonner le motif, eut une funeste influence ; elle porta le découragement dans l'esprit des soldats que leur mauvaise étoile retenait dans la Péninsule ; ils étaient fatigués d'une guerre dont ils ne prévoyaient pas la fin et voyaient avec peine s'éloigner leurs camarades.

Pendant que l'élite des bataillons français repassait les Pyrénées, les Anglais recevaient tous les jours de nouveaux renforts. Wellington, que son gouvernement mettait à même de poursuivre ses opérations avec vigueur, se disposa à marcher contre l'armée de Portugal. Dès que le géneral Anglais se fut mis en mouvement, le maréchal Marmont évacua Salamanque, ne laissant que sept cents hommes dans deux forts qu'il avait fait construire et qui dominaient la Tormès. Pendant huit jours, il manœuvra sur les bords de cette rivière; mais le 20 juin, les Anglais ayant fait des démonstrations plus sérieuses, il passa le Douero au pont de Tordessillas, et alla prendre position derrière ce fleuve où il fut rejoint par le général Bonnet, qui, ayant quitté les Asturies, amenait avec lui huit mille soldats, tous veillis dans les combats, tous remplis d'ardeur et de dévouement. Marmont, après avoir feint de vouloir se porter sur Toro, prit position à Nava del Rey. Le 18, on atteignit les Anglais sur la Guarena; le général Clausel attaqua leur gauche; mais, n'ayant pas été soutenu, il fut forcé de se retirer. Le 19, les deux armées marchèrent parallélement et l'on échangea quelques coups de canon: le 20, les Français traversèrent la Guarena et allèrent camper dans les environs de Cantala-Pietra. Le 21 , ils franchirent la rivière de Tormès , à trois lieues au-dessous de Salamanque, et bivouaquèrent sur les hauteurs de Calbasa-de-Ariba.

Le lendemain , au point du jour , la division Bonnet formant l'avant‑garde se dirigea sur Ciudad‑Rodrigo ; mais bientôt elle fit un changement à droite et s'empara du premier mamelon *des Arapiles* , où elle s'établit après avoir déposté une colonne portugaise , qui avait voulu l'y devancer. De ce point important la vue embrassait tout l'horizon et l'on découvrait toute la plaine jusqu'à Salamanque. On pouvait aussi de là plonger dans le camp ennemi, et apercevoir ce qui s'y passait. On monta à bras , sur cette colline, quelques pièces que l'on établit en batterie. Vis-à-vis et à une portée de fusil , était un autre monticule ; Wellington ne nous laissa pas le temps de l'occuper, il s'y plaça avec son état-major, et rangea son armée derrière lui, afin de l'avoir concentrée sous sa main. A une heure , un feu très-vif d'artillerie s'engagea ; les Portugais se retirèrent en désordre , deux régimens de la division Bonnet s'emparèrent du village des Arapiles contre lequel tous les efforts de l'ennemi vinrent échouer. Le brave colonel Dorsay s'y maintint contre le choc réitéré des masses les plus formidables. Le général Thomière fit dans cette journée une faute qu'il paya de sa vie ; sa division trop écartée du centre fut ramenée en déroute par les Anglais. Dans ce moment, le maréchal Marmont, blessé au bras, laissa au général Clausel le commandement de l'armée. Celui-ci rétablit l'ordre et sut imposer à l'ennemi par des manœuvres habiles; toutefois il ne put réparer tout le mal résultant des fausses combinaisons de son prédecesseur. La bataille fut perdue ; mais son issue, long-temps indécise, honora encore la valeur française ; les Anglais étaient au nombre de plus de quatre-vingt mille, et nous pouvions leur opposer à peine trente-cinq mille bayonnettes. La perte de part et d'autre fut presque balancée, l'ennemi eut six mille sept cents morts.

Le lendemain, notre armée battit en retraite ; son arrière-garde fut attaquée à l'improviste, les régimens qui la composaient n'eurent pas le temps de former leurs carrés, ils plièrent un instant ; le général Clausel, quoique blessé grièvement la veille, se porta rapidement au lieu du danger, et les assaillans, d'abord contenus et ensuite repoussés, ne reparurent qu'à la Puizerga.

Wellington, voulant profiter de sa victoire des Arapiles, marcha sur Madrid; le roi Joseph se retira à Valence, le maréchal Soult évacua l'Andalousie. Maîtres de la capitale, les Anglais manœuvrèrent sur Valladolid, que l'armée française occupait de nouveau. Le général Clausel, ayant concentré ses forces, quitta cette ville le 5 septembre, se repliant lentement et arrêtant à chaque pas son adversaire : il fit quinze lieues en dix jours. Cette retraite, dans laquelle il déploya de grands talens et une inébranlable fermeté, est comparable aux plus beaux faits d'armes. Nos troupes prirent position à Briviesca, à sept lieues de Burgos. Le château qui domine cette ville fut assiégé par l'ennemi ; mais le vaillant Dubreton, gouverneur de cette bicoque, sut la faire respecter. Prudent, infatigable et aussi brave que nos anciens preux, il était partout où il fallait répondre à une attaque. Cette défense lui acquit une juste réputation d'intrépidité. Il fut secondé par la garde de Paris, composée de jeunes gens levés dans la capitale et qui ne devaient jamais s'en éloigner, mais que les guerres continuelles du Nord avaient forcé d'envoyer en Espagne. Ces soldats déterminés sollicitaient à l'envi l'un de l'autre l'honneur de guider les sorties ; ils remplaçaient

les

les canonniers et montraient autant d'adresse à poin-
ter que de courage à combattre. En vain, les Anglais
livrèrent-ils deux assauts; ils furent toujours repoussés,
et laissèrent des milliers de morts au pied des retranchemens. Au milieu des plus grands périls et dans
une situation des plus critiques, le général Dubreton
unit constamment le calme à l'audace. Nous ne pou-
vons résister au plaisir de citer les deux traits suivans, qui caractérisent ce guerrier. Une chapelle dominait le fort; les assiégeans avaient résolu de s'en
emparer : Dubreton ne contrarie point ce dessein ;
mais le lendemain il s'avance, s'assure que la chapelle est garnie de troupes, revient à son poste,
rassemble la garnison, et après lui avoir déclaré que
l'endroit où l'ennemi s'est établi cache une mine, il
court et met le feu à la mêche. L'effet en fut aussi
soudain que prodigieux : tout croule, les rocs volent
en éclats, et deux régimens anglais ont disparu.

Peu de jours après, les assiégeans, ayant fait des
progrès, commencèrent à miner le château. La garnison n'avait plus d'espoir. Dubreton connaît seul un
moyen de salut : il fait une sortie, culbute les grand'gardes ennemies, se replie tout à coup sur les travailleurs, détruit la mine, et fait les mineurs prisonniers.

44

Tant d'opiniâtreté décida Wellington à lever le siège. Ce général, ayant d'abord appris l'arrivée du maréchal Soult, craignit de compromettre sa réputation en restant plus long-temps devant le château de Burgos. En conséquence il passa la Tormès, après avoir fait sa jonction avec le général Hill. Ce mouvement rétrograde enhardit les Français à prendre l'offensive. Le 9 octobre, un capitaine du 6.e léger, le brave Guingret, rassemble deux cents hommes de bonne volonté. Nus et le sabre aux dents, ils traversent le Duéro à la nage; un bataillon ennemi, placé sur le bord du fleuve, est culbuté. Guingret s'élance sur le pont de Tordesillas, surprend le poste à qui la garde en est confiée, le fait prisonnier, et ouvre le passage à l'armée, qui s'avance victorieuse jusqu'à Alba. Wellington était en pleine déroute. Chassé de ses positions, poursuivi par nos troupes, il tenta vainement de se reformer à Celada : il y fut attaqué avec encore plus de fureur. Nos soldats, commandés par un chef qui jouissait de toute leur estime, marchèrent à l'ennemi avec cette assurance qu'ils avaient perdue sous un autre général. Quatre escadrons de gendarmes avec le 15.e régiment de chasseurs, enfoncèrent dix escadrons de dragons anglais et les poussèrent le sabre dans les reins pendant

l'espace de plusieurs lieues. Les autres corps ne chargèrent pas avec moins d'impétuosité. Plus de cinq
mille ennemis furent tués ou pris. Le lord Paget et plusieurs autres officiers - généraux étaient au nombre
de ces derniers. Wellington , pressé d'éviter un plus
éclatant revers , par lequel tout le prestige de sa gloire
se fût évanoui sans retour, ne songea plus qu'à aller
chercher un refuge à Fuente-Guinaldo. Le mauvais
temps put seul le sauver d'une destruction totale.
Les torrens se débordèrent, les routes devinrent impraticables, et notre cavalerie fut réduite à l'inaction; dès
lors Wellington ne fut plus troublé dans sa retraite :
il l'acheva paisiblement ; mais , après avoir échappé ,
comme par miracle, à une défaite qui sans doute eût été
la dernière, il dut emporter la conviction que, s'il avait
vaincu sous les murs de Salamanque, il devait moins ce
succès à la sagesse de ses dispositions qu'à l'inhabileté
et à l'orgueil du général qui commandait nos troupes. Ce général , par une funeste présomption ,
avait voulu livrer la bataille avant l'arrivée des renforts que le roi Joseph lui amenait de Madrid. Deux
jours plus tard, il eût pu combattre avec des forces
égales; nous n'eussions pas été contraints d'abandonner les provinces qui avaient coûté le plus à con-

quérir , et les Espagnols n'auraient pas appris ce que jusqu'alors ils n'avaient pu croire, que des Français pouvaient être battus. Quoi qu'il en soit, ils ne furent pas prompts à s'enhardir ; notre armée , qui avait pris des cantonnemens , n'y fut pas inquiétée ; Wellington resta dans les siens , et l'hiver se passa sans combats : à peine même les guérillas se montrèrent-ils. L'attention générale était portée vers le Nord.

Dès le commencement de l'année 1812 , des corps nombreux s'étaient réunis à Mayence , et d'immenses services administratifs y avaient été organisés. Jamais peut-être on n'avait vu des préparatifs aussi étendus, aussi extraordinaires. Des hommes de toutes les professions , des artisans de tout genre avaient été recherchés et enrôlés. Ces dispositions semblaient présager une expédition lointaine et dans un pays dépourvu de ressources ; cependant il ne circulait aucun bruit de guerre. On ne prévoyait pas que la paix du continent, cimentée par le traité de Tilsitt, par les conférences d'Erfurht et le mariage de Napoléon avec Marie-Louise d'Autriche, pût être troublée. Loin de croire à une rupture entre la France et la Russie, on pensait, au contraire, que les troupes françaises étaient destinées à seconder l'empereur Alexandre dans ses hostilités contre la Porte Ottomane. Chacun se perdait en conjectures sur le but d'un si vaste rassemblement de forces, et l'on en menaçait alternativement la Prusse, l'Angleterre, la Turquie, la Perse, et enfin les Grandes Indes.

Napoléon, au comble de la gloire et de la puissance, parcourait les diverses provinces de l'empire immense qu'il avait fondé, et ne paraissait occupé que d'y faire fleurir les manufactures, d'y encourager l'industrie, d'y rappeler le commerce et l'abondance. Le départ de ses gardes fit bientôt connaître qu'au milieu de ces soins, il avait résolu d'être l'ame et le chef de l'entreprise qu'il méditait. La mission du colonel Czernichew et les séductions qu'il employa pour connaître les secrets de l'Etat, aidèrent enfin à soulever un des coins du voile. On ne douta plus alors qu'il ne dût s'élever entre deux puissances rivales une lutte terrible, dont le choc bouleverserait le monde.

Dans cette circonstance, tous les regards se tournèrent vers la Prusse : on attendait avec impatience le parti qu'elle embrasserait. Ses places, son territoire, tout était envahi par nos armées, et néanmoins elle hésitait à se prononcer ; mais enfin elle se décida en notre faveur. A la même époque, l'Autriche consentit à fournir à la France un corps auxiliaire de trente mille hommes. Ces troupes furent placées sous le commandement du prince de Schwarzen-berg, qui, depuis le mariage de Marie-Louise, avait toute la confiance de Napoléon. La Suède seule, immolant ses véritables intérêts à un ressentiment ridicule, rejeta notre alliance.

Les routes de l'Allemagne étaient couvertes de sol-dats, qui observaient dans leur marche la discipline la plus sévère. Tous se rendirent vers l'Oder. Le roi de Westphalie, à la tête de sa garde et de deux di-visions, avait déjà passé ce fleuve, de même que les Bavarois et les Saxons. Le premier corps était à Stettin, le second et le troisième marchaient dans cette direc-tion. Le quatrième, arrivé à Glogau, remplaça les Westphaliens, qui partirent pour Warsovie.

Au mois d'avril, la grande armée comptait neuf corps d'infanterie, dans chacun desquels étaient aux moins trois divisions (le premier en avait cinq et une de cavalerie); à cette masse se joignait la garde-impé-riale, composée d'environ cinquante mille hommes et quatre grands corps de cavalerie portant le nom de *réserve*. Le total de ces forces, sans y comprendre les Autrichiens, pouvait s'élever à quatre cent mille fantassins et soixante mille cavaliers. Douze cents pièces de canon et plus de dix mille caissons ou voitures de bagages, complétaient cet appareil formidable.

Le maréchal Davoust avait depuis long-temps le commandement des cinq divisions, qui formaient le premier corps ; le second fut confié au maréchal Oudinot ; le troisième au maréchal Ney ; le quatrième, connu sous le nom d'*armée d'Italie* et où se trouvait la garde-royale, était commandé par le prince Eugène. Le prince Poniatowski, à la tête de ses Polonais, formait le cinquième corps ; les Bavarois incorporés dans le sixième, étaient sous les ordres du général Gouvion-Saint-Cyr ; les Saxons comptaient comme septième corps, et avaient pour chef le général Reynier. Les Westphaliens prirent rang sous le nom de huitième corps. Le neuvième, dont les cadres seuls étaient formés, était destiné au maréchal Victor; enfin, le dixième corps, sous les ordres du maréchal Macdonald, était composé de Prussiens, commandés par le général Grawert et de la division Grandjean, et n'avait de Français que les généraux Ricard et Bachelu et quelques compagnies d'artillerie.

Les forces Russes, opposées aux nôtres, se divisaient

en deux parties, désignés par les noms de 1.re et 2.e *Armée de l'Ouest*. L'une était sous les ordres du général Barclay de Tolly, l'autre sous le commandement du prince Bagration. Le nombre des divisions s'élevait à quarante-sept, parmi lesquelles il s'en trouvait huit de cavalerie. L'empereur Alexandre, arrivé à Wilna le 26 avril, était depuis long-temps préparé à repousser nos attaques.

Napoléon partit de Paris le 9 mai; quatre jours après, il passa le Rhin et arriva à Dresde, au milieu des feux de joie. Jamais potentat n'étala plus de magnificence qu'il ne fit pendant son séjour dans cette capitale; sa grandeur était parvenue à un si haut période, que, dédaignant les hommages vulgaires, il lui fallait des rois pour courtisans. Napoléon était le roi des rois, le véritable empereur de l'Europe. Le 29 mai, il quitta Dresde pour se rendre à Thorn. Pendant qu'il entrait dans cette ville, le vice-roi, ayant dévancé son armée, reconnaissait les bords du Bug et de la Narew, et s'occupait à lier, par un système de défense, la ligne que présente cette dernière rivière avec celle des lacs, qui s'étendent d'Angerburg à Johannisburg. La forteresse de Modlin attira plus particulièrement son attention; les dispositions qu'il prit firent croire que la Wolhynie serait le théâtre de la guerre.

Napoléon, de son côté, visita la place de Dantzick, dont il avait renforcé la garnison et qu'il regardait comme la plus importante de son empire. Osterode, Liebstad, Kreustbourg, Kœnigsberg et Pillau le reçurent successivement. Peu de jours après, marchant avec le centre de son armée, il longea la Prégel jusqu'à Gumbinnen. Napoléon s'arrêta quelque temps dans cette ville, où le général de Narbonne, qu'il avait envoyé près d'Alexandre, apporta *l'ultimatum* de ce souverain. L'empereur des Français, mécontent des conditions qu'on voulait lui prescrire, ne désespéra pas encore de ramener le Czar à des sentimens plus pacifiques : il tenta une nouvelle demarche ; mais, comme elle fut infructueuse, il continua à s'avancer, et établit, le 22, son quartier général à Wilkowiski, où il mit à l'ordre du jour la proclamation suivante :

SOLDATS !

« La seconde guerre de Pologne est commencée,
» la première s'est terminée à Friedland et à Tilsitt :
» à Tilsitt, la Russie a juré éternelle alliance à la

» France, et guerre à l'Angleterre. Elle viole aujour-
» d'hui ses sermens ! elle ne veut donner aucune
» explication de son étrange conduite , que les aigles
» françaises n'aient repassé le Rhin , laissant par là
» nos alliés à sa discrétion.

» La Russie est entraînée par la fatalité. Ses destins
» doivent s'accomplir. Nous croit-elle donc dégéné-
» rés ? Ne serions-nous donc plus les soldats d'Aus-
» terlitz ? Elle nous place entre le déshonneur et la
» guerre. Le choix ne saurait être douteux. Marchons
» donc en avant ! Passons le Niémen , portons la
» guerre sur son territoire. La seconde guerre de Po-
» logne sera glorieuse aux armées françaises comme
» la première ; mais la paix que nous conclurons
» portera avec elle sa garantie , et mettra un terme
» à la funeste influence que la Russie a exercée de-
» puis cinquante ans sur les affaires de l'Europe. »

Le 25 , toute l'armée , à l'exception du 4.° corps ,
resté en observation, était sur la rive droite du Niémen.
Elle avait effectué le passage de ce fleuve sur trois points
sans être inquiétée. Quelques partis de Cosaques ,
qui étaient dans les environs de Kowno , se retirèrent
précipitamment. Le 27, la Wilia fut franchie , et une
députation vint de Wilna au devant de Napoléon pour

lui remettre les clefs de la ville. L'empereur de Russie, ayant abandonné cette résidence deux jours auparavant, avait ordonné la retraite sur la Dwina et le
Dnieper. On occupa Wilna sans éprouver d'obstacle :
il n'y eut que de légères escarmouches entre notre
avant-garde et les cosaques. Les Russes en s'éloignant
incendièrent les magasins qu'ils avaient formés autour de la place.

Pendant que la capitale de la Lithuanie devenait
le point de concentration de la grande armée, des
proclamations annonçaient aux Lithuaniens, la régénération de leur ancienne patrie. Une diète générale
avait été convoquée à Warsovie, afin de diriger l'é-
lan national, et de prendre toutes les mesures nécessaires pour qu'à l'ombre des aigles françaises, la
Pologne pût recouvrer son indépendance. Des adresses pleines d'énergie et d'enthousiasme appelèrent
bientôt tous les Polonais à se joindre à la cause commune, pour affranchir leur pays et lui rendre le lustre dont il brillait au temps des Ladislas et des Sigis-
mond. La diète, dans une de ses premières séances,
arrêta qu'une députation se rendrait auprès de l'empereur des Français pour l'engager à couvrir de sa
protection le berceau de la Pologne renaissante. Cette

députation, admise le 11 juillet, auprès de Napoléon, lui soumit l'acte de confédération dont les dispositions principales avaient pour objet la fusion en un seul royaume de toutes les parties détachées de l'antique héritage des Piast et des Jagellons ; mais le conquérant ne promit que d'une manière évasive. La liberté que la noble nation polonaise semblait demander parut l'inquiéter et le surprendre ; il craignit un moment que cette assemblée, qu'il avait convoquée uniquement pour seconder ses vues, ne fût un jour rebelle à ses volontés. Aussi ne s'engagea-t-il à rien ; il demanda des sacrifices énormes et un dévouement qui ne pouvait résulter d'un vague espoir. Il exigeait que les provinces soumises aux Russes se déclarassent, même avant son arrivée ; enfin ses conclusions furent qu'il fallait renoncer à la Gallicie, puisqu'il en avait garanti la possession à l'Autriche. Cette réponse glaça tous les cœurs. Les Polonais, qui croyaient toucher au moment fortuné de leur délivrance, cessèrent de se réjouir : ils n'avaient plus à espérer un gouvernement de leur choix. Déjà ils s'étaient flattés de voir les armes de la Lithuanie reparaître dans leur écusson ; par une illusion touchante et sublime, ils s'étaient persuadés qu'ils entendraient bientôt dans les champs fertiles de la Wolhynie, dans les vastes plaines de la Nodolie et de l'Ukraine, ce cri joyeux, *vive la Pologne ! vive la patrie !* et maintenant ils acquéraient l'affligeante certitude que le bonheur qu'ils convoitaient ne dépendait plus d'un sentiment généreux, mais des froids calculs de la politique du guerrier dont ils avaient invoqué l'appui. Les Lithuaniens, d'abord prêts à se lever pour marcher avec nous, revinrent subitement de l'impulsion que leur avait donnée la présence au milieu d'eux du monarque dans lequel ils avaient cru voir un libérateur. Dès ce moment, la cordialité fit place à la défiance, et peu s'en fallut que l'affection du peuple pour les Français ne se changeât en haine : nous ne venions plus pour arracher ce peuple à la domination des étrangers que la fraude et le crime lui avaient donnés pour maîtres.

La première rencontre avec les Russes eut lieu le 28 juillet, tout près de Develtovo. La canonnade s'engagea d'une manière assez vive : l'ennemi, quoique renforcé par deux régimens de la garde du Czar, ne conserva pas sa position ; culbuté par nos troupes jusques sur la Dwina, il détruisit ses magasins et repassa le pont construit sur ce fleuve avec une si grande précipi-

tation , qu'il n'eut pas le temps de le brûler. Le lendemain, le 4.ᵉ corps, ayant franchi le Niémen à Pi-
lony, commença son mouvement et se dirigea sur
Zismori. Sur ces entrefaites, le roi de Naples , à la
tête du 1.ᵉʳ et 2.ᵉ corps de cavalerie, poursuivait
les 3.ᵉ et 4.ᵉ corps Russes , ainsi que la garde
d'Alexandre , qui, par Sventsianouï et Vidzouï , se
retiraient dans leur camp retranché de Drissa. Plusieurs fois les cavaliers polonais atteignirent l'arrière-
garde de Barclay de Tolly; toujours ils se montrèrent
animés par l'enthousiasme et la passion. Auprès de
Sventsianouï, on eut beaucoup de peine à sauver un
escadron de hulans , qui tomba entre leurs mains.

Napoléon ayant été informé , pendant son séjour
à Wilna, que le 6.ᵉ corps russe , commandé par
Doctorow, s'était mis en route pour joindre Barclay
de Tolly , ordonna à la cavalerie d'avant - garde
et à une partie du premier corps de se mettre en
marche pour s'opposer à cette jonction , et envoya
vers Minsk le maréchal Davoust , avec deux divisions
de son corps, pour empêcher Bagration de se concentrer sur la Dwina.

Bagration, se voyant à la fois attaqué de front par
le roi de Westphalie et par Reynier , qui venait de

Slonim ; poussé sur sa gauche par le prince de Schwarzenberg , nouvellement entré en Wolhynie ; enfin
menacé à sa droite par le maréchal Davoust , se
retira sur le Dniéper , après avoir été battu
à Mohilow.

Le centre de notre armée avait suivi la direction
de Dunabourg, et harcelait l'ennemi, qui, en se retirant, coupait tous les ponts. La brigade Subervie ,
en arrivant auprès de la Dwina , chargea la cavalerie
russe avec la plus grande intrépidité , et fit deux cents
prisonniers. Les ennemis paraissant déterminés à défendre cette ligne , le général Montbrun fit avancer
cinq pièces d'artillerie légère , dont le feu les força
de s'éloigner. En même temps, le corps de Nansouty
passait la Dwina à Pastavouï , où le général de brigade
Roussel culbuta plusieurs escadrons russes. Le maréchal
Macdonald, après avoir quitté Rossiéna , capitale de
la Samogitie , se porta en avant. Deux régimens prussiens marchèrent sur Telch, et le général de brigade
Ricard, ainsi qu'une partie de la division Grandjean
entrèrent dans Poneviej, dont elles sauvèrent les magasins. Sur ces entrefaites , le 4.e corps manœuvrait
sur Minsk, pour couper l'hetmann Platow , qui , avec
quatre mille cosaques , cherchait à se rapprocher du

gros de l'armée russe. La difficulté des chemins empêcha le succès de cette opération.

Cependant Napoléon se préparait à partir de
Wilna, et le quartier-général fut transféré à Glou-
bokoé. Le 4.° corps se portait sur Vileïka ; le roi
de Naples, appuyé des 2.° et 3.° corps, opérait à
Drouïa sa jonction avec le maréchal Oudinot, venant
de Dunabourg, où il avait fait lever le plan des ouvrages construits par l'ennemi ; ainsi on poussait de
position en position la première armée de l'Ouest
derrière la Dwina. Le général Sébastiani, commandant
l'avant-garde, ayant rejeté les Russes de l'autre côté
de cette rivière, les croyait en pleine retraite sur tous
les points ; mais cette erreur devint fatale au général
Saint-Geniez, qui, surpris par un corps de dix mille
ennemis, fut fait prisonnier. Sa brigade ne parvint
à se sauver qu'après avoir essuyé des pertes considérables.

A l'extrême gauche de l'armée , le maréchal
Macdonald obtenait des avantages signalés , et prenait possession entière de la Courlande , province
qui pouvait offrir de grandes ressources , particulièrement pour les remontes de la cavalerie. A la
droite , Davoust continuait à poursuivre Bagration
et

et Platow , qu'il ne put parvenir à entamer. Vers cette époque , la cavalerie polonaise du général Rozniecki , s'étant trop inconsidérément engagée , éprouva un échec à Romanow.

L'armée française marcha plusieurs jours sans rencontrer d'obstacles. Parvenue sur les bords de l'Oula , elle s'étonnait d'avoir parcouru un si grand espace presque sans combattre. La tranquillité que lui laissaient ses adversaires paraissait incompréhensible , et chacun, d'après son opinion, formait les conjectures les plus opposées et les plus étranges. La surprise redoubla , quand l'on sut que les généraux Lefebvre-Desnouettes et Nansouty, s'étant emparés de Disna et de Polotsk, avaient forcé l'ennemi d'abandonner son camp retranché de Drissa, pour remonter à la hâte la Dwina. La force de cette position et les travaux qu'on y avait exécutés pendant un an avaient fait augurer qu'elle serait bien défendue.

Ce fut à Ostrowno , à six lieues de Witepsk , que se donna le premier combat remarquable de la campagne. Le 26 juillet , on rencontra l'ennemi en position devant cette ville , et on l'attaqua vivement. Il fit tous ses efforts pour résister à l'impétuosité de nos troupes ; mais, en peu de temps, il fut culbuté.

45

Quatorze pièces de canon tombèrent en notre pouvoir ; un grand nombre de morts, laissés sur le champ
de bataille, attesta la valeur du 7.ᵉ et du 8.ᵉ régimens
de hussards , dont les charges brillantes décidèrent
du succès. Les Français eurent à déplorer la perte
du brave général Roussel, tué par un dragon russe.

Le lendemain, on atteignit encore l'armée ennemie,
postée à une lieue d'Ostrowno , entre des bois qui en
rendaient l'approche très-difficile. Après une défense
opiniâtre , les Russes furent contraints de céder le
champ de bataille. On les poursuivit vivement, mais les
chances de cette journée nous eussent peut-être été
défavorables, si , au fort de l'action , le 16.ᵉ régiment
de chasseurs à cheval, chargé par plusieurs escadrons
de cosaques de la garde , n'eût été dégagé par deux
cents voltigeurs , que commandaient les capitaines
Guyard et Savary. Dans cette occasion , ces guerriers
attirèrent sur eux l'attention de toute l'armée , qui ,
campée sur un coteau , assistait à leurs exploits,
et donnait à leur valeur des applaudissemens justement
mérités. Napoléon , témoin de ce beau fait d'armes,
envoya demander de quel corps étaient ces soldats.
Ils répondirent : *du 9.ᵉ régiment , et les trois quarts
enfans de Paris !* — *Dites-leur,* ajouta l'empereur,

que ce sont de braves gens ; ils méritent tous la croix.

Le combat ne fut pas meurtrier. Cependant, dans le petit nombre de morts, on cita le colonel du génie Liédot, homme vraiment digne du corps auquel il appartenait. Durant l'expédition d'Egypte, il s'était fait remarquer par son courage, et avait déployé une rare habileté dans la construction des places d'Italie.

Le 28, l'armée française entra dans Witepsk après une affaire peu sérieuse. Les Russes, en prenant de nouvelles positions, avaient laissé voir des forces considérables tant en cavalerie qu'en infanterie, et l'on s'attendait que la journée suivante serait marquée par une grande bataille. Notre armée s'était, en conséquence, portée en avant; mais, quand elle s'ébranla, l'ennemi avait continué sa retraite sur Smolensk. Aussitôt qu'on se fut aperçu que les Russes avaient levé leur camp, toutes les divisions se mirent à leur poursuite, à l'exception de la garde impériale, qui alla s'établir à Witepsk, où Napoléon semblait vouloir séjourner. De l'autre côté de la route, les cosaques furent chargés par le général Lefebvre-Desnouettes, commandant la cava-

45.

lerie légère de la garde. Après cette escarmouche,
les Français rétrogradèrent sur le quartier-général,
et s'étendirent dans les environs, où ils prirent des
quartiers de rafraîchissemens.

Witepsk, chef-lieu du gouvernement de ce nom,
était presque désert : toute la population de la ville avait
pris la fuite. Le pays, ruiné par des nuées de cosaques qui, avant de l'abandonner, avaient détruit tout
ce qu'ils n'avaient pu emporter, n'offrait que peu de
ressources. Depuis plus de deux mois la Pologne et la
Lithuanie, dans un espace d'environ trois cents lieues,
n'avaient présenté à nos soldats que des villages sans
habitans et des campagnes saccagées. L'armée, long-
temps assujétie à des privations, se trouvait dans une
situation d'autant plus alarmante, qu'éloignée de ses
magasins, il lui était impossible de former de nouveaux approvisionnemens. Réduite à se suffire à elle-
même, elle fut obligée de déployer une grande activité pour se procurer des subsistances. L'enlèvement
des convois ennemis était le moyen le plus efficace de
sortir de cet état de détresse. Le colonel Banco, à la
tête de deux cents chasseurs, s'empara dans Veliz d'un
grand nombre de voitures chargées de farine. L'es-

corte russe était de quinze cents soldats , cavaliers et fantassins. Il les attaqua , et fit cinq cents prisonniers.

Tandis que Napoléon était à Witepsk , et que les troupes du centre étaient cantonnées entre le Dniéper et la Dwina , l'armée russe de Moldavie , ayant cessé ses hostilités contre les Turcs , détachait sans cesse de nouvelles troupes pour renforcer celles de Wolhynie. Deux divisions russes, sous les ordres du général Kamenski , après avoir vainement cherché à se joindre au prince de Bagration, se réunirent au corps de Tormasow. Ces troupes , formant une armée de trente mille hommes , se portèrent par une marche rapide et à l'improviste vers Kobrin , où elles cernèrent deux régimens d'infanterie et deux escadrons formant l'avant-garde du septième corps aux ordres du général saxon Klengel. Cet officier , entouré de forces supérieures , ne se rendit qu'après un combat des plus opiniâtres ; il espérait toujours être dégagé par le général Reynier, mais celui-ci n'ayant pu arriver qu'après la capitulation, fut forcé lui-même de se retirer sur Slonim , avec le regret d'avoir placé trop loin de lui une colonne qui ne pouvait ni se replier, ni être secourue à propos.

Cette invasion, faite dans le temps même que Napoléon s'enfonçait au centre de la Russie, répandit la consternation parmi les Polonais ; ils craignirent la vengeance des Russes. Toutefois ces appréhensions furent bientôt dissipées par la réunion des Saxons avec les Autrichiens qui, d'Ighumen, marchèrent sur Slonim. Ces auxiliaires continuèrent à opérer ensemble, et couvrirent ainsi le duché de Warsovie.

Les différens corps qu'on avait laissés pour observer l'armée de Wolhynie, combattirent avec des succès variés : pendant que le général Latour-Maubourg poursuivait Bagration qui semblait vouloir se jeter du côté de Mozouir, les généraux Grouchy et Colbert poussèrent des reconnaissances sur Lepel, s'emparèrent d'Orcha, jetèrent un pont sur le Dniéper et enlevèrent un convoi d'artillerie. Le maréchal Davoust chassa dix mille Russes de Mohilow. L'armée de Bagration paraissait en pleine retraite, lorsque trois mille cosaques, qui en formaient l'avant garde, surprirent nos avant-postes, et firent au 3.e régiment de chasseurs une centaine de prisonniers parmi lesquels se trouvait le colonel.

Le lendemain Davoust livra un combat dont l'unique résultat fut de séparer Bagration de Barclay de Tolly, et de le forcer à se jeter derrière le Dniéper, pour se porter sur Smolensk, seul point par où il fut possible aux armées russes de faire leur jonction.

Tandis que ces événemens avaient lieu sur notre droite, le maréchal Macdonald, à la tête d'un corps prussien, s'avançait, comme le gros de l'armée, sans combattre ; mais arrivé sur les bords de l'Aa, l'une de ses divisions se trouva engagée à Baousk, dans une lutte inégale contre les troupes russes du général Lewis. La cavalerie ennemie, quoique beaucoup plus nombreuse, fut culbutée, et les Prussiens demeurèrent maîtres du champ de bataille. Le comte de Brandebourg, frère naturel de leur roi, fut blessé dans ce combat. Les Russes, poursuivis au delà de la rivière d'Ezkaon, se rallièrent pour revenir à la charge ; leur attaque fut vigoureuse : les chances en furent long-temps indécises, mais les Prussiens se battirent avec tant de courage, qu'ils triomphèrent enfin de l'acharnement de leurs adversaires. Le résultat de la journée fut un drapeau pris et plusieurs centaines de prisonniers. Peu de jours après, le général Ricard s'empara de la place de Dunabourg, dont les fortifications avaient coûté cinq ans de travail. Mais l'action la plus glorieuse pour nos armes, fut celle du second corps placé entre Polostk et Drissa; elle dura trois jours. La victoire fut remportée par le maréchal Oudinot sur le comte de Wittgenstein, dont les bataillons enfoncés et les soldats jetés dans la Drissa, laissèrent dans nos mains quatorze pièces de canon, treize caissons, et plus de deux mille prisonniers; le terrain, couvert de leurs morts, offrait le tableau du plus affreux carnage. Les généraux Legrand, Verdier et Castex, ainsi que les troupes sous leurs ordres, déployèrent la plus grande valeur. Le général Koulniew, l'un des officiers les plus distingués de l'armée russe, périt dans cette affaire.

Avant son départ de Witepsk, l'empereur passa plusieurs revues de ses troupes. Un jour, il fit rassembler les grenadiers à pied de la garde, et leur ordonna de reconnaître pour leur colonel le général Friant. Cette nomination fut accueillie avec enthousiasme. Les grenadiers virent dans cette élévation une preuve d'estime pour leur corps composé en grande partie des braves qui, en Italie, en Egypte et en Allemagne, combattirent sous les yeux de celui qui devenait leur chef. Mais le général Friant, quoique sensible à cet honneur, demanda et obtint de commander la deuxième division qu'il avait lui-même formée, et qui, depuis l'ouverture de la campagne, s'était toujours trouvée d'avant-garde.

A cette époque, l'empereur de Russie quitta l'armée pour se rendre à Pétersbourg, afin de presser la levée des milices de Finlande et de Nowogorod.

Le 8 août, dix mille hommes de cavalerie ennemie tombèrent sur le village d'Inkowo, où une partie de la cavalerie du 3.ᵉ corps fut surprise et forcée de se retirer avec précipitation, après avoir perdu plusieurs pièces de canon. Dans cette occasion la conduite des généraux Sébastiani et Montbrun fut blâmée. On reprochait à ce dernier une imprudente témérité ; mais peut-être ces généraux n'avaient-ils rien à se reprocher.

Cette attaque inopinée détermina Napoléon à lever ses quartiers, et à marcher à l'ennemi. Deux jours après, tous les corps formant le centre de l'armée se mirent en mouvement et s'avancèrent vers Smolensk, par la rive gauche du Boristhène dont le passage s'effectua sans opposition dans la nuit du 13 au 14. Ce jour même, le maréchal Ney déboucha sur Krasnoë où il rencontra l'ennemi. Cinq mille fantassins et deux mille chevaux, qui s'étaient logés dans cette ville, en furent débusqués par la division Ledru. A une demi-lieue de Krasnoë, notre cavalerie attaqua de nouveau les Russes qui occupaient une excellente position : leurs carrés soutinrent plus de quarante charges sans être entamés ; poussés vigoureusement par le général Borde-Soult, ils se jetèrent dans un défilé, et se dérobèrent ainsi à la poursuite. Ce combat nous valut des canons et quelques prisonniers. Le colonel Marbœuf y fut grièvement blessé.

Dès le 16 au matin, Napoléon se présenta avec son armée devant Smolensk. Cette grande et belle cité a pour enceinte une ancienne muraille crénelée, de quatre mille toises de circuit, épaisse de dix pieds, haute de vingt-cinq, et de distance en distance flanquée d'énormes tours, formant des bastions dont la plupart étaient armés de pièces de gros calibre. Alexandre, en quittant l'armée, avait recommandé à Barclay de Tolly de livrer bataille pour sauver cette ville. Dès notre apparition, l'un des faubourgs fut enlevé de vive force par un bataillon du 16.e régiment qui, s'étant élancé au pas de charge, rejeta dans leurs retranchemens quatre mille hommes protégés par des travaux et de l'artillerie. Le maréchal Ney déclara dans son rapport que cette attaque victorieuse était le fait d'armes le plus valeureux qu'il eût vu depuis qu'il faisait la guerre.

L'ennemi occupait Smolensk avec trente mille hom-

mes ; le reste de son armée était en réserve sur la rive
droite, communiquant par des ponts construits au
dessous de la ville. Napoléon les fit détruire par le prince
Poniatowski, et l'attaque générale commença immédiatement. La cavalerie légère du général Bruyères chassa
celle des Russes ; dans le même temps, soixante pièces
de canon mitraillèrent les masses qui couvraient le
bord opposé ; le maréchal Ney s'efforçait d'enlever la
ville, le général Morand le faubourg de droite, le
général Gudin celui de gauche, et le géné al Dalton
emportait avec la plus grande intrépidité un plateau hérissé d'artillerie. Les Russes, chassés des ouvrages avancés et refoulés impétueusement dans leurs remparts,
les défendirent avec opiniâtreté, mais on les déposta
par des obus. Des batteries d'enfilade placées par le
général Sorbier, commandant l'artillerie de la garde,
rendirent impossible aux assiégés l'occupation des chemins couverts. Le combat dura jusqu'à la fin du jour.
Bientôt après, on aperçut des colonnes de fumée
et des torrens de flammes qui, dans un instant, se
communiquèrent aux principaux quartiers de Smolensk.

A une heure après minuit, la ville fut abandonnée.
Le 18 août, à deux heures du matin, les premiers

grenadiers se disposaient à monter à l'assaut, lorsqu'à leur grande surprise, ils approchèrent sans résistance, et reconnurent que la place était entièrement
évacuée. L'armée entra aussitôt dans Smolensk au
milieu des débris que le feu achevait de dévorer. Les
Russes n'y avaient laissé que quelques canons de
rempart : d'immenses magasins avaient été la proie des
flammes; toute la population était en fuite.

On s'occupa promptement de rétablir sur le Boristhène les ponts qui avaient été brûlés, l'armée
française passa et se porta à la poursuite des Russes
qui se retiraient par la route de Moscou. A une lieue,
on atteignit le premier échelon de leur arrière-garde
qui fut aussitôt culbutée qu'aperçue.

L'affaire de Smolensk priva l'armée ennemie de
douze mille combattans, dont le tiers resta sur la
place. Quoique nous fussions les assaillans, cette perte
fut triple de la nôtre. A côté d'un soldat français, on
voyait les cadavres de cinq à six Russes. L'ennemi eut
plusieurs généraux tués. De notre côté, le général
Grabowski mourut glorieusement sur le champ de
bataille. Les généraux Morand, Friand, Gudin et
Bruyères acquirent dans cette journée une nouvelle
illustration, et les généraux Zaionsheck, Grandeau

et Dalton prouvèrent par leurs blessures combien ils avaient contribué à fixer la victoire.

Pendant que le centre de l'armée poursuivait sa marche triomphante, le général Gouvion Saint-Cyr, à qui le maréchal Oudinot, grièvement blessé devant Polostk, avait cédé son commandement, remportait sur la Dwina les avantages les plus signalés. Wittgenstein, ayant cru surprendre à Dunabourg la division Grand-jean, avait lui-même été défait. Une partie de son artillerie était tombée en notre pouvoir, ainsi qu'un grand nombre de prisonniers. Le général ennemi se jugea si complétement battu, qu'il resta deux mois entiers sans oser rien entreprendre. Ce succès fut acheté par la perte des généraux bavarois Deroy et Siebein : le premier fut particulièrement regretté ; il était presque octogénaire et comptait soixante ans de service. Napoléon, ignorant sa mort, le nomma comte, avec une dotation de trente mille francs. Officiers et soldats, tous rivalisèrent de courage ; les généraux de Wrède, Legrand, Verdier et Raclovitsch furent blessés ; le général Merle se distingua dans une attaque que fit l'ennemi pour protéger sa retraite, et le général Aubry, en dirigeant l'artillerie, rendit d'éminens services. Les talens du général en chef trouvèrent , quelques jours après , leur récompense dans le bâton de maréchal.

Sur ces entrefaites, l'armée de Barclay de Tolly , ayant suspendu son mouvement rétrograde devant Napoléon, s'était arrêtée sur le plateau de Valontina que les Moscovites nomment *le Champ-Sacré*. Cette position qu'une tradition religieuse faisait regarder comme inexpugnable , fut abordée par les divisions Ledru et Gudin ; celle-ci attaqua à la bayonnette avec une telle impétuosité, que les Russes s'enfuirent. Tant de valeur coûta la vie au brave général qui la commandait; il était un des officiers les plus distingués de l'armée , par ses qualités morales, ses talens et sa rare intrépidité. Cette mort fut bien vengée. Les soldats firent un grand carnage de l'ennemi , qui laissa le *Champ-Sacré* couvert de ses débris. Trois généraux Russes furent tués, un quatrième fut fait prisonnier.

Le 127.ᵉ régiment, qui jusqu'alors n'avait pas encore reçu le baptême du feu , conquit à Valontina le droit de porter une aigle. On dit qu'en voyant les vainqueurs de cette journée, Napoléon s'écria : *Poursuivons nos succès; avec de pareilles troupes, on doit aller au bout du monde !* Jusqu'à cette époque, on avait cru que l'empereur, voulant seulement rétablir le royaume de Pologne, bornerait ses conquêtes aux villes de Witepsk et de Smolensk, qui, par leur position, ferment l'étroit passage compris entre le Boristhène et la Dwina; mais la nouvelle d'une victoire remportée à Ghorodestchna par Schwartzenberg sur le géneral Tormasow, commandant en chef l'armée de Wolhynie, ayant dissipé tous les soupçons relativement à la coopération des Autrichiens, il fut décidé que l'armée continuerait son mouvement offensif.

Animés par leurs succès, enthousiastes d'un chef qui les avait conduits triomphans dans presque toutes les capitales de l'Europe, les Français, manifestaient la plus grande ardeur, et n'écoutant que leur courage, suivaient aveuglément l'impulsion qui leur était communiquée.

Les Russes, fidèles au système de défense qui leur était prescrit, se retiraient en détruisant tout ce qui se trouvait sur leur passage, chassant devant eux les habitans et emmenant les bestiaux, ils incendiaient les maisons, coupaient les ponts, embarrassaient les routes, et saccageaient les récoltes.

Notre armée s'avançait au milieu de cette affreuse dévastation. Divisée en trois colonnes, elle occu-

pait un espace de six lieues de largeur , et ne donnait pas à l'ennemi le temps de s'arrêter. Aussitôt
qu'il paraissait vouloir prendre position , il était attaqué et débusqué sur-le-champ. Il avait manifesté l'intention de tenir dans un défilé en avant de Dorogo-
bouch , et y avait élevé des redoutes; mais, à notre approche , il les abandonna après avoir incendié la ville.
Les jours suivans amenèrent de nouvelles escarmouches
où la valeur de nos soldats obtint toujours l'avantage.
Le 3o août, le général Caulincourt était aux portes de
Viazma dont les Russes ne défendirent que faiblement
la belle position. Après un léger combat, ils mirent
le feu aux ponts, ainsi qu'aux principaux édifices, et
se retirèrent. L'armée entra dans cette ville au moment où elle était la proie des flammes. On parvint
à maîtriser le feu, et à sauver les deux tiers des maisons. La population entière avait fui vers Moscou ; le
nombre des malheureux qui refluaient vers cette capitale, s'élevait déjà à plus de quinze cent mille.

Nos troupes , pressées par la famine , assaillies par
les privations de tout genre, poursuivaient leur marche avec la plus grande activité ; une seule journée
suffit à l'avant-garde pour arriver à Ghiat. Le quartier-général alla bientôt s'y établir. Le 4 septembre ,
une

une reconnaissance poussée en avant, vint annoncer que l'armée Russe était postée sur le Kologha. Une forte position qu'elle occupait à Ghridneva fut attaquée sur-le-champ; elle s'y défendit et l'évacua pendant la nuit.

Le lendemain, Napoléon ayant mis, dès le point du jour, toutes ses colonnes en mouvement, donna l'ordre d'enlever un mamelon fortifié, qui couvrait la gauche de l'ennemi. Le feu commença à quatre heures du soir. Après deux heures d'un combat très-vif, la redoute fut emportée à la bayonnette par la division Compans : les Russes, mis en déroute, laissèrent sur le champ de bataille plusieurs milliers de morts. Mille de nos soldats périrent dans cet assaut; aussi, quand le lendemain l'empereur, passant en revue le 61.ᵉ régiment, qui avait le plus souffert, demanda au colonel ce qu'il avait fait d'un de ses bataillons : *Sire*, répondit-il, *il est dans la redoute.*

Toute la journée du 6 se passa en reconnaissances de part et d'autre. Les deux armées étaient à peu-près d'égale force : chacune d'elle comptait dans ses rangs cent trente mille combattans. Les Russes n'étaient plus commandés par le général Barclay de Tolly, dont le plan désastreux les avait effrayés. Maintenant ils obéissaient au prince Kutusow, désigné par tous les Moscowites comme le sauveur de la patrie. C'étaient les victoires de Kutusow, qui avaient tout préparé pour faciliter avec le divan des négociations avantageuses : les officiers et les soldats vénéraient ce vieux guerrier, si célèbre dans les annales de la Russie : en le revoyant parmi eux, ils avaient fait éclater des transports de joie ; en effet, à peine arrivé, il avait annoncé que bientôt on ne rétrograderait plus, et dans la vue de sauver Moscou, dont Napoléon n'était qu'à cinq journées de marche, il avait choisi entre Ghiat et Mojaïsk une forte position où l'on pût livrer une de ces mémorables batailles, dont les résultats décident souvent du sort des empires. La fatigue de nos soldats, l'épuisement de nos chevaux semblaient promettre aux Russes une victoire facile : les Français, de leur côté, se croyaient assurés du succès, puisqu'ils se trouvaient dans une situation où il fallait absolument vaincre ou périr ; cette idée exaltait tellement leur courage, que, malgré la force de l'ennemi, malgré ses inexpugnables retranchemens, ils regardaient Moscou comme une conquête infaillible et prochaine. Tout-à-coup, le 7 septembre, avant le jour, le bruit du tambour se fait entendre; déjà les officiers sont prêts, les soldats saisissent leurs armes, et tous n'attendent que le signal du combat. Alors les colonels, se plaçant au milieu de leurs régimens, firent battre un ban, et chaque capitaine, entouré de sa compagnie, lut la proclamation suivante :

« Soldats ! voilà la bataille que vous avez tant désirée, désormais la ictoire dépend de vous, elle » nous est nécessaire ; elle nous donnera l'abondance, » de bons quartiers d'hiver et un prompt retour dans » la patrie! Conduisez-vous comme à Austerlitz, à » Friedland, à Witepsk, à Smolensk, et que la pos- » térité la plus reculée cite avec orgueil votre con- » duite dans cette journée ; que l'on dise de vous : » Il était à cette grande bataille sous les murs de » Moscou. »

Toute l'armée répondit à ces paroles énergiques par des acclamations souvent réitérées qui se prolongeaient encore, lorsqu'à travers un épais brouillard, on vit sortir un soleil radieux : *Voilà le soleil d'Austerlitz !* s'écria alors Napoléon. L'armée agréa cet heureux présage, et se sentit électrisée par un si glorieux souvenir.

46.

A six heures du matin , un coup de canon , tiré d'une des batteries armées par le général Sorbier , annonça que l'affaire était commencée : cent vingt bouches à feu , mises en position sur notre extrême droite, répondent à ce signal.

Les efforts de nos colonnes se dirigèrent d'abord sur la gauche de l'ennemi , qui fut tournée par les corps de Davoust et de Poniatowski. Un feu terrible d'artillerie et de mousqueterie s'engagea bientôt ; notre gauche , sous les ordres du vice-roi, s'empara de Borodino, qui fut emporté à la bayonnette par la division Delsons. A sept heures , le maréchal Ney s'ébranla avec son corps et se dirigea sur le centre des Russes ; alors l'affaire devint générale , et mille pièces de canon de part et d'autre vomirent la mort avec un épouvantable fracas. Trois lignes de batteries françaises tiraient sur les rangs ennemis et les foudroyaient. Jamais peut-être nos soldats n'avaient montré plus d'intrépidité ; enfin , après quatre heures d'un combat aussi opiniâtre que meurtrier, les Russes furent enfoncés et deux de leurs redoutes enlevées, l'une par les divisions Ledru , Compans et Marchand, l'autre par la division Morand. Ces ouvrages formidables furent aussitôt garnis de notre artillerie.

Cependant les masses ennemies, qui n'avaient pu résister à un premier choc, se reformèrent et s'avancèrent en colonnes serrées pour reprendre leurs retranchemens ; mais écrasées par une décharge de trois cents bouches à feu et par la cavalerie, elles abandonnèrent le champ de bataille qui était couvert de leurs morts. Maîtres des principaux points, il nous restait à emporter les positions de droite. Attaquées par le général Morand, elles tombèrent en peu d'instans en notre pouvoir, et nous commencions à nous y établir, quand, assaillis par des forces supérieures, nous en fûmes chassés à notre tour.

Enhardi par ce succès, Kutusow voulut faire une dernière tentative, et, soutenu par ses réserves ainsi que par la garde Russe, il se précipita sur notre centre. Le combat se ralluma avec une nouvelle furie. Des troupes fraîches se portèrent contre ces colonnes qui, arrêtées par la divison Friand, mitraillées par quatre-vingts bouches à feu, restaient immobiles, n'osant pas avancer, ne voulant pas reculer. Le roi de Naples, profitant de cette incertitude pour charger avec toute sa cavalerie et celle de Latour-Maubourg, les dispersa de tous côtés. La réussite de cette charge fut complète ; cependant, quoique la victoire fût aux

Français, le canon ne cessait de tirer avec violence et frappait continuellement de nouvelles victimes. A la nuit, les décharges devinrent plus rares; on ne les entendit plus que par intervalles, et le silence de la dernière redoute des Russes donna la certitude qu'ils se retiraient par la route de Mojaïsk. Cette bataille, l'une des plus sanglantes de notre temps, coûta aux Français quinze à vingt mille hommes. Il n'y eut presque pas de division qui n'eut à déplorer la mort d'un ou de plusieurs de ses chefs ? Le général Auguste Caulaincourt fut tué dans la grande redoute, à la tête du 5.e régiment de cuirassiers ; moissonné à la fleur de son âge, il avait assisté à plus de batailles qu'il n'avait d'années; à la valeur du guerrier, il unissait l'urbanité de l'homme du monde et brillait de toutes les qualités du chevalier français. Nous eûmes encore à regretter les généraux de brigade, Huard, Plausonne, Compère, Marion, Romœuf et Lanabère, ainsi que le général comte de Lepel, aide-de-camp du roi de Westphalie. L'intrépide Montbrun succomba également. Dès long-temps son audace et sa bravoure avaient fait pressentir qu'un tel guerrier ne devait périr que sur un champ de bataille ; digne successeur du général Lasalle, il mourut comme lui, et comme lui fut l'honneur de notre cavalerie légère. Le nombre des généraux blessés s'élevait jusqu'à trente, parmi lesquels étaient les chefs de corps, Grouchy, Nansouty, Latour-Maubourg et les généraux de division, Friant, Rapp, Compans et Dessaix. Les Russes, de leur côté, eurent environ quarante mille hommes hors de combat, et cinquante généraux tués ou blessés. Parmi ces derniers, on distinguait les princes de Bagration et Charles de Mecklenbourg ainsi que les généraux Tutschkoff, Rajewski, Gortschakoff, Konivitzen, Kretoff, Woronsow, Krapowitski; Boehmetieff 1.er et 2.e

Les Français prirent plus de cinquante pièces de canon, et firent plusieurs milliers de prisonniers. Le maréchal Ney, qui, par la sagesse de ses opérations, son courage et la vigueur de ses attaques, avait principalement contribué à la victoire, reçut de Napoléon le nouveau titre de *prince de la Moskowa*.

Napoléon campa sur le champ de bataille, et se mit le lendemain à la poursuite des vaincus. Bientôt son avant-garde parut devant Mojaïsk dont elle s'empara après un combat glorieux. L'ennemi saccagea la ville, et ne l'abandonna qu'après l'avoir bien défendue, laissant les places et les rues remplies de morts et de blessés. Après la prise de Mojaïsk, on n'eut plus l'occasion de voir les Russes; et le 14 septembre, sept jours après la bataille de la Moskowa, l'armée arriva devant Moscou.

A l'aspect de cette immense cité, il n'y eut pas un Français qui n'éprouvât un sentiment de satisfaction et d'orgueil. Moscou était l'objet de leurs vœux ; ils regardaient cette capitale comme la fin de leurs fatigues et le terme de l'expédition. En découvrant les coupoles dorées, les clochers et les obélisques de cette ancienne résidence des Czars, les soldats ne purent concentrer leur joie, et par un mouvement spontané, ils s'écrièrent tous : Moscou ! Moscou ! Moscou !

L'avant-garde, arrivée aux portes de la ville, prit des dispositions pour reconnaître ce qui se passait dans son enceinte. La cavalerie y entra, et s'avança vers le château impérial du Kremlin. Trois ou quatre mille hommes, auxquels s'étaient joints quelques habitans, en avaient barricadé les portes, et manifestaient l'intention de s'y défendre. Ces malheureux, égarés par une tradition bien trompeuse, et croyant cette citadelle inviolable, cherchèrent un instant à en disputer l'entrée; mais nos troupes, guidées par le roi de

Naples, les eurent promptement dispersés. Le reste de l'armée s'approcha bientôt de Moscou, et les divers corps s'établirent à l'intérieur ou installèrent leurs bivouacs sous ses murailles. Napoléon y entra vers midi, à la tête de son état-major, et occupa le Kremlin, au tour duquel il logea la garde impériale.

On ne tarda pas à s'apercevoir que la ville était déserte. Les Russes, en se retirant, avaient incendié la Bourse, superbe et vaste bâtiment qui renfermait une immense quantité de marchandises; mais ils avaient épargné les autres édifices. Les soldats entrèrent dans les maisons abandonnées pour y chercher des vivres, et se répandirent partout. Chacun avait pris ses logemens, et on jouissait de la plus grande sécurité, lorsque vers la nuit on s'aperçut que le feu se propageait; on n'y fit d'abord qu'une légère attention, et on ne considéra les incendies partiels qui se développaient de loin en loin que comme la suite de quelque accident. On essaya même de les éteindre; mais en peu de temps, l'embrasement se déclara en plus de cinq cents endroits, et envahit tous les quartiers. Il fut alors impossible de ne pas en deviner les causes; il était évident que les Russes accomplissaient, par le sacrifice de leur ville sainte, le terrible système de dé-

fense avec lequel ils nous avaient combattus jusqu'alors. Cependant on ignorait encore par quels
intermédiaires les flammes se propageaient, avec tant
de promptitude, dans une multitude de points si
distans les uns des autres. On apprit que dix mille
forçats, que l'on avait rendus à la liberté, s'é-
taient chargés à ce prix de consommer l'un de ces
actes affreux par lesquels un maître absolu dispose ar-
bitrairement du bien et même de la vie de ses sujets.
L'embrasement, poursuivant ses ravages, gagna les
hôpitaux où se trouvaient plus de vingt mille malades ou blessés Russes. Le désastre qui s'ensuivit ré-
voltait l'ame et la glaçait d'effroi.

Le 16 au soir, Napoléon, ne se croyant plus en sûreté dans une ville dont la ruine paraissait inévitable,
abandonna le Kremlin, et alla avec sa suite s'établir
au château de Péterskoë. Les généraux sortirent aussi
de Moscou. Pendant la nuit, l'incendie devint encore
plus terrible. Les flammes s'étendaient du nord au
midi : agitées par les vents, elles s'élevaient jusqu'au
ciel. On apercevait les fusées incendiaires que les
malfaiteurs lançaient du haut des clochers, elles sil-
lonnaient des nuages de fumée, et de loin ressem-
blaient à des étoiles tombantes. Pendant six jours,

l'armée française eut sous les yeux cet affreux tableau de destruction. Le feu cessa enfin, et Napoléon revint au Kremlin qui n'avait point été brûlé. Alors la garde et les états-majors reçurent l'ordre de rentrer dans la ville. A peine y restait-il un dixième des maisons ; elles furent réparties, selon les quartiers, entre chacun des corps de la grande armée.

Tandis que Napoléon prolongeait son séjour à Moscou, les différens corps étaient occupés à observer le gros de l'armée russe qui prenait d'importantes positions. Davoust avait ses divisions sur la route de Kaluga et le long de la Nare, pour appuyer avec les Polonais la cavalerie du roi de Naples. Le maréchal Ney, cantonné autour de Boghorodsk, observait la route de Wladimir ; le vice-roi gardait celle de Dmitrow ; les Westphaliens restaient à Mojaïsk. Le maréchal Gouvion Saint-Cyr tenait toujours sur la Dwina contre Wittgenstein, et le maréchal Victor se rapprochait du grand quartier-général.

Cependant l'empereur des Français, éclairé sur le péril où il s'était engagé en poussant trop loin ses conquêtes, songeait sérieusement à se réconcilier avec Alexandre. Sans cesse il lui envoyait des messages auxquels on répondait toujours par des espérances de paix. Napoléon se laissant prendre à ce piège, persista à se maintenir dans un désert. Son armée y fut bientôt en proie à des privations de tous genres. Moscou, cette capitale jadis si brillante, n'offrait plus qu'un séjour infect au milieu des ruines, et la campagne était infestée de paysans armés et de cosaques qui, parcourant le pays, enlevaient les transports, arrêtaient les courriers, massacraient les fourrageurs et causaient des dommages irréparables. Dès-lors l'état de l'armée devint de plus en plus pénible; la pénurie et le mécontentement des soldats augmentaient chaque jour. Pour comble de maux, Kutusow, ayant porté la majeure partie de ses forces sur Lectaskova, entre Moscou et Kaluga, afin de couvrir les provinces méridionales, resserra étroitement Napoléon, qui, malgré différentes manœuvres, ne pouvait se dégager de sa pénible position, et se voyait toujours contraint à se replier sur lui-même. Il lui était impossible de se porter sur Pétersbourg, sans attirer sur ses derrières l'armée Russe et sans renoncer à toute communication avec la Pologne. Il ne pouvait pas non plus marcher vers le Volga, car de nouvelles invasions sur ce point n'auraient fait que l'affaiblir et l'éloigner de ses ressources. Par conséquent les Français, toujours obligés de rester dans Moscou, cernés de toutes parts, ayant peu de cavalerie, étaient forcés de faire face à une ligne d'environ cent lieues de circonférences : à mesure qu'on dépouillait les villages voisins, il fallait aller dans des lieux qui toujours s'éloignaient davantage. Leur distance rendait ces courses aussi périlleuses que fatigantes ; en lassant les soldats, elles exterminaient la cavalerie, et particulièrement les attelages du train. Les plus forts régimens n'avaient pas cent chevaux ; la chair de ces animaux était dévenue la seule nourriture des hommes. Au milieu de toutes ces angoisses, l'audace des cosaques redoublait ; et nos troupes devenaient plus timides en proportion de leur épuisement. Napoléon se flattait toujours d'amener la Russie à conclure un traité. Il passait de fréquentes revues. Le temps était magnifique. Une chose aussi rare dans une saison si avancée, était un véritable miracle aux yeux des Moscowites, accoutumés à voir la neige dès le mois d'octobre : le peuple naturellement superstitieux, commençait à regarder un tel prodige comme l'effet de la protection manifeste que Dieu accordait à Napoléon. Ce fut là sans doute la cause de sa perte : il s'aveugla au point de supposer que le climat de Moscou ressemblait à celui de Paris ; il crut commander aux saisons comme il commandait aux hommes , et s'imaginait que le soleil d'Austerlitz l'éclairerait jusqu'au pole.

Mais , tandis que Napoléon se laissait tromper par d'apparentes négociations, les Russes se préparaient à recommencer la guerre. Tout-à-coup ils fondirent inopinément sur les dragons de la garde, qui n'aban-donnèrent leurs cantonnemens , qu'après s'être dé-fendus avec le plus grand courage. Le major Mar-thod , dangereusement blessé , fut fait prisonnier avec cinquante soldats. Peu de jours après , trente pièces de canon venant de Viasma furent enlevées par des hordes tartares , qui, occupant les moindres intervalles , laissés par nos troupes, profitaient des avantages du terrain pour.tenter les coups les plus hardis. L'un des officiers supérieurs, qui comman-daient l'escorte de ce convoi, ne put survivre à l'affront de l'avoir perdu, il se brûla la cervelle. Les Cosa-ques renouvelèrent leurs entreprises en attaquant un autre convoi d'artillerie, que le major Vivéz ame-nait d'Italie ; ils s'en emparèrent sans éprouver de ré-sistance , mais le général Ornano les atteignit au milieu des bois , les battit et leur arracha cette prise.

Pendant ces escarmouches, l'armée française, persuadée que les négociations auraient une issue favorable, se gardait mal et restait dans la plus parfaite sécurité; mais le 18 octobre, le général Lauriston, envoyé par l'empereur auprès de Kutusow, revint en toute hâte annoncer à nos avant-postes qu'ils allaient être attaqués : à peine eût-il donné cet avis, que l'ennemi fondit sur notre cavalerie et enleva au général Sébastiani un parc de vingt pièces de canon. Le roi de Naples était à pied au moment de cette surprise; aussitôt il monta à cheval et se portant avec son état-major au milieu de l'action, il la dirigea avec son intrépidité accoutumée. Les cosaques, obligés de fuir, abandonnèrent leur proie; l'infanterie Russe, qui s'avança pour les soutenir, fut arrêtée par le corps du prince Poniatowski ; alors le combat devint général, et, de part et d'autre, on se battit avec acharnement. Les carabiniers du général Defrance et quelques régimens Polonais acquirent dans cette journée une grande gloire. Les généraux Russes, Bagawont et Muller, furent tués, et le général Beningsen reçut un coup de feu. De notre côté, plus de deux mille hommes furent l'objet de nos regrets ; on déplora particulièrement la mort des généraux. Fischer et Déry ; ce dernier, aide-de-camp de Murat, avait fait preuve dans toutes les occasions d'un grand courage et d'une haute capacité.

L'empereur était au Kremlin, occupé à passer la revue de ses troupes, lorsqu'il reçut cette nouvelle. Sur-le-champ la parade fut dissoute, et l'ordre du départ donné pour le soir même. Tous les corps devaient se porter sur la route de Kaluga. On espérait qu'on irait dans l'Ukraine, chercher, sous un ciel plus doux, des contrées moins ravagées et surtout plus fertiles. L'armée, à cette époque, était réduite de plus de moitié, et elle diminuait chaque jour par l'effet de la disette et des maladies. Les Français traînaient après eux d'immenses bagages ; chaque officier avait sa voiture. Comme on était parti fort tard, on ne campa qu'à une lieue de Moscou. Le lendemain on traversa la Pakra, et deux jours après la Nara fut franchie. Avant d'arriver à Borrowsk, on avait déjà essuyé beaucoup de vicissitudes : il n'y avait plus ni vivres, ni fourrages, et la pluie tombait par torrens. Le 23, au point du jour, une violente canonnade se fit entendre ; elle était dirigée contre le général Delsons, qui, accablé par des forces supérieures, était contraint d'abandonner Malo - Jaroslavetz, ainsi que

que le plateau en avant de cette ville, qu'il avait occupée la veille. Le vice-roi , appréciant l'étendue de
cette perte, voulut aussitôt la réparer, le combat
s'engagea de nouveau avec la plus grande opiniâtreté ;
et le plateau de Malo-Jaroslavetz fut enfin enlevé
après une vive résistance de la part des Russes, qui
défendirent le terrain pied à pied. Le corps du vice-
roi, à qui appartient tout entier l'honneur de cette
journée , eut plus de quatre mille hommes tués, et
pareil nombre de blessés ; mais cette affaire fut encore plus meurtrière pour les Russes. Les Français
eurent à regretter le brave général Delzons, dont
une mort prématurée termina la glorieuse carrière.
L'héroïsme de son frère, qui reçut une blessure mortelle , en voulant l'arracher des mains de l'ennemi ,
fit l'admiration de l'armée. Le général Levié , qui n'a-
vait joui que huit jours de son nouveau grade , était
aussi resté sur le champ de bataille. Les généraux
Gifflenga, Fontanes et Pino , furent atteints de plusieurs coups de feu. Le frère de ce dernier expira à
ses côtés. Les généraux Guilleminot et Broussier ,
ainsi que les colonels Forestier et Péraldi , se signalèrent par la plus grande valeur : on les vit constamment au fort de la mêlée.

47

Pendant que le prince Eugène disputait vaillamment la position de Malo - Jaroslavetz, plus de six mille cosaques fondirent sur le quartier - général établi à Ghorodnia, et enlevèrent six pièces de canon. Mais le maréchal Bessières s'étant porté au galop avec toute la cavalerie de la garde, soutenue par la division du général *Frédéric*, et par le corps de Latour-Maubourg, parvint à reprendre l'artillerie qui avait été surprise. Le général Rapp et le major Letort, des dragons de la garde, se firent remarquer dans cette action. Les cosaques, sabrés et dispersés, effectuèrent leur retraite, et se jetèrent de l'autre côté de la Protva, où l'ordonnateur en chef Joubert leur fit éprouver un second échec.

Cette charge d'une hardiesse remarquable, avait pour but d'enlever Napoléon, qui en effet courut de grands dangers. On se souvint long-temps de ce *hourra*, qui fut désigné ensuite sous le nom de *hourra de l'empereur*. Les cosaques se montrèrent en même temps sur tous les points; mais ils furent partout reçus de la même manière. On s'attendait que Napoléon poursuivrait l'ennemi sur la route de Kaluga; mais il ordonna tout-à-coup un mouvement rétrograde et se porta, dans la nuit du 26, sur Borrowsk.

Un violent incendie dévorait cette ville , d'où l'on partit le lendemain au point du jour , tous les blessés de
Malo-Jaroslavetz furent jetés à la hâte sur des voitures d'ambulance et sur celles des vivandiers; ils
suivaient péniblement l'armée , privés de secours et
de nourriture.

L'espace qui sépare Borrowsk de Mojaïsk fut franchi avec la plus grande célérité ; la marche fut si rapide , que les cosaques eurent à peine le temps d'inquiéter l'arrière-garde. Les Français gagnèrent ainsi
quinze lieues sur l'ennemi avant qu'il pût savoir la direction qu'ils avaient prise.

En arrivant dans Mojaïsk , Napoléon trouva la
jeune garde qu'il avait laissée à Moscou, et qui ne
s'était mise en route qu'après avoir fait sauter le
Kremlin et tous les bâtimens renfermés dans son
enceinte. Elle amenait avec elle l'intendance gé-
gérale , les trophées , le trésor et le général Winzingerode qui, s'étant avancé avec quelques cavaliers dans
une rue voisine du Kremlin, y avait été fait prisonnier par le lieutenant Leleu de Maupertuis. Tous les
Français , habitans de Moscou, qui, malgré les ordres
formels du gouvernement russe , s'étaient décidés
à ne pas abandonner leurs maisons, et à attendre leurs

47.

compatriotes, suivirent notre mouvement dans la crainte d'être massacrés. L'immense attirail de l'armée se trouva encore grossi par les bagages de plus de cent familles qui fuyaient avec elle.

Les troupes se trouvant réunies à Mojaïsk, le mouvement général de retraite commença, et il fut décidé que l'on parcourrait la route que l'on avait suivie en effectuant l'invasion.

L'hiver s'annonçait d'une manière alarmante, et par le froid qui régnait au commencement d'une saison aussi rigoureuse dans ces climats, il était facile de juger de l'intensité qu'il acquerrait plus tard. Ce n'était pas assez que les Français fussent livrés aux horreurs de la guerre et de la famine, il fallait encore qu'ils se trouvassent en butte à la colère des élémens qui semblaient s'être déchaînés contre eux. Il y avait peu d'officiers qui ne se fussent munis de fourrures, mais les soldats n'avaient d'autres vêtemens que leur uniforme ; la plupart manquaient de chaussures.

On disposa les différens corps avec autant d'ordre que les circonstances le permettaient; on forma une arrière-garde considérable, tous les équipages marchèrent au centre, et l'on se dirigea ainsi en caravane sur

Smolensk. L'armée se porta successivement à Ghiat et à Wiasma.

Le 2 novembre, on apprit que l'ennemi, arrivé par le chemin de Kaluga, avait coupé la route et s'était placé entre le corps du maréchal Davoust et celui du vice-roi. Toute l'armée marchait à leur secours, lorsqu'à la suite d'un combat opiniâtre, les deux corps bloqués parvinrent à se frayer un passage et à éloigner les Russes; mais ils perdirent beaucoup de monde, et furent obligés de laisser une grande partie de leur artillerie.

Les Français jusqu'alors n'avaient été inquiétés que par des partis de cosaques et de paysans armés qui, comme des oiseaux de proie, les suivaient à la piste pour s'emparer de leurs dépouilles. Napoléon, n'ayant plus assez d'avance sur l'armée russe, ne put plus prendre aucun repos. La cavalerie légère harcelait continuellement nos derrières, et de tous côtés tombant à l'improviste sur nos équipages, elle les sabrait, se chargeait de butin, et jetait partout l'alarme.

A mesure que les chances de la guerre devenaient plus périlleuses, l'intempérie de la saison, le manque d'alimens, les fatigues excessives et le découragement rendaient de plus en plus désastreuse la position de l'armée. Chaque jour le froid augmentait de rigueur ; la température s'était maintenue quelque temps à 8 ou 10 degrés au dessous de la glace, mais insensiblement elle descendit jusqu'à 15 et 18. Rien cependant ne pouvait garantir des atteintes de l'hiver. Après y avoir été exposé toute la journée, on passait la nuit au milieu d'un champ sans abri, sans même un brin de paille pour reposer sa tête. Il n'y avait point d'habitation à espérer , toutes avaient été détruites. Seulement de temps à autre on trouvait des décombres entassés ou quelques pans de murailles , seuls et derniers vestiges qui rappelassent que des hommes avaient fait leur séjour dans ces contrées.

De telles souffrances étaient au dessus des forces humaines : elles s'accrurent encore. L'armée ne tarda pas à se débander. Les fantassins ne pouvant plus supporter le poids de leurs armes , ni les tenir dans des mains glacées , les jetaient sur les chemins , quittaient leurs rangs , et portaient le trouble dans toutes les colonnes. Le soldat ne reconnaissait plus ses chefs ; l'officier ne s'occupait pas de ses soldats ; chacun allait pour son propre compte et comme il l'entendait. Tous étaient réduits à se nourrir de

chair de cheval , et à ne boire que de l'eau de neige.
Plusieurs centaines d'hommes mouraient journellement d'inanition , de froid et d'épuisement. Une
longue suite de cadavres marquait la route de l'armée :
les chevaux périssaient par milliers dans les bivouacs.
Le verglas , qui se joignit à ces fléaux , rendit les
chemins impraticables. Bientôt il n'y eut plus de
cavalerie.

Telle était la situation de l'armée, lorsqu'elle arriva
à Smolensk. Ramassée en une colonne unique , elle
n'avait plus ni ailes, ni centre , et ne possédait d'autre
terrain que la surface de la route ; car il lui était impossible de s'éclairer. La garde était le seul corps
organisé auquel on pût donner des ordres ; tout le reste
consistait en individus isolés, sans armes et sans point
de ralliement ; seulement ils se groupaient autour
d'elle , et la suivaient partout où elle se portait. Les
Français avaient déjà perdu plus de quatre cents pièces
de canon et une immense quantité d'équipages. Trente
mille hommes au moins avaient succombé, et ceux qui
leur survivaient étaient dans l'état le plus affligeant. Dans
des circonstances si déplorables , il n'y avait plus
moyen de transporter les blessés : on les abandonna.

Les nouvelles que l'empereur avaient reçues à Sem-
levo l'engageaient à précipiter sa retraite : il savait que
les armées de Moldavie et de Wolhynie s'avançaient
sur la Bérézina, qu'un corps ennemi marchait pour
reprendre Witepsk, et que Polotsk avait été enlevé
de vive force. Le maréchal Gouvion-Saint-Cyr s'y
était défendu pendant dix heures : il avait disputé le
terrain pied à pied ; mais, quoique vaillamment secondé par les généraux de Wrède, Legrand, Merle ;
Maison, Laurencey, Aubry et Dodé, il avait été contraint d'évacuer la ville ; toutefois il ne s'était décidé
qu'après que ses bagages et cent quarante pièces d'artillerie eurent achevé de repasser la Dwina.

Polotsk étant abandonné vers les trois heures du
matin, le général russe Cazanova en prit possession.
Il n'y trouva que des blessés, recueillis sur le champ
de bataille. Leur grand nombre attesta la valeur de nos
soldats dont la retraite forcée était encore glorieuse,
puisque dans une position si critique, ils firent éprouver à l'ennemi une perte triple de la leur, et ne lui
laissèrent pour trophée qu'une seule pièce de canon.
Le même jour, l'état-major russe ayant donné un grand
dîner dans le couvent des jésuites, vers la fin du repas,
Wittgenstein, après avoir loué la bravoure des sol-

dats français, se leva, et, par un mouvement spontané, qui honorait à la fois le vainqueur et le vaincu, il porta la *santé du brave Gouvion - Saint - Cyr.* Ce maréchal avait été dangereusement blessé dans cette action.

Ces événemens montrèrent à l'empereur qu'il lui serait désormais impossible de se maintenir dans un pays où il s'était flatté de prendre ses quartiers d'hiver: il renonça donc à un plan, d'après lequel, faisant prendre à son armée des cantonnemens entre Smolensk et Witepsk, il aurait facilement réparé les pertes qu'il avait éprouvées. Ainsi, les malheurs dont les Français étaient accablés devinrent plus grands à l'endroit même où ils en attendaient la fin.

Au moment où le gros de l'armée entrait dans Smolensk, le prince vice-roi en était encore à plusieurs journées de marche. Vivement poursuivi par plusieurs milliers de cosaques, il traversait à gué le Wop, et abandonnait, avec le reste de ses provisions, cent pièces de canon sur le bord de cette rivière. Napoléon apprit encore à cette époque qu'une conspiration, tendant à renverser son gouvernement, avait éclaté à Paris, et que le général Baraguay-d'Hilliers, envoyé sur la route d'Eluia avec le général

Augereau , pour arrêter le comte Orloff-Denisoff ,
avait échoué dans cette tentative. Le général Augereau
avait capitulé. L'expédition du général Baraguay-
d'Hilliers avait pour but d'ouvrir une meilleure route
par Mistislavl et Mohilow. On lui fit alors un crime
de n'avoir pas réussi ; mais il n'avait avec lui que trois
mille hommes , et il est aisé de concevoir que quelques bataillons ne pouvaient pas arrêter une armée
entière.

Napoléon , ne sachant comment faire face à tant de
disgrâces , tint , le 14 novembre , un grand conseil ,
auquel assistèrent les maréchaux de l'Empire et tous les
autres chefs de corps. Peu d'instans après , il fit brûler
une portion de ses équipages , et partit en voiture , accompagné de ses chasseurs et des lanciers polonais de la
garde. A la suite du conseil , les troupes , qui n'étaient
restées que deux jours à Smolensk , évacuèrent cette
ville après avoir dévoré en un instant tout ce qui
se trouvait dans les magasins. Le 5.° et le 3.° corps ,
qui , réunis sous le commandement du maréchal Ney ,
étaient destinés à former l'arrière-garde , ne devaient
partir qu'après avoir fait sauter les fortifications ; mais
l'Hetmann Platow , étant entré brusquement dans la
place , empêcha l'exécution de cet ordre. On eut le

regret de lui abandonner un immense parc d'artillerie. Dans l'espace de plus de trois lieues, la route était couverte de canons ; des attelages entiers, succombant à leurs fatigues, tombaient à la fois l'un sur l'autre. Plus de trente mille chevaux moururent en peu de jours. Tous les défilés que les voitures ne pouvaient pas franchir étaient encombrés d'armes, de casques, de schakos et de cuirasses. De distance en distance, on apercevait quelque tronc d'arbre au pied duquel des soldats avaient tenté de faire du feu, mais presque tous ces malheureux étaient morts : on les voyait étendus autour de quelques branches vertes, qu'ils avaient vainement essayé d'allumer.

L'empereur n'avait pas encore fait quinze lieues, quand il fut attaqué par une colonne ennemie, qui, ayant filé par la gauche de Smolensk, s'était portée sur Krasnoé, et avait débordé l'armée française. Napoléon, à qui les Russes voulaient fermer le passage, déploya aussitôt toutes ses forces. La garde et les débris de quelques corps se mirent en bataille, et chargeant intrépidement à la bayonnette, se firent jour à travers les masses les plus formidables. Le général Roguet, à la tête des fusiliers, enleva un village, où les assaillans s'étaient concentrés. L'empereur,

pendant ce combat , courut les plus grands dangers , et ne dut son salut qu'au dévouement de ses
soldats. Le lendemain , 16 novembre , le prince
vice - roi , parvenu à deux lieues de Krasnoé , se
trouva dans la même situation que les troupes qui
avaient combattu la veille. Les généraux Poitevin
et Guyon , qui marchaient en avant , virent s'approcher d'eux un officier russe , qui , se présentant comme
parlementaire , leur annonça que le général Millo-
darowitch , après avoir défait Napoléon , le cernait avec
vingt mille hommes ; que le vice-roi ne pouvait échapper ; que cependant , s'il consentait à se rendre, on
lui offrait des conditions honorables : « Retournez
» promptement d'où vous êtes venu , répondit le
» général Guyon à cet officier , et annoncez à ceux
» qui vous ont envoyé , que , si vous avez vingt mille
» hommes , nous en avons ici quatre-vingt mille. »
Cette assurance interdit à un tel point le parlementaire, qu'il partit sur-le-champ.

Bien résolu à succomber plutôt que d'accepter une
capitulation , le vice-roi ordonna aux débris de la qua-
torzième division de faire front à l'ennemi, et d'emmener les deux pièces de canon qui composaient toute
son artillerie. Cette division formait à peine mille

hommes armés. Les Russes , en la voyant déboucher, rétrogradèrent jusqu'au pied d'un plateau , sur
lequel le gros de leurs forces était campé : parvenus à ce point et démasquant leur artillerie qu'ils
avaient placée sur des traîneaux pour la transporter avec plus d'agilité , ils commencèrent leur
feu , tandis que leurs cavaliers descendaient dans la
plaine pour charger nos carrés. Mais ils furent reçus avec cette valeur qui anime à un si haut degré le
soldat français. Le général Ornano fit des prodiges :
toutefois les efforts les plus héroïques furent impuissans, et déjà le colonel Delfanti, le major Oreille, les
Capitaines Bordini et Mastini , l'aide-de-camp Fro-
mage , l'auditeur au conseil d'état de Villeblanche ,
qui s'était mêlé aux combattans , ainsi qu'une foule
d'officiers du premier mérite , avaient succombé ,
lorsque le vice-roi, affligé de tant de pertes et voyant
l'opiniâtreté de l'ennemi à lui fermer le passage , feignit , par un mouvement habile, de vouloir prolonger le combat sur sa gauche : mais tandis que les
Russes dirigeaient sur ce point la majeure partie de
leurs forces , le prince ordonna à tout ce qui restait
encore de profiter de l'approche de la nuit pour filer sur
la droite avec la garde royale , qui n'était point en-

gagée. Dans cette marche, le colonel Kliski donna
une preuve remarquable de sa présence d'esprit.
Il allait en avant de la colonne, lorsqu'il fut arrêté par le *qui vive* d'une vedette ennemie. Kliski, à qui la langue russe était familière, ne fut
point troublé par une rencontre si fâcheuse, il
s'avança aussitôt vers le factionnaire, et lui dit, dans
sa langue : « Tais - toi, malheureux ; ne vois-tu pas
» que nous sommes du corps d'Ouwarow, et que
» nous allons en expédition secrète ? » Le soldat se
tut et le laissa passer.

La quinzième division, qui, restée en arrière-garde
sous le commandement du général Triaire, devait
attendre pour se mettre en marche, que le vice-roi
eût effectué sa manœuvre, sut par sa contenance
ferme, imposer à des nuées de cosaques dont les
hourras réitérés menaçaient à la fois ses flancs et ses
derrières. Le général Triaire s'arrêta plusieurs fois
pour combattre; mais il fut assez heureux pour n'être
pas entamé et pour ramener cette petite troupe devant Krasnoé, où le vice-roi venait de faire sa jonction avec le gros de l'armée. La garde impériale,
la cavalerie, les 4.e et le 8.e corps étaient dans cette
ville où l'encombrement devint extrême.

Le 17 novembre, Napoléon et le vice-roi, à la tête de la garde, marchèrent sur la position qu'occupaient les Russes, afin de frayer un passage aux 1.er, 3.e et 5.e corps réunis sous les ordres du maréchal Ney, qui, n'ayant que trois mille hommes en armes, traînait avec lui plus de quatre mille malades ou blessés ; ces trois corps fermaient la marche. Une nouvelle affaire s'engagea, l'action fut opiniâtre et sanglante ; le corps du maréchal Davoust fut fortement compromis, il déploya une grande bravoure et son chef une rare habileté, mais le courage et la sagesse des dispositions ne purent conduire, au but qu'on s'était proposé. Le maréchal Ney, n'ayant pu vaincre la résistance de Kutusow, fut séparé du reste de l'armée, et l'empereur s'apercevant que l'ennemi filait sur ses derrières, dut s'éloigner avec le regret de ne pouvoir secourir le plus vaillant des maréchaux de France. Ney, loin d'accepter les propositions de ses adversaires, se jeta de l'autre côté du Dniéper avec le reste de ses troupes, luttant sans cesse contre les Russes, qui, ne pouvant croire à l'heureuse issue d'une résolution si hardie, le comptaient déjà parmi leurs prisonniers et redoublaient d'efforts pour le réduire à mettre bas les armes.

Vingt-cinq canons et plusieurs milliers de prison-. niers furent le fruit que les Russes retirèrent de quatre combats consécutifs , où nous n'avions pu opposer à une armée complète que quelques soldats harassés par des marches inouïes et qui étaient sans vivres , sans munitions et sans artillerie. A cette époque , on nous avait déjà pris trente mille fantassins ou cavaliers , vingt-sept généraux , cinq cents pièces de canon , trente-un drapeaux , une grande partie de nos bagages , toutes les dépouilles de Moscou. Depuis le commencement de la retraite , c'est-à-dire , dans l'intervalle d'un mois, plus de quarante mille Français étaient morts de misère , ou avaient été tués. Tant de pertes réduisaient l'armée à trente mille hommes, parmi lesquels, en y comprenant même la garde , on ne comptait plus que huit mille combattans. C'était cependant avec cette poignée de braves qu'il fallait résister au choc terrible de tous les bataillons du Nord. Malheureusement , on était à peine à moitié chemin du Niémen , et il restait encore deux montagnes à gravir et trois fleuves à traverser.

A

A peine parti de Krasnoé, Napoléon apprit que les Autrichiens, après avoir battu à Slonim le corps de Saken, s'étaient tout-à-coup retirés en arrière du Bug, et avaient, par cette manœuvre perfide, livré aux Russes, la place de Minsk qui renfermait des approvisionnemens immenses. L'armée y eût trouvé des ressources pour tout l'hiver. Cette trahison, consommée par Schwarzenberg, qui la couvrait du voile d'une insigne prudence, donna de vives inquiétudes à l'empereur. D'un autre côté, il n'ignorait pas que tous les corps russes tendaient à se rapprocher de Borisow et à l'y devancer. En conséquence, il redoubla de vitesse, pour atteindre la Bérézina.

Le 17 novembre, toute l'armée se mit en mouvement vers les onze heures du matin pour aller à Liadouï. On fit une fausse attaque, afin de contenir les cosaques et de donner aux bagages et aux convois de blessés le temps de poursuivre leur route. Mais les Russes, sans cesser de s'avancer, continuèrent leur épouvantable canonnade et refusèrent de s'engager. Napoléon, ne pouvant se résoudre à abandonner le Maréchal Ney, s'arrêtait souvent, et à chaque halte, il était forcé de livrer plusieurs combats. Les soldats de la jeune garde se battant toujours avec un cou-

48

rage admirable , et supportant avec resignation leurs souffrances , se montrèrent les dignes émules de leurs aînés.

Au déclin du jour , l'armée arriva à Liadouï : c'était le premier bourg où elle rencontrait des habitans et quelques secours en vivres. La cavalerie étant totalement démontée, et Napoléon ayant besoin d'une escorte , on réunit à Liadouï tous les officiers qui avaient un cheval , pour en former quatre compagnies de cent cinquante hommes chacune. Les généraux Defrance , Saint-Germain , Sébastiani et quelques autres faisaient les fonctions de capitaines , les colonels y tenaient lieu de sous-officiers. Cet escadron, auquel on donna le surnom de SACRÉ , était commandé par le général Grouchy , sous les ordres du roi de Naples. Cette élite de braves suivait partout l'empereur, veillait autour de lui et éclairait sa marche.

Napoléon allant souvent à pied , suivi de son état-major , voyait, sans s'émouvoir , défiler devant lui les tristes restes d'une armée naguère si formidable : sa présence ranimait les plus timides, ses paroles excitaient encore l'enthousiasme, et il n'y avait pas un soldat qui, dans l'occasion, ne lui eût fait un bouclier de son corps. A Doubrowna , où l'armée s'arrêta , les juifs procurèrent aux soldats de la farine , de l'eau-de-vie et de l'hydromel ; dès - lors , il -leur sembla que l'abondance allait renaître. Cependant il était encore éloigné ce fortuné moment où ils ne feraient plus entendre des cris de détresse.

Le 19 novembre , on toucha au Dniéper , sans avoir été inquiété même par les cosaques. On avait construit sur ce fleuve deux ponts , dont la gendarmerie faisait la police. Comme chacun voulait passer des premiers , le concours était immense; toutefois il ne survint point d'accident. L'armée se reposa le 20 , dans Orcha ; quelques provisions réservées pour son passage par le général Jomini , gouverneur de la ville , furent réparties entre les différens corps qui jusques là n'avaient pas reçu de distributions régulières. La journée fut très-paisible ; mais l'absence des restes du troisième et du cinquième corps , dont la perte ne paraissait que trop certaine , était pour l'armée un sujet de vive douleur. Au milieu de la nuit , une grande rumeur se fit entendre ; elle était causée par l'arrivée du maréchal Ney , qui, durant trois jours, n'avait pas cessé de combattre et de faire usage de tout ce que le talent et la bravoure peuvent déployer de plus extraor-

48.

dinaire ; traversant des pays inconnus, il marchait en carré , repoussant avec succès les attaques de six mille cosaques , qui , chaque jour , fondaient sur lui pour le forcer à capituler. Cette résistance héroïque mit le comble à sa brillante réputation. Tant de fermeté dans le péril fut secondée par le mouvement généreux du prince vice-roi, qui alla au devant du maréchal pour le dégager et dont les secours achevèrent sa délivrance.

Cette retraite , par sa difficulté , fut une des plus belles opérations de la campagne, et celle qui peut-être honora le plus le caractère français. On raconte qu'au moment de passer le Dniéper à moitié gelé , tout le monde était dans le désespoir et se croyait perdu, chacun cherchait le maréchal pour savoir ce qu'il ordonnerait. Mais on fut bien surpris de le trouver couché sur la neige , et, la carte à la main , examinant la direction qui serait la moins dangereuse. Tant de calme , au milieu d'un si grand péril , ranima le courage des soldats, et les tira de l'abattement où ils étaient plongés.

Le 21 novembre, l'armée sortit d'Orcha , et une heure après l'arrière-garde était déjà aux prises avec les cosaques. Napoléon, prévoyant qu'il se trouverait bientôt dans une situation plus critique, fit tous ses efforts pour rallier ses troupes. Il fit publier au bruit du tambour, et par trois colonels, que les traîneurs seraient punis de mort, et que les généraux ou autres officiers qui abandonneraient leurs postes seraient destitués. Il prit les mesures les plus sévères pour empêcher le désordre de se glisser dans sa garde ; il veillait surtout avec un soin extrême à ce qu'elle marchât réunie et en colonne serrée; il mettait toute sa sollicitude à la ménager, et pendant toute la route, il lui consacra exclusivement les ressources qu'offraient les localités. En partant d'Orcha, plusieurs corps furent envoyés dans la direction de Witepsk, afin d'inquiéter les derrières de l'armée de Wittgenstein ; mais ces mouvemens n'eurent que de fâcheux résultats. Ces corps s'étant égarés, éprouvèrent de nouvelles pertes : ainsi, tous le s jours l'armée se fondait par les événemens de la guerre et par l'effet des privations et des maladies.

Napoléon continua sa retraite par Dombrowna, Tolokzin et Bobr. A quelque distance de Borisow, le bruit se répandit tout-à-coup que l'ennemi avait coupé la route de Wilna, et des reconnaissances annoncèrent bientôt que, pour franchir la Bérézina, il

fallait passer sur le ventre à une armée considérable.
Cette armée était celle de Moldavie , commandée par
l'amiral Tschitchagow qui s'était emparé de Borizow ,
malgré la vigoureuse défense des Polonais. Le général Dombrowski les commandait , et ce guerrier intrépide n'avait évacué son camp retranché et ne s'é-
tait retiré qu'après dix heures de combat contre les
divisions Langeron et Lambert.

Le maréchal Oudinot , qui était à Tschéreïa , ayant
appris par le général Pampelune la perte de la ville
et du pont de Borisow , se porta au secours du général Dombrowski , afin d'assurer à l'armée le passage de la rivière. Le 24 novembre , il rencontra une
division russe, l'attaqua et la battit ; en même temps
le général Berkheim, chargeant à la tête du 4.e de cuirassiers, fit sept cents prisonniers, enleva une grande
quantité de bagages , et força l'ennemi à repasser la
Bérézina.

Les corps de la Dwina venaient d'opérer leur jonction avec la grande armée ; les renforts , l'artillerie ,
les munitions et les approvisionnemens qu'ils ame-
naient devaient être d'un puissant secours ; mais ils
étaient eux-mêmes suivis par Wittgenstein , devant
qui ils se retiraient , et l'on était effrayé en songeant

que cette masse d'hommes réunis dans un vaste désert ne ferait que redoubler les maux des troupes
dont elle accroissait le nombre.

L'armée de Moldavie, ayant dans sa fuite coupé le
grand pont de Borisow, gardait toute la rive droite,
et ses quatre divisions occupaient les points principaux par où les Français pouvaient déboucher. Pendant la journée du 25, Napoléon manœuvra pour
tromper la vigilance de l'ennemi : afin de persuader
à l'amiral Tschitchagow qu'il était dans l'intention de
forcer à Borisow même le passage de la Bérézina, il
ordonna au général Partouneaux de faire un grand
mouvement d'artillerie, et parvint, à force de stra-
tagêmes, à s'établir au village de Weselowo placé sur
une éminence. Cet endroit était le même, où, en
1708, Charles XII, avait traversé la rivière lorsqu'il
marchait sur Moscou. Napoléon y fit construire en
sa présence, et malgré l'opposition des Russes, deux
ponts sur lesquels Oudinot s'avança le premier avec
la 6.ᵉ division. Les troupes du général Tschaplitz, qui
gardaient la rive droite, furent aussitôt attaquées et
poursuivies sans relâche jusqu'à la tête du pont de
Borisow. Les généraux Legrand et Dombrowski furent grièvement blessés dans cette affaire, qui eut pour

résultat principal de faire connaître à Napoléon que l'armée de Wittgenstein ne s'était pas encore réunie à celle de l'amiral.

Le 27 , à deux heures après midi , Napoléon , au milieu de sa garde , alla établir son quartier-général à Zembin , sur la rive droite , laissant derrière lui , sur l'autre rive , une foule immense , dont les continuelles fluctuations présentaient l'image animée , mais effrayante , de ces ombres malheureuses qui, selon la fable , errent sur les bords du Styx et se pressent en tumulte pour approcher de la barque fatale. La neige tombait à gros flocons , l'obscurité était horrible, un vent affreux, soufflant avec violence, rendait encore le froid plus aigu. Pour comble de disgrâce , on manquait de bois , et pour éviter d'être gelés , les soldats et les officiers transis et morfondus n'avaient d'autre moyen de se réchauffer qu'une agitation perpétuelle. L'armée ne passait que lentement : quoique l'un des ponts fût réservé pour les voitures et l'autre pour les fantassins, l'affluence était si grande et les approches si dangereuses , qu'il était impossible de se mouvoir. Malgré ces difficultés, les gens à pied, à force de persévérance , parvenaient à se sauver ; mais le 28 , vers les huit heures du matin , le pont réservé pour les voitures et les chevaux ayant rompu, les bagages et l'artillerie s'avancèrent vers l'autre pont et tentèrent de forcer le passage. Alors s'engagea une lutte affreuse entre les fantassins et les cavaliers, tous voulaient s'élancer à la fois, entassés les uns sur les autres, ils se pressaient, se froissaient, se culbutaient avec le plus grand acharnement; bientôt ce ne fut plus qu'un véritable carnage et les cadavres des hommes et des chevaux obstruèrent à tel point les avenues, qu'il fallait monter sur le corps de ceux qu'on avait écrasés.

Le maréchal Victor, laissé sur la rive gauche, se mit en position sur les hauteurs de Wesclowo, avec les deux divisions Girard et Daendels, pour couvrir le passage et le protéger au milieu de cette effroyable confusion, contre le corps de Wittgenstein, dont l'avant-garde avait paru la veille. Cependant, le général Partouneaux, après avoir repoussé les attaques de Platow et de Tschitchagow, cherchait à regagner le gros de l'armée, lorsque sa division fut arrêtée par des partis ennemis. Quoiqu'il n'eût que trois mille hommes avec lui, il chercha à se faire jour et soutint pendant plus de quatre heures un combat où furent blessés les généraux Blamont et Delaitre.

cette troupe, formée en carré, resta sur pied toute la nuit sans avoir rien à manger, sans même oser allumer du feu, dans la crainte de faire connaître sa position. Cet état cruel dura jusqu'au lendemain, où la division se vit entourée par le corps entier de Wittgenstein, fort d'environ quarante-cinq mille combattans; alors, perdant l'espoir d'échapper, elle se rendit prisonnière : elle ne comptait plus que douze cents hommes et deux faibles escadrons, tant les horreurs de la faim, la rigueur du froid et le feu de l'ennemi, avaient diminué le nombre de ces braves, qui, dans leur malheur, prouvèrent que les soldats français, jusque dans leur défaite, savent trouver des occasions de gloire !

Borisow ayant été évacué, les trois armées russes firent leur jonction, et le même jour, 28 novembre, Victor fut attaqué sur la rive gauche par Wittgenstein, en même temps que le maréchal Oudinot l'était sur la rive droite par Tschitchagow, qui était venu fondre sur lui avec toutes ses forces. L'affaire s'engageait avec chaleur sur ce dernier point, lorsqu'Oudinot, blessé au commencement de l'action, remit son commandement au maréchal Ney, qui, ayant ranimé les troupes, leur inspira une nouvelle ardeur. Au moment où le général Claparède, à la tête de la légion de la Vistule, enfonçait le centre de l'ennemi, le général Doumerc fit une charge brillante avec sa division de cuirassiers. Ces braves, exténués par l'excès des fatigues et des privations prolongées, firent néanmoins des prodiges de valeur, ils enfoncèrent des carrés, enlevèrent des canons et trois à quatre mille prisonniers, qu'ils ne purent conserver.

Malgré la bravoure de nos soldats, et les efforts de leurs chefs, Wittgenstein pressait vivement le 9.ᵉ corps, qui formait l'arrière-garde. La position qu'occupait le maréchal Victor n'était pas avantageuse; cependant il s'y maintint plus long-temps qu'on ne pouvait l'espérer. Le courage héroïque des troupes et l'intrépidité des généraux Girard, Dumas et Fournier, qui, quoique blessés, n'abandonnèrent point le champ de bataille, apprirent aux ennemis que la victoire ne trahit jamais les Français sans avoir été long-temps indécise; enfin le courage dut céder au nombre, et le 9.ᵉ corps, accablé par tant de forces réunies, se replia.

L'ennemi arriva vers le soir à portée de canon de la Bérézina, et fit pleuvoir une grêle de mitraille, de boulets et d'obus sur cette multitude qui, depuis

trois jours, se pressait à l'entrée du pont ; la terreur et le désespoir s'emparèrent de toutes les ames;
l'instinct de la conservation troubla toutes les têtes.
Les Russes, toujours renforcés par des troupes
nouvelles, chargèrent en masse, et chassèrent devant
eux la division polonaise du général Girard, qui
jusqu'alors les avait contenus. A la vue de l'ennemi,
ceux qui n'avaient pas encore passé, se mêlant avec
les Polonais, se précipitèrent vers le pont. Artillerie, bagages, cavaliers, fantassins, c'était à qui tra-
verserait le premier. Le plus fort jetait dans l'eau
le plus faible, qui l'empêchait d'avancer, et fou-
lait aux pieds les malades et les blessés, qui se trouvaient sur son passage. Plusieurs centaines d'hommes
furent broyés sous les roues des canons ; d'autres, espérant se sauver à la nage, se gelèrent au milieu de la rivière, ou périrent en s'abandonnant sur des pièces de
glace, bientôt après submergées par la vague en fureur.
Des milliers de victimes, malgré ce triste exemple, se
jetèrent pêle-mêle dans la Bérézina, presque toutes y
moururent dans les convulsions de la douleur et du
désespoir.

La division Girard, par la force des armes, vint
à bout de se faire jour à travers tant d'obstacles,

et rejoignit l'autre rive, où les Russes l'auraient peut-être suivie, si, dans l'instant, on ne se fût hâté de brûler le pont ; alors les malheureux, qui n'avaient pu arriver assez tôt, n'eurent plus autour d'eux que l'image de la mort la plus horrible. Quelques-uns, pour s'y soustraire, se précipitèrent au milieu des flammes; mais les débris sur lesquels ils s'étaient hasardés s'écroulant sous eux, ils disparaissaient dans les flots.

Les Russes s'étant rendus maîtres du champ de bataille, nos troupes se retirèrent ; et au fracas le plus épouvantable succéda le plus morne silence. Tel fut le terrible passage de la Bérézina ; plus de sept mille Français furent tués sur ses bords : vingt mille tombèrent au pouvoir de l'ennemi. Deux cents pièces de canon, d'immenses bagages devinrent en outre la proie des vainqueurs.

La nuit du 28 au 29 fut une des plus funestes à notre armée. Le terrain sur lequel elle avait établi ses bivouacs resta jonché des cadavres des soldats qui avaient succombé à la rigueur de la température, ou qui étaient morts d'inanition.

Les Français étaient encore à plus de quatre-vingts lieues de Wilna. L'empereur ne pouvait éviter la ren-

contre des forces russes, et arriver sans s'exposer à de
nouveaux combats, qu'en se frayant un chemin de traverse, et en se dirigeant, pour ainsi dire, à vol d'oiseau,
sur la capitale de la Lithuanie. Le 29, au point du jour,
il partit de Slonim , laissant sur sa gauche l'armée
de Moldavie , sur laquelle il gagnait ainsi quelques
journées de marche. En quatre jours , il arriva à Mo-
lodetschino, où l'armée se reposa pendant vingt-quatre
heures. Ce fut dans cette ville que Napoléon traça
en caractères de sang ce fatal 29.ᵉ bulletin, qui mit
en deuil la France et tous ses alliés.

Le 5 décembre, on fit halte à Smorghoni, où le
froid commença à se faire sentir avec une violence
jusqu'alors inconnue. Dans les journées des 6, 7 et 8,
le thermomètre descendit jusqu'à 26 et 27 degrés
au dessous de la glace; les nuits devenaient de plus
en plus meurtrières. A Smorghoni , on trouva dans
les magasins quelques tonneaux de biscuit, qui sur-le-
champ furent dévorés.

Cependant, Napoléon, effrayé de tant de désastres , mais plus effrayé encore des mouvemens qui
menaçaient son autorité en France, conçut le projet
d'abandonner les restes de son armée détruite, pour

courir auprès du Sénat, lui en demander une nouvelle. Après s'être convaincu que la route était sûre
jusqu'au Niémen, il confia le commandement au roi de
Naples et partit aussitôt, emmenant avec lui les généraux
Mouton-Duvernet, Caulincourt, Lefebvre-Desnouettes et Duroc. Quoique l'armée eût perdu depuis long-
temps son existence militaire, la présence de Napoléon l'avait rassurée, en quelque sorte; mais aussitôt
que son départ fut annoncé, elle se considéra comme
sacrifiée. La plupart des colonnes abandonnèrent les
lambeaux de leurs régimens. Jusqu'alors, on avait
trouvé de distance en distance quelques soldats
armés, qui, conduits par leurs officiers, se groupaient
autour de l'étendard qu'ils avaient juré de toujours
conserver. Dès qu'ils furent sans chefs et que des
calamités inouïes eurent diminué leur nombre, ces
braves, chargés d'un si précieux fardeau, se virent
obligés, en gémissant, de cacher l'aigle dans leurs sacs.
Plusieurs même, se sentant mourir, et sachant que
l'honneur du soldat consiste à sauver ses drapeaux,
d'une main défaillante creusaient la terre pour soustraire aux Russes ces enseignes sous lesquelles nos
armes se sont élevées au faîte de la gloire.

En retraçant de si grandes calamités, on sent la

nécessité d'abréger un récit qui afflige. Wilna, où l'armée courait avec tant d'empressement, fut pour elle un autre Smolensk. A peine y était elle entrée, qu'elle y fut surprise par l'ennemi. Une foule de généraux, de colonels, d'officiers et plus de douze mille soldats retenus dans la ville par un excès d'accablement, tombèrent au pouvoir des Russes. Un grand nombre de blessés français furent massacrés par les juifs Lithuaniens. Wilna était remplie de bagages : on réussit à les faire sortir, mais on ne les emmena pas loin ; à peine eut-on fait une lieue, qu'il fallut les abandonner au pied d'une montagne, dont l'escarpement rapide était tellement couvert de verglas, que les chevaux manquant de point d'appui, ne purent traîner les voitures ; il fut impossible d'en sauver une seule. Cinq millions renfermés dans les fourgons du trésor impérial, furent répartis entre les soldats qui en formaient l'escorte.

Depuis Wilna, la retraite n'était plus qu'une fuite précipitée : en trois jours l'armée fit trente et une lieues. Le 12 décembre, elle était réunie dans Kowno, les magasins de cette ville étaient amplement fournis : ils furent livrés à la discrétion des soldats. Depuis long-temps privés de toute espèce de boissons spiritueuses

tueuses ; ils s'y livrèrent avec excès, et en firent un tel abus, que douze cents d'entr'eux s'enivrèrent et s'endormirent dans les maisons ou sur la neige. Mais saisis par le froid, ils passèrent subitement du sommeil à la mort. Enfin, dans la matinée du 13 décembre, des quatre cent mille guerriers, qui, en ouvrant la campagne, avaient franchi le Niémen auprès de Kowno, à peine vingt mille le repassèrent, parmi lesquels les deux tiers au moins n'avaient pas vu le Kremlin.

La vieille garde n'avait plus que trois cents hommes ; mais ces fils aînés de l'armée étaient les seuls qui marchassent encore en pelotons serrés. A toutes les périodes de l'épouvantable catastrophe dans laquelle ils avaient été enveloppés, on les avait vus constamment conserver jusqu'à la mort leur attitude mâle et fière.

A peine entrés dans le duché de Warsovie, tous ces débris se dispersèrent par différens chemins et marchèrent comme de simples voyageurs, dans les mêmes pays qui, peu d'années auparavant, étaient couverts de nos armées. Le maréchal Ney, qui, jusqu'au Niémen, fit l'arrière-garde, perdit le peu de troupes qui lui restaient encore. Ce grand capitaine, après avoir quelques mois auparavant passé ce fleuve,

à la tête de quarante - trois mille hommes , se vit
contraint de le repasser seul avec ses aides-de-camp,
et de faire avec eux le coup de fusil contre les cosaques.

Le 14 décembre , l'ennemi entra dans Kowno ,
dépassa le Niémen , qui, sur tous les points, était gelé , et se répandit dans les immenses plaines de la Pologne , où sa cavalerie massacra ou fit prisonniers
un grand nombre de soldats isolés , qui, dans la persuasion que les Russes s'arrêteraient dans la Lithuanie , se croyaient en sûreté. Kœnigsberg ne tarda
pas à être encombré de Français qui, échappés de la
Russie, espéraient se rétablir des maux qu'ils avaient
soufferts. Le roi de Naples vint y fixer sa résidence.
Les chefs de chaque corps allèrent se cantonner le
long de la Vistule , et désignèrent les villes de Plock ,
de Thorn, de Marienburg, de Marienwerder et
d'Elbing , pour leurs quartiers-généraux.

Ici se termine l'expédition de Russie. Dans une
esquisse aussi rapide , nous n'avons pu entrer dans
tous les détails des souffrances et des maux qui
assaillirent à la fois nos armées ; nous n'avons qu'ef-
fleuré une réalité plus affreuse ; tous les fléaux
et tous les tourmens que peut enfanter une horrible
imagination pour peupler l'enfer le plus épouvan-

table, n'égaleront jamais les misères de nos soldats sous le ciel de fer des déserts hyperboréens. En ouvrant les annales du monde, on trouvera que, depuis Cambyse jusqu'à nos jours, jamais réunion d'hommes plus formidable n'éprouva de plus effrayans revers. La grandeur de la catastrophe réveille l'idée d'une grande faute. Cependant, en se livrant à une agression provoquée et par conséquent devenue nécessaire, Napoléon n'avait manqué ni de justice, ni de prévoyance. La fortune et la paix pouvaient couronner ses desseins, et alors cette expédition dont on blâme la témérité, eut changé les poles du monde, détruit la fatalité du Nord, et prévenu de funestes événemens dont la politique découvre les présages sinistres d'après les données de l'histoire. L'esprit de civilisation, enchaînant au sol des hordes vagabondes, leur eût créé des foyers, une patrie, un pays, et l'invasion du midi eût réchauffé l'Ours glaciale, en dirigeant sur elle un des rayons bienfaisans de la lumière. Ces résultats étaient sublimes; malheureusement, Napoléon ne fut bien secondé que par ses soldats et par le petit nombre de chefs, chez qui les dignités et la richesse n'avaient pas éteint le sentiment de l'honneur et du devoir. Les mêmes géné-

49.

raux qui, en Espagne, se plaignaient de combattre loin des récompenses et de l'avancement, par la plus étrange des contradictions, ne cherchaient, en Russie, qu'à se dérober à l'œil du maître ! Dès le commencement de la campagne, il en y eut plusieurs qui, pour s'affranchir des combinaisons et des ordres émanés de l'empereur, abandonnèrent le poste qui leur était assigné et s'isolèrent volontairement du centre des opérations : quelques-uns s'égarèrent, et ceux-là n'étant pas simplement entraînés par un excès d'amour-propre, livrèrent le passage à des corps ennemis. Les chefs de l'administration des subsistances et des convois militaires furent encore plus coupables ; on eût dit qu'ils n'avaient formé d'immenses magasins de vivres, que pour les montrer à l'armée et lui faire ensuite endurer le supplice de Tantale : ces infâmes agens, vendirent et dilapidèrent des approvisionnemens rassemblés à grands frais : leur cupidité eût tout l'effet d'une trahison.

Napoléon avait d'abord projeté de terminer en deux campagnes la guerre de Russie. Plusieurs causes l'engagèrent à changer son plan. D'abord, l'impatience de son caractère ; en second lieu, certaines circonstances favorables, telles que l'état d'hostilité entre

la Porte et la Russie, entre l'Angleterre et les Etats-
Unis, pouvaient ne pas avoir la permanence d'une
année ; enfin son armée était de cinq cent mille
hommes. Des masses, si effrayantes par le nombre
et l'exigence, ne peuvent jamais être stationnaires :
il leur suffit de peu de jours pour absorber toutes les
ressources d'un pays. Ajoutons que, dans cette occasion, lui-même et son armée exerçaient mutuellement l'un sur l'autre une action d'entraînement. Les
Français étaient dans un délire de zèle et d'espérance,
qui ne pouvait manquer de se réfléchir sur leur chef,
et qui ne tirait pas uniquement de lui son origine.
Toute grande réunion d'hommes jette aisément dans
l'exaltation et dans le prestige chacun de ceux qui la
composent. Il était impossible que celle-ci, distribuée
avec ordre, environnée d'un grand appareil, ayant
un grand but, et formée d'hommes braves, audacieux, fanatiques de gloire, ne fît pas éclater cet
enthousiasme, dont l'excès fait naître l'irréflexion,
et qu'aucune prudence humaine ne saurait tempérer.
Les Français s'avancent à pas de géant : chaque jour
une ville occupée, ou une victoire remportée ; mais,
chaque jour, plus de ravages encore de la part des
Russes que de la part des Français. L'armée découvre

enfin l'immense ville de Moscou ; son ardeur se ra-
nime. Elle va réparer ses pertes , se dédommager de
toutes ses privations ; se reposer de toutes ses fatigues ! et le feu consume toute sa conquête , dévore
toutes ses espérances ! . . . .

En même temps , l'Angleterre entraîne la Porte
à faire la paix avec la Russie , ce qui ramène une
nouvelle armée des bords de la mer Noire , et à l'autre
extrémité de l'Europe , un Français , assis sur le trône
de Suède , porte l'animosité contre Napoléon jusqu'à
se déclarer l'ennemi des Français ; ainsi Napoléon
va être cerné par les hommes et par la nature ! Il eût
vaincu les premiers ; mais que pouvait-il contre les
vents du pole ? . . . . Ils ne s'étaient pas encore
déchaînés avec tant de fureur : il semblait que l'embrasement de Moscou leur eût donné le plus affreux
signal. En proie aux plus déplorables revers, les guerriers
français n'excitèrent pas la pitié d'un peuple barbare ;
mais ils commandèrent son admiration par des vertus
qu'on ne leur connaissait pas encore.

Napoléon , après avoir traversé la Lithuanie , la
Prusse et la Saxe , arriva à Paris dans la nuit du 18
décembre. Dès le lendemain , tous les grands corps
de l'état vinrent le féliciter sur son retour et lui pré-

senter l'hommage banal de leur dévouement. On remarqua dans ses réponses, spécialement dirigées contre les partisans de la démocratie, qu'il ne regardait
plus son trône comme à l'abri des factions. Ce n'est
pas que la conspiration de Mallet lui parut encore redoutable ; Napoléon avait dû se convaincre que cette
entreprise hardie avait éclaté sans soutien ; mais il
ntrevoyait dans sa défaite l'aurore de la liberté, et
cette liberté, dont ses conquêtes avaient étouffé les
élans, fermentait déjà dans les provinces du Nord.
L'empereur Alexandre, en entrant à Wilna, avait
annoncé par une proclamation la délivrance de l'Europe; mais les souverains flottaient encore entre la
crainte et l'espérance ; incertains sur leurs destinées,
ils hésitaient à confier à de nouveaux hasards leurs
couronnes tant de fois menacées, et disposés d'avance
à se soumettre à la loi du vainqueur, ils laissaient,
comme à leur insu, se préparer l'œuvre de leur affranchissement.

Napoléon, en rentrant en France, avait trouvé
partout le deuil et la consternation. La ruine presque totale de sa brillante armée était pour chaque famille un sujet de douleur, et la paix, qui seule
peut sécher les larmes que coûtent les sanglantes

querelles des rois , la paix paraissait maintenant plus impossible que jamais. L'empereur mit tout en usage pour ranimer les cœurs et leur donner cette énergie si nécessaire après de grandes catastrophes. Il puisa dans l'histoire les souvenirs du généreux élan de nos ancêtres dans de telles circonstances, et ne trouva pas les Français dégénérés. Des préparatifs de guerre furent commencés de toutes parts ; on dirigea les troupes disponibles pour soutenir l'armée dans sa retraite et pour empêcher, s'il était possible, le soulèvement des états , qui , depuis la retraite de Moscou, commençaient à se lasser de notre alliance.

La Prusse surtout aspirait à se soustraire à la suprématie de l'empire , et regardait notre situation critique comme une de ces circonstances heureuses qu'il fallait se hâter de saisir. Ce vœu, que quelques mois auparavant elle n'eût pas osé manifester sans frémir, était alors dans toutes les bouches. Notre présence contenait les citoyens : mais l'armée, plus indépendante par sa position et pressée, en quelque sorte, par le cours des événemens, fut bientôt à même de réaliser l'attente de la nation. Le maréchal Macdonald forcé de lever le siège de Riga, était arrivé à Tilsitt, le 29 décembre 1812 , laissant à une journée en arrière le contingent prussien , que

commandait le général Yorck. Celui-ci profita de
son éloignement du maréchal , et entama des négociations avec les Russes contre lesquels on s'était battu
trois jours auparavant. A la suite d'une entrevue avec
le général Dicbitch, Yorck conclut une convention
par laquelle il abandonna les Français et joignit ses
troupes à celles de l'ennemi. Une brigade prussienne
restait encore auprès de Macdonald ; le général Mas-
sembach , à qui elle était confiée , suivit l'exemple de
son compatriote , et sur la simple sommation du gé-
néral-major Kutusow, il abandonna son poste.

La fortune couronna cette première défection des
alliés de l'empire ; mais si les Prussiens voulaient effacer enfin la honte du traité de Tilsitt , devaient-ils
consigner une seconde fois ce nom dans leurs annales , par un acte plus honteux encore ? Frédéric-
Guillaume , désavoua d'abord les généraux qui peut-
être n'avaient fait que suivre ses instructions secrètes, et par cette démonstration , aussi lâche que perfide , il recueillit toute l'ignominie d'une trahison
impunie : pour mieux déguiser ses projets , il annonça que le prince de Hatzfeld se rendrait incessamment à Paris , et qu'une *mission si éclatante prou-
verait à l'Europe l'invariabilité de ses sermens.*

Dans le même temps , sous le prétexte de faire arrêter
le général Yorck, il envoya le major Natzmer à Ke-
nigster , avec l'ordre d'entrer en relation avec l'empereur de Russie. Ce dernier monarque avait fait remettre à des agens Prussiens soixante mille fusils,
destinés à armer les recrues de Frédéric - Guillaume,
qui ne faisait, disait-il , des levées que pour *réparer
le vide qu'avait laissé dans nos rangs la fuite du
général Yorck.*

Ces manœuvres ourdies contre Napoléon lui rallièrent en France tous les cœurs. On lui reprochait
alors de n'avoir pas anéanti le royaume de Prusse et
de s'être montré généreux envers des princes qui ne
furent jamais reconnaissans que par crainte et dévoués
par avarice. De toutes les parties de son vaste empire,
il reçut des offres d'hommes et d'argent , d'équipages
et de chevaux ; dix cohortes de gardes nationales furent mobilisées ; un Sénatus - Consulte ordonna
la levée de cent mille hommes, sur la conscription
de 1814 et d'un égal nombre sur les conscriptions
antérieures. Dans ce moment , chacun reconnaissait
que les destinées publiques étaient liées à celles de
l'empereur; s'il était coupable d'une faute, lui seul pouvait la réparer ; et l'on se résignait à de nouveaux

sacrifices qui devaient préserver la nation du plus sanglant des outrages.

Napoléon profita, en homme habile, de ce sentiment patriotique, qui, quelquefois assoupi, n'est jamais éteint dans le cœur des Français. Il déploya toute son activité pour rentrer en campagne avec des forces imposantes et comprimer par sa présence la joie de ses infidèles alliés.

Cependant, les débris de l'armée qu'il avait laissée dans le Nord, diminuaient tous les jours. La rigueur du climat et les maladies, suites de l'intempérance après des jeûnes forcés, exerçaient les plus cruels ravages; la discipline était détruite, et des soldats errans n'étaient plus pour l'ennemi une barrière difficile à surmonter. Le roi de Naples, qui s'était fait une brillante réputation, lorsqu'il commandait à des soldats victorieux, montrait dans l'adversité toutes les faiblesses d'un homme qui aime le rang suprême, sans en connaître les devoirs. On eût dit que les vénérables restes de la garde, depuis qu'ils étaient dépouillés de leur brillant costume, lui paraissaient dignes de mépris. Il s'entourait de quelques régimens Napolitains, qui l'avaient joint en route et dont l'uniforme plus frais flattait sa ridicule vanité. Des magasins, estimés à plus de trente millions, nous restaient encore ; il les abandonna plutôt que de consentir à quelques sacrifices pécuniaires, et à la même époque, on le vit étaler le luxe le plus insultant pendant son séjour à Kœnigsberg. Quoique le major - général Berthier n'eût pas quitté l'armée, il se tenait éloigné des affaires , soit qu'il fût réellement affaibli par ses infirmités , soit qu'il ne voulût pas prendre part à des opérations aussi mal conçues que mal exécutées.

Les généraux Lariboissière , Eblé , Baraguay - d'Hilliers et plusieurs autres officiers supérieurs, également recommandables , venaient d'expirer des suites de leurs fatigues ; l'ennemi faisait tous les jours des progrès ; nos troupes, hors d'état de le contenir , se retirèrent derrière la Passarge et furent cantonnées sur la Vistule. Dans cette retraite, il y eut quelques engagemens , et nos soldats, malgré leur dénuement et leurs souffrances , prouvèrent qu'ils étaient encore capables d'affronter des périls. Les cosaques , ayant franchi la Vistule sur la glace , furent repoussés sur plusieurs points ; cependant, ils pouvaient aisément se présenter avec de plus grandes forces , et l'on dé-

cida qu'après avoir mis les places de Modlin, Thorn e
Dantzick en état de défense, l'armée serait concentrée
à Posen.

Sur ces entrefaites, le grand duché de Warsovie
était menacé par les Russes, et le prince de Schwarzenberg, qui devait leur en fermer l'entrée, se retirait sans combattre devant le corps de Sacken.
Les généraux Reynier et Durutte, livrés à leurs faibles moyens, s'efforçaient vainement de lutter avec
quelque avantage ; les grands de la Pologne, pleins
d'amour pour la patrie, épuisaient leurs ressources
pour prévenir un envahissement ; leurs nombreux
paysans et leurs domestiques qu'ils avaient armés ne
purent arrêter les masses qui s'avancèrent sur leur
territoire.

Le roi de Naples, ayant fait annoncer à tous les
chefs de corps son arrivée à Posen, les invita à se
rendre auprès de lui pour former un conseil de
guerre, où l'on discuterait un plan sur la défensive.
Dès que le prince Eugène se fut conformé à cet
ordre, Murat lui annonça qu'il était sur le point
de se retirer dans ses états, et qu'avant de partir,
il lui laissait le commandement de l'armée. Le vice-
roi, justement surpris, refusa d'accepter une autorité

dont Joachim lui-même n'était que le dépositaire. Celui-ci n'en persista pas moins dans sa résolution, et, sans attendre le consentement des maréchaux qu'il avait convoqués, il prit, dès le lendemain, 18 janvier, la route d'Italie. Ainsi, c'était un parent de Napoléon, un compagnon d'armes, celui qu'il avait tiré des derniers rangs pour le placer sur le trône, qui le premier osait ouvertement insulter au pouvoir à qui l'Europe avait été soumise.

Le prince Eugène, placé malgré lui à la tête des troupes, s'occupa sans relâche à rétablir la confiance et le matériel de l'armée. Dès qu'il eût appris que les Autrichiens avaient livré Warsovie, il sentit que sa ligne était rompue, et que son flanc droit allait être compromis; aussi, quoique le général Girard eût constamment repoussé Woronzow, qui voulait forcer à Bromberg le passage de la Vistule, le vice-roi, ne voyant plus la possibilité de garder la Pologne avec dix mille soldats tout au plus, résolut de passer l'Oder, et de se réunir au maréchal Augereau, dont la contenance ferme pouvait à peine arrêter l'effervescence du peuple de Berlin.

Le corps du général Grenier, récemment arrivé d'Italie, donnait la double espérance de dompter les

séditieux , et d'arrêter les Russes. Ceux-ci avaient
beaucoup souffert pendant la dernière campagne ,
et chaque jour encore , ils éprouvaient les ravages
d'une horrible épidémie ; mais , enflammés par des
succès imprévus, ils redoublaient d'ardeur , afin de
hâter, par une prompte jonction avec les Prussiens ,
le moment où ils n'auraient plus seuls à supporter
tout le poids de la guerre. La position du vice-roi
était donc très-critique: il ne pouvait pas lutter contre
les Russes ; mais , s'il était dangereux de combattre ,
il ne l'était pas moins de reculer. Chaque pas en arrière
donnait une nouvelle extension aux ressources de
l'ennemi ; aussi le prince Eugène fit-il des efforts
incroyables pour se maintenir à Posen , et lorsqu'il
quitta cette ville, le 11 février , sa retraite paraissait
désespérée. Toutefois, après avoir culbuté quelques
escadrons cosaques , qui s'opposaient à son passage , il parvint à Francfort, où il joignit le général
Grenier.

D'après les vues de Napoléon, la défense des places
fortes dans les pays que nous étions obligés d'évacuer ,
était de la plus grande importance ; car , si leurs
garnisons affaiblissaient l'armée active, elles devaient

en même temps occuper un plus grand nombre d'ennemis ; elles rendaient leurs communications difficiles , retardaient leur marche , disséminaient leurs forces et maintenaient la domination française : une seule victoire nous reportait tout d'un coup jusqu'aux frontières de la Russie. Les gouverneurs avaient, en conséquence, l'ordre de ne rien négliger pour leur conservation. Avant de nous éloigner de ce théâtre, jetons un coup-d'œil sur quelques - unes de ces places ; nous ne parlerons que des principales.

Le général Rapp commandait à Dantzick ; sous ses ordres, les généraux Heudelet et Grandjean guidaient l'infanterie; la cavalerie, forte de dix mille hommes, était confiée au général Cavaignac ; le général Campredon, était chargé des travaux de la place; enfin , le contre-amiral Dumanoir avait dans ses attributions le service de la marine. Les Russes, dans leur marche rapide ne s'étaient pas arrêtés devant Dantzick ; ils manquaient d'artillerie, et ne pouvaient par conséquent entreprendre un siège régulier ; seulement les différens corps de leur armée, en se succédant sur ce point, avaient construit quelques ouvrages destinés à une

attaque

attaque prochaine. Le comte Rapp les détruisit entièrement dans les sorties qu'il exécuta pour compléter ses approvisionnemens.

La ville de Thorn, était défendue par le général
Maureillan : sa garnison se composait de dix-huit
cents Bavarois et de mille Français. Dans le courant
de février, Tschaplitz fit contre les ouvrages avancés
quelques tentatives, qui furent toutes infructueuses.

Trois mille Polonais et deux mille Français ou
Saxons, aux ordres du général Daendels, défendaient
Modlin. Cette place était bien pourvue ; mais ses fortifications étant construites en terre, on ne devait
compter que sur le courage de la garnison.

Celle de Pillau était formée en grande partie de
soldats Prussiens ; entraînés par l'exemple du général Yorck, ils forcèrent le général Castelle, qui les
commandait, à signer une capitulation, en vertu de
laquelle il réjoignit l'armée avec cinq cents hommes,
armes et bagages.

Les forteresses de Zamozc et de Czenstochau
étaient confiées à des troupes Polonaises, décidées à
s'engloutir sous ces derniers boulevards de leur patrie,
dont les défenseurs intrépides étaient désormais réduits à l'impuissance.

50

Le prince de Schwarzenberg, par suite d'un arrangement avec les généraux du Czar, venait d'occuper, dans le grand duché de Warsovie, un des districts voisins des Etats de l'Autriche. Le général Reynier, chef du 7.ᵉ corps, fut obligé par ce mouvement de se retirer sur Kalitsch. Le 13 février, la cavalerie russe, vint l'attaquer et le rejeta dans Prosna, malgré la plus valeureuse défense. Nos troupes furent entièrement dispersées. Les Saxons, qui en faisaient partie, ne se rallièrent qu'à Kobylin, d'où ils se rendirent à Glogau; le général Goblentz, avec sa cavalerie et un bataillon français destiné d'abord à renforcer la garnison de Modlin, alla joindre le corps polonais. En apprenant l'affaire de Kalitsch, Poniatowski se retira sur Czentochau, où il croyait trouver un appui auprès de Schwarzenberg; mais, dès qu'il se fut convaincu que les Autrichiens avaient cessé d'être nos auxiliaires, il recommença seul ses attaques : elles furent glorieuses ; toutefois, le succès n'ayant pas répondu à ses espérances, il entra dans la Galicie, pour éviter d'être enveloppé. La cour de Vienne résolut de l'arracher de cet asile, et donna pour prétexte que les Polonais affamaient le pays : elle osa même les accuser de s'être comportés en ennemis. Une telle conduite de la part de l'Autriche ne doit pas étonner. Cette puissance voulait profiter de nos revers, pour ressaisir quelques portions de territoire, et, dans ce but, sous les apparences d'une bienveillante médiation ; elle entretenait des relations perfides avec la Russie ; loin de travailler à un rapprochement, elle resserrait au contraire les liens d'une nouvelle coalition, et excitant en même temps à la révolte les princes de la confédération du Rhin , elle s'unissait par des traités secrets au roi Frédéric-Guillaume. Ce prince, continuant à lever des troupes, les dirigeait vers la Silésie, pour qu'elles fussent plus à portée de seconder les Russes. Lui-même ne tarda pas à les suivre, et à transférer sa cour à Breslau. Les Français occupaient Berlin ; mais, trop faibles alors pour parler en maîtres , ils ne mirent aucun obstacle au départ du roi , dont cependant ils n'ignoraient plus les véritables intentions. A peine au milieu de son armée , Frédéric-Guillaume reçut d'elle le serment de venger les outrages faits à la monarchie et envoya au quartier-général russe plusieurs officiers supérieurs , chargés de négocier une alliance avec le Czar.

Sur ces entrefaites, un corps de deux mille Russes, à qui le général Bulow venait de livrer le passage de l'Oder, se joignit à la cavalerie légère de Czernischew et s'avança vers la capitale. Jusqu'alors les autorités prussiennes n'avaient fait contre nous aucune démonstration hostile, mais, dès qu'elles s'attendirent à être appuyées, elles n'hésitèrent plus à se prononcer ouvertement. Leur exemple et l'apparition des cosaques enhardirent les habitans, qui bientôt prirent une attitude menaçante. La situation du maréchal Augereau était des plus critiques : un soulèvement était à craindre ; et, comme il ne pouvait le prévenir qu'en déployant l'appareil de la force, il chargea le général Poinsot avec deux bataillons et un escadron de marcher à la rencontre des Russes, et de les contenir, en attendant les secours qu'il avait demandés au prince Eugène. Le vice-roi envoya la division Charpentier vers le Bas-Oder, et le 4.ᵉ régiment de chasseurs italiens sur Strausberg, et après avoir pourvu à la sûreté des places de Custrin et de Stettin, il accourut lui-même à Berlin, à la tête de cinq cents chevaux de la vieille-garde. Déjà le général Poinsot, vivement poursuivi, avait été contraint de se réfugier dans la place, où un parti de cavalerie russe, favorisé par les séditieux, était entré en même temps que lui par la porte d'Oranienbourg. le maréchal Augereau, en tournant les canons contre la populace, qui voulait profiter de ce moment de désordre pour immoler les Français, était parvenu à comprimer ce mouvement, lorsque le vice-roi, étant arrivé le 22 février, acheva de rétablir la tranquillité. Aussitôt il marcha du côté d'Oranienbourg, où Czernischew avait établi son quartier-général, et, après l'avoir repoussé à la distance de deux lieues, il rejoignit le gros de ses troupes à Kœpenick ; là, de fâcheuses nouvelles lui furent annoncées. Les chasseurs Italiens, qui s'étaient portés à Strausberg, venaient d'être cernés et enlevés par un corps nombreux de cavalerie ; le colonel et trois cents des siens s'étaient seuls échappés. Dans le même temps, le commandant des vélites Piémontais, avait été contraint, sous la seule condition de rentrer en ligne, d'abandonner le pont de Furstenval sur la Sprée. Ce dernier événement était d'autant plus déplorable, que le général Gérard, après avoir quitté Francfort, trouva le passage occupé et ne put se faire jour jusqu'au prince, qu'en passant sur le corps des Russes. Hambourg, n'était contenu que par une faible garnison; l'approche des cosaques et la certitude que les Anglais se préparaient à effec-

tuer un débarquement, excita les habitans à s'af-
ranchir de la domination française. Ils enjoignirent
à leur gouverneur Carra-St.-Cyr de repasser l'Elbe.
Ce général vint s'établir à Artlembourg et laissa un
bataillon à Zallenpischer pour assurer les communi-
nications du général Morand, que les circonstances les plus impérieuses ramenaient de la Poméranie.

Berlin paraissait calme depuis quelques jours; les
Russes parcouraient les rives de la Sprée et différaient
leur attaque jusqu'à l'arrivée d'un puissant renfort. Cependant, sur l'avis que l'avant-garde du prince Repnin
approchait, le maréchal Gouvion-St.-Cyr, qui avait
remplacé le maréchal Augereau, se prépara à évacuer la place. Le 4 mars, avant le jour, nos troupes
quittèrent leurs postes, qui furent aussitôt occupés
par les cosaques de Czernischew. La rapidité des Russes
fut extrême : à peine étions-nous hors des murs, que
déjà ils attaquaient notre arrière-garde. La division
Grenier les repoussa avec succès auprès de Bielitz, et ce
léger combat fournit aux gardes-d'honneur Toscans
et Piémontais l'occasion de se signaler.

L'armée, toujours inquiétée dans sa retraite,
ne s'arrêta qu'au delà de l'Elbe, à Vittemberg, où

elle jeta un pont en arrière de la ville, afin de lier entr'elles les deux rives de l'Elbe.

Dès ce moment, les hostilités de la Prusse contre la France furent décidées. Un traité, signé à Breslau le 1.er mars, consomma ce que le général Yorck avait commencé. Frédéric-Guillaume ne se borna pas à justifier la conduite de ce général ; il l'investit de sa confiance, et lui remit le commandement d'un nouveau corps d'armée. Il ne manquait plus au chef de la maison de Brandebourg, que de donner à Napoléon une nouvelle assurance de sa foi, et c'est justement ce que faisait alors à Paris M. de Beguelin, son ambassadeur.

Après le combat de Kalitsch, le général Reynier s'était retiré vers la Saxe et y avait été suivi par l'armée russe unie à celle de Blucher. Le roi Frédéric-Auguste, voyant que son pays allait devenir le théâtre de la guerre, ordonna les préparatifs nécessaires pour en arrêter les progrès. Magdebourg, Wittemberg et Torgau, reçurent de bonnes garnisons ; la forteresse de Kœnigstein, où était déposé le trésor de la couronne, fut occupée par la garde du roi de Saxe. Ce monarque s'éloigna de Dresde le 25 février, et se retira à Plauen, avec sa famille. Quel-

ques soldats sans organisation régulière, étaient les seuls
soutiens de sa capitale, lorsque le général Reynier, qui,
pendant dix jours encore, avait tenu sur la rive gauche de la Sprée, arriva avec sa division, forte au plus
de deux mille cinq cents hommes; déterminé à défendre les deux points principaux du passage de
l'Elbe, il avait envoyé à Meissen quatorze cents Bavarois, qui s'étaient ralliés à lui depuis le départ du
général de Wrède. Le lendemain de son entrée à
Dresde, il fit entourer de palissades le faubourg de
Neustadt, et afin de pouvoir balayer le pont et la rive
droite du fleuve, il garnit d'artillerie la vieille ville.
Le bruit s'étant répandu que les Russes n'étaient
plus qu'à deux lieues, la consternation s'empara des
habitans qui se renfermèrent dans leurs maisons.
Dans ce moment, le maréchal Davoust arriva. Il
avait ordonné la destruction du pont de Meissen, et venait augmenter, avec une division Bavaroise, le nombre des combattans. Bientôt de fortes
reconnaissances, poussées sur Kœnigsbruch, annoncèrent l'ennemi. Après quelques engagemens,
le maréchal se retira dans l'enceinte du faubourg, et fit passer sur la rive gauche les malades, les fourgons et les bagages. Le lendemain,

20 mars, il fit mettre le feu aux mines prati-
quées d'avance dans les arches du pont , et jetant ainsi tout le fleuve entre les Russes et lui ,
il descendit sans obstacle jusqu'à Meissen, d'où il
se porta sur Leipsick. Le général Durutte , qui
avait remplacé le général Reynier, resta seul dans
Dresde, avec trois mille soldats et quelques Saxons ,
aux ordres du général Lecoq. Les Russes entrés
dans Neustadt conclurent avec les Français une trève
qui suspendit les hostilités pendant quatre jours. Ce
terme expiré, le général Durutte prit la route de
Wildorf ; les Bavarois, qui formaient l'arrière-garde ,
soutinrent vaillamment les attaques de la cavalerie
ennemie et se retirèrent sur la Saale. Quant aux Saxons,
leur cavalerie se rendit à Plauen et leur infanterie à
Torgau.

Cette place importante donnait au vice-roi de vives
inquiétudes : il soupçonnait la cour de Saxe de n'y
rassembler ses troupes et son matériel que pour
la rendre indépendante , et pour en disposer selon
les circonstances. Sans attaquer ici le caractère connu
de Frédéric-Auguste, on peut croire avec quelque
raison qu'il avait alors une arrière-pensée. Ses états
étaient menacés, et l'attitude des Français ne le ras-

surait pas. Leurs forces, à cette époque, s'élevaient
à cinquante mille combattans ; mais la grande étendue
de la ligne qu'ils tenaient ne leur permettait pas de
concentrer un corps de troupes assez considérable
pour reprendre l'offensive. De leur côté, les Russes
et les Prussiens mettaient beaucoup de lenteur dans
leurs opérations. Les places de l'Elbe, que nous
occupions toutes, les obligeaient de former de
grandes masses avant de franchir ce fleuve; cependant,
à la faveur de l'embouchure de la Havel, ils avaient
forcé cette barrière, et dirigeaient par Derben des
troupes légères sur les villes Anséatiques, tandis
que, sur notre droite, la Saxe était envahie par leur
armée, qui suivait la grande route de Zeist et de
Weimar.

Dans cet état de choses, le prince Eugène voulut
s'assurer si l'ennemi, en étendant ses ailes, n'avait
pas dégarni son centre. Le 25 mars, il reconnut que
Wittgenstein se disposait à passer l'Elbe entre Dessau
et Wittemberg, et que la division prussienne de
Bôrstel s'approchait de Magdebourg. Le prince,
feignant alors d'abandonner cette place, repassa
sur la rive gauche avec toutes ses troupes; mais,
le 2 avril, pendant que la division Lagrange

gardait l'Elbe - Inférieur , et le maréchal Victor
l'embouchure de la Saale, il revint rapidement
sur ses pas avec le corps du général Grenier et
trois divisions de celui de Lauriston. Wittgenstein
croyait les Français en retraite, lorsque, le lendemain , il apprit que leur armée, rangée en bataille ,
campait derrière lui. Les Prussiens , effrayés d'un
mouvement , qui semblait dirigé contre leur capitale, renforcèrent de suite les Russes des corps d'Yorck
et de Bulow. L'action s'engagea auprès de Moekern.
Nos soldats de nouvelle levée se comportèrent en
héros, et la garde italienne, commandée par le vaillant
Zucchi, fit des prodiges de bravoure. Malgré tant
d'efforts , les sages dispositions du vice-roi demeurèrent sans succès. Nous perdîmes deux pièces d'artillerie , et mille hommes tués ou mis hors de combat.
Le général Grenier fut blessé d'un coup de feu dans
la figure.

Immédiatement après cette affaire , les ennemis
forcèrent, à Dessau, le passage de l'Elbe. Le prince
Eugène se transporta aussitôt à Stassfurt , et fit
appuyer fortement le maréchal Victor , qui craignait de ne pouvoir tenir plus long-temps la ligne
de la Saale contre le général Yorck. Par ce chan-

gement de front , le vice-roi maintenait sa droite
aux montagnes de Harz , et plaçait sa réserve
à Magdebourg , d'où il pouvait observer toutes
les manœuvres des alliés. Cependant , les colonnes
ennemies , s'avançant d'un côté par le nord de
la Hollande, et de l'autre par la Saxe , voulaient
cerner nos troupes. Déjà , pour couper leurs communications , trois mille chevaux prussiens s'étaient
établis à Elrich. Ces progrès étaient alarmans ; mais
le prince Eugène, persuadé qu'il recevrait bientôt
des secours , persista à rester dans une position qui
lui donnait la facilité de contenir une grande étendue de pays , et surtout la Westphalie où les Russes
cherchaient à accélérer l'insurrection.

Pendant ces mouvemens, le général Carra-Saint-
Cyr, forcé d'abandonner aux Anglais les bouches
du Weser , se replia sur Brême , et marcha avec
le général Morand sur Lunebourg , dont il se rendit
maître , après avoir battu les Russes ; mais le général Tettenborn , qui les commandait , ayant rallié
à sa cavalerie les troupes légères de Czernischew
et de Dornberg, que le vice-roi avait chassées de
la Westphalie , revint à la charge et reprit la ville
à la suite d'une sanglante affaire dans laquelle le général

Morand fut blessé à mort. Ce brave, transporté à Hambourg avec ses soldats, prisonniers, y expira au
milieu des vociférations injurieuses d'une populace
exaltée. La joie des Hambourgeois ne devait pas
être de longue durée. L'empereur, informé de leur
revolte et de celle de Lubeck, donna des ordres pour
renforcer les troupes qu'il se proposait d'envoyer
dans la 32.ᵉ division territoriale dont il confia le
commandement au maréchal Davoust.

Napoléon, à la veille de rentrer lui-même en
campagne, voulut enfin s'assurer des dispositions
de l'Autriche, seule puissance qu'il craignit, ou plutôt qu'il voulut ménager : trompé par les protestations
des agens du cabinet de Vienne, abusé par des sentimens inconnus aux souverains, jusqu'alors il avait cru
à la bonne foi de François II, et s'était imaginé que son
union avec une archiduchesse rendrait indissoluble
l'alliance entre les deux Empires. Dans l'intention
de flatter l'orgueil allemand, il avait annoncé, le
1.ᵉʳ avril, au Senat assemblé, que Marie-Louise
gouvernerait en son absence avec le titre de Régente. Mais cette concession politique n'offrait pas à
l'Autriche d'assez grands avantages pour la lier irrévocablement, et M. de Narbonne, qui venait de

remplacer M. Otto dans ses fonctions d'ambassadeur, découvrit enfin qu'elle était l'alliée de
nos ennemis. Napoléon feignit encore de n'avoir
aucun doute sur la sincérité d'une cour dont il
espérait que bientôt ses victoires changeraient les
résolutions. Le 15 avril, il quitta sa capitale, et,
quarante-huit heures après, il arriva à Mayence,
où se trouvait réunie une immense quantité de
recrues. Le sentiment de l'honneur animait ces jeunes
gens, et leur faisait supporter les fatigues d'une
marche précipitée. Tous brûlaient de mériter le titre
glorieux de soldats français, tous couraient avec empressement vers ces champs de bataille qu'avaient
illustrés leurs aînés.

Les confédérés du Rhin, qui devaient contribuer à la recomposition de notre armée n'obéissaient qu'avec lenteur. Le roi de Wurtemberg et le
grand duc de Bade agissaient seuls avec un zèle
véritable, et la Bavière, qui devait le plus à Napoléon, ne montrait qu'une froide indifférence
à sa cause. Elle cherchait même à se rattacher
à la maison d'Autriche son ennemie naturelle, et
retirait de nos rangs une division qui y comptait
encore.

Malgré tant d'obstacles dans la levée des troupes, malgré la mauvaise volonté la plus manifeste de
la part de ses alliés, Napoléon, au moment de rentrer en campagne, pouvait disposer de cent cinquante
mille hommes d'infanterie. La cavalerie, plus difficile
à former, ne comptait guère que quatre mille chevaux.
L'artillerie, toute remise à neuf, était sur le pied le plus
imposant. Les canonniers de marine, appelés au service
de terre, n'avaient pas été long-temps à acquérir l'expérience qui leur manquait: ils apportaient ce courage et ce
sang-froid qui, dans les combats sur mer, fait braver la fureur de tous les élémens. Parmi les immenses convois
d'artillerie, on remarquait celui de la jeune garde, composé de soixante pièces. Le total des bouches à feu
ne s'élevait encore qu'à trois cent cinquante ; mais ce
nombre croissait de jour en jour, à mesure qu'on
recevait des attelages.

L'empereur, après avoir passé en revue les régimens de toutes armes, partit de Mayence le 24 avril,
et se rendit successivement à Francfort, à Erfurht et
à Weimar. En sortant de cette dernière ville, il abandonna sa voiture pour ne plus voyager qu'à cheval,
et justifier ce qu'il avait promis en passant le Rhin,

de faire la campagne comme *général Bonaparte*, et non comme *Empereur*.

Alexandre et Frédéric - Guillaume étaient à Dresde depuis le 24 avril ; leur armée occupant une étendue de plus de cent lieues, la nôtre put d'autant plus facilement reprendre l'offensive, que le vice - roi, instruit de l'arrivée prochaine de Napoléon, commençait à menacer le flanc droit et les derrières de l'ennemi.

Cette circonstance força les coalisés à repasser la Saale. L'avant-garde du maréchal Ney, toute composée de conscrits aux ordres du général Souham, enleva à la bayonnette la position de Weissenfels et culbuta la division russe du général Lanskoï. Le maréchal Macdonald, commandant le 11.ᵉ corps, s'empara de Mersburg et fit deux cents prisonniers Prussiens.

Le 1.ᵉʳ jour de mai, Napoléon se porta en avant de Weissenfels. Les éclaireurs ayant signalé l'ennemi, la division Souham et la cavalerie du général Kellermann s'avancèrent aussitôt, pour forcer le défilé de Rippach. Le combat s'engagea avec beaucoup d'acharnement. Le maréchal Bessières, voulant donner aux soldats un nouvel élan

élan, quitta le commandement en chef de la cavalerie de la garde, pour se mettre à la tête des fantassins. A peine arrivait-il sur le flanc de la hauteur occupée par les Russes, qu'un boulet le frappa dans la poitrine. La mort de ce guerrier, l'un des plus fidèles amis de Napoléon, et qui, pendant dix-huit ans, partagea ses travaux et sa gloire, fut pour l'armée l'objet d'une vive douleur, mais elle ne ralentit pas son courage. L'ennemi, enfoncé de toutes parts, nous laissa maîtres de ses positions.

Le vice-roi, qui, le matin même, avait reçu l'ordre de joindre l'empereur, déboucha dans la plaine de Lutzen, au moment où l'affaire était déjà décidée. Ce prince, après une longue absence, revit Napoléon, dans le lieu même où périt autrefois Gustave-Adolphe, et sous les peupliers qui marquent la tombe de ce libérateur de l'Allemagne, il reçut les éloges du premier général du monde. Napoléon, allait bientôt par une grande bataille renouveler les héroïques souvenirs de cette plaine si souvent arrosée du sang des braves. Persuadé que l'armée alliée n'était point encore réunie, il pensa qu'il pourrait arriver à Leipsick avant elle, et résolut de passer l'Elster auprès de cette ville, pour prendre l'ennemi à revers. De son côté, Wittgeinstein, qui, depuis la mort récente de Kutusow, commandait en chef l'armée Russe, voulut signaler son début par un plan hardi et dont le succès reposait sur l'espoir de surprendre Napoléon. Il feignit de se retirer derrière l'Elster, et s'étant réuni pendant la nuit au corps de Tormasow, il repassa le fleuve par Zwenkaw et Pegau. Le but de cette manœuvre était de lancer derrière nous, vingt-cinq mille chevaux, de reprendre Naumburg, Weissenfels, Mersburg, et de nous renfermer entre la Saale et l'Elster, pendant que nous marchions sur Leipsick. Le maréchal Macdonald et le général Lauriston, ayant pris cette direction le 2 mai, et la canonnade ayant commencé contre le petit village de Listenau, Wittgenstein jugea que le moment était venu de profiter de l'extension de notre ligne pour enfoncer notre centre. Il déboucha en conséquence sur plusieurs colonnes, auprès de Kaya. Napoléon ordonna aussitôt au prince Eugène d'appuyer la gauche du maréchal Ney, dont les troupes étaient déjà engagées, tandis que lui-même, à la tête de toute la garde, se tint en réserve derrière le centre où se dirigeaient les plus grands efforts de l'ennemi. Résolu

à tout prix à remporter la victoire, il s'exposa à plus
de dangers qu'il ne l'avait fait encore depuis qu'il
portait la couronne. Sa présence fit éclater l'enthousiasme, et ses nouveaux soldats, pleins du désir
de surpasser en bravoure ceux qui les avaient devancés dans la carrière, puisèrent dans ce sentiment une énergie plus puissante que l'habitude des
combats. Le champ de bataille présentait une ligne de deux lieues, indiquée dans toute son étendue
par de noirs tourbillons de fumée et de poussière.
Le maréchal Ney, les généraux Souham et Girard
se portaient avec ardeur au fort de la mêlée. Ce
dernier, atteint de plusieurs blessures, refusa de
quitter son poste ; *car, pour tous les Français qui
ont du cœur,* disait-il, *le moment est venu de vaincre ou de mourir.* Cependant, les Russes, comme s'ils
eussent été certains du succès, marchaient pour déborder notre droite du côté de Weissenfels. Peut-
être auraient-ils réussi dans cette entreprise sans la
généreuse résolution du général Compans, qui les
attaqua à la tête de la 1.re division du corps du
maréchal Marmont. Les régimens de la marine,
chargés par l'élite de la cavalerie des alliés, la
repoussèrent plusieurs fois ; ils avaient couvert de

morts le terrain qu'ils défendaient, lorsqu'on aperçut les premiers feux du général Bertrand, débouchant sur les derrières de l'ennemi. Le prince Eugène se montrait aussi sur la gauche, et le maréchal Macdonald attaquait la réserve des Russes, qui, redoublant leurs efforts contre notre centre, finirent par emporter le village de Kaya. Il y eut un instant de désordre, Napoléon jugeant que la crise allait se décider, ordonna au maréchal Mortier de fondre tête baissée sur l'ennemi, tandis que le général Drouot, réunissant quatre-vingts pièces de canon, les formait en batterie en avant de la vieille-garde, disposée en échelons ; toute la cavalerie était rangée en arrière de cette masse, qui s'ébranla aussitôt. Ecrasés par le feu de notre artillerie, les Russes, abandonnent Kaya, et se retirent précipitamment devant le maréchal Mortier, qui, avec la jeune garde, les poursuit au pas de charge ; au même instant le général Bonnet, faisant un mouvement de la gauche sur le centre, culbute plusieurs escadrons Le général Bertrand n'est pas moins heureux : tout ce qui s'oppose à son passage est renversé ; il s'avance pour joindre ses forces à celles dont le choc a déterminé un premier espoir de succès : il est impatient d'arriver , lorsque Napoléon, pour hâter cette manœuvre, fait pivoter sa droite sur Kaya ; la retraite des Russes était devenue inévitable : ils l'effectuèrent en toute hâte , plusieurs corps se débandèrent. Les Français victorieux poursuivirent les coalisés avec vigueur, pendant une lieue et demie ; mais comme notre cavalerie n'était pas nombreuse, et que Napoléon voulait la ménager , les ennemis ne laissèrent que peu de prisonniers : sans cette circonstance fatale, la bataille de Lutzen eût amené des résultats semblables à ceux d'Austerlitz et d'Jéna ; trois cent mille hommes venaient de combattre avec un égal acharnement ; trente mille ennemis jonchaient le champ de bataille , et les destinées de l'Europe restaient incertaines. Des torrens de sang devaient encore couler.

Cette journée, qui effaçait le souvenir de nos désastres en Russie, prouva qu'aucune force humaine ne peut triompher des Français lorsqu'ils n'ont point à lutter contre la fureur des élémens ou contre la trahison. « Nos jeunes soldats , disait Napoléon, ont relevé toute la noblesse du sang Français. » Notre perte fut de dix mille hommes morts ou mis hors de combat. Le général Gourré , chef

d'état-major du maréchal Ney , fut le seul officier
supérieur qui périt dans cette action. Parmi les
blessés , on remarqua les généraux de division Girard et Brennier , ainsi que les généraux de brigade
Chaminau et Guillon , qui furent amputés le lendemain.

Le général Lauriston , qui , pendant que le gros
de l'armée combattait auprès de Lutzen , avait repris Leipsick , força l'ennemi à repasser l'Elster.
Le lendemain le vice-roi atteignit les vaincus , et les
chassa de Pégau et de Groitsch où ils avaient pris
position. Le maréchal Ney et le général Lauriston
se portèrent sur Wurschen : le premier alla débloquer Torgau , et le second s'empara de Meissen ,
tandis que le maréchal Victor se rapprocha de Wittenberg , où le général Lapoype avait défendu vaillamment , contre Wittgenstein , des fortifications
en ruines. Après quelques affaires peu importantes
à Borna , à Gersdorf , à Nossen et à Colditz , où le
jeune Labédoyère , fait colonel sur-le-champ de bataille de Lutzen , se distingua de nouveau , l'armée
française entra dans la capitale de la Saxe d'où l'empereur de Russie et le roi de Prusse étaient sortis le
matin même. Les ponts de l'Elbe , que l'ennemi avait

détruits, ayant été rétablis sous le feu de l'artillerie ennemie que la nôtre plus nombreuse força au silence, tous les corps défilèrent successivement sur la rive droite. Sur ces entrefaites, le roi de Saxe, rappelé à Dresde par Napoléon, y fit son entrée le 12 mai au milieu des acclamations de son peuple. Ce souverain, qui d'abord avait paru obéir à la politique de l'Autriche, cimenta bientôt par de puissans renforts sa nouvelle alliance à la cause de son libérateur.

Napoléon, après avoir donné ses ordres pour la direction des troupes, envoya le prince Eugène en Italie, pour veiller à la sûreté du royaume, et hâter l'organisation d'une armée sur les bords de l'Adige. Cette mesure était nécessitée par le refus de l'Autriche de seconder la France, ce qui, dans les circonstances actuelles devait faire regarder sa médiation armée comme une preuve non équivoque de ses intentions hostiles.

Le 18 mai, Napoléon quitta Dresde, et rejoignit ses troupes devant Bautzen. Le lendemain, il reconnut sur les bords de la Sprée la position des ennemis. Les immenses travaux qu'ils avaient exécutés pour établir des redoutes, démontraient assez qu'ils étaient décidés à accepter la bataille. Napoléon résolut de rendre inutiles leurs préparatifs, et chargea le maréchal Ney avec les généraux Reynier et Lauriston, de tourner la droite des alliés. Ceux-ci, informés de l'approche des Français, mais supposant qu'ils n'avaient devant eux qu'une colonne de vingt mille hommes, détachèrent contre elle les généraux Yorck et Barclay de Tolly. Le premier se posta au village de Weissig; le second au village de Kila : le général Péri, qui y avait été envoyé par le général Bertrand pour maintenir les communications du maréchal Ney, se laissa surprendre par les cosaques; sa division fut mise en déroute ; mais, dans le même moment, le général Lauriston se présentant à Weissig, culbutait le corps d'Yorck, qui, chassé de sa position, se jeta sur la rive droite de la Sprée. La droite des Russes étant ainsi débordée, Napoléon se porta, le jour suivant, sur la hauteur en arrière de Bautzen, et donna l'ordre au maréchal Oudinot d'attaquer les montagnes qui appuyaient la gauche de l'armée alliée; tandis que le maréchal Macdonald passerait la Sprée entre ces montagnes et la ville de Bautzen. Le maréchal Marmont suivait la même direction, et le maréchal Soult, qui avait le commandement du centre, devait inquiéter la droite des Russes.

A midi, la canonnade s'engagea, et les mouvemens prescrits s'exécutèrent avec succès, malgré la plus opiniâtre résistance : le général Compans enleva Bautzen, et le général Bonnet se rendit maître du plateau que garnissait le centre de l'armée ennemie; mais il fut impossible d'emporter les hauteurs qui protégeaient sa droite, et, malgré tous les efforts, elle se maintint entre le corps du maréchal Ney et le reste de l'armée française.

Cette action sanglante n'était que le prélude d'une bataille plus terrible. Le 21, Napoléon se porta en avant de Bautzen, sur des hauteurs, d'où il pouvait observer ses troupes dans la nouvelle attaque qu'il préparait. Les maréchaux Oudinot et Macdonald commencèrent un feu violent de mousqueterie sur la gauche de l'ennemi, et le maréchal Ney, culbutant les troupes russes et prussiennes au village de Klix, passa la Sprée, et enleva le village de Preilitz. Les alliés, comprenant alors qu'ils avaient été trompés par de fausses démonstrations, et que le véritable point d'attaque serait sur leur droite, y portèrent toutes leurs réserves. Napoléon, pour paralyser ce mouvement, fit avancer la vieille garde, la cavalerie du général

Latour - Maubourg et une nombreuse artillerie. Le maréchal Mortier , avec deux divisions de la jeune garde , coupa le chemin de Würschen à Bautzen, et cette puissante diversion fournit au maréchal Ney le moyen d'enlever Preïsig et de déborder les alliés , qui , effrayés d'un tel échec , battirent aussitôt en retraite : les Français s'élancèrent à leur poursuite et la déroute devint générale. La journée de Würschen , si glorieuse pour l'infanterie , n'offrit à la cavalerie que peu d'occasions de se signaler , et dans les charges qu'elle exécuta , elle ne put ramasser que très-peu de prisonniers ; ainsi, nous perdîmes encore le fruit de la bataille , qui coûta à l'ennemi près de vingt mille hommes. Notre perte, dans ces trois jours de combat, s'éleva à douze mille soldats , tués ou blessés.

A peine le soleil paraissait-il à l'horizon, que, le 22 mai, toute l'armée se mit en marche , à l'exception du corps d'Oudinot, qui demeura campé sur le champ de bataille. Les Russes et les Prussiens disputaient le terrain avec vigueur , mais n'en étaient pas moins chassés de position en position. A Reichenbach , leur artillerie s'étant formée sur les hauteurs , tonna quelque temps sur nos colonnes. Leur droite fut tournée par

l'infanterie, tandis que la cavalerie de la garde se disposait à culbuter leur gauche. Les alliés, n'apercevant
d'abord que les lanciers conduits par le général Lefebvre-Desnouettes, crurent l'écraser facilement en
faisant avancer contre lui une division de leur grosse
cavalerie ; mais aussitôt la nôtre prit part à l'action,
et le général Latour-Maubourg, accourant à la tête
des cuirassiers, détermina la retraite de l'ennemi,
étonné de trouver devant lui près de dix-huit mille
cavaliers. Le général Bruyères, qui dans ce combat
eut une jambe emportée, mourut peu de jours après
à Gœrlitz.

La position de Markersdorf arrêta aussi notre
poursuite : Napoléon, impatienté de cette série de
combats meurtriers, voulut lui-même commander
l'avant-garde ; on le vit, électrisant les soldats par sa
présence, pousser le courage jusqu'à la témérité, et
toujours à la tête des colonnes, s'exposer au milieu
des balles, qui autour de lui portaient la mort dans
les rangs. Ce fut après cette action qu'un boulet passant entre l'empereur et le maréchal Mortier, enleva
le général du génie Kirgener, et frappa dans le bas-
ventre le grand maréchal Duroc. Cette catastrophe
plongea Napoléon dans la plus profonde douleur. Il

se retira dans sa tente et se livra tout entier aux pensers tristes qui l'agitaient. Que d'événemens malheureux venaient de se succéder ! Quelle incertitude menaçait l'avenir ! Déjà depuis l'ouverture de la campagne, Napoléon avait perdu deux de ses amis les plus fidèles, et ce jour était l'anniversaire de celui où, dans les plaines d'Aspern, avait péri le maréchal Lannes.

Cependant les souverains alliés, mécontens des combinaisons de Wittgenstein, lui avaient retiré le commandement en chef de leurs troupes, pour le confier à Barclay-de-Tolly. Celui-ci, continua son mouvement rétrograde avec moins de fermeté peut-être que son prédécesseur, et nous eûmes peu de combats à livrer. Le maréchal Oudinot avait été dirigé par la route de Luckau, pour attaquer les troupes de Bulow, de Thumen et de Woronzow. Il avait en même temps l'ordre ds dissiper les corps nombreux de partisans, qui infestaient la Base-Lusace et de couvrir la Silésie, où nous avions déjà pénétré depuis le 25 mai. Ce pays offrait à l'armée d'abondantes ressources, et l'empereur, en y portant la guerre, saisissait avec plaisir cette occasion de se venger du roi de Prusse. Les campagnes de Frédéric II, dans ces contrées qu'il avait rendues si célèbres, se retraçaient

à sa mémoire ; aussi s'informait-il des moindres parti-
cularités relatives à ce fameux capitaine. Liegnitz avait
été le théâtre d'une de ses plus grandes victoires ;
Napoléon , persuadé que les Prussiens disputeraient
cette ville, dit en souriant : *C'est là que nous renouvel-
lerons d'anciennes connaissances.* Mais, en arrivant,
les Français trouvèrent Liegnitz abandonnée. L'empereur y était encore, lorsque, le 29 mai, au moment
où la garde allait partir, on apprit qu'un parlementaire se présentait aux avant - postes. Il était por
teur d'une dépêche de M. Stadion, ministre autrichien, résidant au quartier - général d'Alexandre.
Elle annonçait que les alliés acceptaient l'armistice,
qu'à son départ de Dresde Napoléon leur avait proposé pour se préparer à un congrès. Aussitôt que le
maréchal Berthier eut donné cette nouvelle à l'empereur, le général Caulaincourt partit pour Walstadt ,
où il eut un entretien avec le comte Schouwalow
et le général Kleist. En peu de jours, les conditions de
la trève furent réglées et exécutées ; et Napoléon
revint à Dresde pour y attendre l'issue des conférences
qui allaient bientôt s'ouvrir.

L'Europe entière crut voir dans ce rapprochement
les gages d'une paix prochaine, et sans doute tel en

eût été le résultat, si les souverains, moins enorgueillis de leur pouvoir et plus dignes d'en faire usage n'eussent alors consulté que le besoin des peuples. Mais ce n'était point par de tels motifs que la Russie et la Prusse avaient demandé la suspension des hostilités ; tant que la guerre leur avait été favorable, elles en avaient pro-longé le cours ; et leurs cœurs ne parurent sensibles que par l'atteinte des revers. Les victoires de Lutzen et de Wurschen semblaient démontrer que Napoléon ne succomberait pas aux attaques de ses ennemis tant de fois terrassés. La nouvelle armée française apparaissait, comme un de ces météores célestes, qui par la rapidité de leur marche échappent à tous les calculs et dont le retour prophétique est aux yeux du vulgaire le signe certain d'une prochaine catastrophe. Frédéric-Guillaume, épouvanté, se repentit d'avoir attiré sur ses états les premiers coups d'une juste vengeance ; Alexandre lui-même désespéra de sa cause, et tous deux sans doute auraient dès-lors renoncé aux espérances que leur avait fait concevoir la retraite de Moscou, s'ils n'eussent trouvé dans les routes tortueuses de la diplomatie, les moyens de parvenir au but qu'ils se proposaient.

L'alliance de l'Autriche, quelque puissante diversion qu'elle dût opérer, ne les rassurait pas encore.

ils devaient redouter que les circonstances n'ame-
nassent des changemens dans la politique de François II, et ce monarque ne leur présentait pas de
suffisantes garanties pour l'entière exécution de leurs
projets. Il fallait donc se créer d'autres auxiliaires,
en les associant à de nouveaux intérêts. Les vastes
dépouilles de Napoléon furent offertes en appât aux
prince de l'Europe, et dans l'illusion de cette justice
distributive, chacun put s'enrichir en idée du territoire de ses voisins. Aux impulsions de la cupidité
se joignirent les séductions de l'amour-propre. Accomplir le grand œuvre d'une régénération philantropique, se placer au rang des grands souverains,
et régner indépendant de toute autre puissance, tels
étaient les plus modestes fruits d'une participation
à la guerre; et que n'avait-on pas à craindre, si les
liens de la foi jurée, fragiles comme la fortune, ne se
brisaient pas à ce premier appel d'une ligue que le succès a sanctifiée?

L'infortuné Christiern fournit le premier exemple
des persécutions odieuses qu'auraient à subir les rois
qui, comme lui, voudraient rester fidèles à la France.
Les Anglais menacèrent Copenhague d'un nouveau
bombardement, et l'empereur Alexandre, détachant de

son plein pouvoir la Norwège du Danemarck, en accorda l'investiture au prince royal de Suède, qu'il lui importait d'acheter. Déjà le Czar avait été sauvé d'une ruine inévitable par le refus des Suédois de participer avec Napoléon à la guerre de 1812 ; mais dans l'état actuel des choses, une neutralité ne suffisait plus à la Russie; le cabinet de Pétersbourg cherchait un général capable, par ses savantes combinaisons, d'arrêter les progrès de nos armes : il le trouva dans un enfant de nos révolutions, qui, au milieu des rangs français, avait appris le grand art de vaincre, et qui, placé sur un des trônes du Nord, ne connaissait plus d'autre patrie que celle qui lui donnait une cour et des flatteurs. Bernadotte, à peine entré dans la coalition, en devint en quelque sorte le régulateur : il fournit un plan de campagne dont le but tendait à renverser son ancien maître; et persuadé, comme l'Europe entière, que la France ne pouvait être vaincue que par des Français, il fit reposer le succès de l'entreprise sur le rappel de Moreau. Le ministère anglais accueillit avec empressement le projet de détruire son ennemi le plus redoutable, et pour en témoigner sa reconnaissance au prince royal, il souscrivit le 3 mars 1813, un traité d'alliance et de subsides, par lequel il garantit à la Suède la cession de la Norwège, lui
donna

donna la Guadeloupe, dans l'espoir sans doute de rendre la Suède irréconciliable avec la France , et lui assura vingt-quatre millions payables par cinquièmes, de mois en mois, à compter du jour où trente mille Suédois, commandés par Charles-Jean se seraient joints aux troupes de la Russie ou à celles de la Prusse.

Le roi de Danemarck, à qui l'on offrait pour indemnité de la Norwège quelques provinces voisines de ses états, mais comprises encore dans l'empire français, se trouva dans la cruelle nécessité de dissimuler son mécontentement jusqu'au moment où la nouvelle des victoires de Napoléon lui rendit l'espoir de se soustraire à tant d'humiliations : il fit alors passer en Norwège le prince Chrétien-Frédéric, qui, arrivé à Christiana le 22 mai, publia une proclamation énergique, pour exciter les habitans à défendre leur indépendance : en même temps les corps danois opérèrent de concert avec le corps de Vandamme ; et pendant que celui-ci s'emparait de Haarburg et des îles voisines , ils sommèrent Tettenborn d'évacuer Hambourg. Nos troupes occupèrent cette place le 1.er juin : le lendemain, une brigade danoise entra dans Lubeck. Ainsi , au moment de l'armistice, l'immense territoire de l'Empire était tout entier au pouvoir de Napoléon. Le général Vandamme, ayant reçu l'ordre de se rendre à Magdebourg, le maréchal Davoust, prit le gouvernement des villes anséatiques; et le général Haxo, qui venait de tracer les lignes d'une nouvelle place à l'embouchure de la Havel, fut envoyé près de lui, pour faire exécuter de vastes fortifications.

L'attitude imposante de nos armes donna au roi de Danemarck une assurance qui lui fit rejeter avec mépris les nouvelles propositions de l'Angleterre. L'ambassadeur anglais Thornton, résidant à Stockholm, ne demandait plus la Norwège; mais le seul bailliage de Drontheim; il promettait en compensation la restitution des colonies danoises et une indemnité pécuniaire. Cette offre était un piège dont le cabinet de Copenhague aperçut le danger, et comme celui de Stockholm mesurait ses demarches sur les résolutions de Christiern, les armemens qu'il avait promis ne s'effectuèrent qu'avec lenteur. Cette hésitation devenait d'autant plus fâcheuse pour les alliés, que l'union la plus intime régnait entre le prince royal et la cour d'Autriche, qui lui avait promis de n'agir que d'après ses principes. François II, quoique revenu d'un premier effroi, reprenait sa politique incertaine et n'annonçait que vaguement les concessions qu'il exigeait; mais Napoléon lui déclara qu'il le laissait maître de rejeter son alliance, et qu'il serait moins blessé d'une déclaration hostile que de cette attitude vacillante, ressource ordinaire des traîtres et des lâches. L'Autriche, qui jusqu'alors n'avait fait flotter son étendard entre les deux partis que pour l'offrir au dernier enchérisseur, le fit pencher vers la Russie, dont les promesses plus réelles déterminèrent son choix. Elle refusa de participer au partage de la Prusse, dont l'existence lui paraissait liée à la sienne, et l'empereur François II se rendit en Bohême, pour se rapprocher du quartier-général d'Alexandre, avec lequel il eut plusieurs conférences secrètes. Entouré d'officiers russes et prussiens, le chef de la maison de Lorraine vit l'intrigue s'exercer autour de lui sur ses courtisans et même sur son armée ; il souffrit que nos ennemis reconnussent les positions du pays, visitassent les montagnes, les défilés et les places, tandis qu'au mépris de tous les usages on refusait l'entrée de la Bohême aux voyageurs français. Cette conduite constituait un véritable état d'agression, et prouvait assez que l'armistice n'avait été demandé

52.

que pour se préparer plus efficacement à la guerre. Dans les relations des ambassadeurs, on retrouvait les mêmes intentions. Tous montraient les prétentions les plus exagérées , et très-peu de vues conciliantes. Tous ne cherchaient qu'à se tromper mutuellement, et dès le principe, on prévit que les négociations n'amèneraient aucun heureux résultat. Cependant les rois coalisés, redoutant l'issue de la lutte terrible et inévitable qui allait s'engager , employèrent le temps des conférences à se ménager par la ruse et par la séduction un triomphe qu'ils n'osaient point encore espérer de la réunion de leurs forces.

Les peuples de l'Allemagne , fatigués des sacrifices sans cesse renouvelés que leur imposait la politique de leurs princes, aspiraient à secouer à la fois le joug de la suprématie étrangère et des tyrannies domestiques. A aucune autre époque et chez aucune nation peut - être , le domaine de la pensée n'avait acquis un aussi grand développement que dans la patrie et dans le siècle des Fichts, des Wagner et des Jacoby. L'esprit d'indépendance, puisé dans la connaissance, approfondie des devoirs moraux, s'était répandu sur tout le peuple Germanique, et formait une masse d'opinions d'autant plus redoutable, qu'elle avait plus

d'obstacles à vaincre. Une révolution allait jaillir du
sein des écoles , et les restes honteux de la féodalité
touchaient au moment de leur entière ruine. Attirés
par le sentiment de leurs dangers vers l'appui tuté-
laire d'une force que jusques-là ils paraissaient avoir
méconnue, les rois conçurent l'idée de la faire servir
à leur propre cause, en détournant toute son activité
pour la diriger contre l'ennemi commun. Les nations du Nord, appelées pour la première fois sur la
scène politique, s'y précipitèrent en foule , pour conquérir la liberté qui leur était promise , mais qui
n'exista jamais sincèrement dans le cœur des souverains. Ainsi ces mêmes hommes qui naguère avaient
cru trouver en nous les libérateurs du monde, n'attendent plus désormais leur délivrance que de notre chute.
Ils accueillent avec avidité les écrits énergiques qui en
provoquent le signal : ils saisissent les armes, et s'ap-
prêtent aux combats. Aveugles dans leur élan , ils
oublient les leçons de l'histoire , les conseils de la
prudence la plus vulgaire , et vont s'immoler aux
passions de quelques hommes, quand ils pensent n'a-
gir que pour les intérêts de l'humanité. Il faut le
dire , des écrivains trop fameux vendirent aux monarques l'enthousiasme des sujets , et, dirigeant au

gré de leurs maîtres les généreux sentimens qu'ils feignaient de partager, ils avilirent auprès de leurs concitoyens l'influence des talens, et lui imprimèrent la flétrissure de leur corruption. C'était principalement auprès des sœurs d'Alexandre qu'on voyait réunis, par l'appât des récompenses, ces vils adorateurs du pouvoir.

La grande duchesse d'Oldembourg et la princesse de Weimar étaient pour la coalition des auxiliaires puissans. La première surtout portait à Napoléon toute la haine dont est susceptible une femme blessée dans son amour-propre; dès long-temps elle méditait la ruine de celui qui, dit-on, l'avait refusée pour épouse, et lorsque les chances de la guerre lui offrirent l'occasion de réaliser les vœux de son ressentiment, elle se dévoua pour les faire accomplir. L'attrait de sa beauté, les séductions de son esprit, les promesses et les faveurs, tout fut mis en usage pour former autour d'elle une cour nombreuse et prête à servir sa vengeance; comme une autre Armide, elle étendit ses enchantemens dans le camp même de son ennemi, et fit sortir des rangs français plusieurs généraux de la Confédération. Bientôt, sous prétexte d'aller aux eaux de Tœplitz, elle se rendit avec sa sœur à Prague et à Gitschin, où elle eut encore plusieurs entretiens secrets avec

l'empereur d'Autriche, dont la politique fut également soumise à l'empire de ses charmes.

Les funestes événemens survenus en Espagne in-
fluèrent aussi d'une manière puissante sur les résolutions de François II. Les Anglais en profitèrent pour
ranimer le zèle de leurs alliés, et pour ébranler la confiance de ceux de Napoléon. Pour connaître quelle
était alors notre situation dans la Péninsule, il est
nécessaire de remonter à la fin de 1812.

La désastreuse retraite de Moscou avait plongé
dans le deuil les soldats de l'armée d'Espagne. Il n'en
était pas un qui, dans cette cruelle circonstance, n'eût
à trembler pour les jours d'un frère, d'un parent ou
d'un ami : tous pleuraient sur la destinée de ces vaillans Français, leurs compagnons d'armes, et sur les
malheurs de la patrie. Mais leur craintes redoublaient
encore par le sentiment de leurs propres dangers. La
catastrophe de Russie devait infailliblement augmenter les forces et l'audace de l'ennemi. Plusieurs de nos
régimens, au contraire, repassaient les Pyrénées, et
l'espoir de l'armée venait de lui être ravi : le maréchal Soult était dans le Nord.

Le roi Joseph, d'après les ordres de Napoléon, prit
lui-même le commandement des troupes, et choisit
pour son chef d'état-major-général le maréchal Jour-

dan. A peine nous restait-il quatre-vingt mille hommes ; l'armée anglo-espagnole en comptait plus de
cent cinquante mille. Elle prit l'offensive vers la fin du
mois de mai. Les généraux français, qui s'attendaient
à ce mouvement, évacuèrent Madrid et Valladolid,
et se concentrèrent à Burgos. Cette place n'offrait
aucun moyen de défense ; le fort même était dans
un état extrême de délabrement : il fallut le détruire. Un génie malheureux semblait alors présider
à toutes les opérations : au moment où la mine fit
explosion, un régiment d'infanterie passait sur le
chemin qui longe le fort, et plus de cent cinquante
soldats périrent victimes d'une imprudence inexplica-
ble. L'armée entière se retira sur Pancorbo, petite
ville située dans un défilé. On avait construit sur la
hauteur un retranchement qui battait le chemin et
que devait défendre une garnison de trois cents
hommes.

Le général Clausel, qui commandait dans le Nord
de l'Espagne, fut détaché sur l'Ebre à Logrono. Le
général Foy occupa la Biscaye, en sorte que l'armée
se trouva réduite à quarante-cinq ou cinquante mille
combattans. On pensait, d'après le rapport des dé-
serteurs, que l'ennemi viendrait attaquer de front
par la route de Briviesca ; mais il arriva, au contraire,

que quarante mille Anglo - Espagnols tournèrent la ligne sur l'Ebre, passèrent Espinosa, la vallée d'Ecla, et se dirigèrent sur Orduna et Bilbao.

Le 17 juin, le général Reille, ayant reçu ordre de se rendre dans cette dernière ville avec les deux divisions et la cavalerie de l'armée de Portugal, trouva les ennemis en force, maîtres de la rive gauche de l'Ebre et marchant sur Miranda. Il se présenta pour les arrêter, et leur fit chèrement acheter le terrain. Le 19, il rejoignit l'armée près de la Puébla. Nos bivouacs s'étendaient depuis l'entrée du défilé de ce nom jusqu'à Vittoria. D'un côté, il n'y a d'autre passage que la route; de l'autre, plusieurs monticules offrent des positions avantageuses. Ce fut par celui-ci que les Anglais tournèrent notre droite. Le 21 juin, on aperçut leurs masses se formant en bataille; une forte canonnade s'engagea. Les hauteurs qui dominent la Puébla nous furent enlevées. Le général anglais, en attirant l'attention des Français sur leur front, croyait cacher sa manœuvre ; mais la division Sarrut couvrait déjà la route de Bilbao ; elle se battit avec acharnement, et se maintint jusqu'à la nuit. Le général Dijeon, avec une division de dragons, soutint l'infanterie ; plusieurs charges faites à propos forcèrent les Anglais à rétrograder. Le brave Sarrut , fut atteint d'un coup mortel au moment où il s'élançait sur l'ennemi.

Les alliés , surpris de cette héroïque défense , déployèrent toutes leurs forces. Près de vingt mille hommes se montrèrent sur les hauteurs dans la direction de Montdragon , comme pour nous couper la retraite. La 6.ᵉ division de l'armée de Portugal , commandée par le général Lamartinière , fut envoyée pour les arrêter ; elle arriva en même temps que l'ennemi au petit pont de Subijana. Sept fois Beresford tenta de passer la rivière , et sept fois il fut repoussé. Les cadavres amoncelés servaient de retranchement à nos soldats. Le général Reille parut bientôt avec une division de dragons et quatre pièces de canons ; la mitraille porta la terreur et le desordre dans les masses ennemies, qui, n'osant s'exposer à une perte certaine, furent contenues sur ce point.

Le général anglais fut plus heureux sur la route de la Puebla. Le défaut de terrain ne permettant pas à notre cavalerie de fournir une charge, nos colonnes cédèrent et battirent en retraite. Notre droite tenait encore, et si, dans ce moment décisif, on eût mis en batterie quatre-vingts bouches à feu, qui , pendant toute la bataille , restèrent oisives, si la cavalerie et l'infan-

terie se fussent ralliées derrière ce rempart, les Anglais, reçus par de vigoureuses décharges de mitrailles,
nous eussent cédé la victoire : mais l'imprévoyance
des chefs fut extrême ; ni les ambulances , ni le trésor ;
ni les parcs de réserve ne furent mis hors d'atteinte.
Deux escadrons anglais, qui avaient passé dans l'intérieur des lignes, jetèrent dans les convois une terreur
panique. Il faut avoir assisté à cette scène de désordre pour concevoir l'effroi qui saisit en un instant
les vieillards , les femmes , les enfans. Les malheureux réfugiés Espagnols , tremblant de tomber sous
le fer vengeur de leurs compatriotes , fuyaient , abandonnant leur fortune et leur famille; leurs épou-
ses en pleurs , tombant de lassitude , ou s'enfonçant
dans la boue ; imploraient les soldats d'une voix sup-
pliante : plus de douze cents voitures étaient encom-
brées ou renversées sur les chemins; les vivres, les campemens, les objets de luxe , l'or même étaient dispersés
dans les champs, et les soldats de deux nations , étei-
gnant leurs haines, se livraient ensemble au pillage.

La bataille de Vittoria fut perdue par le manque
d'ordre et d'ensemble dans les dispositions. Les Anglo-
Espagnols étaient trois fois plus nombreux que nous;
mais si l'on eût attendu les vingt mille hommes du

général Clausel et les vingt-cinq mille du général Foy ; il n'est pas douteux que Wellington ne se fût repenti de son attaque. Les Français perdirent six mille hommes, et ne ramenèrent que quelques pièces d'artillerie. Le roi Joseph fut forcé de se réfugier en France.

Cependant le général Clausel avait quitté Logrono, et marchait sur Vittoria, d'après l'ordre qu'il en avait reçu ; le jour même de la bataille, il arriva aux portes de la ville, mais les Anglais s'en étant rendus maîtres, il revint sur ses pas, traversa la Navarre, gagna Saragosse, et rentra en France par Jacca et Oleron. Cette manœuvre couvrit notre frontière.

Le général Foy, informé de notre défaite, s'empressa de réunir les troupes de Biscaye, et se dirigea sur Tolosa, où il parvint aussitôt que l'ennemi. On voulut lui disputer ce passage, et, de part et d'autre, on se battit dans les rues avec un égal acharnement ; enfin, la valeur l'emporta sur le nombre, et le général Foy campa devant le pont d'Irun.

Les suites funestes de la journée de Vittoria forcèrent aussi le maréchal Suchet d'abandonner le royaume de Valence, et de se retirer en Aragon. Sir Murray, qui commandait les troupes anglaises

dans cette province, fit investir Tarragone. Le maréchal Suchet, en ayant été informé, réunit ses soldats
à ceux du général Maurice-Mathieu, marcha à l'ennemi, le chassa de ses lignes, et lui prit vingt-trois
pièces de canon.

Dès que Napoléon apprit les fautes de ses généraux
en Espagne, quand il sut qu'une armée française,
à peine entamée, avait perdu son matériel, il jugea
indispensable d'opposer à Wellington un adversaire aussi habile que prudent, et de rendre à nos
soldats un chef dont la présence arrêtât les discordes.
Il ordonna aussitôt au maréchal Soult de voler
vers les Pyrénées, et de rallier nos troupes sur la
frontière.

Cependant les alliés, toujours occupés de leurs
préparatifs de guerre, cherchaient à ramener Napoléon aux conditions qu'ils voulaient lui imposer : ils
lui firent demander sur quelles bases devaient reposer
ses négociations, et M. de Metternich se rendit
à Dresde, afin de l'engager à se soumettre aux circonstances ; mais Napoléon refusa constamment de laisser
prendre sur la France les indemnités réclamées par
l'Autriche. Il accepta néanmoins son beau-père comme
médiateur, et consentit à une prolongation d'armis-

tice, que le ministre d'Autriche se chargea de faire adopter. Par cette démonstration pacifique, le cabinet de Vienne n'avait d'autre but que de gagner le temps nécessaire pour rassembler ses armées. Les souverains, instruits de ses motifs et de ses intentions, approuvèrent sa démarche, et l'armistice fut continué jusqu'au 10 août. Cette résolution, qui avait paru coûter à l'empereur Alexandre, fut déterminée par le prince royal de Suède, que ses liaisons avec M. de Metternich mettaient à même de mieux juger de l'état des choses. Si nos ennemis travaillaient avec ardeur à rassembler des forces pour nous opprimer, de son côté, Napoléon ne négligeait rien de ce qui pouvait lui donner une attitude imposante. Tous les jours, on voyait arriver de France des troupes nouvelles : un grand nombre de canons et de beaux attelages, équipés et harnachés à neuf, avaient renforcé notre artillerie. Des détachemens, venus de toutes les parties de l'empire, avaient relevé notre cavalerie, qui compta bientôt plus de trente mille chevaux. Les gardes d'honneur, que Napoléon avait créés, étaient déjà organisés, et leurs premiers escadrons se trouvaient à Mayence. En même temps l'empereur parcourut

la rive gauche de l'Elbe depuis Dresde , qu'il avait
transformée en une grande forteresse , jusqu'à Magdebourg , qu'occupait le général Vandamme : il ins-
pecta Torgau et Wittemberg , où il fit entrer d'im-.
menses approvisionnemens ; il se porta ensuite , le 20
juillet , à Luckau et à Lubben , examinant par
lui-même la situation des troupes, et s'assurant des
points de défense que présentaient ces contrées, destinées à devenir le théâtre des combats. Napoléon
profita aussi de la prolongation de la trêve , pour
avoir une entrevue avec Marie-Louise, qui l'attendait
à Mayence. On crut alors que cette princesse se rendrait à Prague , pour concilier les intérêts de son père
et de son époux ; mais de tels moyens de rapprochement étaient indignes d'un homme qui commandait
à des Français , et qui , à leur tête, avait imposé des
lois à l'Europe. Seul peut-être de tous les souverains ,
il avait pensé quelque temps que les liens du sang
avaient quelque pouvoir ; mais c'était sur d'autres
appuis qu'il devait compter désormais.

Les plénipotentiaires , assemblés à Prague , après
s'être livrés à de violens débats , presque toujours
étrangers au véritable but de leur mission , avaient
fini par se séparer sans rien conclure. Napoléon, qui

jusques-là s'était flatté que l'Autriche se déterminerait en sa faveur, reconnut alors qu'elle avait toujours été sa plus dangereuse ennemie, et qu'il aurait dû la détruire avant de marcher au Kremlin; aussi s'écria-t-il dans sa colère qu'il aurait fait la paix avec la Russie, sans la funeste influence d'un cabinet qui avait prostitué ce qu'il y a de plus sacré parmi les hommes : un *médiateur*, un *congrès*, et le nom de *la paix*.

Immédiatement après la rupture des négociations, les souverains de Russie, de Prusse et d'Autriche publièrent un manifeste pour annoncer que la voie des armes était la seule qui pût amener le rétablissement de l'équilibre européen, vaine chimère, prétexte dérisoire, qui, après tant de sang versé, ne devait produire que l'accroissement gigantesque de la Russie, de la Prusse et de l'Autriche.

Napoléon, prévoyant la reprise des hostilités, avait fait célébrer sa fête le 10 août, afin que les troupes rassemblées à Dresde, fussent prêtes à partir le 15. Ce jour arrivé, les équipages furent dirigés vers la Silésie. Au moment où l'empereur se disposait à monter en voiture, on lui annonça l'arrivée du roi de Naples. Après s'être entretenu quelques instans avec lui, Napoléon

Napoléon suivit la route de Pirna, et Murat se rendit à Bautzen, où, au grand étonnement de toute l'armée, il reprit le commandement de la cavalerie. Au moment d'ouvrir la campagne, la totalité de nos forces s'élevait à trois cent mille fantassins et trente-deux mille cavaliers; mais, sur ce nombre, cent mille hommes se trouvaient dispersés; les places fortes en renfermaient quarante mille; le reste était réparti entre le corps d'Augereau, destiné à former à Wurtzbourg une armée d'observation, et celui de Davoust, placé dans les environs de Hambourg. La Bavière avait levé vingt-cinq mille hommes que le général de Wrède dirigeait sur l'Inn; mais l'on ne pouvait pas compter les Bavarois parmi nos auxiliaires. Ce peuple ingrat, qui devait son existence à Napoléon, paraissait se rapprocher de la puissance, dont les dépouilles l'avaient enrichi, et quoique l'Autriche eût établi un corps de troupes sur sa frontière, les deux armées rangées en présence l'une de l'autre, sous des bannières opposées, ne se regardaient plus comme ennemies. Une semblable politique animait les Napolitains; quoique leur roi servît dans nos rangs, ses soldats vainement attendus, ne se ralliaient pas au prince

Eugène, qui se disposait à tenter sur Vienne une puissante diversion.

Depuis que l'Autriche avait fourni son contingent de cent cinquante mille hommes, l'armée coalisée, y compris les vingt mille Suédois qu'amenait le prince royal, était double de la nôtre. C'était avec une masse de forces si imposante, que, dans l'espoir de cerner Napoléon à Dresde, les alliés avaient choisi la Bohême pour point d'appui de leurs opérations et s'apprêtaient à porter les premiers coups sur les derrières de notre armée : tel était le plan adopté d'après les avis de Moreau. L'arrivée récente de ce général au quartier-général du Czar avait excité la plus vive allégresse dans toute l'Allemagne : nos ennemis regardaient sa présence comme un renfort de cent mille combattans, et les souverains lui accordaient tous les témoignages de la reconnaissance et de l'estime. On vit alors ce républicain illustre par des victoires, mais plus encore par son exil, s'enivrer de l'encens que les rois et leurs flatteurs prodiguent volontiers aux hommes dont ils ont besoin. Ses rivalités avec Napoléon l'avaient jeté sur les bords lointains de la Delaware ; l'espoir de lui succéder et d'épouser la grande duchesse d'Oldembourg, le ramenait en Europe ; mais si le

prestige de la gloire et des services éminens avaient
enchaîné la France au char de l'empereur, jamais
elle n'aurait reconnu pour souverain un soldat qui,
dépouillé du titre de citoyen, n'était plus pour elle
qu'un traître qu'elle méprisait.

Les alliés, ayant dénoncé l'armistice le 10 août,
ne devaient, au terme du traité, commencer les hostilités que le 16. Cependant, dès le 12, ils traversèrent le territoire neutre de la Silésie, et nous attaquèrent le 14. Cette violation avait pour but de
nous prévenir dans l'occupation de Breslau, que les
Prussiens tenaient à cœur de conserver. Le même jour
où Sacken entra dans cette ville, Blucher s'empara
des positions que défendaient les divisions Charpentier et Lauriston. Le maréchal Ney, jugeant
alors qu'il ne serait pas prudent de se maintenir
dans Liegnitz, se retira sur Hainau. Napoléon, résolu
à repousser l'armée de Silésie, se rendit le 20 août
à Lœwenberg, où il fit jeter des ponts sur le Bober.
La division Maison effectua la première le passage,
et chassa les alliés jusqu'à Goldberg : un combat violent s'engagea auprès de cette ville. En vain le prince
de Mecklenbourg saisit un drapeau pour rallier ses
bataillons, leur déroute fut complète. En même temps

53.

le maréchal Ney, se portait contre Sacken en avant de Buntzlau, et le maréchal Marmont contre Yorck, ces attaques eurent un plein succès et forcèrent Blucher à rentrer dans ses anciennes positions.

La Saxe étant le pivot de nos opérations, Napoléon ne voulut pas pousser plus loin. Instruit d'ailleurs que la grande armée alliée marchait sur Dresde, il ne lui restait pas un instant à perdre pour préserver cette capitale, qu'il regardait comme le centre de son camp retranché, et qui, malgré les forteresses de Torgau et de Wittemberg, restait à découvert par sa gauche tant que nous ne serions pas maîtres de Berlin. Afin d'être tranquille sur ce point, Napoléon avait dirigé sur cette capitale les trois corps formant l'armée du maréchal Oudinot, qui, avancé jusqu'à Trebbin, y avait pris position le 21 août.

Le 22, Oudinot battit complètement le corps prussien du général Thumen; mais la journée suivante nous devint funeste, et, dans une seconde affaire à Gross-Beeren, le prince royal de Suède eut la triste gloire de triompher de son ancien compagnon d'armes. Le général Girard, qui commandait à Magdebourg ayant effectué une sortie, dans le but de favoriser la marche du maréchal Oudinot sur Berlin, ne parut sur le champ de bataille que pour participer à un revers. Après avoir reçu une blessure, il rentra dans la place, ayant perdu ses bagages, six canons et douze cents hommes.

Sur ces entrefaites, la grande armée alliée pénétrait dans la Saxe. Sa droite attaqua, le 24 août, le maréchal Gouvion-St.-Cyr, qui, pour donner à nos renforts le temps d'arriver, disputa le terrain pied-à-pied. Le 25, les quatre grandes colonnes ennemies étaient réunies sous les murs de Dresde, dont il se disposait à défendre le camp retranché. Le maréchal, n'ayant que peu de monde avec lui, craignait d'être réduit à accepter sur-le-champ le combat; mais le généralissime Schwarzenberg, n'osant pas brusquer une attaque, suspendit l'action jusqu'au lendemain. Le 26, Napoléon, qui, la veille, s'était arrêté à Slatpen, où sa garde devait le joindre, entendant une vive canonnade, accourut aussitôt; reconnut la position des alliés, et revint au galop pour faire avancer ses colonnes. Les habitans et la famille royale attendaient, dans la plus cruelle anxiété, l'issue de la lutte qui allait s'engager, lorsque l'empereur parut devant le palais, à la tête

de son invincible armée, qui, pour voler à la rencontre de l'ennemi, traversa Dresde avec la rapidité d'un torrent. Déjà, la vieille ville était totalement cernée, les redoutes de Mocsinsky et du
Faucon étaient enlevées, et un corps nombreux
menaçait Frédéric-Stadt. Napoléon dirigea sur ce
point son artillerie de réserve, et ordonna à la jeune
garde de se porter sur les deux flancs de l'attaque.
La moitié de ce corps, commandée par le maréchal Ney, déboucha par la porte de Plauen, tandis
que le maréchal Mortier sortait avec l'autre moitié
par la porte de Pirna. Il est impossible de se faire une
idée de l'ardeur et de l'enthousiasme qui animaient
alors tous les soldats; en peu d'instans, l'ennemi fut
culbuté. Les Prussiens, délogés du grand jardin, abandonnèrent également la redoute de Mocsinsky, et
toute l'armée combinée se trouva rejetée en arrière des collines dont elle s'était emparée. La nuit,
qui survint, empêcha Napoléon de compléter sa
victoire. Les coalisés, étonnés de la résistance d'une
ville qu'ils avaient cru surprendre, renoncèrent
à leur premier dessein, et, se confiant dans l'innombrable quantité de leurs masses, ils résolurent de nous
attirer en rase campagne, en se portant sur les hau-

teurs voisines. Au point du jour, Napoléon se rendit
dans le faubourg de Plauen pour observer les positions
qu'ils avaient choisies : malgré l'obscurité de l'atmosphère et la pluie qui tombait par torrens, il aperçut que
leur extrême gauche, placée entre la vallée de Plauen
et Priesnitz, ne communiquait point avec leur centre.
En conséquence, il ordonna au roi de Naples de faire
filer notre droite le long du ravin de Plauen, et
fit en même temps manœuvrer sur l'extrême droite
ennemie les corps du maréchal Mortier et du général Nansouty, tandis que lui-même attaqua le centre avec les corps des maréchaux Marmont et Gouvion - Saint - Cyr. Murat, à la tête des cuirassiers
de Latour-Maubourg, chargea les Autrichiens que
commandait le général Ignace Giulay, les rompit
et les tailla en pièces ; et le maréchal Victor, avec
un corps de conscrits, s'emparant du village et
du vallon de Plauen, coupa les communications de
l'aile gauche, qui, malgré le secours qu'on essaya de
lui porter, fut forcée de se rendre par bataillons avec
ses drapeaux et son artillerie. Le maréchal-lieutenant
Metzo, qui la commandait, tomba lui-même en notre
pouvoir avec trois généraux-majors.

Schwarzenberg, au lieu de changer son ordre de

bataille pour renforcer sa gauche, acheva de la sacrifier, en ordonnant la retraite. Cette résolution timide
fut pour Napoléon le plus beau résultat de ses combinaisons. La perte de l'ennemi s'élevait à quarante
mille hommes, dont quinze mille prisonniers presque
tous Autrichiens. Vingt-six pièces de canon, cent
trente caissons et dix-huit drapeaux, furent les trophées de cette victoire, l'une des plus étonnantes qu'on
eut encore remportées. Pendant que l'empereur parcourait sa ligne au milieu des applaudissemens et des
cris de joie de l'armée, on vint lui annoncer la mort de
Moreau. Cette nouvelle fut accueillie avec une sorte
de recueillement superstitieux, et parut attacher une
croyance religieuse aux destinées de Napoléon. Moreau,
qui n'avait jamais été blessé en servant sa patrie, fut
tué à la première affaire où il prit les armes contr'elle;
et ce vainqueur de Hohenlinden, devenu l'allié des
Autrichiens, rendit le dernier soupir sur un brancard
que les cosaques lui firent de leurs lances.

Dans la nuit du 27 au 28 août, l'armée alliée reprit
la route de la Bohême. Napoléon, voyant que l'arrière-
garde ne se retirait qu'avec peine à travers les montagnes par des chemins impraticables, ordonna de la
poursuivre dans toutes les directions. Le roi de Naples

rouvrit les communications avec le Rhin ; les généraux Doumerc, Castex et d'Audenarde, ramassèrent
des bagages et un grand nombre de prisonniers. Le
maréchal Marmont à Dippoldiswalde , le maréchal
Gouvion - Saint - Cyr à Maxen , le maréchal Mortier à Pirna et le général Vandamme à Hollendorf , livrèrent plusieurs combats , qui attestèrent
la vigueur de leur poursuite. Le roi de Naples
reçut l'ordre de se diriger sur la Bohême , où Vandamme allait pénétrer par Peterswalde. Il devait
être immédiatement suivi par le reste de l'armée ;
mais les nouvelles fâcheuses que l'empereur reçut alors
l'obligèrent de rentrer dans Dresde. En effet , pendant
que le maréchal Oudinot , à Gross-Beeren , se réfu-
giait sous le canon de Wittenberg , le maréchal Macdonald , qui , depuis le départ de la garde , était chargé
de contenir Blucher , avait essuyé de rudes échecs.
A l'inaction des troupes qui gardaient la ligne du
Bober , le général prussien s'était aperçu de leur
affaiblissement , et se disposait à reprendre l'offensive , lorsque Macdonald résolut de le prévenir.
Les partis étaient en présence et l'action ne tarda
pas à s'engager ; dès le commencement , une circonstance malheureuse décida le succès des alliés. Un

général , s'étant inconsidérément jeté dans le défilé de Kroitsch qu'obstruaient l'infanterie et l'artillerie du 3.ᵉ corps , ne put faire avancer ses escadrons que partiellement. L'ennemi, profitant de ce
désordre, les chargea avant qu'ils fussent rangés en
bataille et les culbuta malgré tous les efforts qu'on fit
pour les rallier. Cette défaite, qui découvrait l'aile gauche de l'armée, entraîna toute la ligne. En vain le chef
d'état-major Tarayre essaya-t-il avec le 3.ᵉ corps d'opérer
une diversion en menaçant les flancs de Blucher ; cette
entreprise, digne d'un résultat plus heureux, échoua, et
les colonnes françaises durent rétrograder vers Buntzlau.

Le général Puthod , qui la veille avait été détaché
sur les derrières de l'ennemi , revint aussitôt sur
ses pas. Il longea , pendant trois jours , les rives du
Bober , et , en arrivant à Lœwenberg, il se disposa
à franchir le fleuve. Mais , pendant qu'on travaillait
à rétablir le pont, les alliés se présentèrent avec des forces
immenses et enveloppèrent la division française qui,
à leur approche , avait pris position sur les hauteurs
de Plagwitz. Nos braves, dans cet instant critique , ne
se laissèrent point abattre par le sentiment d'une défaite certaine ; transportés d'un sublime enthousiasme,
officiers et soldats , tous jurèrent de vendre chère-

ment leur vie, et tous furent fidèles à ce serment. Malgré tant de dévouement, il était impossible de ne pas succomber sous le nombre. Après un combat à outrance, le général Puthod et trois mille des siens tombèrent au pouvoir du vainqueur qui, plein d'admiration pour une aussi belle défense, leur accorda des honneurs mérités.

Notre armée de Silésie, dans sa retraite que rendaient affreuse le débordement des rivières, la rupture des ponts et la difficulté des chemins, perdit quinze mille prisonniers et une grande partie de ses pièces ; les quatre corps qui la composaient ne parvinrent à se réunir qu'après avoir franchi le Zobaner-Wasser. Blucher, craignant de rencontrer Napoléon, ne dépassa pas cette rivière ; car, au seul aspect du monarque guerrier, l'ennemi fuyait, désespérant de la victoire.

Pendant que l'empereur était encore à Dresde, où il préparait les moyens de secourir les points menacés, Vandamme poursuivant sa marche rapide, culbutait le général Tolstoï - Ostermann, et le forçait à se retirer sous Tœplitz que le corps diplomatique venait d'abandonner en toute hâte. Un succès de plus, la Bohême était envahie, et la grande armée alliée détruite. Le général Ostermann n'ignorait pas quelles seraient les terribles conséquences de la perte de Tœplitz; aussi, en prenant position devant cette ville, il résolut de la défendre jusqu'à ce que de nouvelles colonnes vinssent le soutenir. De son côté, Vandamme, qu'enflammait le plus éclatant triomphe , attaqua les Russes avec une impétuosité sans égale; mais , vers le soir , Barclay de Tolly , à la tête de trois dévisions d'é- lite , étant accouru au secours des troupes engagées , les Français furent repoussés jusqu'auprès de Culm. La nuit seule mit fin à ce combat, où le général Tolstoï eut un bras emporté. Le lendemain, 30 août , Barclay de Tolly , renforcé de deux divisions autri- chiennes , marcha sur notre position : la foule des assaillans ne fit qu'augmenter l'acharnement de nos soldats; mais, au moment où l'action était la plus chaude, et que Vandamme luttait péniblement contre des forces six fois plus nombreuses, vingt mille Prus- siens arrivant sur les derrières de son armée la mena- cèrent d'une entière destruction. Pour échapper à ce grand revers, il ordonne de se faire jour sur Peters- walde ; l'ennemi oppose à cette manœuvre des masses impénétrables ; alors Vandamme préférant la mort à la honte de mettre bas les armes rassemble , l'élite de ses troupes . et se tourne contre les Prussiens. Nos braves fondent en désespérés sur leurs adversaires , les culbutent d'un seul choc , et passent sur le corps de ceux qui espéraient les faire capituler.

Cette sanglante journée coûta aux Français trente pièces de canon et sept mille prisonniers , au nombre desquels se trouvèrent l'intrépide Vandamme et les généraux Haxo , Guyot et Montesquiou. Le général badois Hemrod, officier d'un rare mérite , et qui , dans nos rangs , avait obtenu une haute réputation de bravoure et de talent , fut emporté par un boulet. Notre perte fut énorme en tués et blessés. Parmi les traits de valeur que les étrangers eux-mêmes racontent avec admiration , nous devons citer celui d'un colonel de lanciers , qui , cerné par plusieurs régimens et sommé de se rendre, ne répondit qu'en faisant sonner la charge, et en se précipitant sur les masses ennemies au travers desquelles il s'ouvrit un passage.

Les corps Français , qui devaient secourir Vandamme , étaient encore très-éloignés. Le jour même du combat de Culm , le roi de Naples s'arrêta à Zetau, le maréchal Marmont à Falkenhayn, et le maréchal Gouvion-Saint-Cyr prit position près de Dittersdorf, où il recueillit les débris de nos régimens. Cependant Napoléon, décidé à renouveler son attaque contre Berlin, donna au maréchal Ney le commandement en chef de l'armée du maréchal Oudinot. Ney, arrivé à Vittemberg le 4 septembre, reprit l'offensive dès le lendemain, et repoussa l'ennemi sur plusieurs points. Un engagement général eut lieu, le 6, auprès d'Interbock. La fortune parut d'abord vouloir couronner nos armes; mais nos troupes, encore une fois accablées par le nombre, furent obligées de se retirer derrière Torgau. Sur ces entrefaites, Napoléon, avec sa garde et plusieurs corps de cavalerie, se porta contre Blucher. Le général prussien refusa constamment d'en venir aux mains, et fut rejeté jusqu'au delà de Gœrlitz. Après cette expédition, l'empereur revint à Dresde, où il apprit la défaite du maréchal Ney et l'approche de Wittgenstein, qui de Peterswalde descendait dans la Saxe. Menacé de toutes parts, incertain sur le succès des opérations que lui-même ne dirigeait pas, il sentit que le système de concentration qu'il s'était prescrit ne pouvait plus lui être favorable. Résolu cependant à ne pas quitter la ligne de l'Elbe, il jugea que la Bohême était le seul point sur lequel il pût se porter avec vigueur sans se compromettre; il prit en consé-

quence la route de Tœplitz, et s'avança avec circonspection jusqu'à Ebersdorf, premier village de la frontière. Parvenu aux lieux mêmes où Vandamme avait
succombé, Napoléon aperçut devant lui l'armée des
souverains alliés, qui se présentait pour l'arrêter.
Deux routes s'offraient : celle de Peterswalde ayant
été reconnue pour la plus praticable, il se décida à la
suivre. Un parti de cavalerie ennemie l'attendait au
débouché d'Hollendorf ; il fit avancer la sienne et
à la suite d'un léger combat, le premier corps arriva
à la montagne de Nollendorf. Cette position importante lui ouvrait le passage du défilé ; mais Napoléon,
craignant de s'y engager, se rabattit sur Pirna. Les alliés
profitèrent de son absence pour faire de nouveaux progrès ; l'empereur revint le 15 septembre avec sa garde,
reprit la position qu'il avait quittée, et livra un violent combat en avant de Culm. Cette seconde tenta·
tive l'ayant convaincu de l'impossibilité de pénétrer en
Bohême, où se trouvait une armée plus que double de
la sienne, il se jeta dans la Silésie, afin d'empêcher
la jonction de Blucher et du prince royal de Suède.
Mais l'approche de Sacken, dont le corps liait les opérations des deux corps, ne permit de rien entreprendre à cet égard, et les alliés s'avancèrent simul-

tanément pour nous écraser d'un seul coup. Napoléon vit le danger et se détermina à changer de terrain. Il espérait que, dans la complication des manœuvres exécutées autour de lui, il pourrait profiter d'une faute, ou du moins qu'en rassemblant ses forces sur un seul point, il réduirait la lutte à une seule bataille, et qu'alors il opposerait à la multitude des assaillans la valeur française et son génie.

Avant de terminer le récit des événemens d'Allemagne, transportons-nous un instant dans les autres contrées où les destins de la guerre menaçaient en même temps notre prépondérance.

En Espagne, le maréchal Soult, qui, depuis son retour, avait rétabli dans l'armée la confiance et la discipline, s'efforçait vainement de reprendre l'offensive; à la suite d'un siège long et sanglant, le général Rey capitulait, à St.-Sébastien, sur un monceau de ruines, et les Anglais, maîtres de la place, s'y livraient sans contrainte aux plus épouvantables excès : le maréchal Suchet, battait en Aragon lord Bentinck, successeur de sir Murray, et faisait sauter les fortifications de Tarragone qu'il était impossible de garder plus longtemps.

En Italie, le prince Eugène couvrait ses frontières contre

contre les troupes Autrichiennes aux ordres du général Hiller, à qui l'insurrection des Croates et les
négociations de la Bavière avec la cour de Vienne,
venaient d'ouvrir la vallée de la Drave et celle de Gaïl ;
mais il était obligé de resserrer sa ligne et de se retirer
sur l'Isonzo.

Depuis l'expiration de l'armistice, le bronze des
combats retentissait aussi sur les bords de la Baltique.
Plus de quarante mille hommes, secondés par une
flotte Anglo-Russe, étaient réunis sous les remparts de
Dantzick, dont la garnison réduite à huit mille soldats,
répartis dans plus de deux cents postes, n'était soutenue
que par la conviction qu'elle serait bientôt secourue.
Les Russes, repoussés deux fois des faubourgs, les avaient
incendiés ; bientôt les eaux de la Vistule transformée en
une mer écumante et furieuse, achevèrent de détruire ce
que la flamme avait épargné. Les redoutes et les fortifications resistèrent à peine à l'irruption du fleuve, et
pendant deux semaines, les habitans, chassés de leurs
demeures, furent en proie aux plus cruelles angoisses.

Les places fortes de l'Oder partageaient avec Dantzick l'honneur d'une défense courageuse, et les revers de Groos-Beeren, en affligeant nos soldats,
n'avaient ébranlé ni leur confiance, ni leur résolution.

54

Une victoire de Napoléon , devait amener leur délivrance et tous la regardaient comme assurée et prochaine. Tel était aussi l'espoir de l'empereur ; lorsqu'il
sortit de Dresde, il avait donné à tous ses corps l'ordre
de repasser l'Elbe, et ne laissant dans la capitale de la
Saxe qu'une garnison de trente-cinq mille hommes
sous le commandement de Gouvion-St.-Cyr, il s'était
avancé en toute hâte à la rencontre de Blucher, qui,
passé sur la rive gauche de l'Elbe, manœuvrait près de
la Mulda. Dès que le général prussien apprit que Napoléon accourait pour le combattre, il se dirigea vers le
prince royal de Suède, avec lequel il fit sa jonction ,
le 9 octobre , à Dessau et se porta ensuite vers la
Saale , afin d'établir ses communications avec l'armée de Bohême et d'intercepter celles des Français.

Napoléon , voyant s'éloigner les deux corps de Blucher et de Bernadotte , feignit de menacer Berlin , afin
de les ramener sur l'Elbe et de les écraser : le maréchal
Ney et le général Reynier , qu'il détacha à cet effet,
accablèrent d'abord le général Tauenzien à Dessau ; mais
comme ils ne tardèrent pas à reconnaître que le but
principal de cette diversion était manqué , ils ne dé-
passèrent pas le fleuve.

Cependant , les souverains coalisés ayant détaché

sur Dresde les généraux Benningsen et Colloredo,
s'avancèrent avec leur armée vers les plaines de Leipzick. En même temps, une division autrichienne se
porta à Wethau, pour arrêter le maréchal Augereau,
que l'empereur avait rappelé de la Bavière. Cette
tentative des alliés ne leur fut pas favorable : ils
éprouvèrent des pertes énormes ; Augereau, après
avoir renversé tous les obstacles qui s'opposaient à son
passage, arriva le 12 octobre à Leipzick ; ce surcroît
de forces fut agréable à Napoléon, mais ne compensa
pas les funestes conséquences de notre évacuation de la
Bavière. Le cabinet de Munich, libre de toute contrainte, conclut avec l'Autriche, un traité par lequel
il accédait à la coalition, et s'engageait à fournir un
contingent de trente mille hommes, commandés par
le comte de Wrède. Napoléon, en apprenant cette
nouvelle, à laquelle il était loin de s'attendre, se montra plus magnanime que ses alliés n'étaient faibles et
perfides : il fit sortir des rangs français tous les Bavarois qui s'y trouvaient encore, et les renvoya avec
dignité.

Napoléon, craignant que l'exemple de Maximilien ne
fût suivi par les autres princes de la Confédération,
voulut se rapprocher du Rhin. Le 15 octobre, il

54.

arirva près de Leipsick. Un corps de cavalerie ennemie s'était présenté la veille auprès de Wachau,
pour reconnaître notre position et avait été repoussé
à la suite d'un combat dans lequel le roi de Naples
fut au moment d'être tué. Les Polonais s'étaient
surtout signalés dans cette affaire sanglante : l'empereur récompensa leur belle conduite par un grand
nombre de décorations, et pour donner en même
temps, à cette nation fidèle, une preuve de son
affection, il nomma le brave Poniatowski maréchal de l'Empire.

Le jour même où Napoléon, entouré de sa garde,
paraissait sous les murs de Leipsick, la plus grande partie de l'armée ennemie se disposait à lui présenter
la bataille. Le 16 octobre, trois immenses colonnes
précédées d'une formidable artillerie, s'avancèrent
à la fois sur Dœlitz, Wachau et Liebert-Wolwitz.
Bientôt une effroyable canonnade se fit entendre
sur toute la ligne : aux ébranlemens de la terre, on
eût dit que du sein de ses entrailles allait jaillir un
volcan ; les feux rapides et croisés de l'artillerie, plus
éclatans que ceux de la foudre, ne retentissaient pas
avec moins de fracas et jetaient dans tous les cœurs un
sentiment profond d'étonnement et d'inquiétude : l'en-

nemi, s'élançant contre nos positions, gagna d'abord
du terrain ; mais après quelques alternatives de succès,
ses efforts parurent épuisés. Napoléon, pour décider la
victoire en sa faveur, ordonna à la vieille et à la jeune
garde de marcher, la première sur Dœlitz, et la seconde
sur Wachau, pendant que deux autres divisions,
précédées de soixante pièces, se portaient sur Holz-
hauzen. Ces dispositions vigoureuses firent plier le
centre des alliés, alors le général Kellermann, à la tête de
six mille chevaux, fondit sur leurs escadrons et les culbuta : il les eût écharpés, si leurs réserves ne fussent
promptement accourues : le roi de Naples près de Wachau, et le maréchal Macdonald avec les généraux Lauriston et Sébastiani à Gross-Posna, obtenaient aussi
de brillans avantages. La colonne de Schwarzenberg
fut la plus maltraitée. Séparée du champ de bataille par
la Pleiss, elle essaya d'en forcer le passage pour prendre
part à l'action ; mais le corps de Poniatowski, précipita dans le fleuve tous les Autrichiens qui osèrent se présenter : le général Merfeld parvint à franchir un gué auprès de Dœlitz ; mais à peine eut-il mis
le pied sur la rive droite, que le général Curial, avec
les grenadiers de la garde, le fit prisonnier avec tout
un bataillon.

Du côté de Lindenau, le général Bertrand, après des prodiges de bravoure, avait été contraint de reculer. Lindenau était notre seul point de retraite, et si les Autrichiens en eussent coupé les ponts, c'en était fait de l'armée. Napoléon, qui connaissait toute l'importance de cette position, prescrivit au général Bertrand de la reprendre à tout prix : nos soldats l'abordèrent avec impétuosité ; en vain les généraux Giulay et Thielman voulurent-ils résister à ce choc ; leurs bataillons, rompus et dispersés, ne trouvèrent de salut que dans la fuite.

Le maréchal Ney, chargé de défendre la plaine au Nord de Leipsick, n'avait pu arrêter les progrès de Blucher, et s'était retiré derrière la Partha. Cet échec partiel aurait pu avoir de graves conséquences ; mais il fut heureusement effacé par les résultats de l'action principale. La perte des alliés, plus que triple de la nôtre, s'élevait à vingt-cinq mille hommes ; nous restions maîtres du champ de bataille, et la guerre eût été terminée, si la France n'avait eu à combattre qu'une seule puissance ; mais des revers partagés en commun, étaient peu sensibles à chacun des coalisés dont l'armée déjà innombrable allait encore être augmentée par les troupes du prince royal de Suède, et par les corps des généraux Colloredo et Benninsgen , qui devaient se joindre à elle.

Napoléon , convaincu qu'il lui serait impossible de profiter de l'éloignement de ces corps pour forcer ses adversaires dans leurs lignes , voulut , dans la supposition qu'une nouvelle bataille ne tarderait pas à lui être offerte , choisir une position plus favorable. Il se rapprocha donc de Leipsick , et fit garder le passage de la Saale : les alliés , voyant que les Français retiraient leurs postes, pensèrent qu'ils se disposaient à la retraite et se préparèrent à l'attaque.

Le 18 octobre, à huit heures du matin, trois colonnes se portèrent en même temps sur Dœlitz, Probstheide et Stolteritz , qui formaient comme les trois points d'appui de notre armée. Nos phalanges étaient rangées en une ligne demi-circulaire dont Probstheide était le centre et l'angle saillant. Les flancs de ce village , dont la défense était confiée au maréchal Victor , étaient hérissés de canons. Les Prussiens tentèrent deux fois d'enlever cette position formidable, et deux fois ils en furent repoussés avec des pertes énormes. Le courage et la résolution de nos troupes étonnaient les assaillans ; ils désespéraient de la victoire: tout à coup ils suspendirent leur action , et re-

courant à des dispositions nouvelles, ils dirigèrent
contre les Français le feu de toutes leurs batteries.
Nos guerriers, écrasés sous une grêle de boulets, aimè-
rent mieux affronter la mort, que de l'attendre ; ils
débouchèrent de Probstheide et s'avancèrent à leur
tour ; mais leurs rangs, foudroyés de plus près, furent
bientôt éclaircis ; en vain redoublèrent-ils d'héroïsme
pour entamer un ennemi qu'ils s'étonnaient de trouver
invincible, ils durent renoncer à leur généreuse entreprise.

Pendant que l'armée de Napoléon paralysait les
efforts de celle de Schwarzenberg, le maréchal Ney,
sur les bords de la Partha, luttait contre les corps
de Blucher et du prince royal de Suède. Ce dernier
avait débouché par la route de Taucha, qu'occupait
un bataillon Saxon ; mais les lâches qui le composaient ayant mis bas les armes sans combattre, le
maréchal Ney fut contraint de rétrograder, et d'appuyer sa droite à la gauche de l'empereur, avec qui
il était lié par le corps du général Reynier. L'armée
entière se trouva ainsi former autour de Leipzick une
demi-circonférence dont toutes les parties paraissaient invulnérables. On était dans cette position
lorsqu'une brigade saxonne, abandonnant le poste

qu'on lui avait assigné, s'avança vers les Russes et leur servit d'avant-garde. Immédiatement après, sept bataillons et trois batteries commandés par le général de Russel, ainsi qu'une brigade Wurtembergeoise, suivirent cet exemple, et menacèrent de tourner leurs canons contre la division Durutte, qui voulait s'opposer à leur défection. A ce spectacle, nos cuirassiers, transportés d'indignation, résolurent de punir une aussi atroce perfidie; mais ils ne purent résister à l'immense cavalerie de l'hettman Platow. La trahison des Saxons nous fit perdre la position de Paunsdorf et le village de Schœnfeld, qui, longtemps disputé, coûta au corps de Langeron deux généraux et quatre mille soldats. La division Durutte, restant isolée, soutint seule les efforts de trente mille Suédois; le général Delmas, accouru pour la soutenir, périt au milieu de la mêlée. Napoléon, qui venait d'arriver avec un corps de cuirassiers et de grenadiers à cheval, ralentit les progrès de l'ennemi et le chassa de Reudnitz, dont il s'était emparé. Après avoir rempli avec la vieille-garde, le vide que les Saxons avaient laissé dans notre ligne, il ordonna au général Nansouty de se porter entre l'armée de Benningsen et celle de Charles-Jean. Cette manœuvre aurait eu un

plein succès, si les Suédois, qui manquaient d'artillerie, n'eussent emprunté le secours de celle des Saxons.
Nos troupes, malgré la plus opiniâtre résistance, perdirent Stuntz et Sellerhausen; mais Blucher et Sacken
échouèrent contre le faubourg de Rosenthal. Ainsi
finit cette journée, dans laquelle, malgré leurs revers,
les Français ajoutèrent à la gloire de tant de triomphes.
Les coalisés n'avaient rompu notre ligne que sur un
point; partout où l'empereur commandait, ses soldats étaient demeurés inébranlables; la trahison des
Saxons pouvait seule les empêcher de cueillir des lauriers disputés avec tant de fermeté et de constance.

Napoléon était dans l'intention de continuer sa défense le lendemain, mais les généraux d'artillerie, Sorbier et Dulauloi, lui ayant annoncé que deux cent vingt
mille coups de canon, tirés depuis cinq jours, avaient
épuisé les munitions, il ordonna la retraite à neuf heures
du soir, et rentra dans Leipzick. Cette ville pouvait servir
de tête de pont pour protéger le départ des troupes; Napoléon, ne voulant pas que le roi de Saxe, qui, depuis son
départ de Dresde, ne l'avait pas quitté un seul jour, eût
à déplorer la ruine d'une des plus belles cités de son
royaume, se contenta d'en défendre les approches pendant la journée du 19. Nos fantassins occupant les dé-

bouchés des faubourgs et retranchés dans les maisons, écrasèrent les deux corps de Langeron et de Sacken, qui s'y précipitaient avec une sorte de fureur. Cependant, les attaques réitérées de toute l'armée ennemie et une nouvelle trahison de la part des Saxons qui, du haut des remparts de Leipzick, tirèrent sur nos soldats, les obligèrent à accélérer la retraite. Le défilé de Lindenau était obstrué par les bagages, l'artillerie et la foule entassée, qui cherchait à se faire jour ; au milieu de ces embarras, Napoléon lui-même ne parvint qu'avec beaucoup de peine à se frayer un passage. La fusillade continuait encore dans plusieurs faubourgs ; mais les alliés, certains d'être bientôt maîtres de la ville, ne paraissaient pas vouloir sacrifier leurs soldats : tout faisait croire que notre arrière-garde pourrait se sauver sans être inquiétée, quand, à l'apparition de quelques tirailleurs russes, le chef des sapeurs qui avaient miné le pont de Lindenau pensa qu'il était temps de le faire sauter. Par cette explosion, près de vingt mille hommes et soixante canons, restés en deçà de Leipzick, se trouvèrent séparés de l'armée : cet accident les livra au plus affreux désespoir. Les uns jurent de mourir plutôt que de se rendre ; d'autres, voyant que toute résistance est inutile, se

jettent dans la Pleiss, qu'ils franchissent sans difficulté; mais pour le plus grand nombre les eaux bour-
beuses de l'Elster deviennent un gouffre dans lequel ils
disparaissent à jamais.

Depuis le matin, le général Poniatowski se battait
dans le faubourg de Borna avec sa vaillance accoutumée. Lorsqu'il apprit que tout espoir de salut lui
était ravi, il se tourna vers ses officiers, et leur dit
avec noblesse : *C'est ici qu'il faut succomber avec
honneur.* A ces mots, il s'élance avec quelques
cavaliers au milieu des colonnes ennemies; atteint
de plusieurs blessures, entouré de tous côtés, et
voyant qu'il ne peut se faire jour, il traverse la
Pleiss et s'avance vers l'Elster déjà garni de tirailleurs Russes et Saxons. Poniatowski a pressenti que
sa dernière heure est venue; il s'abandonne à son fou-
gneux coursier, et se précipite dans le fleuve, heureux
d'arracher au prix de sa vie, un trophée de plus aux
barbares dominateurs de la Pologne. Un deuil universel
honora les mânes de ce noble guerrier qui, dans les ri-
gueurs de l'exil, était devenu le père de tous ses compatriotes. Digne par son grand cœur du sceptre qu'a-
vaient porté ses aïeux, il cueillit au milieu de rangs fran-
cais les lauriers du champ de bataille, et mille rois sans

gloire se seront succédés que cette couronne immortelle brillera encore sur sa tombe. Le maréchal, Macdonald qui faisait aussi partie de l'arrière-garde, ne trouvant aucune issue pour sa retraite, se jeta dans l'Elster qu'il eut le bonheur de traverser à la nage. Le général Dumoutier se noya; les généraux Lauriston, Reynier, Aubri, Dorsènne, Bertrand et quinze autres, la plupart Polonais, tombèrent au pouvoir de l'ennemi. Outre vingt mille hommes tués sous les murs de Leipsick, dans cette bataille de trois jours, trente mille soldats, blessés ou malades, restèrent prisonniers; enfin, pour compléter cette nomenclature de nos désastres, deux cent cinquante canons et huit cents charriots furent perdus; mais, il faut le dire à l'honneur de la France, cette ruine fut pour l'armée un nouveau titre de gloire: jamais la valeur de ses soldats n'avait resplendi d'autant d'éclat; jamais un ennemi vainqueur n'eut moins à s'enorgueillir de sa victoire.

Napoléon s'était arrêté, le 19, dans la plaine de Lutzen, pour y recueillir les débris de ses troupes. Il fit remercier les deux régimens de cavalerie saxonne du corps de Latour-Maubourg, qui étaient demeurés fidèles à leurs engagemens, et se retira vers Freyburg.

Auprès de cette ville, notre arrière-garde, quoique accablée, pour ainsi dire, sous le poids de ses revers, fit éprouver des pertes considérables au général Yorck, qui vint l'attaquer. Du côté de Haumburg, la division Guilleminot soutint avec la même énergie un combat inégal et conserva seule la position de Kësen. Nous ne suivrons pas l'armée française au milieu des obstacles sans nombre, des privations de tout genre qui rendirent sa retraite à la fois si cruelle et si désastreuse. Nous laisserons à des cœurs sans pitié le soin de montrer nos guerriers abattus par la fatigue, exténués par la faim, dégoûtant de sang, et se traînant à peine, le regard morne et l'ame consternée, sur un chemin que des milliers de cadavres couvraient de toutes parts. L'aspect d'un semblable tableau affligerait trop les cœurs vivement touchés des infortunes de la patrie; mais, avant de quitter le sol de l'Allemagne, arrêtons-nous encore sous les murs de Hanau, où une dernière victoire marqua nos derniers pas dans ces contrées.

Après le traité de Ried, par lequel la Bavière s'alliait à l'Autriche, le corps que commandait le prince de Reuss se réunit à celui du général de Wrède, et tous deux se dirigèrent en poste sur les bords du Mein avec l'intention de couper la retraite à Napoléon. Cette armée, ayant inutilement sommé le général Thurreau, gouverneur de Wurtzburg, poursuivit sa marche. A peine son avant-garde arrivait devant Hanau, que les premières colonnes françaises débouchèrent par Geluhausen; il y eut alors un premier engagement, dans lequel l'avantage resta à l'ennemi; mais le lendemain les Bavarois, auxquels venaient de se joindre les troupes légères de Czernischew et d'Orlow-Denisow, furent contraints de se replier devant trois mille de nos soldats, sortis de la forêt de Lamboï. Cependant le général de Wrède, bien résolu à nous barrer le passage, et à s'emparer de Napoléon, rangea son armée en bataille en avant de Hanau : soixante pièces en batterie couvraient son front, et toute sa cavalerie liée à un corps nombreux de cosaques protégait ses ailes. Dans cette position, il croyait facile d'exécuter le grand coup que Tschitchagow avait manqué sur la Bérézina; mais dans ses combinaisons, le présomptueux Bavarois n'avait compté parmi les obstacles ni la fureur d'un ennemi au désespoir, ni l'indignation des Français justement irrités contre un allié perfide, ni leur indomptable courage. A midi, deux mille tirailleurs sous les ordres du général Dubreton engagèrent une vive fusillade qui se prolongea pendant trois heures sans aucun résultat décisif. Dès que

Napoléon eut rassemblé ses forces, il fit attaquer la gauche de l'ennemi pendant que le général Curial, avec deux bataillons de la garde que soutenaient cinquante bouches à feu sous la direction du général Drouot, forçait le défilé qui nous fermait l'accès de la plaine. Aussitôt notre cavalerie se précipite sur les escadrons, qui s'opposent à notre marche. Les cosaques, prennent la fuite et laissent écraser les Austro-Bavarois, qui, chargés tour-à-tour par les dragons de la garde, par les cuirassiers de St.-Germain et par les gardes d'honneur, se dispersent enfin, et nous livrent le champ de bataille. Le général de Wrède, qui naguère encore se flattait qu'aucun de nos soldats ne repasserait le Rhin, eut toutes les peines du monde à rallier ses troupes derrière le Kinsnig, sous la protection de Hanau.

Notre armée campée sur la grande route attendait avec anxiété le résultat de ces événemens; on ignorait la force et les intentions de l'ennemi; le moindre retard pouvait livrer Napoléon aux alliés qui le suivaient de près; il était important de s'assurer si, à la faveur des ténèbres, on ne pourrait pas joindre la route de Hochstadt à Francfort. L'Empereur lui-même, à la tête de son état-major, s'avança à travers les bois,

jusques

jusques sous les murs de Hanau. Une torche portée par le duc de Vicence éclairait sa marche ; les pas des chevaux troublaient seuls le profond silence de la nuit. Au moment où Napoléon arrivait sur le bord de la rivière, une décharge soudaine de mousqueterie vint l'assaillir : aussitôt la lumière s'éteint , le cortége s'égare, et après avoir erré pendant plus d'une heure , se retrouve au point d'où il était parti : les domestiques allumèrent un grand feu , et Napoléon , au milieu de ses généraux qui , l'épée à la main, se formèrent en cercle autour de lui , s'assied d'un air calme , mais triste. Ses mains étaient jointes , ses jambes allongées vers le feu et sa tête inclinée sur sa poitrine : on eût cru qu'il dormait. Pendant cette situation, la plus étrange peut-être d'une vie dont toutes les circonstances furent extraordinaires, le général Curial arrive , et frappant sur l'épaule de l'Empereur, lui présente un officier qui , ayant pénétré , par le trou d'un moulin , dans les premières maisons de Hanau, avait appris des habitans que l'ennemi allait évacuer la ville. A cette nouvelle , Napoléon bondit sur sa chaise, et appelant son secrétaire, il lui dicte ces mots : « Le duc de Raguse se portera à l'instant sur » Hanau ; il fera jouer tous ses obusiers, et si l'in-

» cendie de la ville est nécessaire, il la brûlera sans
» pitié. » Le maréchal, ayant reçu cet ordre, fit ses
dispositions pour l'exécuter ; et déjà les obus tombaient dans les murs de Hanau, lorsque le préfet,
accompagné des autres autorités, fit ouvrir les portes
et vint trouver Napoléon dans la forêt pour implorer sa clémence. « Les habitans de Hanau, lui dit
» l'empereur, ont reçu avec enthousiasme les Autri-
» chiens et les Bavarois; mais ils seront assez punis ;
» je les laisse sous le joug des cosaques. »

Le général de Wrède, s'apercevant de notre retraite,
essaya de reprendre Hanau. Ses tentatives n'eurent
pas plus de succès que celles de la veille ; douze cents
Autrichiens, reçus à coups de bayonnettes, furent
tous tués, noyés ou pris ; les grenadiers Bavarois ne résistèrent pas aux Italiens qui défendaient
le pont ; et le général de Wrède fut lui-même atteint d'une balle qui lui traversa le bas-ventre.

Ainsi les Bavarois reçurent, sous les murs de Hanau, le
châtiment de leur déloyauté : dans les différentes affaires
qui eurent lieu, cinq de leurs colonels perdirent la vie,
sept généraux furent blessés, six mille soldats restèrent
sur le champ de bataille, et quatre mille tombèrent
entre nos mains, avec plusieurs drapeaux.

La perte des Français avait été beaucoup moindre; ils eurent à regretter le jeune prince Domini-
que Radziwil, qui, bien que parent de l'Empereur
de Russie par sa mère, avait abandonné, pour suivre
nos étendards, sa femme, ses enfans et deux millions de revenu.

Le 2 novembre, Napoléon passa le Rhin à Mayence
avec les restes de son armée ; le général Bertrand
resta seul sur la rive droite où il occupait Cassel
et Hochein. Les divisions, qui gardaient cette dernière place, ne tardèrent pas à être attaquées, et le
combat qu'elles soutinrent avant de rentrer en France,
fut le dernier de cette campagne.

Quoique la retraite de Leipsick à Mayence se fût
opérée à travers des villes riches et sous un climat
tempéré, l'imprévoyance produisit le désordre, l'insubordination et le désespoir. Dans tous les lieux où
passa l'armée, dès que les premières colonnes eurent
défilé, il n'y eut plus ni alimens, ni aucune espèce
de secours pour les blessés ou les malades dont le
nombre se multipliait chaque jour d'une manière
effrayante. Les habitans, manquant eux - mêmes de
subsistances, fuyaient devant ce torrent débordé, et,
dans les cités désertes, l'on ne voyait que les tristes ves-

55.

tiges de nos désastres : accablés par la misère ; couverts
de blessures , ces fiers guerriers dont le monde entier
célèbre les exploits , allaient, dans les hôpitaux, expirer d'inanition ou de douleur.

Après la bataille de Hanau , des souffrances plus
cruelles encore affligèrent nos légions ; impatientes
de toucher le sol de la France, elles s'éparpillèrent
sur toutes les routes qui conduisent aux bords du
Rhin ; pendant quinze jours des milliers de soldats
affluèrent sur la rive gauche du fleuve.

Les habitans de Francfort, dans cette occasion ,
donnèrent les preuves de la plus touchante humanité
en transportant sur le Mein beaucoup de ces infortunés. Néanmoins leur nombre devint si considérable ,
qu'une multitude d'entr'eux , exténués et mourans de
faim , se traînèrent à pied jusqu'à Mayence, dont les
murs en renfermèrent bientôt plus de quinze mille.

Malgré l'hiver, l'épidémie ne tarda pas à se déclarer
dans les hôpitaux, et à se répandre dans la ville: militaire
ou bourgeois presque tout le monde en fut atteint. Les
maisons étaient remplies de pestiférés et d'agonisans.
Pendant deux semaines il mourait jusqu'à cinq cents individus par jour, les cimetières n'étaient plus assez vastes
et le tertre des tombes y excédait la hauteurs des murs

d'enceinte. Bientôt on n'inhuma plus, et les cadavres n'eurent d'autre sépulture que le Rhin.

Les alliés, campés sur la rive droite, étaient spectateurs attentifs de l'attitude qu'allait tenir la France.
Pendant ce temps, leurs ministres, convaincus que
Napoléon était trop irrité de ses défaites, pour jamais
accepter une paix humiliante, lui firent proposer des
conditions qui devaient effacer la trace de ses conquêtes. Le Rhin, les Alpes et les Pyrénées devaient
être les limites naturelles de l'empire français. L'indépendance de l'Allemagne et le rétablissement de
l'ancienne dynastie espagnole étaient exigés ; enfin
l'Italie devait être libre, et gouvernée selon ses lois
particulières.

D'après ces bases, les ministres assurèrent que l'Angleterre ferait de grands sacrifices, ajoutant que, si elles
étaient adoptées par Napoléon, on pourrait neutra-
liser, sur la rive droite du Rhin, un lieu où, sans
néanmoins suspendre les opérations militaires, les
plénipotentiaires des puissances belligérantes se rendraient pour négocier. Le conseil des souverains pensait que l'empereur des Français rejetterait avec obstination les ouvertures qui lui étaient faites. Il trompa
leur attente ; alors on fit naître de nouvelles diffi-

cultés : il les leva , et Manheim fut la ville fixée pour
l'ouverture d'un nouveau congrès ; mais les coalisés
étaient loin de vouloir un rapprochement , et , s'ils
renouaient les fils de la diplomatie , ce n'était que
pour organiser , au sein de la France , des intrigues ,
des complots et des trahisons , qui , à défaut de victoires , devaient livrer à leurs caprices et à leurs intérêts
l'indépendance de notre patrie. Des manifestes falla-
cieux , des proclamations mensongères , des promesses ,
des séductions , des menaces , tout fut mis en usage
pour tromper la nation ; les grands principes de la morale et du droit des gens furent pompeusement pro-
clamés par des hommes pour qui le despotisme est
le premier besoin , et la morale une dérision. En attendant que nous arrivions au dénouement de ces trames
insidieuses , faisons connaître les dangers qui menaçaient les Français en Espagne , en Italie , à Dresde
et en Hollande.

Depuis la bataille de Vittoria , Wellington méditait d'envahir le midi de la France. Déjà le gouvernement britannique s'était ménagé des intelligences
dans les villes de ces contrées , et plusieurs individus
influant par leur fortune et par la considération dont
ils étaient revêtus , avaient préparé les voies à l'étranger

dont l'or devait encore accroître leurs richesses. Le général anglais, bien persuadé que ces traîtres lui aplaniraient une résistance qu'il n'eût pas osé affronter, n'hésita plus à effectuer une entreprise dont le succès devait enfler son orgueil.

Peu de jours avant la bataille de Leipzick, trois colonnes ennemies franchirent la Bidassoa, et attaquèrent lés retranchemens d'Andaye qui furent enlevés après un violent combat, à la suite duquel nous eûmes la douleur de voir les drapeaux britanniques flotter sur le sol de notre chère France. Les redoutes construites auprès de Porto de Vera et de l'hermitage de la Rhune, ayant résisté aux efforts des Anglo-Espagnols, Wellington se rendit sur le champ de bataille, et prépara tout pour une nouvelle attaque. Le lendemain, le général Clausel fit rentrer ses avant-postes, et attendit de pied-ferme ; mais Wellington désespéra de le forcer avant que Pampelune ne se fût rendue. Cette place, regardée comme une des plus importantes de la frontière d'Espagne, dont elle ferme les débouchés, ayant capitulé, un corps espagnol, qui en avait fait le blocus, et le corps de Hill qui avait protégé cette opération, rejoignirent l'armée anglaise. Wellington ayant reçu ces renforts, et ne craignant plus rien en arrière de sa ligne, se décida à franchir la Nivelle, La totalité des troupes que nous avions à lui opposer n'excédait pas soixante mille combattans. Nos soldats, sur le point attaqué, étaient au nombre de vingt mille : ils se battirent en héros ; mais assaillis par de forces doubles des leurs et sur le point d'être enveloppés, ils eurent la douleur de ne pouvoir conserver leur position. Le maréchal Soult, ordonna la retraite sur Bayonne, où il avait la facilité de se réfugier derrière l'Adour, si Wellington venait à forcer la Nive. La bataille de Nivelle fut sanglante pour les deux partis. L'ennemi eut quatre mille hommes tués ou blessés : notre perte fut à peu près égale. Nous eûmes de plus à regretter le général Conroux, blessé mortellement ; il était doué d'une grande bravoure et d'une haute intelligence.

A l'approche de l'ennemi, les Basques furent les seuls peuples du midi, qui se montrèrent animés d'un véritable patriotisme. Ils se formèrent en compagnies de chasseurs, et, à la voix du général Harispe, leur compatriote, ils volèrent à la défense de leur pays. Les négocians de Bayonne firent des avances considérables tant pour subvenir aux besoins de l'armée, que pour accélerer les travaux de la place.

Tandis que le territoire de l'ancienne France était envahi par les Anglais, le prince Eugène, à la tête de quarante mille hommes, conservait encore toute l'Italie. Il attendait vainement à Gradisca la cavalerie Napolitaine, destinée à former l'avant-garde de trente mille hommes, avec lesquels le roi de Naples avait promis d'opérer une diversion en menaçant la capitale de l'Autriche, lorsque l'Autrichien Hiller se jeta dans le Tyrol; l'avant-garde de ce général s'étant avancée par la vallée de l'Adige, quand son armée était encore sur la Drave, il se porta sur Trente, pour faire croire que la totalité de ses forces arrivait sur les derrières du vice-roi : ses efforts se bornèrent momentanément à exciter un soulèvement dans le peuple et à provoquer la défection des soldats italiens. Ces démonstrations, jointes à des considérations plus graves encore, obligèrent le prince Eugène à abandonner la ligne de l'Izonzo; il se réunit en conséquence au corps du général Grenier, qui gardait les défilés de la Ponteba, et repassa le Tagliamento et la Piave, sans chercher à défendre ces deux fleuves. Cette marche s'opéra avec une grande régularité. Avant de quitter le Frioul, le prince organisa la défense de Venise; huit mille hommes en composèrent la garnison commandée par le

général Scras ; la marine fut confiée au contre-amiral
Duperré.

Cependant , le général Eckhart , à la tête de quelques bataillons Autrichiens, s'étant avancé par la
vallée de la Brenta , s'était emparé de Bassano. Mais
à peine s'y était-il établi, qu'il en fut chassé par les
généraux Gratien et Schmidt ; à la suite d'une action très-vive , nos troupes se rendirent maîtresses
des positions. et de la ville , et firent plus de trois
cents prisonniers ; en entrant dans Bassano , nos soldats ignoraient encore la conduite incertaine du roi
de Naples , la défection des Bavarois , et les désastres
de Napoléon. Cette nouvelle fut pour eux un coup
de foudre , ils la regardèrent d'abord comme une
imposture ; mais lorsqu'elle eut été confirmée , la
brave armée d'Italie , dont le nom glorieux ne rappelait que des triomphes , triste et abattue, quoiqu'intacte et victorieuse, reprit sa marche rétrograde, et se mit en position derrière l'Adige sur le
plateau de Rivoli , où elle trouva la division du général
Gifflenga. Ce brave militaire , à qui la vallée de l'A-
dige avait été confiée , la défendit avec acharnement,
et sans la défection d'un bataillon de conscrits Italiens , il se fût long-temps maintenu dans un poste

aussi périlleux qu'important. Après la prise de Trente, il fut contraint de céder au nombre, et de se
retirer devant l'ennemi ; mais à la vue de la colonne
de Rivoli, élevée en l'honneur d'une de nos plus
mémorables victoires, lui et les siens, inspirés par les
mânes des héros morts sur ce champ de bataille,
jurèrent de périr plutôt que d'abandonner un monument consacré à perpétuer le souvenir de la gloire
française.

Enfin, le 4 novembre, l'armée d'Italie se concentra en avant de Vérone. Cette position permettait au
vice-roi d'éluder sur sa gauche les manœuvres hostiles dont il était menacé par le Tyrol, et lui donnait
les moyens d'observer sur sa droite la marche de
Murat, dont les dispositions devenaient de plus en
plus suspectes.

Quelques actions partielles, en avant de Vérone
et du côté de Ferrare, n'eurent pas assez d'importance pour être consignées dans un ouvrage de la
nature de celui-ci. L'Allemagne elle-même, quoiqu'étant plus particulièrement le théâtre de la guerre
européenne pendant les deux derniers mois de 1813,
ne vit d'autres événemens remarquables que la capitulation de quelques places, gardées par des trou-

pes françaises ; celle de Dresde, qui fut le complé-
ment de la fatale bataille de Leipzick, ne peut être
passée sous silence.

Le gouvernement de cette capitale avait été donné
au maréchal Gouvion-St.-Cyr, militaire distingué et
le plus capable de bien agir d'après ses propres con-
ceptions. Napoléon lui avait laissé trente-trois mille
hommes, dont vingt-cinq mille combattans, formant
une réserve destinée à tomber sur l'armée autrichienne, si, battue, elle était forcé de rentrer en
Bohême. Mais assiégé bientôt par soixante mille hommes et réduit par le manque de vivres aux plus cruelles extrémités, abandonné à lui-même, au milieu
d'une population qui l'accusait de prolonger ses malheurs et n'ayant plus l'espoir d'être secouru, le brave
Gouvion forma la résolution de se faire jour à travers les troupes qui le bloquaient, et de se réunir
aux défenseurs de Torgau, de Wittenberg, de Magdebourg et enfin de Hambourg, que devait évacuer
le Maréchal Davoust. Quatre-vingt mille vieux soldats, en couvrant la Hollande, eussent alors abrité
nos frontières du Nord. Malheureusement ce projet
ne put pas recevoir son exécution ; le maréchal ayant
fait une sortie, se vit bientôt contraint de rentrer

dans la place. La résistance était trop vigoureuse pour qu'il conservât l'espoir de faire une trouée, et il lui était impossible de continuer sa défense. Dans cette situation critique, il proposa d'évacuer la ville, à condition qu'il serait permis à la garnison de se rendre en France, sous la promesse de ne pas servir contre les puissances alliées. Les généraux assiégeans acceptèrent cette capitulation, qui fut ensuite violée par l'Autriche: au mépris de toutes les lois de la guerre, les défenseurs de Dresde furent retenus prisonniers. On laissa au maréchal, qui les commandait, la liberté de rentrer en France et d'emmener avec lui ses généraux ; mais cet estimable guerrier, connu surtout par son respect religieux pour les traités, et qui sous les murs de Castel-Franco s'était montré si généreux envers le prince de Rohan qu'il tenait enfermé, aima mieux partager le sort de ses troupes, que de pallier par une faiblesse une infraction, dont tout le déshonneur devait tomber sur les chefs de la coalition.

Après la reddition de Dresde, les généraux de Chasteler et de Tolstoï s'avancèrent sur le Rhin ; Benningsen s'arrêta devant Magdebourg, et Bernadotte, après avoir renversé le royaume de Westphalie et

avoir retabli en Hanovre l'ancienne Régence, réunit
à son armée le corps de Walmoden, pour menacer
Hambourg et forcer le gouvernement Danois à faire
partie de la coalition. A cette époque, le grand duché de Berg était également envahi, et le général
Bulow se dirigeait de Munster sur la Hollande. Le
corps de Winzingerode reçut bientôt après la même
destination; ces généraux n'eurent pas de peine à soulever ces contrées, où les vexations des droits réunis et la
sévérité de nos douanes avaient fait un grand nombre
d'ennemis au gouvernement de l'empereur. Le 16
novembre, l'insurrection éclata en même temps à
Amsterdam, à Dordrecht, à Rotterdam, à Delft, à
Leyde, à Harlem et dans plusieurs autres villes. Les
troupes françaises, à peine au nombre de six mille
hommes, et dispersées sur plusieurs points, n'étaient
guère en état de comprimer ce mouvement. Cependant, le général Molitor parvint, par son attitude
militaire, à réprimer les excès de la sédition; mais
à l'apparition des Prussiens, ils se rapprocha de la
France, après avoir laissé garnison dans les forts du
Helder. La prise de plusieurs petites places, où l'on
avait jeté à la hâte quelques soldats, signala les premiers progrès de l'ennemi. Le général Charpentier,

qui, avec trois mille hommes, défendait Arnheim, soutint contre une division prussienne une action des plus sanglantes : ses soldats combattirent vaillamment ; accablés enfin par le nombre et forcés de rentrer dans l'enceinte de leur camp retranché, ils bravèrent l'escalade, et se battirent avec opiniâtreté dans l'intérieur de la ville : mais la blessure du général Charpentier décida la victoire en faveur des Prussiens. La garnison, en se retirant vers Nimègue, n'eut pas le temps de brûler le pont du Rhin, et perdit douze canons et cinq cents prisonniers. Peu de jours après, Utrecht succomba, l'invasion de la Hollande fut consommée, et le prince d'Orange, qui accourait pour prendre le gouvernement de ce pays, fit son entrée, le 31 décembre, dans Amsterdam. On crut, alors que l'amiral Verhuel, commandant la flotte dans le Helder, s'empresserait de faire sa soumission. On dit même qu'on lui fit des offres séduisantes ; mais cet intrépide marin répondit par ces seules paroles : « J'ai juré d'être fidèle à l'empereur Napoléon. » Lorsqu'on le vit inflexible, on voulut corrompre ses équipages. L'amiral, en étant informé, fit mettre à terre tous ceux qui demandaient à servir le prince d'Orange, déclarant qu'il ne voulait

avec lui que des gens de bonne volonté, et résolus à faire leur devoir; assuré des dispositions des
matelots qui lui restaient, il plaça sa flotte sous la
protection des batteries du Helder, qu'il fit garder
par mille hommes, sur l'obéissance desquels il pouvait compter.

Pendant cette révolution, les corps de Woronzow et de Strogonow, formant l'avant-garde de
l'armée du prince royal, se dirigèrent, l'un sur Haarburg qu'il cerna, et l'autre sur Stade; la garnison
de cette dernière place, après avoir soutenu un assaut,
traversa l'Elbe et se réfugia dans le Holstein. Celles de
Lubec et de Friedrichsort, composées de Danois, capitulèrent. Peu de jours après, le corps de Walmodem, à
qui elles s'étaient rendues, fut battu par les troupes de
la même nation sous les ordres du prince Frédéric de
Hesse; à la suite de cet échec, Bernadotte accorda
un armistice au Danemarck. Le maréchal Davoust ne
pouvant plus tenir la campagne, venait alors de rentrer
à Hambourg, dont le blocus ne tarda pas à s'effectuer.

Malgré le soulèvement de la Hollande, la reddition
de plusieurs places fortes, et l'arrivée des corps nombreux qu'ils avaient laissés en réserve, les alliés songeant que les décrets et les sénatus-consultes, qui
ordonnaient

ordonnaient de nouvelles levées, allaient replacer la France sur le pied le plus formidable, tremblaient encore à la seule idée de franchir le Rhin. Cependant une déclaration qu'ils publièrent à Francfort le 1.er décembre, et dans laquelle ils laissaient pressentir que tout rapprochement avec Napoléon était désormais impossible, annonça l'approche du danger.

Les efforts qu'exigeait la position de Napoléon devaient être si extraordinaires et si prompts, qu'ils déconcertaient toutes les mesures qui auraient pu en assurer l'exécution.

Afin de mettre à couvert les provinces du Nord, menacées à la fois par le corps russe de Winzingerode qui s'avançait sur le Rhin et le Vaal et par des corps Anglais et Hollandais débarqués vers les bouches de l'Escaut, toutes les troupes disponibles allèrent renforcer le maréchal Macdonald chargé de défendre la ligne, depuis Cologne jusqu'à Nimègue. On dirigea sur Anvers des bataillons de la garde impériale, et on annonça que, pour protéger cette place importante, vingt cinq mille hommes seraient réunis sous les ordres du général Decaen ; enfin, le général Molitor, en se retirant, jeta garnison dans Noorden ; le sénateur Rampon s'enferma dans Gorcum, et le général Bizanet, avec cinq mille hommes, occupa Berg-op-zoom. On croyait que les Pays-Bas deviendraient le principal théâtre de la guerre. Cette conjecture que les alliés accréditèrent, trompa Napoléon au point, qu'afin d'abriter les frontières du Nord, il dégarnit toute la ligne du Haut-Rhin, et ne laissa aucune troupe pour garder la Franche-Comté. Il comptait sur la neutralité de la Suisse; mais cette neutralité ayant été indignement violée, les premières colon-nes ennemies pénétrèrent sans difficulté, dans les dé-partemens du Doubs et du Bas-Rhin. Le général, de Wrède, à la tête d'un corps Austro-Bava-rois, fit occuper les principales positions qui pou-vaient lui assurer les deux rives du fleuve. Une partie du corps de Colloredo entra dans Neuchatel, et celui de Giulay se porta sur Montbéliard. Douze mille Bavarois, réunis au corps de Frimont, appuyèrent ce mouvement, et circonvinrent Huningue et Béfort. Pour faciliter le siège de ces places et éclairer en même temps la route de Neuf-Brisack, le général de Wrède dirigea un parti nombreux de cavalerie vers Colmar. Le général Montelegier, avec trois régimens de dra-gons, ayant rencontré cette troupe à Sainte-Croix, l'at-taqua avec impétuosité, lui tua trois cents hommes et lui fit des prisonniers, parmi lesquels étaient deux officiers supérieurs mortellement blessés. Après ce combat, l'ennemi devint plus circonspect, mais il ne ralentit pas sa marche rapide, et se porta en masse sur les Vosges et dans la Franche-Comté.

La France était dans cet état alarmant, lorsque pour la première fois le corps législatif opposa aux volontés de Napoléon une résistance inopportune et d'un courage facile. Quand Huningue était bombardé et Béfort attaqué, quelques députés se plaignirent de la constitution de l'Etat et de l'abus du pouvoir. Cet acte d'une tardive indépendance, qui, dans le temps de la toute-puissance de Napoléon, aurait formé un contre-poids noble et salutaire, n'était plus, à la fin de 1815, qu'un mouvement inconsidéré et dont les suites ne pouvaient être que funestes. La dictature de Napoléon étant brisée au moment où les souverains étrangers croyaient encore à son existence, où ils consentaient à traiter avec elle, et où lui-même cédait pour la première fois à la violence de la nécessité, tout se trouva décomposé : le présent fut sans appui, et l'avenir sans espérance. Les coalisés ne s'occupèrent plus que de précipiter la chute du colosse; mais il avait encore un

56.

aspect si menaçant, et dans le sol tant de racines!

. Le dernier mois de 1813 fut marqué par les événemens les plus sinistres : la plupart des places fortes, dont l'ennemi nous avait séparés, venaient de succomber ou touchaient à leur chute : Dantzick, si long-temps défendu avec le plus grand courage, avait capitulé, et sa garnison commandée par le général Rapp, dont l'inébranlable fermeté avait dicté des conditions à l'ennemi, était entraînée captive sous les climats glacés de la Russie, au mépris d'une convention d'après laquelle elle devait conserver ses armes, son artillerie, ses bagages, et rentrer en France, sous la promesse de ne point servir contre les alliés avant un an et un jour. La place de Stettin et les six mille soldats, qui, dans ses remparts, avaient soutenu un siège de neuf mois, avait également été forcée de se rendre; Torgau, où vingt-six mille Français, réduits à cinq mille par une affreuse épidémie, avaient fait une longue et opiniâtre résistance, était tombée au pouvoir de Tauenzien, qui, en s'enorgueillissant de ce succès, n'avait pu s'empêcher d'admirer la valeur des généraux de Narbonne, Dutaillis, Durieux et Brun-Villeret, dont les efforts énergiques l'avaient long-temps arrêté. Le surlendemain de la reddition de Torgau , Tauenzien avait fait ouvrir la tranchée devant Wittenberg , ville sans remparts , mais transformée en une véritable place de guerre , par la bravoure héroïque du général Lapoype ; accablées par le grand nombre d'adversaires , nos troupes avaient été contraintes de se retirer dans le château : elles y avaient repoussé un assaut meurtrier ; mais leur intrépidité avait touché au terme fatal après dix mois d'un siège mémorable , et qui place le général Lapoype au rang de nos plus vaillans généraux. Tel fut le sort des garnisons que Napoléon avait laissées en Prusse et en Saxe : celles de Modlin et de Zamosc dans le duché de Warsovie capitulèrent peu après la reddition de Dantzick ; les citadelles d'Erfurt et de Wurtzbourg se rendirent aussi faute de vivres : il ne restait donc plus , de toutes les forteresses que nous avions occupées, que Hambourg , Magdebourg , Custrin et Glogau qui tinssent encore.

Au midi de la France , les Anglo - Espagnols donnaient de vives inquiétudes. Le maréchal Soult , n'ayant pu se maintenir derrière la Nivelle , s'arrêta en avant de Bayonne entre le confluent de la Nive et de l'Adour , dans une position retranchée d'avance avec beaucoup de soin. Wellington, décidé

à la forcer, ordonna aux généraux Hill et Clinton
de passer la Nive sur deux points. Trente mille Anglo-Portugais, ayant franchi cette rivière, s'établirent sur les plateaux de Bassussary et d'Arranguès.
En même temps, le général Hope vint si près de
Bayonne, que des remparts de cette ville, on fit
feu sur ses troupes. Ces différentes actions n'eurent
rien de décisif, et pourtant plus de mille hommes furent tués de part et d'autre.

Dans la crainte d'être coupé sur la basse Nive,
le maréchal Soult fit rentrer toutes ses divisions
dans son camp retranché. Une faute de son adversaire lui fit bientôt concevoir l'espérance de reprendre l'offensive: le 10 et le 12 décembre, les généraux Drouet et Clausel attaquèrent l'ennemi avec
le plus grand courage; mais la défection de deux
régimens allemands empêcha le succès de cette tentative, dans laquelle nos soldats se trouvèrent constamment engagés contre des forces triples. Six mille
d'entre eux furent mis hors de combat : les Anglais eurent plus de quatre mille morts. Cependant
Wellington, jugeant que l'armée française, affaiblie par de sanglans combats, mais soutenue par la
valeur opiniâtre de son chef, serait inexpugnable,

renonça à l'attaquer, et, après avoir avoir fait investir Bayonne, il fit avancer sa cavalerie et ses réserves d'infanterie, pour occuper tout le pays compris entre la Nive et l'Adour.

A la nouvelle de ces progrès, Napoléon frémit de colère. Pour s'affranchir en partie du péril qui le menaçait, séparer la cause de l'Espagne de celle de l'Angleterre, exciter entr'elles la dissension, et se mettre à l'abri du ressentiment des Espagnols, il pensa que le moyen le plus efficace était de rendre la liberté à leur roi. Ferdinand VII, après six ans de captivité, s'engagea, par un traité conclu dans Valencey, à ne remonter sur le trône que pour expulser les Anglais de la Péninsule; mais les Cortès décidèrent que tout acte émané de leur souverain pendant son séjour en France, et avant qu'il n'eût juré la constitution, serait déclaré nul. Cette résolution trompa la politique de l'empereur, et contraria d'autant plus ses desseins, que, par l'exécution du traité de Valencey, les armées des maréchaux Soult et Suchet auraient été disponibles contre les ennemis, qui, vers le Nord, opéraient le passage du Rhin, tandis que Schwarzenberg, à la tête de la grande armée combinée, s'avançait par les Vosges et la Franche-Comté.

A mesure que le généralissime de la coalition

s'étendait sur ce point de notre frontière , plusieurs de ses colonnes effectuaient des mouvemens divergens, et entreprenaient des expéditions partielles. Le comte Bubna , avec un corps de troupes légères , se présenta devant Genève , qui se rendit à la menace d'une escalade , et reçut les Autrichiens avec transport. Le général Simbschen , après avoir insurgé le Valais , pénétra dans la vallée d'Aoste et de Domo d'Ossala : et le comte de Sonnaz , ayant rassemblé quelques émigrés piémontais , fit , au nom de Victor-Emmanuël , un appel aux Savoyards. Ces incursions n'eurent d'autre résultat que de séparer momentanément l'Italie de la France. Les départemens du Mont-Blanc et de l'Isère furent préservés par les mesures de défense adoptées sur ce point par les généraux Dessaix et Marchand.

Tandis que le général Sacken , commandant la gauche de l'armée de Blucher , passait le Rhin devant Manheim, Yorck , formant la droite de cette armée , s'emparait de Coblentz après avoir jeté un pont à Neuwied ; et le corps de Langeron , ayant occupé Binghen , se dirigeait sur Mayence , dont il se disposait à faire le blocus. Le maréchal Marmont , chargé de garder la rive gauche du fleuve , depuis

Coblentz jusqu'à Landau, voulut se porter au passage; mais, comme il n'avait pas plus de dix mille combattans sous ses ordres, son infériorité numérique l'empêcha d'opposer de la résistance, et il fut forcé de prendre position derrière la Sarre. Pendant qu'il se retirait, le maréchal Victor, dont le corps, affaibli par la nécessité de jeter des garnisons dans les places fortes de l'Alsace, se trouvait réduit à neuf mille fantassins et trois mille cavaliers, se repliait également devant Wittgenstein, à qui la trahison des soldats hollandais avait livré le fort Louis, et par conséquent le passage du Rhin. Victor, craignant d'être accablé par des forces trop considérables, se borna à occuper les défilés des Vosges. Les masses ennemies, n'ayant plus devant elles que quelques corps de partisans, se portèrent sans obstacle sur la Moselle, tandis que plusieurs de leurs colonnes se dispersèrent dans tous les sens, afin de lier leurs opérations avec l'armée du Nord et avec celles des Autrichiens et des Russes, qui venaient de déboucher par Bâle.

Le passage du Rhin par les coalisés fut si brusque et si inattendu, que, dans cette circonstance, l'activité ordinaire de Napoléon se trouva en défaut. Quoique ses forces fussent considérablement affai-

blies , les ressources de la France pouvaient le mettre
à même de tirer un meilleur parti d'une barrière telle
que ce fleuve ; mais , soit qu'il fût abusé par l'espoir
de la paix , soit qu'il se reposât sur la lenteur des alliés , il n'avait dirigé sur la ligne du Rhin , que peu
de renforts. Les levées extraordinaires qu'il avait de-
mandées , ne s'effectuaient que lentement ; les corps
de partisans dont il avait ordonné la création , n'existaient encore que de nom , et cependant le quart de
l'empire était déjà envahi par les armées étrangères.
Napoléon trembla pour son trône : dans son effroi, il
envoya le général Caulaincourt auprès des souverains
coalisés pour leur déclarer qu'il donnait son adhésion
pleine et entière aux bases qu'ils avaient arrêtées d'un
commun accord; qu'il ne leur faisait pas l'injure de
croire qu'ils délibérassent encore , et qu'une offre con-
ditionnelle devenait un engagement dès que la condition émise avait été acceptée. L'Autriche, qui en apparence montrait les vues les plus conciliantes et qui
en réalité soufflait le feu de la discorde , empêcha le
succès de cette nouvelle démarche. Dès ce moment,
Napoléon ne s'occupa plus que de ses préparatifs de
défense. Il décréta l'organisation de plusieurs armées
de réserve , mit sur pied la garde nationale de Pa-

ris , dont il se déclara le chef; créa de nouveaux corps
dans la garde impériale , et fit un appel aux vieux militaires, sortis de ce corps d'élite ; ces vétérans, accoutumés à la victoire, furent indignés des faciles lauriers que cueillaient ceux qu'ils avaient si souvent
vaincus. Tous ressaisirent leurs armes, et pour voler
aux combats, abandonnèrent leurs travaux, leurs femmes et leurs enfans. Il y eut aussi de vénérables invalides infirmes et mutilés qui vinrent offrir à la patrie
le reste de leur sang.

Tous ces moyens auxquels on recourait trop tard
ne répondirent pas à la grandeur des périls. Napoléon exigeait d'immenses sacrifices; mais il oublia qu'il
est en France une force invincible, ou plutôt il re-
douta de l'employer. Trompé par les protestations
des puissances étrangères, il crut n'avoir pas besoin
de faire un appel à la nation ; il craignit que trop d'é-
nergie ne fît recouvrer la liberté qu'il avait ravie ;
épris de son pouvoir, il voulait que les idées monar-
chiques prévalussent : il évoqua les mânes de Clovis
et de Charles-Martel , et quoique roi nouveau, il pré-
tendit exciter les Français par le seul prestige de
l'ancienneté ; mais si, au lieu d'exhumer l'oriflamme ,
il eût fait revivre ces chants harmonieux, qui peu-

d'années auparavant avaient délivré la France en la couvrant de soldats, il n'est pas douteux que ces hymnes sublimes dont le rhythme est encore gravé dans tous les cœurs, n'eussent enfanté les mêmes prodiges. On pouvait sans danger réveiller cet enthousiasme ; il n'eût été fatal qu'aux ennemis de la France : pour eux seuls la terreur eût été à l'ordre du jour.

Lorsque tous les potentats de la terre annonçaient qu'ils n'avaient pris les armes que pour délivrer le Monde, Napoléon n'osait rien promettre à la nation qui avait tant fait pour lui. Son amour pour le despotisme lui faisait regarder les pensées généreuses comme incompatibles avec l'autorité suprême. Contraint de captiver la faveur publique, au lieu de s'adresser aux ames capables par leur élan de donner une grande impulsion, il rechercha la bienveillance de cette masse inerte et grossière, qui ne s'ébranle jamais que pour vociférer, applaudir, huer et retomber ensuite sur elle-même, toujours plus stupide, toujours plus inutile, toujours prête à servir les tyrans ou à les insulter quand leur règne est fini. Napoléon crut se populariser en ne parlant d'honneur et de patrie qu'à cette race servile, lâche et dégénérée, que l'on vit toujours empressée à suivre tous les

échafauds et tous les triomphes. Il invoqua le secours
de ces individus qui, nés dans les fanges de la capitale, y croupissent à jamais et ne sortent de leur apa-
thie que pour marcher au crime, ou devenir les auxiliaires des bourreaux. Mais en remuant cette tourbe,
Napoléon négligeait de lui offrir un appât matériel,
et laissait trop entrevoir le dessein de la museler.

Elle resta immobile, et les citoyens qui avaient trem-
blé à la seule pensée de la voir se déchaîner de nouveau, abandonnèrent leur propre cause dans l'impossibilité de la séparer de celle d'un maître absolu, qui
avait paru leur préférer d'indignes appuis. Du moment
où il n'y eut rien d'électrique, rien qui put produire
l'entraînement, la France, qui, au seul mot de liberté,
se fût soulevée d'une extrémité à l'autre pour repousser et combattre la coalition des rois, montra la même
résignation que les peuples dont elle avait été tant de
fois victorieuse L'empereur, convaincu alors que, pour
enflammer les esprits, il faut autre chose que des dia-
tribes, des déclamations, ou d'ignobles *Pont-neufs*,
chantés sur des airs langoureux, envoya dans les départemens des commissaires à qui il recommanda
d'employer toute leur éloquence et tous leurs efforts
pour exciter à la résistance ; mais ces espèces de pro-

consuls, étaient revêtus de tout l'appareil de l'arbitraire : ils avaient droit de vie et de mort ; leurs pouvoirs illimités furent un sujet d'épouvante. Leur voix ne pouvait pas être entendue : au lieu de vanter le bonheur d'un peuple libre, ils ne parlaient que des calamités réservées aux peuples subjugués ; c'était présenter de sinistres présages, tandis qu'il fallait exalter par de belles espérances.

Chaque jour la situation de Napoléon devenait plus critique ; le roi de Danemarck qu'il avait long-temps compté parmi ses alliés les plus fidèles, fut enfin contraint d'adhérer à la coalition contre lui, et de conclure la paix avec l'Angleterre et la Suède, en abandonnant la Norwège à cette dernière puissance. Le prince Charles-Jean, jaloux d'offrir de nouveaux titres à l'attachement des Suédois par l'acquisition d'un royaume qu'ils convoitaient depuis long-temps, fit chanter un *Te Deum* en action de grâces, sans réfléchir que cette conquête violait ouvertement les droits des nations, et qu'il était injuste et même inconséquent de dépouiller un souverain, lorsqu'on faisait une croisade contre les principes subversifs qui avaient ébranlé tous les trônes.

Napoléon, abandonné par le Danemarck, perdit

tous les avantages qu'il comptait retirer de l'occupation de Hambourg. Néanmoins le maréchal Davoust, à qui il avait confié cette place, tâcha de gagner du temps, d'imposer à l'ennemi, et de l'obliger à réunir beaucoup de monde pour entreprendre un siège, pendant lequel il était déterminé à se défendre jusqu'à la dernière extrémité. Livré à ses propres forces au milieu d'une immense population irritée par ses malheurs et qui s'enorgueillissait d'avoir la première donné à l'Allemagne le signal de son indépendance, il sut se créer des ressources et ne désespéra pas de sa position.

L'adhésion du Danemarck à la coalition ôtait tout moyen d'approcher l'armée, qui s'avançait par la Hollande. Ce triomphe n'était pas le seul qu'obtinssent alors les souverains étrangers. Le roi de Naples, qui, depuis la fatale journée de Leipzick, avait donné des gages aux ennemis de sa patrie et de son bienfaiteur, se décidait enfin à consommer ouvertement une trahison à laquelle poussaient la cour de Vienne, la reine Caroline, sœur de Napoléon, et l'ancien ministre Fouché. Jamais défection ne s'effectua avec tant de perfidie: Murat, après avoir conclu avec l'Autriche et l'Angleterre un traité qui le faisait entrer dans une

ligue dont le but avoué était le renversement de son
beau-frère, et l'envahissement de la France, continua à protester de sa fidélité, et à recevoir de son ancienne patrie, les vivres, les munitions et l'argent
nécessaires à l'entretien d'une armée. Pour mieux
détourner les soupçons, auxquels sa conduite avait
d'abord donné lieu, il feignit de vouloir amener
au secours de l'Italie, plus de soldats qu'il n'en
avait promis; trompé par ce faux zèle, le vice-roi,
qui depuis deux mois arrêtait l'armée Autrichienne
sur les bords de l'Adige, se flattait qu'en se joignant
à lui, Joachim le mettrait enfin à même de prendre
l'offensive, lorsqu'un corps de partisans autrichiens,
commandés par le général Nugent, débarqua vers
les bouches du Pô, s'empara de Ferrare et marcha
sur Ravenne et Rimini. Le prince Eugène, persuadé
que les Napolitains, dont l'avant-garde devait être à
Bologne, s'opposeraient promptement aux progrès
de l'ennemi était sans inquiétude sur une expédition
qu'il dépendait d'eux de faire échouer; mais il ne
tarda pas à apprendre que Nugent s'était emparé de
Forti, qu'une division napolitaine se portait sur Imo-
la, et que les troupes des deux nations mêlées et
confondues vivaient dans une parfaite intelligence.

Murat

Murat, pressé de faire connaître quelles étaient ses intentions, répondit par de nouvelles protestations amicales, à l'aide desquelles il espérait entretenir la sécurité dont il avait besoin pour surprendre les places-
fortes et se rendre maître du pays avant même d'a-
voir publié sa déclaration de guerre. Il réussit ainsi
à envahir les états romains, où il établit son autorité
sous le prétexte que les Français n'avaient plus assez
de forces pour se maintenir dans Rome, qui, suivant ses agens, était à la veille de s'insurger. Le général Miollis, gouverneur de cette ville, fit, dans cette
occasion, une honorable résistance. Inflexible dans
l'exécution de ses devoirs, il se montra inaccessible à
la crainte comme à la séduction, et lorsqu'il n'eut
plus d'espoir de déjouer les menées des Napolitains,
il alla, avec sa garnison, s'enfermer dans le château
St.-Ange. Peu de jours après, le roi de Naples fit dans
Rome son entrée triomphale ; mais, tandis que ses soldats applaudissaient à cette pompe éphémère, les nôtres, rangés sur les remparts, le couvraient de huées,
en criant : *à bas le traître !*

Malgré cette première violation de territoire, qui
coïncidait avec une tentative infructueuse des Anglais
contre Livourne, les généraux napolitains, protesté-

rent encore qu'ils étaient les alliés de la France ; mais il ne leur était plus possible d'en imposer. Toutefois, le vice-roi, étant dans une position trop critique pour oser prendre un parti violent, se borna à de simples mesures de prudence. Une tête de pont fut construite à Borgho-Forte, et tous les détachemens isolés, cantonnés à Bologne et dans le Modenais, se replièrent sur Plaisance ou sur Mantoue. Ces précautions firent assez connaître à Joachim que sa trahison ne pouvait plus être masquée ; aussi ordonna-t-il à ses troupes de se mettre en mouvement, et des démonstrations hostiles de leur part eurent lieu sur tous les points, quoique la guerre n'eût pas été officiellement déclarée. En peu de jours, l'armée de Murat eut envahi une grande partie de la Toscane. La division Ambroggio, ayant occupé Ferrare, se réunit aux Autrichiens, et le général Carascosa publia une pompeuse proclamation, par laquelle il appelait les Italiens à la liberté, et les engageait à se rallier aux drapeaux de son souverain, qu'il désignait sous le titre du *Héros du siècle.* En même temps, le général Macdonaldo, qui avait essayé de s'introduire par supercherie dans la citadelle d'Ancone, cherchait à s'en emparer ; mais le général Barbou, qui commandait la garnison, se conduisit en homme d'honneur : il s'enferma dans la place qu'il avait approvisionnée et se prépara à la défendre.

Les généraux napolitains, ayant pris possession, au nom de leur souverain , de toutes les villes qu'ils occupaient, firent abattre les armes du royaume d'Italie et s'emparèrent des caisses publiques. Ces actes de violence étaient autant de gages que Joachim donnait à la coalition qui, en le considérant comme un intrus, s'applaudissait de le faire travailler à sa propre destruction. Beaucoup d'officiers français , qui se trouvaient au service de Murat, l'abandonnèrent pour se rendre au quartier-général du vice-roi. Parmi ces vertueux citoyens, l'histoire citera le brave maréchal Pérignon , qui, revêtu de la première dignité du royaume de Naples , s'éloigna de cette cour , dès qu'il s'aperçut que son chef transigeait avec les devoirs qu'il avait contractés envers la France. Deux géréraux , que nous ne nommerons pas , furent à peu près les seuls Français qui ne rougirent pas de porter les armes contre leur patrie.

Les Autrichiens , favorisés sur le Pô par la défection de Murat, le furent encore dans les provinces Illyriennes par l'insurrection des habitans qui leur livrèrent la plupart des places fortes. Le général

57.

Roize, qui commandait dans Zara, résista pendant six jours à un bombardement; mais les rebelles s'étant joints aux assiégeans, il accepta une capitulation qu'il sut rendre honorable. Bientôt après les Anglais nous forcèrent d'évacuer Cattaro, et le général Montrichard, assiégé dans Raguse, se vit contraint de rendre cette place à la condition qu'il lui serait permis de ramener en Italie le petit nombre de Français qui en formaient la garnison. Les îles Ioniennes, confiées au général Donzelot, furent aussi attaquées; mais il réussit à la fois à les maintenir dans le devoir et à en défendre l'accès.

Tels étaient les évenemens qui pronostiquaient la chute de notre prépondérance en Italie; peut-être cette prépondérance ne se fût-elle pas évanouie, si Murat, loin de prêter l'oreille à des insinuations perfides, avait eu assez de grandeur d'ame et de pénétration pour agir de concert avec le prince Eugène: il eût alors formé une diversion puissante, soit en marchant sur Vienne, soit en pénétrant dans la Suisse, pour couper de ce côté la retraite aux alliés. Mais, loin de concourir à ce beau plan de campagne, il força le vice-roi à abandonner l'Adige et à se concentrer entre le Mincio et le Pô, pour faire face à la fois aux Autrichiens et aux Napolitains.

Tandis que l'Italie luttait contre les attaques de la
force et les violences de la trahison, la France consternée voyait chaque jour se grossir le torrent de l'invasion. On avait espéré que l'insurrection de l'Alsace, des Vosges, de la Franche-Comté et de la Savoie, retarderait la marche de l'ennemi ; mais, quoique braves et belliqueux, les habitans de ces provinces, privés de l'appui des troupes régulières, ne purent faire éclater tout leur patriotisme. Huningue,
Béfort et New-Brisac, étaient déjà en arrière de la
ligne des Bavarois ; le prince de Wurtemberg était
entré dans Colmar et le général Deroi avait occupé,
après un sanglant combat contre le général Milhaud,
l'importante position de Sainte-Marguerite, qui fermait l'entrée des Vosges. Après ces succès, les Wurtembergeois, formant l'aile droite de l'armée des coalisés, firent leur jonction avec le corps russe de Wittgenstein, qui se liait à l'armée de Silésie. Plusieurs
engagemens à Epinal, que défendirent quatre mille
hommes de la jeune-garde, et à Charme, où la cavalerie du général Montélégier fut obligée de se retirer
devant l'hettman Platow, eurent pour nos troupes
une issue défavorable. Toutefois elles parvinrent à
ressaisir l'offensive ; mais elles furent contraintes de

l'abandonner encore une fois aux Wurtembergeois, qui, ayant reçu de nouveaux renforts, manœuvraient de concert avec les Bavarois, et empêchaient le maréchal Victor de se jeter dans les Vosges, dont ils avaient forcé les défilés.

Sur leur extrême gauche, la marche des coalisés était encore plus rapide. Besançon, défendu par huit mille hommes sous les ordres du général Marulaz, était cernée par les Autrichiens. Les forts de Joux et de Salins étaient bloqués ; celui de l'Ecluse avait succombé. Poligny et Lons-le-Saulnier, avaient reçu l'avant-garde du général Bubna, dont le corps, après avoir occupé Nantua, s'était présenté devant Bourg-en-Bresse. Les habitans de cette ville, à la voix du baron Rivet, leur préfet, eurent le courage de prendre les armes ; mais leur résistance ayant été infructueuse, ils en furent punis : leurs maisons furent livrées au pillage.

Les coalisés redoutaient le soulèvement des citoyens ; l'énergie des Bressans les effraya tellement, que le département de l'Ain fut le seul dans lequel ils n'osèrent pas suspendre les lois de l'Empire. Les fonctions de préfet y furent confiées à un habitant de Bourg, tandis que, dans toutes les autres provinces envahies , l'administration était aussitôt remise à des commissaires autrichiens. Les mêmes motifs, qui commandèrent cette honorable exception , portèrent Schwarzenberg et Bubna à annoncer dans des proclamations qu'ils promettaient leur protection aux Français paisibles , mais que les habitans pris les armes à la main seraient fusillés , et qu'on livrerait aux flammes les villes et villages qui ne se rendraient pas à la première sommation.

Dès que les souverains , qui, depuis quinze jours étaient à Lorrach , apprirent que leurs opérations militaires prenaient un caractère favorable, ils se décidèrent à franchir le Rhin. En mettant le pied sur le territoire français , ils répandirent des manifestes qui semblaient inspirés par le sentiment d'une pieuse modération. Ce langage, qui n'était qu'une tactique , séduisit les ames faibles ; elles le crurent émané d'une haute justice, tandis qu'il ne servait qu'à déguiser les intentions les moins pures et les moins conformes à l'équité. Des citoyens, froissés par le despotisme de l'empereur, s'imaginèrent que ce n'était que pour venger leurs griefs et leur apporter la liberté , que vingt peuples esclaves s'étaient ligués à la voix de leurs maîtres. Cette erreur s'accrédita d'autant plus facilement ,

que le prétendu libéralisme des monarques contrastait alors avec les mesures que les dangers de la
patrie suggéraient à Napoléon. On craignit que, s'il
triomphait, la dictature temporaire qu'il s'était arro-
gée, ne finît par être perpétuelle, et dès lors tous
ceux dont cette crainte augmentait le mécontentement renoncèrent à prendre part dans une lutte
qu'ils regardaient comme purement militaire.

Le maréchal Marmont fut l'un des premiers à ressentir les funestes effets d'une semblable indifférence.
Chargé de défendre le pays entre la Sarre et la Moselle,
il n'y trouva ni toutes les ressources, ni tout le dévouement sur lesquels il avait compté. Néanmoins il se
maintint quelque temps contre le corps de Blucher;
mais, menacé enfin par des forces trop supérieures,
il dut se replier sur Metz, où il avait l'espoir de se
réunir aux maréchaux Ney et Victor. Cette jonction ne
put s'effectuer que sur la rive gauche de la Meuse,
au moment où les alliés, maîtres de Nancy, de Toul
et de presque toute la Lorraine, étendaient leur ligne entre la Moselle et la Meuse, depuis Dijon jusqu'à Thionville, dont l'investissement était commencé.

De tous les pays qu'envahirent les coalisés, la Hollande et la Belgique furent ceux où ils trouvèrent le

plus de ressources. Les agens du fisc leur avaient ap-
plani les voies; le peuple, encore plus fatigué des vexations que des impôts, facilitait l'arrivée des étrangers, dont il attendait la fin de ses souffrances.
Les Prussiens, connaissant l'influence de la religion
sur l'esprit des Belges, leur promirent de délivrer le
Pape. Souvent, dans leurs proclamations, ils parlè-
rent à ces peuples dans un style qui rappelait le fanatisme des croisades. Celle que le fameux Justus Grun-
ner, le plus fougueux de tous les mystiques, adressa
aux habitans de l'électorat de Trèves, sera long-
temps citée comme un monument de délire et d'extra-
vagance.

Le maréchal Macdonald, menacé par les habitans
de ces contrées, et harcelé par le corps de Winzingerode, se replia par Maestricht sous Namur, où il
réunit toutes les troupes de son corps d'armée, réduit à quinze mille fantassins et quatre mille cavaliers.
Pendant cette retraite, Bulow se dirigeait sur les bouches de l'Escaut. Le général Decaen, nouvellement
arrivé de la Catalogne, céda à l'effervescence des
Hollandais, et évacua Willemstadt et Bréda, où des
canons, de la poudre et une flottille tombèrent au
pouvoir des insurgés. Il se proposait d'aller renforcer
Anvers, où se trouvaient nos arsenaux et nos chantiers

de marine ; mais Napoléon ayant désapprouvé sa conduite dans cette occasion, lui retira son commandement pour le donner au général Maison, qui s'occupa aussitôt de reprendre Willemstadt et Bréda. Le général Castex, qu'il envoya dans la direction de Namur, avec deux mille hommes, voulut s'ouvrir un passage à travers la cavalerie de Czernischew ; mais attaqué de tous côtés et dangereusement blessé, il fut contraint de se retirer sur Saint-Tron. Le général Roguet, avec six mille soldats de la jeune-garde, culbuta les avant-postes ennemis, et jeta des obus dans Bréda ; mais pendant qu'il luttait avec autant de bravoure que de succès contre le corps de Bulow, l'apparition d'un corps anglais, qui, débarqué à Tholen, se rapprochait d'Anvers, l'obligea à se rabattre sur cette ville.

Le 15 janvier, après plusieurs combats, dont le plus meurtrier coûta la vie au vaillant général Avy ; trois corps ennemis, ceux de Bulow, de Winzingerode et de sir Thomas Graham, parvinrent jusqu'à l'entrée des faubourgs d'Anvers. Ils commencèrent aussitôt les préparatifs d'un bombardement ; mais les généraux Maison, Roguet et Barrois, étant accourus au secours de la place, les Prussiens et les Anglais se retirèrent précipitamment. Anvers, totalement dé-

gagée, fut approvisionnée, et toute la ligne de l'Escaut
mise sur un pied si respectable, que les généraux alliés recoururent à des manifestes, pour embaucher
la garnison et faire soulever les habitans.

L'invasion prenait encore un caractère plus menaçant vers le point où se dirigeaient les trois armées
principales, qui, sous les yeux des trois souverains
coalisés, venaient de se réunir dans le voisinage de
la Meuse. Avant d'entamer le récit des opérations de
ces armées, nous devons raconter celles du corps de
Bubna, qui agissait à leur extrême gauche.

Les commissaires, les généraux et les préfets, chargés de veiller à la défense de la ligne de la Saône, s'é-
taient efforcés d'organiser la levée en masse ; mais
plus le péril approchait, plus les mesures qu'ils prenaient s'effectuaient avec lenteur. Rien n'était disposé pour repousser l'ennemi. Mâcon s'était rendu à
soixante hussards, et Bubna était arrivé aux portes de
Lyon, avant que l'on eût seulement songé dans cette
ville à se mettre à l'abri d'une surprise. Dans ce pressant danger, plus de vingt mille ouvriers, animés de
la haine des étrangers, demandèrent des armes : les
autorités, comptant sur les renforts qui arrivaient de
la Catalogne, ne firent rien pour utiliser l'élan de

ces généreux citoyens. Le général Meusnier, avec une poignée de soldats, se disposait seul à faire face à l'ennemi, lorsque parut le maréchal Augereau. Il était envoyé par l'empereur, et devait se mettre à la tête des troupes chargées de défendre la seconde ville de l'empire ; mais, comme les premières colonnes qu'il attendait n'avaient point encore dépassé Valence, il partit sur-le-champ pour accélérer leur marche. Il était à peine sur la route du Dauphiné, que le général Bubna, persuadé que la ville ne ferait aucune résistance, la fit sommer de se rendre. Le parlementaire amené chez le maire fut couvert de huées ; effrayé d'un pareil accueil, il faillit s'évanouir en traversant la place des Terraux. Dans son trouble, il demanda à être conduit au général Meusnier ; mais celui-ci, exagérant ses forces et l'exaspération des Lyonnais, l'invita à se retirer.

Le lendemain, une vive fusillade s'engage au faubourg St.-Clair ; nos soldats plient, et les Autrichiens pénètrent jusqu'aux premières maisons ; la nuit seule arrête leurs progrès. Les habitans consternés croyaient que les premiers rayons du soleil éclaireraient la prise de leur ville, quand le général Meusnier, dont le courage augmentait avec le danger, ayant rassemblé un petit nombre de braves , s'avance avec eux , et force à la retraite les détachemens autrichiens. Ce succès inattendu venait à peine d'avoir lieu , que douze cents hommes arrivent de Valence. Toute la population, ivre de joie , se porte à leur rencontre, et les reçoit au milieu des plus vifs applaudissemens. A la vue de cette faible colonne, les assaillans se retirent et cessent leurs démonstrations offensives. Neuf cents hommes et vingt pièces d'artillerie viennent encore au secours de Lyon. Enfin , le 21 janvier, le maréchal Augereau accourt, escorté par deux cents cavaliers, et publie en entrant, une proclamation, pour annoncer que Lyon est délivré , et qu'il va poursuivre jusqu'aux frontières l'ennemi qu'on venait de mettre en fuite.

Le général Bubna, en évacuant Mâcon, s'empara de Châlons, malgré les efforts de la garde sédentaire, que commandait le général Legrand. Le corps du général Zeichmester entra aussi dans Chambéry et ménaça Grenoble ; mais l'énergie des généraux Marchand et Dessaix mit le Dauphiné à l'abri de l'incursion des Autrichiens, qui s'avancèrent jusqu'au fort Barraux; une seule compagnie en défendit les approches ; elle fut secondée par des femmes et des

enfans qui portèrent des munitions aux soldats pendant toute la durée du combat.

La population de la Côte-d'Or se montra moins
bien disposée ; elle ne voulut ni se lever ni s'armer.
Dijon, ancienne capitale de la Bourgogne, se rendit à
deux mille cavaliers et quinze cents fantassins, suivis de
douze pièces de canon. A cette époque, Langres, qui,
suivant l'histoire de notre ancienne monarchie, passait pour n'avoir jamais été prise, avait déjà perdu
le nom de *Pucelle*, dont elle partageait l'honneur
avec deux autres villes Péronne et Bayonne. Située
sur un des points les plus culminans de la France,
Langres pouvait devenir par la force de son assiette une
excellente place de dépôt pour nos provinces centra-
les. Napoléon avait confié à sa vieille-garde le soin
et l'honneur de la secourir. Le maréchal Mortier,
commandant ce corps d'élite, avait pendant six jours
fait respecter cette importante position ; il avait même
culbuté les avant-gardes de Schwarzenberg et les avait
repoussées à plus de deux lieues ; mais ayant appris
que les Russes, sous les ordres de Barclay-de-Tolly,
s'avançaient pour soutenir les Autrichiens, il s'était
replié sur Chaumont, bien persuadé qu'il valait mieux
réserver ses troupes pour décider la victoire dans

une plus importante occasion que de les faire écraser par une armée entière. La reddition de Langres avait été la conséquence forcée de cette détermination.

La garde impériale ne put tenir dans Chaumont, faute de renforts. Débordée sur ses deux flancs, elle se retira vers Bar-sur-Aube, faisant payer cher à deux bataillons Wurtembergeois la témérité qu'ils avaient eue d'oser inquiéter sa marche. Le maréchal Mortier, ayant été joint par la division Michel, ses forces s'élevèrent à huit mille fantassins et deux mille chevaux, avec un parc de cinquante pièces de canon; c'est avec ce corps plus redoutable par la valeur que par le nombre que le maréchal résolut de défendre une position qui, empêchant l'ennemi de déboucher par la route de Chaumont et couvrant à la fois Troyes et Châlons-sur-Marne, où Napoléon rassemblait son armée, devait mettre Schwarzenberg dans l'impossibilité de se réunir aux troupes que Blucher amenait par la Lorraine. Le 24 janvier, le prince royal de Wurtemberg et le général Giulay manœuvrèrent pour tourner et débusquer le maréchal Mortier, posté sur les hauteurs de Bar. A midi, ils attaquèrent avec une grande impétuosité l'avant-garde française; elle avait été repoussée jusqu'au pont de Fontaines, lor-

que cinq mille vétérans, mis en réserve sur les hauteurs qui dominent ce pont, avec dix pièces de canon
et quatre obusiers, fondirent sur les assaillans. Rien
ne put résister au courage de ces braves ; s'avançant
au pas de charge, ils passèrent à la bayonnette tout
ce qui osait les arrêter, et cette journée aurait peut-
être vu l'entière destruction du corps autrichien
s'il n'eût été sauvé par l'arrivée de puissans renforts.
La canonnade se prolongea jusqu'à la nuit. Le maréchal Mortier, dans l'espoir d'être bientôt secouru,
persistait à se maintenir ; mais son aile gauche ayant
été débordée, il céda au désir de ménager le sang de
ses soldats, et se retira en bon ordre sur Troyes ;
après avoir perdu cinq cents hommes, tant tués que
blessés. Quinze cents ennemis restèrent sur le champ
de bataille. C'était la première fois, depuis le passage
du Rhin, que les coalisés éprouvaient une résistance
sérieuse. Aussi, après cette action, n'avancèrent-ils
plus qu'en tremblant sur cette terre qui avait enfanté
les vainqueurs d'Austerlitz, d'Iéna et de Wagram.
En devenant timides, ils devinrent aussi plus cruels.
Bar-sur-Aube porta tout le poids de leur vengeance
et de leur férocité. Jusqu'alors, les proclamations
rassurantes, dont ils s'étaient fait précéder, avaient
neutralisé

neutralisé la majorité de la population , lorsqu'on vit que les effets ne répondaient point aux promesses , les esprits s'aigrirent, et l'on se reprocha de s'être trop confié à des déclarations fallacieuses.

Napoléon , convaincu qu'en gagnant du terrain , l'armée ennemie s'affaiblirait par la seule nécessité de laisser des corps considérables dans les villes dont elle s'emparait , ou devant les places de guerre dont elle ne pouvait s'empêcher de former le blocus , avait recommandé à ses généraux d'éviter les affaires partielles. Attendant que les alliés se rapprochassent de Paris , il voulait les attirer sur un champ de bataille préparé d'avance , afin qu'au signal donné par la victoire, les garnisons et toute cette population belliqueuse qu'ils avaient laissée derrière eux, se levassent pour les exterminer. Cependant , les événemens se pressent, on répand les bruits les plus sinistres , la consternation est générale , l'ennemi est aux portes de Troyes , la moitié de l'Empire est envahie et l'empereur n'a point encore quitté son palais. L'armée réclame sa présence , et dans leur impatience les soldats le demandent à grands cris , certains que lui seul peut les réconcilier avec la victoire.

Depuis long-temps le départ de Napoléon était

58

annoncé, lorsque, le 23 janvier, à la suite d'une grande
revue , le corps des officiers de la garde nationale fut
admis aux Tuileries. Napoléon se plaçant au milieu de
ces citoyens , prit un ton conforme à sa situation , et
leur dit « qu'une partie du territoire français étant
» envahie , il allait se mettre à la tête de l'armée ,
» et qu'avec l'aide de Dieu , et la valeur de ses trou-
» pes , il espérait rejeter l'ennemi au - delà des
» frontières. » Puis tournant ses regards sur Marie-
Louise et sur son fils qu'elle portait dans ses bras ,
il ajouta d'une voix attendrie : « Je confie ma femme
» et mon enfant à ma fidèle ville de Paris ; je lui
» donne la plus grande marque d'estime , en laissant
» sous sa garde les objets de mes plus chères affec-
» tions. » Ensuite , il répéta par deux fois : « On me
» passera sur le corps avant d'arriver jusqu'à vous. »

Ces paroles que les circonstances rendaient si élo-
quentes , l'aspect d'un monarque époux et père, si
long-temps victorieux et alors abandonné par la fortune , pénétrèrent d'attendrissement tous les cœurs ;
l'émotion devint encore plus forte, lorsqu'on vit
Marie-Louise , portant le roi de Rome dans ses bras ,
verser des larmes en songeant aux malheurs qui menaçaient son fils et aux dangers qu'allait courir son

époux. Les officiers éclatèrent par des transports unanimes ; tous jurèrent spontanément de protéger et de défendre le dépôt sacré qui leur était confié, et tous promirent que désormais *délivrance du territoire* serait leur cri de ralliement. L'enthousiasme était à son comble ; mais l'empereur, dédaignant les ressources qu'il pouvait tirer d'une noble popularité, ne propagea point au-delà des Tuileries cette commotion électrique qu'il lui eût été si facile d'étendre jusqu'aux départemens les plus éloignés.

Le jour même où cette scène touchante eut lieu, Napoléon fit offrir au Pape de le réintégrer dans ses états ; mais ce vieillard, dans la crainte d'affaiblir la haine que les plus zélés *catholiques Romains* vouaient à l'empereur, rejeta sous divers prétextes une réconciliation tardive ; la démarche auprès de Pie VII fut aussi infructueuse que celle qui avait été tentée auprès du prince des Asturies. Les cardinaux et leur chef montrèrent autant d'inflexibilité dans cette circonstance, que les Cortès d'Espagne avaient déployé de patriotisme et d'énergie, en refusant de sanctionner les conditions acceptées par leur roi.

Avant de s'éloigner, Napoléon, prévoyant que, pendant son absence, il serait possible que des corps isolés vinssent porter l'alarme jusques sous les murs de Paris, ordonna de fortifier les hauteurs de Montmartre, de palissader les principales barrières, et dans un cas extrême de distribuer cinquante mille fusils au peuple des faubourgs. L'Impératrice Marie-Louise fut de nouveau nommée Régente, et la présidence de son conseil fut confiée à Joseph Bonaparte. L'empereur, plein de confiance dans le dévouement de son frère, de ses ministres et du sénat, quitta la capitale le 25 janvier, et arriva le lendemain à Vitry, où il trouva le corps du maréchal Victor, qui, à la suite de deux engagemens violens, l'un à Ligny et l'autre à Saint-Dizier, avait été forcé à la retraite. C'était sur la Seine et sur la Marne que cinq corps français, ceux de Macdonald, de Mortier, de Ney, de Marmont et de Victor, formant ensemble environ soixante mille hommes, allaient agir contre les armées combinées de Winzingerode, de Blucher et de Schwarzenberg, évaluées à deux cent mille combattans. Napoléon ne se dissimulait pas la difficulté de résister au choc d'une pareille masse ; mais, en se plaçant lui-même au point que les alliés avaient choisi pour se concentrer avant de marcher sur Paris, il espérait s'opposer à leur jonction, les battre séparément et organiser derrière eux un système d'insurrection nationale qui leur serait funeste.

En arrivant aux avant-postes, l'empereur résolut de faire l'épreuve de cette tactique contre l'armée de Silésie, composée de Russes et de Prussiens et qu'il regardait comme la plus rèdoutable. Informé des progrès de l'ennemi, il disposa tout pour le surprendre : les Russes rencontrés à Perthe, furent repoussés jusqu'à Saint-Dizier, où les troupes du maréchal Victor et la division Duhesme entrèrent victorieuses, après quelques heures de combat : le généra: Lanskoï et ses soldats s'enfuirent avec tant de précipitation, qu'ils n'eurent pas le temps de faire sauter le pont pour se mettre à l'abri de la poursuite. Les habitans, délivrés des vexations les plus violentes, accoururent au devant de Napoléon. Les cris sincères de *vive l'empereur*, retentirent dans les airs ; la foule se pressai: autour de lui, chacun voulait le voir, le toucher, lui parler. Les uns baisaient ses pieds, d'autres cherchaient à caresser son cheval. Souvent même on voyait des groupes de femmes et d'enfans s'agenouiller levant lui. Exaspérés par l'excès de leurs souffrances ces infortunés répétaient au milieu des sanglots : *Vive notre bon Napoléon ! soyez le bien ve-*

nu , c'est Dieu qui vous envoie ! délivrez-nous des cosaques !

La difficulté des chemins ne permit à notre avant-garde d'arriver à Montiérender que fort tard. Napoléon, informé que Blucher prenait position autour de Brienne, ordonna de se porter avec célérité sur cette ville , ne laissant à Saint-Dizier qu'une partie du corps de Marmont. A la nouvelle de ce mouvement , le général prussien voulut se diriger sur la forte position de Trannes , par où devait déboucher la grande armée alliée. Mais, au moment où il allait exécuter cette disposition ; notre avant-garde parut, et il n'y eut plus moyen d'éluder la bataille. L'action qui commença le 29, vers deux heures après midi , fut des plus sanglantes. Malgré des prodiges de valeur de la part du maréchal Ney et des généraux Grouchy, Lefebvre-Desnouettes et Duhesme ; elle était encore indécise à cinq heures, lorsque deux bataillons de la jeune garde, guidés par l'intrépide général Château , pénétrèrent dans le parc, et parvinrent, après un combat des plus vifs, mais des plus courts, à s'emparer du château , au moment où Blucher et son état-major venaient d'en sortir. Vers la fin du jour , le corps de Sacken s'avança pour reprendre cette importante position ; mais le brave chef de bataillon Henders, du 56.ᵉ régiment, avec quatre cents hommes seulement, repoussa les efforts des Russes, qui, malgré leur té-nacité accoutumée, furent obligés de se retirer, après avoir éprouvé des pertes énormes. Cependant les Prussiens continuaient à se défendre dans Brienne, et attaquaient le parc, qui présentait le tableau du plus affreux carnage : Napoléon, dans l'espoir de les déloger, fit jeter des obus dans la ville, qui fut bientôt incendiée. L'embrasement et la mousquete-rie ne purent vaincre l'opiniâtreté de la résistance, qui se prolongea encore pendant plus de trois heures, et l'armée de Silésie, qui avait montré tant d'acharnement, ne se détermina à battre en retraite que le lendemain au point du jour. Napoléon, après avoir couché au village de Maizières, à une lieue en-deçà de Brienne, fit son entrée dans cette ville, qui, à l'exception du château et de quelques maisons isolées, n'était plus qu'un monceau de cendres.

Cette victoire, gagnée par l'empereur en personne dans une circonstance où tout semblait dépendre des premières opérations, fut chèrement achetée. On évalua notre perte à plus de deux mille hommes. Le général Lefebvre-Desnouettes reçut un coup de bayonnette

dans les côtes ; le général Découz, connu par sa valeur, et commandant une division de la garde, fut
blessé mortellement. Le contre-amiral Baste périt
aussi dans cette journée : c'était un homme de tête
et de cœur, qui, depuis la campagne de Saxe, avait
demandé à prendre rang dans l'armée de terre ,
pour servir plus efficacement sa patrie menacée.

Le lendemain, Napoléon s'avança contre les coalisés, et fit canonner leur ligne de cavalerie, qui fut
attaquée en même temps par celle du général Grouchy et par le maréchal Victor. Le 31 janvier, nos
avant-gardes poussèrent jusqu'aux villages de la Rothière et de Dienville, où le gros de l'armée ne tarda
pas à venir prendre position. Napoléon, trompé par
un faux rapport , croyait n'avoir affaire qu'à l'armée de Silésie , et il pensait qu'il lui serait facile
d'achever de la détruire avant qu'elle ne fût secourue ;
cependant l'assurance de Blucher, qui faisait ses dispositions pour accepter la bataille , lui fit bientôt
soupçonner que les Prussiens et les Russes avaient
opéré leur jonction avec Schwarzenberg : il voulut
alors se rabattre sur Troyes; mais , le pont de Lesmont
ayant été brûlé, il fallait attendre qu'il fût rétabli. Nos
premières colonnes commençaient à s'ébranler , lors-

que , vers midi , le général Grouchy annonça que de grands mouvemens avaient lieu , et que des masses d'infanterie se présentaient devant la Rothière et Dienville. L'empereur monte aussitôt à cheval , et parcourt les avant-postes. La neige et un temps très-obscur auraient rendu dangereuse une retraite précipitée devant des forces trois fois plus nombreuses. Napoléon le sentit. Pour éviter un grand désastre et déjouer les projets des alliés , il résolut de leur imposer par sa contenance. Les Bavarois et les Wurtembergeois ne firent pas attendre leur attaque. Les positions de la Giberie et de Chaumenil , défendues , pendant trois heures, avec le plus grand acharnement, par le maréchal Victor , furent perdues, quoique Napoléon , qui voulait les conserver à tout prix , y fût accouru en personne avec une partie de sa garde et toute son artillerie. Obligé dans cette occasion de dégarnir son centre , qui occupait la Rothière, il attira malgré lui , sur ce point, tout le corps de Sacken, dont l'infanterie était déjà parvenue jusqu'à l'église du village , où les combattans luttaient de courage et d'obstination , lorsque l'empereur , chargeant à la tête de la cavalerie des généraux Colbert et Piré, arrêta les progrès de l'ennemi. Dans ce moment , le maréchal Oudinot,

avec deux divisions de la jeune garde , arrive sur
le champ de bataille. Aussitôt Napoléon reprend
l'offensive. Trois fois nos troupes enlèvent l'église
de la Rothière. Blucher accourt pour s'opposer
à tant d'intrépidité, et les Russes se maintiennent
dans ce village. La mêlée continuait à être affreuse,
lorsqu'une brigade , détachée par Marmont contre
les Bavarois , fut chassée de Morvilliers , et vivement poursuivie ainsi que la cavalerie du général
Milhaud , qui , dans ce désordre , perdit plusieurs
canons. Le général Grouchy s'avança pour les secourir ; mais, ayant pris une fausse direction , toute son
artillerie , consistant en vingt-quatre bouches à feu ,
tomba au pouvoir de l'ennemi. Vers la fin du jour ,
Napoléon voulut tenter une dernière attaque sur la
Rothière ; mais ni la résolution du maréchal Oudinot ,
ni l'audace du général Rothenbourg , ni la bravoure
du général Colbert , qui venait de repousser les Russes ,
ne purent triompher d'une résistance qui était en-
couragée par la présence de l'empereur Alexandre , du
roi de Prusse et du prince de Schwarzenberg. Une de
nos brigades pénétra dans le village. Accueillie par une
grêle de balles , elle ne tarda pas à l'abandonner.
Napoléon , désespérant de la victoire , ordonna au gé-

néral Drouot d'incendier la Rothière, afin de contenir les alliés, pendant que l'armée opérerait sa retraite
sur Brienne, en repassant l'Aube, par le pont
de Lesmont, s'il était praticable ou par celui du
village de Dienville., poste important, que le brave
général Gérard conserva jusqu'à minuit, malgré les
efforts réitérés du corps de Giulay.

Pendant que les différens corps passaient sur la rive
gauche de l'Aube, le maréchal Ney, avec de la grosse
artillerie, défendait les approches du pont de Lesmont; et Marmont, posté sur les hauteurs de Ronay
avec la division Lagrange et le premier corps de cavalerie, protégeait la retraite. Les Bavarois essayèrent
à plusieurs reprises d'enlever la position; mais Marmont, bravant leurs assauts, n'abandonna le terrain
que lorsqu'il se vit tourné. Il retarda ainsi de vingt-
quatre heures la marche des coalisés, et, quand,
dans l'impossibilité de tenir plus long-temps, il se
dirigea sur Rameru, il emmena avec lui cinq cents
prisonniers, qui avaient rendu leurs armes à la cavalerie du brave général Curto.

La bataille de la Rothière, dont les bulletins par-
lèrent comme d'un simple engagement d'arrière-garde,
eut pour nous les conséquences d'une véritable dé-

faite : les généraux Forestier et Marguet y furent tués.
Nous perdîmes cinquante-quatre bouches à feu et environ deux mille hommes, tués ou blessés. L'ennemi
eut un plus grand nombre de morts; mais le vide
qu'ils laissaient dans ses rangs était presque imper-
ceptible.

Napoléon se retira sur Troyes, afin de se réunir à la vieille - garde. Les souverains alliés n'osèrent pas le suivre : ils décidèrent que l'armée de
Silésie irait, en longeant la Marne, se joindre aux
corps de Bulow et de Winzingerode, qui, du
Nord de la France, se dirigeaient ensemble vers
Château - Thierry, pour marcher sur la capitale.
La grande armée ennemie devait, par les deux
rives de la Seine, se lier à celle de Blucher, au
moyen d'une ligne de cavalerie légère.

En arrivant à Troyes, on apprit que Blucher se séparait de Schwarzenberg. Pour profiter de cette faute,
Napoléon feignit de vouloir revenir sur ses pas, afin
de couper les colonnes ennemies, pendant qu'elles
étaient en marche. Ce stratagème laissa les alliés dans
l'incertitude de savoir s'il se retirerait sur Sens ou sur
Nogent. Sur ces entrefaites, Marmont, que les Bavarois avaient cessé de poursuivre, prit position à Arcis-

sur Aube, où il fut protégé par un renfort de quinze cents cuirassiers.

Napoléon n'usa pas dans le repos le temps que lui laissait la lenteur de ses adversaires : il se fortifia de tout ce que leur irrésolution ajoutait à l'essor de ses troupes. De nouveaux bataillons, venant de la Bretagne, de la Normandie et des armées d'Espagne, se joignirent bientôt aux braves qui avaient combattu à la Rothière, et l'armée, grossie en outre de dix mille de ces vieux soldats, qui, sous les étendards de la garde, s'étaient habitués à forcer la victoire, se trouva encore une fois dans l'enivrement de la gloire et du dévouement. Les Autrichiens ayant forcé le pont de Clercy, vaillamment défendu par un détachement de la garde, l'ennemi put manœuvrer sur les deux rives de la Seine : il crut alors qu'il lui serait facile de nous chasser de nos positions sur la Barce, d'enlever le pont de la Guillotière, et d'arriver jusqu'à Troyes, après avoir écrasé notre arrière-garde ; mais il fut repoussé avec perte, et apprit, à son grand étonnement, que Napoléon était dans la capitale de la Champagne, avec la ferme résolution de s'y maintenir. Cette circonstance, à laquelle les alliés étaient loin de s'attendre, les engagea à changer leurs dispositions ;

car la présence de Napoléon, à leurs yeux, équivalait à une puissante armée, et ce même guerrier, qu'ils poursuivaient comme vaincu, les obligeait encore à se retirer, dès qu'il se préparait à recevoir le combat.

Les souverains étrangers, n'osant pas attaquer de front Napoléon, cherchèrent, en menaçant ses communications avec Paris, à l'obliger de se retirer ; mais il ne s'effraya pas de ces démonstrations, et persista dans son dessein de n'abandonner Troyes que lorsque les deux armées alliées se trouveraient à une assez grande distance l'une de l'autre, pour ne pouvoir plus se prêter un mutuel secours. Des dépêches de son frère Joseph, qui lui apprenait que la capitale, vivement menacée, était dans la stupeur, l'obligèrent néanmoins à précipiter son départ. Aussitôt feignant de vouloir livrer bataille, il envoya un corps d'arrière-garde à la rencontre de Schwarzenberg, et se dirigea avec le gros de l'armée vers Nogent-sur-Seine. Le prince de Wurtemberg, ayant reçu la nouvelle de l'évacuation de Troyes, se présenta devant ses portes le 7 février, quatre heures après que nos troupes eurent quitté cette ville, dans laquelle il entra sans éprouver la moindre résistance. Les plus riches habitans accueillirent l'ennemi avec une bienveillance anti-nationale. Quelques émigrés, à la tête desquels était le marquis de Vidranges, exprimèrent dans cette occasion le désir de voir rétablir la maison de Bourbon sur le trône de France. Ce vœu, auquel il ne manquait qu'une unanimité prononcée, ne fut favorablement accueilli que par le prince de Wurtemberg. L'empereur Alexandre ne parut pas l'approuver; mais il permit au marquis de Vidranges, dont il louait la fidélité et le dévouement, de se rendre à Bâle, auprès du comte d'Artois. Tandis que ce premier mouvement royaliste avait lieu dans Troyes, plusieurs habitans de la petite ville de Pont-sur-Seine arboraient également la cocarde blanche sous les auspices de Wittgenstein, et publiaient avec solennité un manifeste de Louis XVIII.

Plus de cent mille ennemis étaient concentrés autour de Troyes; toutes les campagnes environnantes étaient inondées d'éclaireurs qui se répandaient dans toutes les directions, et l'hettman Platow avait déjà paru sous les murs de Sens, avec une nuée de cosaques, lorsqu'un nouveau congrès s'ouvrit à Châtillon - sur - Seine. Le général Caulaincourt, au nom de la France, y porta encore des paroles de paix; mais les coalisés ayant re-

jeté la proposition d'un armistice, on put dès-lors
prévoir qu'ils régleraient leurs prétentions sur le
succès de leurs armes. Dès les premières conférences, les bases d'un traité furent posées ; les conditions en étaient dures sans être déshonorantes.
Napoléon se montrait résigné à de grands sacrifices;
mais plus il accordait, plus on exigeait de lui; ce
qu'on lui offrait d'une main on le retirait de l'autre.
La Prusse avait déclaré que le repos du monde était
incompatible avec sa souveraineté ; l'Angleterre
méditait secrètement de rétablir en France l'ancienne dynastie; la Russie n'avait pas d'intention
prononcée ; l'Autriche seule manifestait le désir de
maintenir le trône dont une de ses archi-duchesses
rehaussait l'éclat. Mais l'Autriche ne s'expliquait pas
assez franchement pour que sa volonté influât en rien
sur les décisions du conseil.

Pendant que le corps diplomatique se réunissait
à Châtillon, les habitans de Vitry, excités à la défense par le vaillant général Montmarie, et secondés par un renfort inattendu, amené par le maréchal Lefebvre, arrêtaient les Prussiens et donnaient ainsi au maréchal Macdonald le temps d'arriver avant eux à Châlons, où se trouvait le grand
parc

parc d'artillerie. Macdonald voulut tenir en avant de cette ville; mais Yorck s'étant présenté avec des forces trop supérieures, il se décida à l'évacuer après avoir soutenu à Aulnay un combat, dans lequel il perdit quelques centaines de prisonniers. Le maréchal, ayant retardé pendant deux jours la marche de l'ennemi, fit sauter le pont de pierre sur la Marne, et s'assura ainsi une retraite et la conservation de cent bouches à feu. Malgré cette précaution, il ne tarda pas à être poursuivi par le corps d'Yorck, à qui il disputa toutes les positions susceptibles d'être défendues. A Crezancy, il fut rejoint par la valeureuse garnison de Vitry, qui, secourue par le général Excelmans, releva sur ce point le général Brayer, et soutint encore la retraite avec la dernière opiniâtreté. Parvenu à Château-Thierry, Macdonald fit sauter le pont et essaya de défendre la ville; mais les Prussiens, à l'aide de quelques bateaux, passèrent la rivière sous le feu de notre arrière-garde, qui se replia sur La Ferté. La population, éminemment française de Château-Thierry, s'était mêlée aux soldats afin de combattre pour ses foyers. Quand elle vit l'impuissance de ses efforts, lorsqu'elle entendit sonner dans ses murs la première trompette étrangère, l'émotion qu'elle éprouva fut si terrible, qu'on ne saurait la dépeindre.

Napoléon était encore à Nogent, lorsque plusieurs dépêches du maréchal Macdonald lui annoncèrent que l'armée de Silésie se portait sur Paris. Pleins d'ardeur et d'impatience, les Russes et les Prussiens, jaloux de devancer dans la capitale les troupes de l'Autriche, envers qui ils manifestaient une grande défiance, se portaient sur Meaux avec précipitation, ne laissant dans les villes qu'ils traversaient, que de très-faibles détachemens, pour contenir les paysans qui, ayant pris les armes, interceptaient les routes et arrêtaient les courriers. En même temps Blucher, après avoir attendu quelques jours, à Soudron, plusieurs corps venant de Mayence et de la Meuse, se dirigeait vers la plaine de Vertus ; il était précédé du corps de Sacken, dont les éclaireurs étaient déjà à la Ferté-sous-Jouare. Ainsi l'armée de Silésie, dans la persuasion que Napoléon était près de Troyes occupé à faire face à Schwarzenberg, se croyait hors de toute atteinte et sûre d'accomplir son entreprise.

Napoléon, qui, de sa position de Nogent, observait ce mouvement, se proposa, par une marche rapide de tomber sur les flancs de l'armée de Blucher, qui manœuvrant à plus de trois journées de distance de celle de Schwarzenberg, ne pouvait plus en être sé-courue. Nos troupes étaient remplies d'ardeur ; de nouveaux renforts avaient comblé le vide laissé par la désertion qui, un instant, avait été effrayante ; notre cavalerie, considérablement augmentée, s'éle-vait à douze mille chevaux ; tout enfin contribuait à relever des espérances que l'on avait vues près de s'évanouir. Frappé d'un de ces rayons lumineux qui, dans les beaux jours de sa gloire, avaient éclairé sa carrière militaire, Napoléon résolut de laisser devant Nogent et Montereau les corps des maréchaux Victor et Oudinot, la réserve de Paris, que commandait le général Gérard, et le 6.e corps de cavalerie. Sens était confié à la division Alix, et les lignes de l'Yonne et du Loing, à quelques dépots. Lorsque ces dis-positions furent arrêtées, l'empereur expédia aux maréchaux Ney et Marmont, l'ordre de se mettre en mouvement, et s'avança lui-même sur Sézanne par la route de Villenoxe. Il fallait traverser d'im-menses marais, les chemins étaient affreux, au mi-lieu de la forêt de Traconne les canons s'embour-bèrent, et l'on eût été obligé de les abandonner sans le zèle du maire et des habitans de Barbonne, qui

amenèrent cinq cents chevaux. A chaque instant les
soldats éprouvaient les plus grandes difficultés ; l'exemple des généraux les excita à faire éclater leur mécontentement ; on accusait hautement Napoléon d'avoir
perdu la tête , on maudissait le mauvais génie qui lui
avait inspiré une entreprise qu'on qualifiait d'extra-
vagante, d'insensée ; les plus dévoués blâmaient encore
sa témérité.

Enfin , à dix heures du soir , les premières colonnes arrivèrent à Sézanne. La garde impériale et
l'artillerie , quoique marchant depuis plus de vingt-
quatre heures , étaient encore à plusieurs lieues en arrière. Le lendemain , vers midi , tout se trouva réuni,
mais dans l'état le plus déplorable. Malgré ce délabrement , et sans avoir reçu aucune distribution de
vivres , l'armée fut forcée de se porter en avant dans
des chemins semblables à celui qu'elle venait de parcourir. Napoléon était incertain s'il se dirigerait sur
Montmirail , ou sur Champ-Aubert , lorsque la cavalerie du général Grouchy se trouvant tout-à-coup engagée près du village de Saint-Gond , on apprit que
les troupes avec qui elle était aux prises , étaient celles du général Alzuziew que l'on avait laissé , avec
six mille hommes , dans cette position , pour lier les

forces de Blucher à celles de Sacken et d'Yorck. Les
Russes attaqués aussitôt au village de Bayes, par le
maréchal Marmont et chassés par les divisions Ricard
et Lagrange, se concentrèrent autour de Champ-Aubert, dans l'intention de se retirer par Châlons ; mais
coupées aussitôt par deux escadrons que guidait le général Girardin, placé en tête de la cavalerie Doumerc,
ils formèrent leurs carrés avec la résolution de se
faire jour à la bayonnette. Dans ce moment, Alzuziew
combattit avec un à plomb et un sang-froid vraiment
admirables. Convaincu enfin de l'inutilité de ses efforts, il voulut se replier sur Epernay ; mais il n'était
plus temps, la division Ricard lui barrait le passage.
Les Russes, se voyant cernés de toutes parts, se trou-
blent, se dispersent, se sauvent à travers champs,
s'égarent dans les bois et tombent sous le sabre de nos
cuirassiers ou sous la bayonnette de ces conscrits coif-
fés d'un bonnet à forme féminine, et qu'on appelait
les *Marie-Louise*, en l'honneur de la régente qui les
avait envoyés. Cependant deux mille grenadiers ennemis se sont ralliés à la voix d'Alzuziew : ils résistent
encore ; mais, bientôt foudroyés par la mitraille, les
soldats et le général mettent bas les armes. Deux autres généraux et plusieurs colonels furent également

pris. Quinze cents ennemis restèrent sur le champ de bataille; toute leur artillerie tomba en notre pouvoir, ou fut jetée dans les marais. Le corps entier fut pris ou détruit. Vers les sept heures du soir, les généraux Colbert et Laferrière, s'étant portés rapidement sur Montmirail, y enlevèrent encore deux à trois cents cosaques. Cette journée de Champ-Aubert, si honorable pour Napoléon, ne fut point meurtrière ; l'armée française n'eut que cinq cents hommes tués ou blessés. Parmi ces derniers était le général Lagrange, atteint d'un coup de feu à la tête.

Les généraux Sacken et Yorck, l'un à La Ferté ; et l'autre dans les environs de Meaux, n'eurent pas plutôt appris la défaite d'Alzuziew, qu'ils rétrogradèrent. Leurs corps, séparés de l'armée de Silésie par celui de Marmont, qui s'était porté sur Etoges, se trouvaient dans une situation des plus critiques. Blücher, ne pouvant les secourir sans s'exposer à être battu, resta dans sa position à Vertus, en attendant que Schwarzenberg, à qui il avait donné avis de la marche hardie de Napoléon, fut en mesure d'opérer une diversion sur les derrières de notre armée. Nos soldats étaient alors dans une disposition redoutable pour l'ennemi. Oubliant leurs

souffrances , pour ne songer qu'à la gloire qu'ils venaient d'acquérir , ils se reprochaient les plaintes que
la veille ils avaient élevées. Ces clameurs leur semblaient autant de blasphèmes : on était honteux d'avoir
osé mettre en doute le génie de Napoléon , et chacun,
plein de confiance en lui , déclarait qu'il était infaillible , et qu'il méritait l'obéissance la plus entière. L'empereur, voulant profiter de cette ardeur pour retirer
de sa victoire tout le fruit qu'il en attendait, alla
prendre position à une lieue de Montmirail ; et ;
tandis que Marmont contenait Blucher , le général
Nansouty , envoyé à la rencontre de Sacken , se plaça
au débouché d'un ravin dans lequel il se proposait
de l'arrêter. Le corps russe ne tarda pas à se déployer
pour forcer le passage. La première attaque eut lieu
sur le village de Marchais , occupé par la division
Ricard. Ce village avait été pris et repris plusieurs
fois, et, après une lutte de plusieurs heures , les deux
armées conservaient leur même position, lorsqu'au
déclin du jour , le général Nansouty, avec sa cavalerie , déborda le centre de l'ennemi , et lui coupa
sa retraite sur Château-Thierry. Dans ce moment ,
Sacken, trompé par une ruse de l'empereur , qui
venait d'ordonner au général Ricard de céder du

côté de Marchais, dégarnit son centre pour se porter
au point où il se croyait victorieux. Napoléon, voyant
que son adversaire est tombé dans le piège, ordonne
au général Friant d'attaquer, avec quatre bataillons
de vieux grenadiers, la ferme de l'Epine-aux-Bois,
que les Russes regardaient comme la clef de la position, et qu'ils avaient armée de quarante pièces de
canon et d'un triple rang de tirailleurs. Les maréchaux
Ney et Mortier, le premier à la tête d'une colonne
d'infanterie de ligne, le second avec six bataillons
de la jeune garde, partagent avec le général Friant
les périls de cet assaut. En un instant, les tirailleurs de
l'ennemi sont débusqués et culbutés en désordre sur
leurs masses; les combattans sont si rapprochés, qu'il
n'y a plus moyen de faire feu : la terrible bayonnette
succède à la fusillade, la mêlée devient affreuse. Mais
l'opiniâtreté de la résistance peut épuiser la vigueur
de l'attaque : Napoléon, jugeant qu'il est temps de décider du succès, fait avancer la cavalerie de la garde.
Ses escadrons partent aux cris de *vive l'Empereur;*
plusieurs carrés sont entamés et la terre est jonchée de
cadavres russes. Les gardes-d'honneur, ces fils de
famille, à qui il ne manquait que l'expérience pour
rivaliser avec l'élite de notre cavalerie, font aussi des

prodiges. Parvenus à la hauteur de l'Epine-aux-Bois, après avoir écrasé plusieurs masses d'infanterie, ils tournent le village de Marchais, pendant que le maréchal Lefebvre et le général Bertrand y pénètrent avec deux bataillons de la vieille-garde ; tout ce qui était dans le village, se rendit ou mordit la poussière. Nos fantassins profitèrent de cet avantage pour jeter dans les rangs ennemis une telle confusion, qu'officiers et soldats se dispersèrent, abandonnant leurs canons et leurs bagages. En vain les premières troupes d'Yorck essayèrent-elles de soutenir Sacken, la vieille garde tomba sur les Prussiens et s'empara d'un parc de voitures, de plusieurs pièces d'artillerie, et de dix drapeaux qu'elle enleva au milieu des carrés taillés en pièces. Les Russes, fuyant dans le plus grand désordre, furent poursuivis jusqu'à la forêt de Nogent par la division Ricard qui tua ou prit tout ce qu'elle trouva les armes à la main. La fatigue de nos troupes et l'obscurité de la nuit purent seules dérober l'ennemi à une entière destruction.

La victoire de Montmirail redoubla l'enthousiasme de l'armée. Dans aucune affaire, depuis l'ouverture de la campagne, nous n'avions ramassé autant de canons ni fait un si grand nombre de prisonniers russes. Plus de six mille des leurs étaient hors de combat, et nous n'avions à regretter qu'environ mille braves. De pareils avantages, obtenus dans une circonstance qui semblait désespérée, causèrent une joie universelle.

Le lendemain, l'ennemi qu'on ne put atteindre qu'à deux lieues au-delà de Vieux-Maisons, fut encore poussé avec la plus grande vigueur auprès de Caquerets. Les Prussiens, chargés de couvrir la retraite, tentèrent, à la faveur d'une belle position, de ralentir la marche des vainqueurs ; mais ils furent culbutés, leur infanterie par le général Christiani, et leur cavalerie par le maréchal Ney. Le général Belliard, ayant avec lui la cavalerie des généraux Defrance et Laferrière, tomba sur les masses ennemies, et fit un grand nombre de prisonniers ; le général Letort, avec les dragons de la garde, enfonça deux carrés, et leur fit mettre bas les armes, ainsi qu'au général Frendenreich qui les commandait. A quatre heures du soir, l'ennemi avait été refoulé des dernières hauteurs qui dominent Château-Thierry, jusque dans les faubourgs de cette ville. Le maréchal Mortier, à la tête de notre avant-garde, s'avança comme un torrent contre les débris de cette armée qu'il accula à la Marne, dans l'espoir que les ponts construits par l'ennemi auraient été rompus

par les habitans : ils avaient eu en effet l'intention de les
détruire; mais le prince Guillaume de Prusse, avec deux
mille hommes d'élite, les contint; jusqu'au moment
où il eut besoin lui-même de les brûler pour se mettre
hors d'atteinte, quand les corps de Sacken et d'Yorck
furent parvenus sur la rive droite. Au point du jour,
la ville fut évacuée; alors Napoléon s'avança près du
pont en pierre dont la mine avait brisé les arches. En
voyant l'empereur, les habitans firent éclater leur allégresse par les plus vives acclamations. Tous se présentèrent pour réparer le pont, et, malgré le feu des cosaques
qui, laissés en tirailleurs, s'opposaient à sa reconstruc-
tion, le zèle infatigable des Champenois eut bientôt rendu le passage libre. Un second pont s'éleva comme par
enchantement : l'infanterie de la jeune garde le franchit
la première pour aller à la poursuite de l'armée ennemie.
Le maréchal Mortier poussa des détachemens sur les
routes de Soissons et de Reims; le maréchal Macdonald,
qui, n'ayant plus que trois mille hommes, se réorganisait
à Meaux, fut dans l'impossibilité de harceler les
vaincus.

Napoléon, n'ayant pas de forces suffisantes pour retirer de son triomphe le parti qu'il en attendait, ordonna que le tocsin retentît sur les bords de la Marne

et dans toutes les campagnes : les paysans ne purent pas assez promptement répondre à cet appel ; cependant plus de cinq mille d'entr'eux s'armèrent des fusils trouvés sur le champ de bataille , et demandèrent à seconder nos troupes. Cette levée , quoique tardive , ramassa , en six jours, plus de deux mille prisonniers. Les habitans de Château-Thierry montrèrent un véritable patriotisme : ils surent venger eux-mêmes les outrages et les atrocités auxquels leur ville avait été en proie. Ils donnèrent l'exemple trop peu suivi de mettre en pratique cette grande maxime de salut, que, *dans une guerre nationale , il n'y a d'autre loi que la destruction de l'étranger.*

Le corps de Marmont était resté à Etoges , pour couvrir la marche de nos troupes. Blucher, qui, pendant trois jours , était demeuré à Vertus ; spectateur immobile des désastres de son armée , ne sut pas plutôt que Napoléon ayait franchi la Marne , qu'à la tête de trente mille hommes, il fondit sur le maréchal, qu'il comptait surprendre et écraser. Attaqué le 13 février, Marmont, qui était sur ses gardes, repoussa le premier choc et se replia afin de se rapprocher du gros de l'armée. Il continuait ce mouvement, quand Napoléon, qui, sur l'avis que Blucher avait repris l'offensive , était parti de Château-Thierry pendant la nuit , arriva à Montmirail avec ses invincibles vétérans : il était huit heures du matin. Marmont suspendit aussitôt sa marche rétrograde, et, avec les divisions Lagrange et Ricard , attaqua le village de Vauchamps. Au même instant ; cinq bataillons prussiens furent rompus par la cavalerie de Grouchy, qui, ayant tourné la droite des ennemis , se porta à plus d'une lieue en arrière de leur ligne. Blucher , se voyant coupé , voulut se retirer sur Champ-Aubert; mais, au milieu d'une plaine immense, son infanterie à découvert et comme flottant dans l'espace , était abordable de tous côtés. Napoléon le fit charger près de Fromentières par ses escadrons de service, qui enfoncèrent et prirent un carré de deux mille hommes. Trois autres carrés, dans lesquels pénétra Grouchy, furent taillés en pièces. Deux fois la cavalerie de ce général coupa la route à l'ennemi, deux fois elle le cerna; mais la difficulté des chemins l'ayant forcée de laisser ses canons en arrière, elle ne put profiter de tout l'avantage de sa position. Blucher , certain qu'on ne pouvait lui riposter, parvint à se dégager avec la bayonnette et la mitraille. Sans ce contre-temps, il eût été prisonnier, et son armée anéantie. Toutefois, il n'était pas hors de danger : nos escadrons guidés par les généraux Grouchy, Doumerc et Saint-Germain, fondirent avec une nouvelle impétuosité sur les carrés ennemis, les dispersèrent, et jetèrent dans leurs rangs l'épouvante et le désordre. Poussées avec la plus grande vigueur, les colonnes prussiennes sont obligées de passer sous le feu roulant de notre infanterie, masquée par cette forêt de Champ-Aubert, que nos soldats, ravis de leurs succès, nommaient la *Forêt Merveilleuse*. Rien ne peut alors égaler l'ardeur de nos braves. Entourés de trophées, ils s'avancent sous les yeux de leurs chefs, en chantant l'hymne de la victoire. Cinquante pièces de canon de la garde les précèdent en lançant la foudre. Blucher, ayant rallié la division Ziethen, essaya encore de se maintenir à Etoges, tandis que le prince Urusow défendait le débouché de la forêt ; mais le corps de Marmont ayant surpris cette arrière-garde, elle fut abordée par le premier régiment de la marine qui lui prit huit pièces de canon, et lui fit mille prisonniers, parmi lesquels se trouvaient plusieurs colonels et le lieutenant-général Urusow. Enfin l'armée de Silésie, diminuée d'un tiers, et ayant perdu une partie de son artillerie, ainsi que plusieurs drapeaux, ne dut son salut qu'à la nuit, qui mit un terme au combat. Le lendemain, au point du jour, Blucher se retira sur Châlons, pour tâcher de joindre ses débris à ceux des corps d'Yorck et de Sacken.

Les glorieuses journées de Champ - Aubert, de Montmirail, de Château - Thierry et de Vauchamps étaient une ample compensation de l'échec éprouvé à la Rothière. L'arrogance des Prussiens fut cruellement abaissée par ces défaites successives. De son côté, Napoléon, enorgueilli d'avoir remporté quatre victoires dans six jours, et dissipé une armée triple de la sienne, se flatta que de si brillans avantages forceraient les esprits les plus froids à revenir de leur abattement, et que l'enthousiasme de l'admiration pourrait réveiller toute l'ardeur de l'esprit national, ou plutôt y suppléer. Tout, en effet, semblait justifier cette espérance. L'empereur se montrait alors ce qu'avaient été le *général Bonaparte* et le vainqueur d'Austerlitz; et si l'abus du pouvoir n'eût refroidi les cœurs, il n'y a pas de doute que ses hautes combinaisons n'eussent excité un élan proportionné à la grandeur des circonstances. Sa dernière expédition était une des plus étonnantes de sa vie militaire, non seulement par l'importance des résultats, mais encore par la profondeur du plan et la hardiesse de l'exécution.

Tandis que Napoléon triomphait sur la Marne, de nombreux renforts accouraient par le Nord, pour grossir la foule de ses ennemis; Bernadotte, à la tête des Suédois, se réunissait dans les environs de Cologne aux corps de Woronzow et de Strogonow, pour agir avec le général Bulow contre les places fortes de la Flandre et du Brabant. Ce général Prussien, après s'être emparé de Bois-le-Duc, dont les habitans lui avaient livré les remparts, fit, à la sollicitation du duc de Clarence, une seconde tentative sur Anvers. Il se disposait à incendier la flotte de l'Escaut. Mais, après quatre jours d'efforts infructueux, dans lesquels il fut secondé par les troupes du général Graham, il se vit encore forcé de renoncer à son entreprise. Sur ces entrefaites, le général Carnot, à qui les dangers de la patrie avaient fait oublier la haine qu'il portait au gouvernement impérial, vint prendre le commandement d'Anvers. Ses dispositions

dispositions aussi promptes que bien conçues, achevèrent de déjouer les projets de l'ennemi. Le siège de
la place fut dès-lors converti en un simple blocus; et
Bulow, relevé par dix mille Saxons, se dirigea sur
Malines. Le général Maison, après avoir long-temps
défendu les rives de l'Escaut, évacua Bruxelles, et se
retira sur la Marque.

La situation de Soissons et son pont sur l'Aisne
devaient faire soupçonner que cette ville serait le
point par où les armées du Nord chercheraient à opérer leur jonction avec celle de Silésie. Le 14 février,
cette place, gardée seulement par les débris de six
bataillons, mille garde nationaux et cent gendarmes
sous les ordres du général Rusca, fut attaquée par
tout le corps de Winzingerode. Rusca, qui, à la suite
d'un combat soutenu la veille contre l'avant-garde
que commandait Czernischew, s'était enfermé dans
Soissons et avait juré de se défendre jusqu'au dernier
soupir, fut tué par un des premiers coups de canon
tirés contre nos batteries. Cet événement jeta dans la
garnison un grand désordre dont les Russes profitèrent pour donner l'assaut. Plusieurs habitans courageux défendirent alors leurs foyers avec une bravoure opiniâtre ; on se battit quelque temps dans les

rues, mais enfin nos soldats, ne pouvant plus arrêter des forces si supérieures, se firent jour par la route de Compiègne. Winzingerode, maître de Soissons, livra cette ville au pillage, et partit bientôt après pour aller à Reims rejoindre les restes de l'armée de Silésie.

Paris était à peine délivré sur un point, que les mouvemens de Schwarzenberg donnèrent de nouvelles inquiétudes. Déjà ses troupes légères s'avançaient par la route de Sens et de Nogent. Un danger si pressant devait nécessairement rappeler Napoléon sur les bords de la Seine, où les maréchaux Victor et Oudinot luttaient contre les efforts réunis de la grande armée alliée.

Dès que les masses ennemies séjournaient dans une province, elle était aussitôt parcourue dans tous les sens par des nuées de cosaques. Ceux du général Seslavin poussèrent des reconnaisances jusqu'aux portes d'Orléans, afin de priver Napoléon des secours qu'il attendait des riches contrées que baigne la Loire. Courtenay, où des prisonniers Espagnols furent délivrés, Montargis et Nemours, reçurent les hordes de Platow qui se vengea sur ces villes d'avoir échoué devant Sens, où il avait été repoussé par une garnison de six cents hommes, sous les ordres du général Alix, dont l'intrépidité et la force de caractère s'é-taient signalées dans la défense du royaume de Westphalie. Après le départ de Platow, Alix, at-taqué de nouveau, combattit avec le plus grand courage. Pendant douze jours il résista aux assauts de douze mille hommes sous les ordres du prince royal de Wurtemberg, et ne songea à la retraite qu'après quarante heures de bombardement, et lors-que les assiégeans eurent forcé la faible enceinte dont la possession leur était disputée avec tant d'a-charnement. Le général français, à la tête de sa poignée de braves, passa alors l'Yonne, dont il fit sauter le pont. Les Wurtembergeois, irrités de la résis-tance d'une ville qu'ils ne croyaient pas susceptible de défense, furieux surtout des pertes qu'ils avaient éprouvées, se livrèrent au pillage et commirent des actes de barbarie.

Vers la même époque, nos postes sur la rive gauche de la Seine ayant été forcés, nos troupes furent obligées d'évacuer Marnay et Saint-Aubin, et de se retirer auprès du Château de la Chapelle. Douze cents hommes, commandés par le général Bour-mont, défendirent cette position avec la plus hé-

roïque résolution ; mais , accablés enfin par le nombre toujours croissant des Autrichiens , ils se réfugiè-
rent dans Nogent, où , pendant trente-six heures , ils
se battirent avec fureur , et firent essuyer à l'ennemi une perte de plus de deux mille hommes. Le
colonel Voirol, qui, pendant l'action , remplaça le
général Bourmont légèrement blessé, imprima à
la résistance le caractère le plus énergique. Chaque
habitant affrontait le péril comme le plus vaillant
soldat ; chaque habitation était transformée en citadelle. Les alliés , courroucés de ne pouvoir réduire une
ville ouverte de toutes parts et dépourvue de fortifications , lancèrent sur les faubourgs des obus et
des fusées à la Congrève. L'incendie fit des progrès
rapides ; toutefois les Nogentais ne s'occupèrent de
l'éteindre , qu'au moment où la faible garnison qui
les protégeait reçut l'ordre de se retirer sur Provins,
afin de n'être pas enveloppée par les corps bavarois,
autrichiens et Russes qui traversaient la Seine ; les
premiers, à Bray , dont la garde nationale avait mal
défendu le passage ; les seconds, à Montereau , et les
derniers au-dessus de Nogent. Le colonel Voirol ,
avant de se retirer, couronna sa belle défense , en
mettant le feu à la mine qui avait été pratiquée sous

le pont. Cinquante Russes et un officier s'élancèrent pour le franchir ; ils étaient à peine au milieu , que la mine éclata et les engloutit sous les eaux. Les alliés, ayant rétabli les ponts ,s'emparèrent , sur la rive droite de la Seine, de toutes les positions qui couvraient Paris.

L'armée combinée était forte de cent mille hommes , et les faibles corps d'Oudinot et de Victor augmentés des divisions Pactod et Pajol , étaient les seules forces à lui opposer. Schwarzenberg, ne prévoyant pas être arrêté par aucun obstacle , et sachant d'ailleurs que Blucher qui devait être relevé sur la Marne par Bulow et Winzingerode , serait à même d'agir sur les derrières de Napoléon , dans la supposition où ce dernier viendrait à se rapprocher de la Seine, se détermina à continuer son mouvement offensif. Les corps de Wittgenstein et de Wrède se portèrent sur Nangis et Melun , dont le maréchal Oudinot , en se retirant derrière l'Yères , avait fait sauter le pont. Le 16 février , toutes les campagnes voisines de Paris furent couvertes d'Allemands , de Russes , de cosaques , de baskirs et de kalmoucks; spectacle douloureux pour tous les bons et fidèles Français! Ces hordes indisciplinées, campées au milieu des villes , arrêtaient les citoyens dans les rues , et les voyageurs sur les grands chemins pour les fouiller et les voler. Les uns pillaient les maisons et se chargeaient de plus de butin qu'ils n'en pouvaient porter ; d'autres allaient dans les fermes, pour y enlever les vivres, les grains et les bestiaux ; ni le sexe, ni l'âge n'étaient sacrés pour ces barbares : leurs bivouacs offraient le tableau hideux de tous les désordres, de tous les excès, de toutes les violences. On n'avait pas encore l'idée que les sauvages enfans du Nord pussent se livrer à tant de crimes. Jusqu'alors, on n'avait connu que leur brutalité, mais on la croyait exempte des vices qui décèlent la plus honteuse corruption.

Les habitans des campagnes, en refluant vers Paris, y réveillèrent les alarmes que les succès obtenus contre l'armée de Silésie semblaient avoir pour toujours dissipées. L'effroi des Parisiens se manifestait avec les plus vives démonstrations, lorsque Napoléon, suspendant ses opérations sur la Marne, et dans la saison la plus rigoureuse, s'avança avec rapidité pour combattre les Austro-Russes. En quatorze heures, nos premières colonnes furent rendues à La Ferté. Victorieux des Russes et des Prussiens, les soldats, ne redoutant plus les infidélités passagères de la fortune, pensaient que la défaite des Autrichiens serait à la fois éclatante et facile. Le 16 février, trente-six heures après leur départ, toutes nos troupes étaient réunies à Guigne, où douze mille hommes, formant l'avant-garde sous les ordres du maréchal Macdonald, avaient été joints la veille par les corps des maréchaux Oudinot et Victor, qui, forcés d'abandonner leurs positions, étaient venus au-devant de l'empereur. Cette concentration arrêta la marche rapide des coalisés qui déjà se portaient sur la rivière d'Yères. Leurs premières colonnes s'étant repliées, se mirent en ligne entre Guigne et Nangis, pour faire face aux nôtres. Dès le lendemain, Napoléon fit attaquer le corps de Wittgenstein campé autour de Mormant. La division Gérard et toute la cavalerie des corps de Kellermann et de Milhaud tournèrent ce village, que foudroya notre artillerie, et dans ' quel le fameux 52.ᵉ régiment de ligne pénétra la bayonnette en avant. L'infanterie russe, formée en carrés dans une vaste plaine, fut aussitôt enfoncée et mise en deroute. En vain des milliers de cosaques tentèrent-ils de couvrir la retraite, partout ils furent chassés et taillés en pièces. La perte de l'ennemi, dans cette action qu'on appela le combat de Nangis, fut évaluée à quatre mille hommes, douze canons et quarante caissons. Une immense quantité de fusils fut ramassée sur le champ de bataille. Les vaincus ne furent point poursuivis; notre cavalerie, harassée par trente-six heures de marche, ne put compléter les succès de l'infanterie. Napoléon, fâché de voir échapper les Bavarois dépostés de Ville - Neuve - le - Comte, accusa un général brave, dont il avait auparavant loué l'extrême intrépidité, de n'avoir pas chargé, comme il le devait, avec ses dragons. Il blâma aussi le maréchal Victor de n'être pas arrivé à temps. Ce reproche n'était peut-être pas injuste; Victor avait perdu une journée, et ce retard nous avait empêchés de devancer Schwarzenberg sur les hauteurs de Montereau et au château de Surville, position importante, où, pour couvrir les ponts de la ville et protéger sa retraite, le généralissime de la coalition laissa deux divisions autrichiennes et dix mille Wurtembergeois. Notre avant-garde se présenta devant ce poste au moment où les bagages des alliés et leurs réserves venaient de repasser la Seine. Elle brûlait de continuer sa victoire; mais comme elle n'était pas assez nombreuse, elle fut obligée de se replier.

Le lendemain, au point du jour, le général Chateau recommença l'attaque avec impétuosité; malgré l'ha-

bileté de ses dispositions et la valeur de ses soldats ,
il fut repoussé : trois fois il revint à la charge ; mais
à la dernière , il fut mortellement blessé , en voulant ,
à la tête des tirailleurs, enlever le pont de Montereau.
Napoléon paya un juste tribut à l'héroïsme de ce
guerrier , qui , jeune encore, et à cet âge où l'on
donne à peine des espérances, s'était illustré par les
plus beaux faits d'armes. Ce général n'avait pas rendu
le dernier soupir , que le général Gérard, avec le 2.ᵉ
corps, tenta une quatrième attaque ; mais l'ennemi
abrité par sa position, et protégé par le feu continuel
de quarante pièces d'artillerie , reçut le choc sans
s'ébranler. Il était trois heures, le combat s'animait
de plus en plus, et nous n'avions fait aucun progrès.
Napoléon, jugeant alors qu'une action générale pouvait
seule décider la victoire , concentra une partie de ses
forces , et se mit à la tête avec son état-major.
Aussitôt trente mille de nos soldats et soixante pièces
de canon s'avancèrent à la fois ; ils furent suivis
par le général Pajol, qui arriva avec sa division par la
route de Melun. En voyant ces dernières troupes
composées en grande partie des gardes nationales de la
Bretagne et du Poitou, l'empereur leur dit avec feu :
Montrez de quoi sont capables les hommes de

l'Ouest; ils furent de tous temps les défenseurs de leurs pays et les plus fermes appuis de la monarchie. Ces paroles électrisent les braves Vendéens; ils gravissent le flanc du coteau qu'occupaient les alliés, et les attaquent avec vigueur. Ceux-ci, se voyant débordés, et apercevant que leur artillerie est sur le point d'être prise, se retirent avec tant de précipitation et de désordre, que la cavalerie du général Delort, en les chargeant, passa le pont de Montereau pêle-mêle avec les fuyards. Au même instant, les habitans, irrités des mauvais traitemens qu'ils avaient reçus, barricadent les rues, pendant que les femmes et les enfans font pleuvoir sur l'ennemi les tuiles et les pierres. Les uns arrachent les armes aux prisonniers, et s'en servent pour exercer de justes représailles, contre ceux qui résistaient encore; d'autres se présentent à nos soldats pour les guider à travers les sentiers. La ville fut transformée en un véritable champ de carnage. Dans ce sanglant combat, nous prîmes quatre drapeaux, six canons et un général; l'un des princes de la famille Hohenlohe fut tué. On estima la perte totale de l'ennemi à près de cinq mille soldats. Si le maréchal Macdonald n'eût pas été arrêté derrière Bray, où, pendant toute la journée, il avait

combattu les Bavarois; si le maréchal Oudinot n'eût
pas également rencontré à Nogent d'irrésistibles obstacles; si enfin il eût été possible de réunir toutes
nos forces et de franchir la Seine par plus d'un passage,
il n'est pas douteux que tous les corps de Schwarzenberg n'eussent été anéantis, et l'empereur Alexandre
ainsi que le roi de Prusse, conduits prisonniers à
Paris. Plusieurs autres circonstances causèrent des re-
tards qui permirent aux alliés d'utiliser leurs réserves
placées en échelons sur les routes qu'ils parcouraient.

Napoléon, joyeux d'un second triomphe aussi
inopiné que le premier, s'écria : *Mon cœur est sou-
lagé, je viens de sauver la capitale de mon empire.*
Des succès aussi merveilleux commençaient à enflammer tous les cœurs, et un moment, notre délivrance parut infaillible et prochaine. Les autres corps
français, voisins de l'armée, que commandait Napoléon, profitèrent des avantages qu'il obtenait, pour
reprendre également l'offensive. A Orléans, les cosaques furent repoussés par des troupes récemment
détachées des armées d'Espagne. Les généraux Charpentier et Alix chassèrent de Fontainebleau le général autrichien Hardegg, pendant que le maréchal
Oudinot poursuivait l'ennemi vers Provins, à travers

les traces de sang et les colonnes de feu, qui mar-
quaient sa retraite.

A cette même époque, le maréchal Augereau,
avec une armée de dix-sept mille combattans, venait
de reprendre Bourg et Mâcon, et menaçait Genève,
tandis que le général Marchand, après avoir enlevé
le passage des Echelles, rentrait dans Chambéry. Les
Alpes touchaient au moment d'être affranchies, et tout
faisait présager qu'Augereau, d'après ses instructions
pénétrerait dans le pays de Vaud, où l'attendaient de
nombreux partisans; on croyait qu'il renouvellerait e
souvenir des beaux jours de Castiglione, en faisant sur
les derrières de l'ennemi une grande et utile diversion.

On eût dit que cette campagne, d'où dépendaient
les destinées de la France, allait, par la grandeur du
péril et par ses prodigieux résultats, rajeunir l'ancienne
gloire de Marengo et d'Austerlitz. Napoléon avait en
effet recouvré l'art de vaincre. Placé entre la Seine
et la Marne, avec son activité accoutumée il avait su
se multiplier par la rapidité de ses marches, et se portant
tour-à-tour contre Blucher et Schwarzenberg, il venait
de triompher de chacun d'eux. Cette tactique, la
première de toutes à la guerre, en sauvant deux fois
Paris, ranima l'ardeur des habitans. Afin d'entre-

tenir ces nobles dispositions, plusieurs de nos maréchaux publièrent des bulletins, dans lesquels ils invi-
taient les bons Français à saisir les armes abandonnées
par l'ennemi, et à profiter du moment favorable
pour s'affranchir et se venger. Ces écrits exaltèrent le
peuple des campagnes, où commençaient à se former
des rassemblemens nombreux. Les souverains étrangers redoutèrent un soulèvement de la nation ; plus
incertains que jamais sur le sort de la guerre, ils
s'avouèrent vaincus, et dès le lendemain du combat
de Montercau, ils envoyèrent demander un armistice. Mais Napoléon rejeta cette proposition. Le
même jour, un secrétaire du cabinet lui apporta un
autre acte préliminaire, dont les bases ne pouvaient
être présentées dans une circonstance moins oppor-
tune. Les alliés conservaient à Napoléon la France
telle qu'elle était sous ses rois, mais ils exigeaient l'occupation de Besançon, de Béfort et d'Huningue : on
assure même qu'ils allèrent jusqu'à demander qu'on
leur livrât la capitale ainsi que trois de nos principales
places maritimes. De pareilles conditions ne pouvaient
être acceptées ; cependant le conseil de régence, les
ayant mises en délibération, déclara qu'il fallait y souscrire. Mais Napoléon, qui avait placé son trône si haut,

ne pouvait consentir à l'avilir. Avant de faire la paix, il voulait sauver la France, et replanter ses aigles sur le Rhin. Ses dernières victoires l'autorisaient à en accepter l'augure, aussi répondit-il à l'agent diplomatique qui lui remettait la minute d'un traité si onéreux : « C'est trop exiger! les alliés oublient que je » suis plus près de Munich qu'eux de Paris ». On peut s'étonner d'une semblable assurance aujourd'hui que le temps a dévoilé les manœuvres et les complots qui menaçaient le gouvernement impérial. Napoléon ne les ignorait pas à cette époque ; la démarche des royalistes de Troyes lui était connue : il savait qu'un prince de la dynastie était à la suite de l'armée anglaise ; que d'autres princes de la même famille étaient venus sur le continent ; que le cabinet de Londres, si influent dans le conseil des coalisés, était intéressé à soutenir, et disposé à faire valoir les prétentions des Bourbons ; que plusieurs agens du Roi avaient paru aux frontières ; qu'ils entretenaient des intelligences jusques dans le congrès; que l'un d'eux, le colonel de Boissy, avait même été arrêté à Paris, et fusillé le 2 février; enfin que Bordeaux avait vu se ressusciter dans son sein un ancien comité royal ; mais Napoléon ne put croire au succès de ces trames, qui manquaient d'appui dans l'esprit public, et qui n'avaient pu obtenir de la coalition une protection ostensible. Tant de rois qu'il avait créés, les souverains de la Bavière, du Wurtemberg et de la Saxe; tant de princes, dont il avait agrandi les états, ne pouvaient vouloir sa chute, sans remettre en question leur propre existence politique; d'ailleurs le Czar avait promis solennellement de ne jamais prescrire aux Français la manière dont ils devaient être gouvernés, et l'empereur d'Autriche avait constamment manifesté des opinions contraires à la cause des Bourbons. D'après ces considérations, Napoléon ne pouvait pas même se persuader que, dans la supposition où il serait réduit à n'avoir plus d'autre recours que dans la générosité de ses adversaires, il s'agît pour lui d'*être* ou de *n'être pas*.

Mais les derniers événemens éloignaient de sa pensée une aussi humiliante perspective. Son génie avait trompé tous les calculs et déjoué toutes les combinaisons; du sein même de ses désastres il était sorti tout resplendissant de gloire, et il ne doutait pas que l'admiration ne soulevât tout autour de lui, pour lui enfanter des ressources et des soldats. L'esprit militaire, chez les Français, semblait reprendre son ancienne énergie , et nos guerriers , enflammés par des succès récens, ne comptaient plus le nombre de leurs ennemis, tant ils étaient avides de les combattre et assurés de les vaincre.

Les généraux alliés, témoins de ces dispositions, se repentirent de s'être séparés après la bataille de la Rothière, et résolurent de réunir en une masse principale toutes les armées de la ligue européenne. Blucher, renforcé par les troupes que lui avait amenées le prince Gorezakow et par une division de Langeron, s'achemina vers Troyes à la tête de cinquante mille hommes.

L'armée française , partie de Montereau le 30 février , n'avait pas cessé de poursuivre l'ennemi ; mais l'empereur, informé qu'il existait de la mésintelligence entre les troupes coalisées, et que l'on accusait les Autrichiens d'une coopération peu sincère , évita de livrer à Schwarzenberg une action générale qui eût dissipé un soupçon de collusion qu'il était au contraire utile de fortifier.

Blucher, parvenu à Mery-sur-Seine, releva le corps de Wittgenstein que l'on y avait laissé en position pour empêcher que l'armée de Silésie ne tombât au milieu de la nôtre. A l'approche de nos colonnes , le général prussien parut vouloir se maintenir dans Mery ,

Méry, pendant que le gros de ses troupes, protégé par la Seine, cherchait à joindre les alliés. Napoléon, impatient de déboucher sur la rive opposée, ordonna au général Boyer de commencer l'attaque : les Prussiens culbutés, en fuyant brûlent le pont et incendient la ville ; mais nos voltigeurs, s'élançant après eux au milieu des flammes, passent en déterminés sur des poutres à demi consumées. Le général Gruyérès les suit avec sa brigade ; toute la nuit, nos troupes, réstées dans Méry, combattirent avec fureur ; mais leur chef étant tombé dangereusement blessé, elles repassèrent le pont après avoir essuyé de grandes pertes.

Les alliés ayant appris que Napoléon avait franchi la Seine, et qu'il s'avançait vers Troyes, regardèrent leur jonction comme manquée et résolurent de former à Blucher une armée puissante pour marcher encore une fois sur Paris ; mais, avant de tenter l'exécution d'un nouveau plan de campagne, ils se décidèrent à envoyer au quartier-général français le prince Venceslas Lichtenstein, pour annoncer à Napoléon que, s'il faisait des propositions pacifiques, elles seraient favorablement écoutées. L'empereur demanda qu'un lieu entre Vandœuvre et Troyes, fût assigné pour l'ouverture des négociations ; mais il persista dans le refus d'une suspension d'armes ; et dans la crainte que la demande des alliés n'eût pour but de faciliter leurs opérations et de réparer la faute qu'ils avaient commise en se séparant, il voulut profiter de l'enthousiasme qui animait ses troupes, pour rentrer dans Troyes.

Les éclaireurs des maréchaux Macdonald et Oudinot parurent devant cette ville au moment où le gros de l'armée combinée venait de l'évacuer ; son arrière-garde seule y était encore, et l'on se préparait à l'attaquer, lorsque l'ennemi fit annoncer à nos avant-postes que, si nous ne lui laissions pas le temps de se retirer, il incendierait la ville. Il fut impossible de modérer l'ardeur de nos soldats ; ils tentèrent plusieurs assauts qui furent toujours repoussés. Les alliés furieux jetèrent des obus dans les trois faubourgs qui, en un instant, furent la proie des flammes. Le combat se prolongea jusqu'à la nuit ; au point du jour, un parlementaire vint supplier Napoléon de suspendre son entrée de quelques heures : il promit de la différer jusqu'à midi ; mais les habitans ayant ouvert une des portes, nos troupes s'y précipitèrent : aussitôt, hommes, femmes, enfans armés de haches, de fourches et de couteaux, tombèrent sur les détachemens wurtembergeois et les massacrèrent. Nos guerriers, après dix-sept jours d'absence, furent reçus avec des transports de l'allégresse la plus vive. Leur apparition permit à la majorité des citoyens de faire éclater les sentimens qu'excitait leur délivrance. Bientôt après, le général Kellermann prit la route de Bar-sur-Seine, et le général Duhesme celle de Bar-sur-Aube. Le corps de Gérard, soutenu par celui d'Oudinot, se porta sur Lusigny. A huit heures du matin, l'empereur se logea dans Troyes. En arrivant, il voulut faire un exemple sévère des habitans qui avaient osé se déclarer en faveur des Bourbons : l'un des principaux fut condamné à être passé par les armes. Quand on le conduisit au lieu de l'exécution, il portait sur son dos et sur sa poitrine un écriteau sur lequel étaient tracés ces mots : *traître à la patrie.*

Napoléon rendit à cette époque un décret d'après lequel tous les Français qui seraient trouvés dans les armées étrangères, ou qui porteraient les signes ou les décorations de l'ancienne dynastie, encourraient la peine capitale et la confiscation des biens. Ces mesures, quoique rigoureuses et tyranniques, furent généralement approuvées, parce que le sentiment de l'honneur national remplissait tous-les cœurs. On ne pouvait pardonner à deux guerriers célèbres , qui n'avaient pas rougi de lever leurs étendards contre d'anciens compagnons d'armes , les artisans de leur gloire et de leur élévation ; on était indigné que des Français se confondissent avec ceux qui , en promettant de délivrer la patrie , venaient pour l'humilier , restreindre ses limites , et tarir la source de ses prospérités. Napoléon , immédiatement après son arrivée à Troyes , envoya le général de Flahaut à Lusigni , où devaient se réunir les commissaires nommés pour conclure un armistice de quinze jours. Pendant qu'on entamait ces négociations , les souverains convoquèrent à Vandœuvres un conseil de guerre où Schwarzenberg se déclara contre toutes les opérations qui pouvaient amener un prompt résultat. Cette conduite, commandée par le cabinet autrichien partagé entre le désir d'abaisser Napoléon et celui de ne pas perdre Marie-Louise, eût sans doute enlevé à Schwarzenberg la confiance de la coalition, si en même temps il n'eût déclaré que bientôt l'armée du général Bubna , renforcée de quarante mille hommes, marcherait sur Lyon , tandis que l'armée de Silésie, forte de cent mille combattans, se porterait derechef sur Paris.

Pendant que les destinées de la France flottaient incertaines, le prince Eugène, en Italie, fixait les regards de l'Europe par l'habileté de ses manœuvres et la loyauté de ses actions. En opposition à la trahison de Murat, il annonçait que toujours *honneur et fidélité* serait sa devise, et qu'il saurait vivre et mourir fidèle à ses devoirs, à ses sermens et à la reconnaissance. Obligé par la défection des Napolitains de se concentrer entre le Mincio et le Pô, il se replia dans l'ordre le plus parfait, et livra près de Valleggio une bataille des plus remarquables par la disposition singulière des combattans. Les Autrichiens, qui avaient montré des forces triples des siennes, furent battus. Quatre mille d'entr'eux furent tués ou blessés, deux mille cinq cents furent faits prisonniers. Cet avantage, remporté sur l'armée du feld-maréchal Bellegarde, donna de vives inquiétudes à Murat qui venait d'apprendre les succès de Napoléon sur la Marne. Il fut livré alors à toutes les angoisses d'un transfuge. S'enhardissant ou devenant plus timide suivant que la fortune dissipait ou faisait naître en lui des remords, il s'avançait, suspendait sa marche ou rétrogradait, se tenant ainsi dans une alternative d'audace et de circonspection que déterminait toujours l'arrivée du dernier courrier. Quand il apprit que Schwarzenberg était à Fontainebleau et à Nangis, il s'empara de Ferrare et de Bologne, et appuya le général Nugent dans sa prise de possession du Modenais. Le vice-roi, loin de se laisser abattre par l'état critique de nos affaires, fit fortifier Plaisance et confia la défense du Taro à un corps de huit mille hommes sous les ordres du général d'Anthouard.

Sur ces entrefaites, la garnison française de la citadelle d'Ancone, après avoir tenté une sortie et soutenu un bombardement, capitula sous la condition de ne pas servir d'un an contre les alliés. Pise et Livourne furent aussi évacués, mais sans même avoir soutenu un blocus : ces places furent livrées aux Autrichiens par un homme qui abusa de son titre de commissaire de l'empereur Napoléon auprès de la princesse Eliza, pour conclure un traité qui faisait capituler des troupes avant même qu'elles eussent combattu.

Le retour de Napoléon à Troyes fut encore pour Murat un nouveau motif de crainte : il avait menacé Plaisance, tout-à-coup il se replia sous prétexte qu'il n'était pas secondé par Bellegarde. Cette retraite compromit le général Nugent, qui, surpris par le général

Grenier, faillit être pris dans Parme, dont nos troupes s'emparèrent à la suite d'une action très-vive.
Afin de fortifier chez les Autrichiens le soupçon d'une
intelligence secrète entre le prince Eugène et Murat,
le général Grenier renvoya à ce dernier tous les Napolitains, qui furent faits prisonniers. Peu de jours
après, le roi de Naples, pour apaiser Bellegarde et
lord Bentinck, attaqua avec dix mille hommes un
faible corps de l'armée Franco-Italienne. Le général
Severoli, à la tête de trois mille soldats, reçut le choc
avec résolution; quoiqu'un boulet lui eût emporté une
jambe, il ne voulut pas quitter le champ de bataille :
cependant affaibli par la perte de son sang, il céda
son commandement au général Rambourg, qui, après
avoir soutenu quelque temps une lutte trop inégale,
se retira sur la rive gauche du Taro, dont de nouvelles dispositions permirent au vice-roi de conserver la
ligne.

Les opérations militaires sur la frontière d'Espagne
n'étaient pas conduites avec moins de talent qu'en
Italie; mais elles n'étaient plus favorisées par la fortune. Suchet, dont l'armée venait d'être affaiblie de
quinze mille hommes d'élite, que l'on avait dirigés sur
Lyon, ne pouvait plus se maintenir en Catalogne, où

il avait affaire à la fois à une population implacable,
aux troupes anglaises et aux corps des généraux Saartzfeld et d'Eroles, qui avaient réussi à passer sur la rive
gauche du Llobregat. Les garnisons françaises de Lerida et de Mequinenza, que la force n'avait pas réduites,
le furent par la perfidie. Les Anglais, furieux de n'avoir pu les vaincre, les traitèrent de la manière la
plus outrageante. Les défenseurs de Tortose allaient
éprouver le même sort; mais leur chef, le général Robert, ne tomba pas dans le piége.

La situation du maréchal Soult était tout aussi
critique que celle de Suchet; son armée, stationnée sur
l'Adour et la Bidouze, entre Bayonne et St.-Jean-Pied-de-Port, dans des provinces épuisées, était dépourvue de tout. Celle de Wellington, au contraire, en
possession du riche bassin qu'entourent les Pyrénées, la Bidouze et l'Adour, nageait dans l'abondance : les habitans, séduits par l'or que les Anglais répandaient avec profusion, leur apportaient des vivres et
des fourrages, tandis qu'ils refusaient du pain à nos
soldats. Wellington resta deux mois dans ces fertiles
contrées. On s'étonna alors de cette longue inaction.
Le bruit se répandit qu'il ne voulait pas s'éloigner des
Pyrénées, parce qu'il attendait à la frontière l'issue de

certaines manœuvres qu'il employait, dit-on, pour monter sur le trône d'Espagne; si le caractère ambitieux du général anglais ne se fût décelé dans d'autres circonstances, nous trouverions à cette lenteur des motifs plus probables dans sa timidité et dans sa temporisation ordinaires : quoi qu'il en soit, le général anglais, ayant reçu des renforts considérables, se détermina enfin à poursuivre le cours de ses opérations.

Le 14 février, il fit un mouvement offensif; Soult n'avait que trente-cinq mille hommes à opposer : les généraux Harispe et Paris, attaqués les premiers, se replièrent d'abord derrière la Bidouze et ensuite derrière le Gave d'Oleron. Mais le passage de cette rivière ayant été forcé à Navareins, et les retranchemens élevés auprès d'Astingues ayant été enlevés, nos troupes prirent position sur les hauteurs qui dominent la ville d'Orthès. Le général Clausel commandait la gauche, le général Reille la droite, et le général Drouet le centre.

Les Anglais, ayant franchi le Gave de Peau, ne tardèrent pas à se montrer : l'action s'engagea au point du jour, elle fut meurtrière et long-temps indécise; nos soldats luttèrent avec la plus grande intrépidité contre les colonnes formidables des généraux Béresford, Hill et Picton; mais l'un de nos généraux, le brave Béchaud, ayant perdu la vie, et le général Foy ayant été blessé, le désordre se mit dans nos rangs. Le maréchal Soult, pour prévenir une déroute, ordonna alors la retraite et céda la victoire. Dans cette bataille, nous eûmes trois mille hommes hors de combat : les ennemis ne perdirent aucun officier de marque, mais ils eurent à regretter un grand nombre de soldats.

L'armée française ne s'arrêta qu'à Aires, où elle soutint un combat acharné contre deux divisions anglaises. Le maréchal Soult, par une manœuvre habile se porta ensuite sur Tarbes, feignant de vouloir aller à la rencontre du maréchal Suchet, dont on annonçait le prochain retour. Wellington, déconcerté par ce mouvement aussi hardi qu'imprévu, ne dépassa pas Saint-Sever. Pendant ce temps, le général Hopp jetait un pont sur l'Adour, malgré la vive opposition de la garnison de Bayonne, que commandait le général Thouvenot.

Les royalistes du midi, témoins des progrès des Anglais, faisaient tout ce qui dépendait d'eux pour les accélérer : pour prouver leur dévouement à l'ancienne monarchie, ils répandirent, sous le nom de Wellington, une proclamation que ce général se trouva dans l'impossibilité de désavouer. Le maréchal Soult s'efforça en vain d'atténuer l'effet de ces écrits, qui pour la plupart partaient de Toulouse et de Bordeaux. Les habitans de cette dernière ville propageaient le manifeste du duc d'Angoulême, et organisaient en secret des corps prêts à agir, aussitôt que l'apparition de ce prince légitimerait un soulèvement.

A la même époque, le comte d'Artois entra en France par la Franche-Comté, et publia à Vesoul une adresse dans laquelle, en promettant, au nom de Louis XVIII son frère, l'abolition de la conscription et des droits réunis, il réussit à s'attirer la faveur populaire. La rupture des négociations de Lusigni, après huit jours de discussions infructueuses, améliora encore les affaires des Bourbons. Les souverains, ne voulant se relâcher en rien de leur exigeance, commencèrent dès-lors à laisser entrevoir qu'ils ne déposeraient les armes qu'après avoir abattu le chef de l'Empire; mais, comme la force des bayonnettes était impuissante contre lui, ils se décidèrent à employer les moyens plus efficaces de la séduction.

Un homme, qui, dans l'ombre, s'était fait le chef d'un parti d'opposition, se présenta pour se-

conder ce dessein; cet homme qu'on avait vu obtenir une haute réputation de diplomate dans un
temps où le canon était la seule diplomatie en Europe, avait été disgracié par Napoléon. Il saisit avec
empressement l'occasion de se venger, et pour atteindre ce but, il noua avec les ministres des quatre
principales puissances, une intrigue dont le premier
résultat fut un traité offensif et défensif d'après
lequel les souverains promettaient de ne pas se séparer avant d'avoir atteint le but de leur alliance.

Telle était la situation des choses, lorsque Napoléon fut informé que Paris était de nouveau menacé.
Blucher, ayant chassé devant lui le maréchal Marmont campé à la Ferté-Gaucher, s'était dirigé sur
Meaux et avait jeté deux ponts sur la Marne, dans
l'intention de se réunir à l'armée du Nord qu'il savait avoir dépassé l'Aisne.

L'empereur, après avoir laissé devant les Austro-
Russes le maréchal Macdonald avec les corps du
maréchal Oudinot et du général Gérard soutenus
par deux divisions arrivées d'Espagne, quitta Troyes
avec sa garde le 27 février. Le temps était affreux,
et à tout autre que lui les chemins auraient paru
impraticables.

Blucher ne tarda pas à apprendre que Napoléon s'avançait avec l'élite de son armée ; sa première pensée fut alors de se mettre promptement hors de danger, en traversant aussitôt la Marne. Le maréchal Marmont, qui venait de se rallier au maréchal Mortier placé à Villers-Cotterets pour observer Bulow et Winzingerode, conçut alors le dessein de fermer le passage à l'armée de Silésie ; les deux maréchaux, qui avaient à peine avec eux dix mille hommes, firent en conséquence demander des secours à la Régence ; mais lorsque le colonel Fabvier, chargé de cette importante mission, arriva aux Tuileries, Joseph Bonaparte avait défendu qu'on troublât son sommeil : cette circonstance causa un retard funeste dans le départ des renforts, et Blucher n'étant pas contenu par des forces suffisantes put effectuer son projet. Comme il achevait de franchir la Marne, le corps de Kleist, qui avait pris position au village de Gué-à-trèmes, fut brusquement attaqué par quelques bataillons de la jeune garde sous les ordres du général Christiani ; en même temps une partie des troupes qui venaient de la capitale avec quarante pièces de canon, parut près du village de Lisy et se joignit au

maréchal Mortier. Les alliés se crurent un moment resserrés entre une armée sortie de Paris,
et celle qu'amenait l'empereur. Les cris tumul-
tueux que poussaient des conscrits pleins d'enthousiasme, les confirmèrent dans cette opinion et redoublèrent leurs alarmes.

Le même jour où Napoléon s'était mis en marche,
Bulow, s'étant rendu maître de Laon, tentait un coup
de main sur La Fère dont le gouverneur capitula à
la première sommation, et livra à l'ennemi des subsistances immenses avec un matériel estimé plus
de vingt millions. Après cette reddition, la plus honteuse peut-être qui puisse être mentionnée dans l'histoire
des guerres, les corps de Bulow et Winzingerode se
portèrent ensemble sur Soissons, que nous avions repris et qui était gardé par une garnison suffisante.
Un commandant de cette ville en ouvrit aussi les
portes sans s'être défendu ; il fut d'autant plus
coupable, que déjà le bruit du canon indiquait l'approche de notre armée. Sans cette lâcheté insigne,
la campagne se décidait en notre faveur par un coup
de foudre, et Blucher, séparé de Bulow et de Winzingerode, privé du seul point par où il lui fut pos-

sible de franchir l'Aisne , réduit enfin à la plus fâcheuse extrémité par les manœuvres de l'empereur,
n'avait plus d'espoir de salut. Il fallut la plus imprévue de toutes les circonstances pour que l'armée
de Silésie acculée à une rivière , menacée sur ses
derrières et sur ses flancs, ne fût pas exterminée. Blucher, s'étant dégagé, se réunit à Bulow et à Winzingerode et toutes leurs forces allèrent occuper , les Russes
les hauteurs de Craone, et les Prussiens celles de Laon.

Les maréchaux Marmont et Mortier, en arrivant
devant Soissons , voulurent enlever le général Langeron qui y était resté ; mais, après un combat sanglant, ils furent repoussés. Ils allaient recommencer
leur attaque, lorsque l'empereur ne jugeant pas con-
venable de faire continuer le siège d'une place qui
était désormais sans importance , les rappela auprès
de lui.

Napoléon, en parcourant entre l'Ourcq et la Marne le pays qui avait été occupé par l'ennemi , vit
partout les traces de la dévastation et de la violence;
l'excès des maux que les habitans avaient soufferts ,
le porta à penser qu'il suffisait d'en publier un récit
fidèle pour soulever toute la France. « Armez-vous
pour défendre vos biens et vos familles », disait-il

aux citoyens des contrées qui étaient délivrées. Ceux qui gémissaient sous le poids de l'invasion, il les exhorta à sonner le tocsin dès qu'ils entendraient le canon de nos troupes; il leur prescrivait de se rassembler, de fouiller les bois, de couper les ponts, d'intercepter les routes et de tomber sur les flancs et sur les derrières de l'ennemi, lorsqu'il battrait en retraite. Il décréta que tout fonctionnaire public et tout habitant qui dissuaderait les citoyens d'une légitime défense, serait puni comme traître à la patrie. Il annonça en même temps que si, les généraux étrangers faisaient fusiller les Français pris les armes à la main, leur mort serait immédiatement vengée par celle d'un nombre égal de prisonniers.

Le 5 mars, notre avant-garde, commandée par le général Nansouty passa l'Aisne auprès de Bery-au-Bac, où elle mit en déroute une division de cavalerie, lui prit ses canons, et lui enleva deux cents hommes, parmi lesquels se trouvait le prince Gangarin, l'un des généraux russes. Le lendemain de ce combat, Napoléon, s'étant dirigé avec son armée vers les positions choisies par l'ennemi, ordonna au maréchal Ney de marcher sur la ferme d'Eurtebise, et à deux bataillons de la garde, dont l'un commandé par le
jeune

jeune Caraman, d'attaquer par la droite les hauteurs de Craonne. Les alliés défendirent le terrain avec acharnement ; mais, craignant enfin d'être forcés ; ils se replièrent sur une éminence qui , entourée de plusieurs ravins, n'était accessible que par le défilé de Vauclers.

Le 6 mars, au point du jour, le maréchal Ney chargé de l'attaque principale , n'attendit pas les troupes qui devaient le seconder; et tandis que le général Nansouty manœuvrait pour déborder la droite de l'ennemi, il se porta en avant: accueilli par un feu meutrier, il fut obligé de rétrograder; mais bientôt appuyé par le maréchal Victor, qui, avec deux divisions s'empara de l'abbaye de Vauclers ,il passa le défilé sous la mitraille de soixante pièces de canon. Le général Drouot, avec plusieurs batteries , suivit le mouvement. Pendant une heure de part et d'autre, le tonnerre de l'artillerie ne cessa pas de gronder: les généraux Grouchy et Laferrière, en débouchant avec leur cavalerie, furent blessés. Les rangs du maréchal Ney, éclaircis par la mitraille et la mousqueterie, étaient sur le point d'être enfoncés, lorsque le maréchal Mortier et le général Charpentier qui venaient de remplacer dans son commandement le maréchal Victor, mis hors de combat, s'approchèrent et culbutèrent les troupes de Woronzow que chargea en même temps le général Colbert. Aussitôt les généraux Curial, Meusnier et Boyer, un instant repoussés, reprirent la plus vigoureuse offensive. Le général Belliard, à la tête des lanciers et des dragons de la garde, fondit avec impétuosité sur les colonnes russes, et la grosse cavalerie du général Nansouty se précipita sur elles. Dès ce moment, le succès fut décidé : battus sur tous les points, enfoncés de toutes parts, les alliés se retirèrent en toute hâte; mais les obstacles du terrain nous firent perdre les avantages de la poursuite. Telle fut la journée de Craonne : elle fut d'autant plus glorieuse pour nos armes, que l'armée combinée était quatre fois plus nombreuse que la nôtre. Toutefois l'honneur d'avoir triomphé de forces si imposantes, fut acheté par d'énormes sacrifices; nos pertes surpassèrent d'un tiers celles de l'ennemi, huit mille de nos braves arrosèrent de leur sang ces stériles lauriers. Les généraux russes Lanskoï et Oreschakow restèrent sur le champ de bataille couverts des cadavres de leurs compatriotes, de débris d'armes, d'affûts et de caissons. En annonçant cette victoire à son frère Joseph, l'empereur, ne se dissimulant pas qu'il usait de ses dernières ressources, lui écrivait : *La vieille garde seule se soutient, le reste fond comme neige.*

Le lendemain, le maréchal Ney poussa l'ennemi jusqu' au village d'Etouvelle. Woronzow s'y était arrêté avec huit mille hommes ; mais sa position ayant été tournée pendant la nuit par deux bataillons de la vieille garde que conduisait le colonel Gourgaud, les Russes, abordés à la bayonnette et réveillés aux cris de *vive l'empereur*, s'enfuirent en désordre, et furent harcelés jusqu'à Laon. Cette ville, que Napoléon avait négligé d'occuper, est située sur un plateau élevé, inabordable par son escarpement : c'était là que les alliés avaient placé leur entrepôt ; c'était aussi de là que, répartis sur les hauteurs qui dominent la plaine, et formant une ligne qui s'étendait depuis Laneuville jusqu'à Athies, ils se disposaient à accepter la bataille.

Le 9 mars, au point du jour, nos colonnes s'avancèrent à la faveur d'un brouillard épais, et commencèrent leur attaque contre les villages de Semilly et d'Ardon, qu'on peut regarder comme les faubourgs de Laon. Après plusieurs heures de combat, l'ennemi en fut chassé ; mais à peine l'atmosphère s'était-elle

62.

éclaircie, que notre flanc gauche fut menacé par la cavalerie de Blucher et par l'infanterie de Woronzow. En même temps Bulow se dirigeait sur notre centre; et tandis que, d'un côté, le général Charpentier enlevait le village de Clacy, les Prussiens reprenaient celui d'Ardon, vaillamment défendu par le général Poret de Morvan qui y perdit la vie. Cet échec avait causé quelque hésitation dans nos rangs, lorsque le maréchal Marmont, depuis long-temps attendu, arriva enfin par la droite et s'empara de Veslud et d'Athies, après avoir culbuté les corps d'Yorck et de Kleist, contre lesquels il fit jouer une artillerie formidable. Blucher, persuadé que c'était Napoléon qui se présentait sur ce point, y envoya aussitôt les corps de Langeron et de Sacken. Au moyen de ces renforts considérables, l'ennemi put promptement reprendre l'offensive.

Le jour était sur son déclin, et Marmont, croyant avoir décidé de la victoire, avait déjà établi ses bivouacs : tout à coup vingt-quatre escadrons fondent sur ses derrières, lui enlèvent son parc de réserve, et font main basse sur nos soldats. Au milieu d'une surprise qu'il pouvait éviter, Marmont s'efforce de réparer sa faute, il accourt ; mais assailli par le prince

Guillaume de Prusse, et par les corps d'Yorck et de Kleist, il éprouve tous les désavantages d'un combat nocturne. Les Français dans l'obscurité, se fusillent entre eux. Bientôt la déroute est à son comble ; les uns se réfugient dans les bois, les autres suivent encore leur aigle; mais dans un si grand désordre, qu'ils ne se rallient qu'au point du jour. Quarante canons, cent vingt caissons et plus de douze cents prisonniers des corps de Marmont et d'Arrighi, tombèrent au pouvoir des Prussiens.

Le lendemain, Blucher, voyant notre armée encore rangée en bataille en avant de Clacy, résolut d'enlever ce village; mais, après l'avoir attaqué sept fois consécutives, il fut obligé d'y renoncer. Nos troupes, inébranlables sur ce point, commençaient à prendre une attitude victorieuse. L'empereur encouragé par ce succès, voulut tenter un dernier effort contre le plateau de Laon ; mais les généraux Curial et Meusnier, ayant échoué dans cette entreprise, il demeura convaincu qu'il était impossible de forcer le camp retranché des alliés, et pendant que le maréchal Marmont se retirait sur Fismes, il se décida lui-même à se replier sur Soissons. C'était la première fois qu'il pensait avoir rencontré un obstacle insurmontable.

Blucher, voyant s'éloigner notre armée, reprit ses

positions entre Laon et Craonne. Napoléon, favorisé par la timidité de son adversaire, effectua sa retraite sans être inquiété. La cavalerie de Winginzerode avait seule été détachée à sa poursuite. Soissons étant encore une fois dégagé, l'empereur laissa le maréchal Mortier pour couvrir cette place, et courut délivrer Reims, qui, conquis d'abord par quelques cosaques et repris ensuite par le général Corbineau, venait de subir une seconde occupation. Le 13 mars, la division Ricard, marchant en tête du corps de Marmont qui formait l'avant-garde, atteignit Ronay, où elle fit mettre bas les armes à deux bataillons prussiens qui voulaient l'arrêter. Deux autres bataillons qui cherchaient à gagner le pont de Sillery, furent aussi enlevés par le général Merlin. Le général Sébastiani, avec sa cavalerie, se porta aussitôt sur Reims, dont le général russe Saint-Priest, avec seize mille hommes, couronnait les hauteurs. Cent pièces de canon de part et d'autre jouèrent avec furie, et pendant que nos troupes abordaient les positions, nos ingénieurs s'efforçaient de rétablir les ponts de Saint-Brice, afin de tourner la ville : l'ennemi, chargé avec intrépidité par les gardes d'honneur, laissa entre leurs mains mille fantassins et cinq cents cavaliers.

Cette brave jeunesse, guidée par les généraux de
France et de Ségur, pénétra jusque dans le faubourg,
et y ouvrit un passage au maréchal Marmont, qui,
rassemblant alors toute son artillerie, fit tomber sur les
Russes une pluie de mitraille : ils fuyaient en désordre
par la route de Laon ; mais coupés sur ce point par les
généraux Krasinski et Excelmans, ils opérèrent leur retraite, partie sur Rethel et partie sur Châlons : les Prussiens seuls parvinrent à rejoindre Blucher. La prise de
Reims nous valut trois mille prisonniers, onze bouches
à feu, beaucoup de bagages et un équipage de pont.
Les Russes eurent huit cents hommes tués et un
nombre double de blessés. Le général Saint-Priest,
qui les commandait, eut l'épaule fracassée par
un éclat d'obus ; cet officier était l'un de ces émigrés français qu'une coupable erreur avait enrôlés
sous les étendards ennemis. Notre perte dans cette
journée fut peu considérable. Cependant le 2.ᵉ régiment des gardes-d'honneur eut à regretter l'un
de ses chefs les plus vaillans, le major Belmont,
atteint d'un coup mortel, au moment où, à la tête de
ses compagnons d'armes, il partageait leur dévouc-
ment. Le général de Ségur, digne par ses vertus che-
valeresques de commander à cette élite des enfans de

la nation, fut dangereusement blessé. Le 14 mars, à deux heures du matin, Napoléon entra dans Reims, où il fut reçu comme un libérateur, au bruit des acclamations de tout le peuple. Ce jour fit succéder l'espérance à la tristesse. Les paysans, venus en foule dans la ville et transportés d'allégresse, manifestaient le plus vif désir de s'unir à l'armée qui venait de recevoir de nouveaux renforts.

Pendant ces événemens, le général Maison, dans la Flandre, s'était porté sur Oudenarde, dans l'intention de se réunir à la garnison d'Anvers; mais repoussé par des forces supérieures, il avait été obligé d'évacuer Courtray et Menin, et de se retirer sous Lille, sans avoir pu se joindre à Carnot qui, étant venu à sa rencontre, rentra dans Anvers après avoir fait une battue dans les environs.

Vers cette même époque, la garnison de Berg-op-zoom, commandée par le général Bizannet, remporta sur le général sir Thomas Graham une victoire des plus signalées. Deux mille cinq cents Français, attaqués de nuit, et pour ainsi dire surpris par six mille Anglais qui, au moyen de l'escalade, s'étaient introduits dans la place, combattirent avec tant d'ensemble et de courage, qu'ils forcèrent les assaillans

à demander quartier. Le général Cook se rendit avec
tous les siens , en nombre tel , qu'il dépassait de
beaucoup celui des soldats de la garnison. Huit cents
Anglais, avec deux généraux, furent tués dans les rues,
ou se noyèrent dans les fossés. Enfin quatre drapeaux
relevèrent les trophées d'une action qui ne fut meurtrière que pour nos ennemis. L'intrépidité et le sang-
froid du major Huzot de Neuville contribuèrent surtout au succès de cette glorieuse défense qui peut être
citée comme le plus prodigieux des faits d'armes dont
il soit fait mention dans l'histoire des sièges.

L'échec éprouvé par Graham attéra ses compatriotes , et rendit circonspect le duc de Weimar qui, n'o-
sant rien entreprendre avant l'arrivée de quinze mille
Prussiens qu'il attendait, se borna à garder la ligne
de Courtray à Charleroi. La forteresse de Maubeuge ,
quoique délabrée, ne se laissa point intimider par ses
sommations menaçantes. Femmes et enfans se disposaient à repousser l'ennemi ; ce patriotisme, qui rappelait l'époque mémorable où tous les Français sa-
vaient eux-mêmes défendre leurs murailles, était imité
dans la plupart de nos places. Aucune d'elles, si l'on
n'en excepte La Fère et Soissons, ne s'était encore rendue. Huningue , Béfort , New-Brisack, Schelestadt ,

Strasbourg, et toutes les autres forteresses, soit au
Nord, soit sur le Rhin, promettaient de tenir long-
temps; elles n'avaient qu'un petit nombre de défenseurs, mais déterminés tous à combattre jusqu'à la mort.

Les conférences de Châtillon ne devaient pas se
prolonger au-delà du 15 mars. Ce jour même, Napoléon, à qui les alliés avaient antérieurement communiqué un projet de traité, leur fit remettre par son
plénipotentiaire un contre-projet, dans lequel il ex-
posait des vues contraires à celles proposées par les
puissances. Les conditions qu'il demandait donnèrent
lieu à des nouvelles discussions; mais les souverains,
bien résolus à ne se désister d'aucune de leurs prétentions, refusèrent encore une paix qui était si impatiemment attendue. Sur ces entrefaites, Napoléon reçut la nouvelle que le Midi et l'Ouest se préparaient à secouer le joug de son autorité, et que
dans les Vosges, le comte d'Artois avait été reçu avec
transport. Pénétré alors de l'imminence du danger,
pour le prévenir, il se hâta d'envoyer au général Caulaincourt, son ministre au congrès, l'autorisation de
conclure la paix à tout prix. Mais deux jours après,
une de ses dépêches interceptée par les alliés, leur
prouva que, dans ses relations avec eux, il ne vou-

lait mettre ni plus de loyauté , ni plus de franchise qu'eux-mêmes. Cette fatale découverte amena la rupture définitive du congrès , et enhardit les Anglais à faire connaître officiellement le plan qu'ils n'avaient encore communiqué que d'une manière vague , et qui consistait à replacer les Bourbons sur le trône de France. Ce projet ne fut ni accueilli , ni combattu; mais quelques circonstances lui donnaient l'apparence d'une résolution : les souverains, par une dernière déclaration , avaient annoncé qu'ils ne traiteraient plus avec Napoléon ; le comte d'Artois, était à Nancy , et sous la protection des généraux étrangers, il se formait une cour du petit nombre de personnes qui conservaient le souvenir de sa famille ; enfin , Bordeaux, profitant de l'éloignement du maréchal Soult , s'était jeté dans les bras des Anglais , et sous leurs auspices , le drapeau blanc flottait dans cette ville, qui avait appelé dans son sein le duc d'Angoulême. Telles étaient les données d'après lesquelles on pouvait croire que le but politique de la coalition était le rétablissement de l'ancienne dynastie.

Pendant que l'empereur était sur la Marne , le maréchal Oudinot et le général Gérard , qui, avec

quinze mille hommes, s'étaient avancés pour reprendre Bar-sur-Aube, d'où la division Duhesme venait d'être chassée par les Bavarois, avaient été obligés
de rétrograder devant quarante mille ennemis, après
un combat sanglant pendant lequel les généraux
Schwarzenberg et Wittgenstein furent grièvement
blessés. A la suite de cette action, dans laquelle les
généraux Kellermann et Monfort avaient déployé la
plus brillante valeur, la malheureuse ville de Bar-sur-
Aube, victime d'une injuste représaille, fut livrée au
pillage. Déjà dans cette journée, la plus grande partie
de ses maisons avait été consumée par les flammes.
A La Ferté, les divisions Brayer et la cavalerie du
général Milhaud avaient également soutenu un violent
engagement contre le corps de Giulay; mais accablées
par des forces trop supérieures, elles avaient rétro-
gradé sur Fontette. Macdonald, ayant rallié ces différens corps dont l'effectif n'excédait pas vingt-cinq
mille combattans, se replia vers Bar-sur-Seine; il y fut
bientôt assailli par les Wurtembergeois et par les Autrichiens; contraint alors d'évacuer la ville, il ne s'arrêta
plus qu'aux environs de Troyes pour se ranger en bataille
entre Laubressel et Paillot. L'action ne tarda pas à
s'engager : elle fut meurtrière et long-temps indécise;

cependant la cavalerie du général de Pahlen, menaçant les derrières de notre ligne, et les Bavarois ayant forcé le passage de la Barce et tourné le pont de la Guillotière, le maréchal Oudinot se rabattit promptement sur Troyes, laissant dans les mains de Wittgenstein un convoi d'artillerie et mille prisonniers, la plupart vieux soldats.

La division Duhesme donna le temps à l'armée de se rallier à Lavacherie : l'arrière-garde s'arrêta pour combattre ; le lendemain, elle opposa encore une vigoureuse résistance au général Rayewski. Les généraux Gérard et Sébastiani se défendirent dans Troyes, jusqu'à ce que toutes les troupes eussent filé. Après ces différentes affaires, le maréchal Macdonald se retira sur la rive gauche de la Seine, pour aller occuper Provins et Nangis, en conservant Montereau comme tête de pont. Napoléon, ayant appris que Schwarzenberg qui, depuis plusieurs jours, travaillait à fabriquer des plans d'attaque et de défense pour toutes les hypothèses possibles, était enfin sorti de son inaction, se détermina à quitter Reims. Déjà plusieurs corps se dirigeaient pour déborder les extrémités de la ligne de Macdonald. Le prince royal de Wurtemberg, s'étant emparé une seconde fois de Sens, s'avançait vers Fontainebleau, et Platow s'approchait de Sézanne, lorsqu'au risque d'abandonner Paris à l'armée de Silésie, l'empereur se mit en route pour aller combattre les Austro-Russes. Le premier résultat de ce mouvement fut la délivrance de Châlons, d'où le maréchal Ney chassa les Prussiens. Après cette expédition, le maréchal, connaissant les dispositions des habitans de la Champagne et de la Lorraine, demanda à se jeter en partisan dans ces provinces, pour ramasser les garnisons, et guerroyer sur les derrières des alliés; mais son projet ne fut point approuvé.

A la nouvelle que l'empereur s'avançait par Epernay et Vertus, Schwarzenberg suspendit ses projets contre Macdonald, et se dirigea vers Arcis-sur-Aube. Le 20 mars, Napoléon, qui, sur le bruit que l'Autriche se détachait de la coalition, s'était porté la veille sur Méry, où il acquit la certitude du contraire, partit de Plancy, précédé du corps du maréchal Ney, et suivit avec toute sa garde à cheval la rive droite de l'Aube, tandis que la garde à pied marchait parallèlement sur le bord opposé. Il entrait à peine dans Arcis, qu'on vint lui annoncer qu'une nombreuse cavalerie manœuvrait dans les plaines de la rive gauche. Aussitôt, pour la reconnaître, les géné-

raux Sébastiani et Excelmans s'élancèrent à la tête
de leurs escadrons; mais ceux de l'ennemi, appuyés
par d'épaisses lignes d'infanterie, présentaient des
masses impénétrables. Bientôt nos premières colonnes, inconsidérément engagées, se trouvèrent sous le
feu de soixante pièces en batterie. La situation de ces
troupes était des plus critiques, et, dans la supposition
d'un revers, un défilé d'une demi-lieue, où quelques
ponts servent de passage à travers des marais, était
leur seule retraite. La conservation de ce défilé, dont
Arcis forme la tête, était de la dernière importance
pour Napoléon. Il avait cru surprendre un corps ennemi, et c'était au contraire sa propre avant-garde,
qui se trouvait compromise. Déjà notre cavalerie se
repliait devant celle des Russes : l'empereur voit le
danger; il vole au devant de nos escadrons, et leur
dit d'un ton plein de feu : « N'êtes-vous pas les vain-
» queurs de Champ-Aubert et de Montmirail? »
Au même instant, il met l'épée à la main, ordonne
de nouvelles charges, et guide lui-même ses soldats
au fort de la mêlée. Son intrépidité rétablit l'action,
qui semble se décider en notre faveur; mais d'ac-
cablans renforts, une épouvantable canonnade, l'acharnement des Russes, leur nombre et l'avantage de

leur position, trompent l'espoir des plus vaillans guerriers. Nos bataillons , quoiqu'écrasés , demeurent immobiles sous les murs d'Arcis , et bientôt cette ville
et le village de Torcy, où le maréchal Ney, avec une
poignée de braves, avait tenu contre des forces prodigieuses , deviennent la proie des flammes. Ce combat
sanglant se prolongea toute la journée, sans avoir
aucun résultat décisif. Les deux armées conservèrent
leur même position. Le général bavarois Habermann
périt sur ce champ de bataille, où Napoléon se montra
le digne chef d'une armée dont les ennemis admiraient
l'héroïsme. Au milieu de tant de périls , ce premier
de tous les capitaines eût péri de la lance d'un cosaque,
si le colonel Girardin n'eût détourné le coup. Son
mameluck tira aussi plusieurs fois le sabre pour le
défendre, et son cheval fut atteint d'un boulet. En
voyant Napoléon s'exposer ainsi , les soldats murmu-
raient. « Ne craignez rien, leur dit-il ; le boulet qui
» me tuera n'est pas encore fondu ».

Napoléon, ayant été rejoint dans la soirée par le
corps du maréchal Oudinot et par la cavalerie des généraux Defrance et Saint-Germain , attendait le lendemain avec impatience. Au point du jour, un mouvement rétrograde des alliés, lui ayant fait croire
qu'ils

qu'ils se retiraient, il s'avança pour les poursuivre ; mais, aux environs de Mesnil-la-Comtesse, il les trouva campés sur les hauteurs avec des forces plus considérables que celles de la veille, et dans une attitude plus menaçante. Les deux armées restèrent quelque temps en présence, et tout annonçait qu'on allait livrer bataille, lorsqu'à une heure après midi, l'empereur, ne voulant pas s'exposer à une défaite certaine, ordonna de repasser l'Aube ; mais, au lieu de se rapprocher des corps de Marmont et de Mortier pour couvrir Paris, l'armée se porta sur Vitry et Saint-Dizier. Cette retraite s'effectua dans l'ordre le plus parfait, et fut protégée par le maréchal Oudinot, qui, après avoir contenu jusqu'à minuit les corps du prince royal de Wurtemberg et de Giulay, coupa le pont d'Arcis, se réunit, avec trois brigades arrivées d'Espagne, au maréchal Macdonald, et continua avec lui à couvrir les derrières de l'armée dont il suivait le mouvement.

La marche de Napoléon dans cette circonstance était si inconcevable, qu'on ne peut en expliquer les motifs. Tour-à-tour on lui a attribué le projet d'enlever le comte d'Artois, d'attirer l'ennemi loin de la capitale et sur un terrain plus favorable, de s'emparer du corps diplomatique et de l'empereur d'Autriche,

qu'on savait devoir se rendre à Dijon , de faire la
guerre sur les derrières de l'armée alliée , et enfin
l'intention de pénétrer dans la Bourgogne , afin
de se joindre au maréchal Augereau , qui , d'après
les ordres qui lui avaient été transmis , et avec les
renforts qu'il avait reçus , devait avoir repoussé
le général Bubna jusqu'aux sources de la Saône. Augereau était loin d'avoir réalisé cet espoir : son inaction avait, au contraire, permis au corps de Bianchi et
aux troupes de réserve cantonnées dans la Bourgogne de
se réunir à l'armée du Sud, qui s'éleva alors à cinquante
mille hommes, sous le commandement du prince de
Hesse-Hombourg. En négligeant d'empêcher la concentration de ces forces, le maréchal Augereau tripla
les masses qui lui étaient opposées et perdit tous les
avantages de l'offensive. Les Autrichiens , après avoir
repoussé le général Marchand qui était parvenu sous
les murs de Genève, occupèrent Lons-le-Saulnier
le 20 mars, et poursuivirent nos colonnes sur la route
de Lyon. Arrivé à la montagne de Limonest , Augereau se disposa à accepter le combat. Nos soldats étaient
à ceux des Autrichiens dans la proportion d'un contre
trois; mais ils se battirent si vaillamment, que trois
mille de ces derniers furent tués ou blessés. Le 13.

régiment de cuirassiers et le 7.ᵉ de ligne reprirent à
l'ennemi une réserve d'artillerie dont il s'était emparé.
Les collines du Mont-d'Or furent bientôt couvertes
des troupes qu'amenait le prince de Hesse-Hombourg.
Le village d'Ardilly, pris et repris plusieurs fois, fut le
théâtre d'une action sanglante, dans laquelle le général
Estève se signala. Malgré leur bravoure, les soldats
qu'il commandait s'étant repliés sur la position que
tenait le général Digeon, allaient être accablés par le
nombre, lorsqu'Augereau accourut avec de nouveaux
bataillons, et s'avança contre les Autrichiens établis
sur les hauteurs de la Jonchère; animées par la présence du maréchal, nos colonnes redoublent d'ardeur,
et notre artillerie fait des prodiges. Le 13.ᵉ régiment de
cuirassiers fondit sur une batterie de six pièces et enleva le bataillon qui voulait la soutenir : un escadron
du 4.ᵉ de hussards chargea sur la route de Clermont
un régiment dont il prit le colonel avec quatre cents
hommes. Malgré ces brillans faits d'armes, Augereau,
ne pouvant tenir plus long-temps contre des masses si
formidables, se replia dans le faubourg de Vaize, où les
Autrichiens répandirent l'alarme en jetant des obus.
Dans cette circonstance, le maréchal oubliant que Lyon,
avec ses seuls habitans, avait autrefois soutenu un siège

mémorable contre les puissantes armées de la république, eut la faiblesse de croire que, lorsqu'il avait
près de vingt mille hommes sous ses ordres, et que
dix mille vieux soldats arrivaient à son secours, il ne
pourrait pas tenir quelques jours contre un ennemi
qui jusqu'alors ne s'était avancé qu'avec une extrême
circonspection. Augereau, partageant les craintes
de quelques autorités pusillanimes, ou plutôt trompé
par leur éloquence anti-nationale, ordonna la retraite,
et partit dans la nuit, livrant ainsi la ville au prince
de Hesse-Hombourg, qui, le 22 mars, à onze heures
du matin, y fit son entrée à la tête de vingt mille
hommes. Les Lyonnais s'étonnèrent alors que le chef
de notre armée les eût livrés à des forces si peu imposantes. Ils élevèrent des clameurs contre lui, et crièrent à la trahison; mais bientôt d'autres colonnes parurent et formèrent un total d'environ quarante mille
combattans, dont les deux tiers se portèrent à la poursuite d'Augereau, qui, se retirant dans le Dauphiné,
paraissait disposé à défendre la ligne de l'Isère, derrière laquelle venaient de se replier les généraux Dessaix et Marchand. Parvenu à Valence, le maréchal
y apprit l'occupation de Bordeaux par les Anglais,
et reçut l'ordre de diriger en poste sur Libourne six

mille hommes des dix mille qu'il attendait de **la Ca**-talogne. Dès ce moment, il pensa que tout était perdu, et, par l'effet du trouble où le jetèrent des événemens aussi désastreux, il se hâta de détruire les ponts de la Drôme et de l'Isère, et annonça l'intention de se rendre au Pont-Saint-Esprit, pour disputer aux Autrichiens le passage du Rhône , et empêcher leur jonction avec Wellington. Sur ces entrefaites, la Russie , la Prusse et l'Angleterre, dont la présence de l'empereur d'Autriche au grand quartier-général des alliés contrariait les vues politiques , réussirent à éloigner ce monarque , en lui persuadant qu'il était indispensable pour lui de se mettre en communication avec son armée du sud. François II, ainsi que le corps diplomatique, se rendirent en conséquence à Dijon, où , le 25 mars, ils firent afficher le manifeste dans lequel les alliés déclaraient que la paix avec Napoléon était incompatible avec le repos de l'Europe.

Vers la même époque, deux dépêches par lesquelles le major-général Berthier avertissait Macdonald que l'empereur allait se porter sur Joinville, furent interceptées par le général Orchewski, qui , en les transmettant à Schwarzenberg , l'informait qu'il avait enlevé auprès de Sommepuis quatorze bouches à feu de notre arrière-garde. Cet avis était d'une haute importance, puisqu'il révélait le mouvement de nos troupes. Le généralissime de la coalition, n'osant rien prendre sur lui dans une circonstance aussi décisive, provoqua un conseil de guerre, dans lequel il fut résolu que, sans s'inquiéter de la manœuvre de Napoléon, qui semblait vouloir guerroyer sur les derrières des alliés, toutes leurs forces se dirigeraient immédiatement sur Châlons, pour se réunir à Blucher. Malgré cette résolution, Schwarzenberg fit encore des dispositions qui parurent indiquer le projet de suivre l'armée française vers Saint-Dizier. Mais l'empereur Alexandre, appréciant tout l'inconvénient de cette déviation au plan adopté, pressé d'ailleurs de saisir une occasion qui peut-être ne devait plus se représenter, convoqua un nouveau conseil, où il insista pour que, sans delai, tous les corps qui avaient combattu et toutes les réserves se rapprochassent de l'armée de Silésie, afin de marcher avec elle sur Paris. Le prince Wolkonski et les généraux Barclay de Tolly, Toll et Diébitsch, prirent part à la délibération; le roi de Prusse était absent, mais Alexandre se rendit garant de son approbation.

Le Czar ne se dissimulait pas les difficultés de l'entreprise dont il pressait l'exécution. La grandeur des monumens élevés par Napoléon, et les chefs-d'œuvre dont ses conquêtes avaient enrichi la capitale, semblaient avoir associé à sa prodigieuse fortune une population immense et capable à elle seule de former une armée formidable, aussi fière de conserver ses trophées, qu'intéressée à la défense de ses foyers. Cette multitude était pour les étrangers un juste sujet de terreur, surtout quand il leur venait dans la pensée que Napoléon pouvait arriver, et les placer entre la grande cité et lui. Leur retraite, à la vue de tout un peuple enflammé par l'amour de la patrie, l'enivrement de la victoire, et la soif de la vengeance, eût été impossible, et des innombrables légions qui avaient franchi le Rhin, peut-être, il n'en fût pas resté une seule pour porter au-delà de ce fleuve la nouvelle d'une défaite inouïe dans l'histoire du monde. Mais si l'empereur Alexandre éprouvait une semblable crainte, il était en même temps rassuré par les relations qu'il entretenait avec Paris : il savait que dans cette ville les hautes classes de la société se divisaient en deux partis, les hommes de la révolution et ceux de l'ancien régime, qui paraissaient s'entendre touchant le point essentiel pour les alliés, c'est - à - dire, le renversement de Napoléon. Les derniers étaient les plus nombreux, et la plupart exerçaient de hautes fonctions ; il était probable que, pour mieux assurer leur fortune et leurs dignités, ils déposeraient la couronne du père sur le berceau du fils : une révolution de ce genre eût nécessairement tourné au profit de la puissance autrichienne, qui alors se fût accrue de toute celle de l'empire français. C'était là ce que redoutait la Russie. Déjà les ministres de François II répandaient le bruit que la Régence satisferait la nation : d'un autre côté, Bernardotte avait aussi des prétentions à régner sur la France, et ses partisans s'occupaient à lui concilier des suffrages. Au milieu d'intrigues si diverses, rien n'était encore déterminé ; les souverains alliés décidèrent qu'ils se prononceraient selon le vœu des Français : mais Alexandre, le roi de Prusse et les agens de l'Angleterre, qui ne voulaient ni remplacer un guerrier par un autre, ni augmenter la prépondérance du cabinet de Vienne, se rapprochèrent des royalistes. Les ministres russes, plus prompts que ceux de l'Autriche, s'assurèrent du prince de Talleyrand, dont la souplesse d'opinions devait merveilleusement servir leurs projets.

Celui-ci gagna les partisans de l'ancienne monarchie , en leur promettant le retour des Bourbons ;
et , en offrant aux amis d'une liberté sage la perspective d'un gouvernement constitutionnel : il fit
consentir à ses vues la majorité du sénat, du corps législatif et du corps municipal. Enfin les principaux
chefs de la garde nationale promirent de protéger les
opérations du premier corps de l'état , et d'applaudir
à ses décisions. Dès-lors , on se flatta que l'élan donné
en faveur de l'ancienne dynastie, au milieu d'une population dont les affections mobiles se prêtent à toute
espèce de changemens, au sein d'une capitale dont les
déterminations ont toujours entraîné celles du reste
de la France , se propagerait avec rapidité dans les
provinces. Aussitôt que les alliés eurent la certitude
que les trames ourdies par Talleyrand leur avaient
créé dans Paris une avant-garde plus puissante que
celle de leurs armées, ils firent volte-face de Vitry ,
et en trois colonnes marchèrent sur la capitale , tandis
que, pour masquer cette grande opération, Winzingerode, avec dix mille chevaux et une nombreuse
artillerie , suivait Napoléon vers Saint - Dizier. Pendant que ce mouvement commençait , le corps du
maréchal Marmont ayant été rejoint , près de Fismes ,

par celui du maréchal Mortier , venant de Reims qu'il avait été forcé d'évacuer , reçut l'ordre de se réunir à l'armée principale en passant par Epernay : cette ville étant occupée par les Prussiens , les deux corps se portèrent sur Château-Thierry , afin de se diriger par Montmirail et Champ-Aubert. Ils trouvèrent en route des lettres qui annonçaient la résolution prise par l'empereur de Russie de s'avancer en masse sur Paris ; mais ils crurent voir un piége dans l'oubli de ces papiers , et cette précieuse découverte ne fut d'aucune utilité. Nos troupes étaient dans la plus parfaite sécurité , lorsque Marmont , après avoir dépassé Vertus , aperçut une colonne considérable , qu'il ne tarda pas à reconnaître pour ennemie. Aussitôt il se replia sur Fère-Champenoise ; mais poursuivi au même instant par la cavalerie du général Rayewski , chargé par celle du grand duc Constantin , attaqué avec vigueur par les Autrichiens et les Wurtembergeois , assailli enfin de tous côtés , il est contraint de se retirer vers Sézanne , abandonnant des canons, des bagages et des prisonniers. C'en était fait des seules forces destinées à couvrir Paris, si une vive canonnade qui se fit entendre aux environs de Vilseneux n'eût engagé les souverains alliés à rappeler la cavalerie devant la-

quelle fuyaient Marmont et Mortier ; mais la circonstance à laquelle ces deux maréchaux durent leur
salut devint fatale aux généraux Pactod et Amey,
qui, avec cinq mille hommes et un immense convoi
d'artillerie et de munitions de toute espèce, envoyés
à Napoléon par le ministre de la guerre, furent réduits
à mettre bas les armes. Placée au milieu des armées
ennemies, cernée de toutes parts, cette colonne de
braves, composée en partie de conscrits et de gardes
nationaux, se défendit glorieusement ; plus de mille
d'entr'eux étaient tombés sur le champ de bataille,
que les autres ne cessaient pas de combattre. Il fallut
les arracher malgré eux à la mort qu'ils continuaient
d'affronter. Alexandre, devant qui ils défilèrent, ne
put s'empêcher de rendre hommage à leur valeur.

Les corps des maréchaux Mortier et Marmont, ainsi
que la cavalerie du général Belliard, s'étant fait jour
dans Sézanne à travers les Prussiens, se retirèrent précipitamment par la route de Meaux. La division Compans, franchit la Marne à Trilport ; mais, au moment où
les autres colonnes voulurent à leur tour effectuer le passage, elles en furent subitement empêchées par les troupes d'Yorck et de Kleist, qui débouchèrent sur la Ferté-
Gaucher. Le maréchal Mortier, avec une division de

la garde, entreprit de renverser les obstacles qu'on lui opposait; mais ayant échoué dans cette tentative, il se porta à travers champs sur Provins. Alors le maréchal Marmont, qui suivait le mouvement, envoya à Nogent la division Souham, afin de conserver le seul pont par lequel Napoléon pût traverser la Seine, si, comme il était vraisemblable, il arrivait par Troyes. Après s'être séparés auprès de Nangis, les deux maréchaux se rejoignirent à Brie-Comte-Robert, et se dirigèrent ensemble vers Charenton.

Les armées ennemies redoublaient de vitesse. Le 27 mars, Schwarzenberg établit son quartier-général à Coulommiers, et le même jour, Blucher transféra le sien à La Ferté. Le lendemain, ils continuèrent leur marche, l'un devait passer la Marne à Lagny, et l'autre se dirigeait sur Meaux. Des gardes nationales, qui, mêlées aux troupes réglées, voulurent arrêter Blucher, furent repoussées, et perdirent leur chef. Le général Vincent, chargé de défendre Meaux, retarda, en rompant le pont, la marche des coalisées. Mais tandis que les Prussiens, après avoir éprouvé à Clayes une perte considérable, se portaient sur la route de Soissons, le général Rayewski, qui éclairait la marche de Schwarzenberg, réussit à passer la ri-

vière et s'avança contre notre arrière-garde, campée
à Ville-Parisis. A la suite de quelques légères escarmouches, l'ennemi, pour rassembler ses forces, proposa un armistice de quatre heures. Les généraux
Compans et Vincent, à qui il ne restait plus que
quelques milliers d'hommes de nouvelle levée, y con-
sentirent dans l'espoir d'être bientôt secourus. En
pareille circonstance, il était utile de gagner du temps:
aucune mesure n'avait été prise pour la défense; les
redoutes dont on vantait la construction, n'étaient
pas même tracées, et ce qui paraîtra plus surpre-
nant encore, on n'avait pas songé à confectionner
des vivres pour les troupes. Les malheureux soldats,
qui depuis plusieurs jours combattaient avec une
constance héroïque, eurent peine à trouver du pain.
Après avoir encore résisté auprès de Chelles et de
Bondy, le général Compans prit position sur les hauteurs de Belleville.

Il n'était plus possible de cacher la défaite des deux
corps que Napoléon, en se portant dans la Champagne,
avait laissés pour couvrir la capitale. On savait que
dans des combats continuels ils avaient essuyé de grandes pertes et que plus de cent pièces d'artillerie leur
avaient été enlevées; mais déjà deux fois l'on avait

vu l'ennemi venir jusqu'aux portes de Paris, deux fois il avait été repoussé, et l'on espérait qu'il le serait une troisième. On ne pouvait croire d'ailleurs qu'il s'avançât avec des forces si considérables et avec tant de célérité. Chacun aimait à se dissimuler le danger et à s'exagérer les moyens de résistance. Le gouvernement entretint cette disposition des esprits, et pour augmenter l'énergie, il assura que les troupes qui se présentaient, étaient celles d'un *partisan audacieux*, ou plutôt une colonne égarée tombée dans un piège tendu par l'empereur.

Cependant, le péril était imminent ; Joseph et les ministres n'ignoraient pas qu'une armée innombrable s'avançait, et que, pour la contenir, il fallait déployer toutes les ressources de la capitale ; mais le conseil de Régence, qui ne s'était encore fait connaître que par des actes dont la faiblesse décelait sa nullité, n'osa rien prendre sur lui-même, et tandis qu'il ne lui restait qu'à agir avec promptitude, il perdit son temps à expédier des courriers en Champagne pour demander des instructions. On fit néanmoins quelques préparatifs ; mais il n'était personne qui ne fût frappé de leur insuffisance et de l'ineptie qui présidait à leur exécution. Les principales mesures ordonnées par

l'empereur , avant son départ , avaient été négligées.
Les hommes sur lesquels il comptait le plus avaient
oublié ses volontés les plus expresses , et au zèle
qu'ils consacraient à sa prospérité avait succédé une
torpeur sans exemple. Rien n'avait été organisé suivant ses intentions ; la garde nationale elle-même ,
qui aurait pu s'élever à trente mille hommes en offrait à peine douze mille , dont la moitié seulement
avait des fusils de munition ; le reste n'était qu'un
véritable corps de parade , plus capable de nuire que
de contribuer à la défense. Pour en tirer parti , il eût
fallu en exclure tous ces hommes coutumiers du repos
et de toutes les aisances de la vie , dont la plupart
n'avaient revêtu l'uniforme que par cette espèce de co-
quetterie qui recherche des illusions de jeunesse, ou bien
encore par cette étrange vanité qui se complaît dans des
apparences martiales. Ce n'était pas à cette classe
d'individus que l'on pouvait demander un patriotisme actif et un ardent courage. Tant qu'on leur avait
parlé de victoires , ils avaient paru les plus dévoués;
mais dès qu'ils virent refluer vers Paris des milliers
de soldats blessés et toute la population des campagnes , lorsqu'ils virent toutes les avenues couvertes
de paysans , traînant après eux leurs familles éplorées
et leurs troupeaux , l'aspect de ces fugitifs et de leurs

misères les glaça d'effroi. Les citoyens paisibles songèrent alors qu'ils se devaient à leurs femmes, à leurs
enfans, à leurs occupations, à leur commerce, à
leur industrie. Ceux qui n'avaient pas un prétexte de
ce genre, annonçaient qu'ils étaient convaincus de
l'impossibilité de la résistance. Suivant eux, c'était
un million de soldats qui se précipitaient sur Paris.
Ces alarmistes, courant aux barrières alimenter leur
curiosité et leur peur, revenaient ensuite, le visage
effaré, raconter dans les lieux publics quelles étaient
leurs appréhensions, et pour les motiver, ils en exa-
géraient la cause. Bientôt la consternation devint
générale ; tous les cœurs furent livrés à l'abattement
et au désespoir ; chacun cachait ses marchandises,
enfouissait ses richesses. Les banques, les boutiques,
les magasins ne s'ouvraient plus ; les maisons de jeu
même étaient fermées. Jamais les Parisiens n'avaient
été en proie à de plus vives anxiétés. Depuis l'invasion des Normands, ils n'avaient pas vu déployer
dans leurs murs l'appareil des combats contre des
armées étrangères. Quand pour la première fois, au
milieu de la nuit, ils furent éveillés par la marche
pesante des canons et le bruit d'un attirail de guerre,
ils se crurent perdus ; pour les rassurer, les efforts
d'un

.d'un gouvernement, qui les avait trompés tant de fois par des bulletins mensongers, furent impuissans. La confiance avait fait place à l'incrédulité la plus complète, et le petit nombre de dispositions que l'on faisait pour la défense étaient vues d'un œil dérisoire, tant l'on révoquait en doute leur succès. Telle était la situation de la capitale, lorsque, le 27 mars, le général Michel, à la tête d'une division de quatre à cinq mille conscrits rassemblés à la hâte par le général Ornano, chef des dépôts de la garde, alla prendre position sur les hauteurs environnantes. Des postes furent également assignés aux six mille gardes nationaux, seuls capables d'entrer en ligne ; et au moyen de leur coopération, le nombre des défenfenseurs de Paris, en y comprenant les débris des corps des maréchaux Marmont et Mortier ainsi que la division Compans, s'éleva à environ trente mille hommes, parmi lesquels étaient cinq mille cavaliers. Joseph, en qualité de président de la Régence, était le chef de cette armée.

Le 29 mars, au matin, nos troupes ayant abandonné la plaine de Saint-Denis, le corps russe de Rayewski traversa la forêt de Bondy et porta ses avant-postes vers la Villette et le bois de Vincennes,

64

afin d'attaquer les corps français, qui se ralliaient sous Paris. On échangea alors les premiers coups de canons. Au bruit de l'artillerie, les ministres, qui forment le conseil de régence , ne doutent plus que l'Empire, épuisé par une lutte inégale, ne soit près de tomber ; ils se rassemblent ; mais , au lieu d'enfanter une de ces résolutions généreuses qui relèvent les empires, ils ne pensèrent qu'à se retirer derrière la Loire. Ce parti pouvait être le résultat du courage et la source du salut ; mais il aurait fallu qu'on eût préparé d'avance tous les moyens de prendre une attitude imposante sur une aussi belle ligne de défense.

Deux jours auparavant, le dernier conseil qui précipita la chute de l'Etat, avait décidé que ni le gouvernement, ni Marie-Louise ne quitteraient la capitale. Cette princesse avait même conçu un projet digne de sa naissance et de son rang : dans le cas où la défense serait épuisée et la reddition inévitable, elle devait se présenter à la tête des douze maires de Paris, pour obtenir des souverains alliés les conditions les plus avantageuses et les plus honorables que l'on pût espérer dans une telle circonstance ; mais , comme il était à craindre qu'Alexandre n'immolât

à la fille des Césars les espérances qu'il avait données aux royalistes , un ministre proposa par ruse
un départ qu'un autre personnage fit adopter par
peur. Il fallut user de violence pour faire abandonner à
Marie Louise le palais des Tuileries. Il semblait qu'un
funeste pressentiment augmentât la répugnance que lui
causait ce triste voyage. Enfin , pressée par tous ses
conseillers , elle monta en voiture ; portant son fils
qu'elle arrosait de ses larmes. Ce tableau était déchi-
rant ; on ne pouvait s'empêcher de déplorer la fatalité qui poursuivait cette infortunée princesse , obligée de fuir , devant son père , d'une capitale où elle
régnait en souveraine. L'impératrice et le roi de
Rome , suivis des ministres et des grands digni-
taires , sortirent de Paris à l'instant où une partie de la garde nationale se portait au-devant de
l'ennemi.

Le prince Talleyrand , en sa qualité de vi-
ce-grand-électeur , devait aussi accompagner la
Régente ; mais à peine eut-il dépassé les barrières , qu'imaginant un prétexte, il revint sur ses pas ,
afin de préparer tout pour l'accomplissement de
ses desseins. Jusqu'à Rambouillet , Marie-Louise ne
proféra pas une seule parole. Les reflexions acca-

64.

blantes qui venaient en foule l'assiéger, l'avaient réduite à l'état le plus déplorable. De temps à autre elle
portait ses regards attendris sur cette grande cité où
elle avait joui de toutes les illusions du rang suprême; alors de profonds soupirs attestaient l'affliction
de son cœur, tour-à-tour déchiré par la vue de son
fils et par les douloureures pensées que lui suggérait
la situation de son époux.

L'indignation fut générale dans Paris, lorsqu'on y
sut que les membres de la Régence, au lieu de donner
l'exemple du courage et de l'énergie qu'ils recomman-
daient aux habitans, les abandonnaient au moment
du péril. Joseph Bonaparte, pour apaiser les murmures qui s'élevaient contre ce délaissement, fit afficher une proclamation dans laquelle il promettait de
rester parmi les défenseurs de la capitale. Malheureusement la connaissance qu'on avait du caractère de
ce prince, et surtout le souvenir de sa conduite en
Espagne, faisaient présager que, sous un chef aussi
inhabile, la valeur française n'éprouverait que des
revers.

Le 30 mars, à trois heures du matin, on battit
la générale dans tous les quartiers de Paris. A ce
bruit précurseur des batailles, tous les citoyens, péné-

trés du devoir de sauver la capitale et de repousser l'ennemi, saisissent leurs armes ; les soldats de ligne et les six mille gardes nationaux, qui avaient demandé à combattre, se préparent à la plus vigoureuse résistance. Le maréchal Marmont, avec les généraux Compans et Ornano, couronnait les hauteurs de Romainville et de Pantin, et le maréchal Mortier occupait l'intervalle entre le canal et la hauteur de Montmartre, sur laquelle Joseph avait établi son quartier-général. Une partie de la garde parisienne était placée en seconde ligne, pour donner à nos colonnes l'apparence d'une force plus réelle ; le reste devait, avec quelques troupes, défendre les parties de l'enceinte, que l'armée ne couvrait pas. Le soin de repousser les corps légers qui auraient pu se glisser derrière les masses, et venir insulter les faubourgs, était aussi confié à des gardes nationaux, que l'on avait laissés aux barrières.

On aperçut bientôt de grands mouvemens dans le camp des alliés. Leurs deux armées se dirigeaient en masse sur les hauteurs de Belleville et de Montmartre, regardés comme le centre et la clef de la position. Avant d'engager l'action, deux parlementaires se présentèrent à nos avant-postes ; mais les maréchaux Mortier et

Marmont refusèrent de les entendre. A six heures, les villages de Pantin et de Romainville sont attaqués par les Russes ; et des corps prussiens, autrichiens et Wurtembergeois, menacent à la fois toutes nos positions. L'artillerie et la mousqueterie jouent avec violence ; sur tous les points, de nombreux tirailleurs des deux partis se multiplient, s'écartent, se rapprochent, et se livrent un combat acharné ; l'ennemi montre un instant d'hésitation ; aussitôt on répand le bruit qu'il est repoussé, que Napoléon arrive, qu'on a des canons et des bayonnettes, et que chaque habitant doit sortir de sa maison pour achever la destruction d'une armée, qui trouvera la mort dans les murs où elle s'était flattée d'obtenir la victoire. A cette nouvelle, tous les citoyens qu'anime la haine d'une domination étrangère se précipitent en foule vers les barrières en demandant des armes : c'était le cri des femmes, des enfans, des vieillards, enfin de tout ce qui portait un cœur généreux et français; des milliers d'individus de tout âge et de toute condition accouraient offrir leurs bras et leur vie ; mais de tous ces braves gens, un petit nombre seulement reçut des fusils; les autres revinrent en manifestant leur dépit d'avoir été trompés. Alors, on leur donna

des piques ; mais, dans leur désespoir, ils les brisèrent en criant à la trahison.

Nos soldats et ceux d'entre les gardes nationaux qui
partageaient leur dévouement, redoublaient d'ardeur
pour épargner à la France le plus sensible des outrages,
lorsqu'un capitaine d'état-major , qui la veille était
tombé au pouvoir de l'ennemi, arriva au quartier-
général français : il était renvoyé par Alexandre, qui,
après lui avoir dit que toute résistance de la part
de nos troupes était vaine, l'avait chargé d'annoncer
à leurs chefs que ce n'était pas seulement un corps
de l'armée russe qui se présentait devant Paris ,
mais bien l'armée européenne toute entière. Cet officier
ajoutait que le général Barclay de Tolly recevrait les
députés qu'on enverrait pour entrer en négociations ;
qu'on le trouverait toujours disposé à traiter ; mais
que le Czar ne répondait pas de pouvoir empêcher
le pillage, si une fois l'enceinte de la ville était forcée.
Après avoir entendu ce récit, Joseph Bonaparte
s'écria : « Il ne nous reste donc plus qu'à parle-
menter. » Pendant qu'il délibérait avec ses officiers,
de nombreuses colonnes ennemies se déployaient dans
les plaines d'Aubervilliers ; et le maréchal Marmont,
assailli de toutes parts, était sur le point de suc-

comber : il demandait des secours , et il était impossible de lui en envoyer. Dans cette triste situation , Joseph, craignant de n'être bientôt plus à temps
de se retirer , abandonna son poste et sortit de Paris ,
laissant à ses lieutenans l'autorisation de capituler.
Son départ ne fit point cesser le combat. Les pertes
étaient énormes de part et d'autre, on renouvelait
les tirailleurs. Blucher et le prince royal de Wurtemberg venaient à peine de recevoir l'ordre de
marcher , l'un sur Montmartre , et l'autre sur Vincennes. Il était probable qu'ils n'entreraient pas en
ligne avant la fin du jour. Cette circonstance, jointe
aux avantages que nous avions obtenus auprès des
villages de Pantin et de Romainville , pouvait changer l'état des affaires , car tout faisait augurer que,
si Napoléon , même sans armée , arrivait inopinément , son génie trouverait dans Paris d'invincibles
ressources. Les souverains , convaincus que la promptitude pouvait seule leur faire atteindre le terme de
leur entreprise , résolurent de tenter un effort extraordinaire. Aussitôt, pour appuyer le général
Rayewski, Barclay de Tolly fit avancer sur les hauteurs, entre Pantin et Romainville , deux régimens
de grenadiers russes, soutenus par les gardes prus-

siennes et badoises. Nos troupes les reçurent avec
tant d'intrépidité , que l'on fut obligé d'envoyer
contre elles une division de la garde du Czar ; elles
redoublèrent alors de courage ; mais , malgré leur
bravoure, nos soldats , accablés par des masses formidables , se retirèrent vers Belleville et Ménil-Montant.
On s'attendait que le premier de ces villages serait
attaqué sur - le - champ : mais , pour ne pas s'aventurer , Barclay de Tolly ordonna à ses tirailleurs
de se réunir, et de ne rien entreprendre avant que
l'armée de Silésie et les Wurtembergeois n'eussent
terminé le mouvement qu'ils devaient effectuer sur
les deux flancs. Notre infanterie profita de cette inaction, pour marcher à l'ennemi : déjà elle lui avait
fait essuyer de grandes pertes, lorsqu'elle fut chargée
par deux régimens de cuirassiers ; à la faveur de cette
cavalerie , les Russes ressaisissent l'avantage, et repoussent nos dernières tentatives , pour reprendre
les vignes et les bois placés en-deçà de Romainville
et de Pantin. Pendant que sur ce point nous éprou-
vions un échec , un régiment de hulans sortit de
Montreuil, et fondit sur l'artillerie parisienne qui
suivait la route de Vincennes, pour se porter contre
les Wurtembergeois , dont les colonnes commençaient à déboucher; la frayeur des chevaux du train ,

l'inexpérience des conducteurs excitèrent un désordre, dont les hulans profitèrent pour s'emparer de nos canons; mais le général Vincent, à la tête de deux escadrons de dragons, tomba sur eux et les força d'abandonner le convoi, dont ils ne purent emmener que neuf pièces avec quelques élèves de l'Ecole Polytechnique, presque tous couverts de coups de lances ou de sabre.

Le corps de Langeron, maître des villages de Saint-Ouen et d'Aubervilliers, s'avançait par Clichy, et ceux de Kleist et d'Yorck marchaient sur la Villette. Aussitôt nos batteries jouèrent contre ces colonnes, tandis que nos fantassins cherchaient à les contenir par le feu le mieux nourri. La garde prussienne, venue au secours des Russes, fut horriblement maltraitée; mais, appuyée par de nouveaux bataillons, elle repoussa nos troupes, s'empara de la ferme de Rouvroy, et nous contraignit d'évacuer la Villette. Nos grenadiers et nos chasseurs vétérans, conduits par le général Christiani, s'élancèrent pour reprendre ce village; mais, trop peu nombreux, ils reculèrent et se trouvèrent enveloppés de toutes parts. Plusieurs fois on leur cria de se rendre. Ces guerriers ne répondirent qu'en se frayant un passage sur le corps de leurs ennemis.

Barclay de Tolly, assuré que les mouvemens des deux armées alliées s'opéraient simultanément, ordonne une attaque générale. Marmont, pour la repousser, se met à la tête d'un bataillon; mais une batterie russe ouvre son feu, et jette le désordre dans ses rangs. Les généraux Ricard, Pelleport et Clavel sont blessés; le maréchal reçoit une forte contusion; nos troupes sont partout enfoncées malgré leur valeur, et les hauteurs de Belleville, que protégeaient vingt pièces en batterie, succombent aux assauts réitérés d'innombrables bataillons. Au même instant, les corps prussiens sortent de la Villette au pas de charge, et s'établissent dans les maisons qui touchent aux barrières, tandis que, sur notre droite, les Russes enlèvent Charonne vaillamment défendu par la 7.ᵉ légion parisienne, occupent le cimetière du Père Lachaise, et arrivent sous les murs d   .ris. Toutes nos batteries étaient réduites au silence, l'artillerie de la butte Saint-Chaumont était la seule qui tirât encore : c'était celle des élèves de l'Ecole - Polytechnique, dont le plus agé n'avait pas vingt ans. Leur feu jonchait de cadavres ennemis les approches de la position qu'ils défendaient; faiblement soutenus, ces jeunes gens allaient être écrasés; déjà même plusieurs expiraient sur leurs pièces plutôt que de les

abandonner , lorsqu'un escadron des cosaques polonais, envoyé à leur secours par le général Compans
et quelques gardes nationaux conduits par le général
Sockolniki , parvinrent à les dégager.

Sur ces entrefaites , le maréchal Mortier , dont la
contenance ferme avait imposé à Blucher , qui hésitait encore à aborder Montmartre, reçut des dépêches que Napoléon avait expédiées de Doulancourt et
par lesquelles il lui prescrivait de préserver Paris
d'une occupation étrangère , en donnant avis à
Schwarzenberg que des propositions de nature à amener la paix venaient d'être faites à l'empereur d'Autriche. Le maréchal s'empressa d'exécuter cet ordre ;
mais le généralissime ayant répondu que son souverain tenait à la coalition par des liens indissolubles et
qui ne lui permettaient pas de conclure une paix
particulière , Mortier ne songea plus qu'à remplir les
intentions de son chef en prolongeant sa défense. En
vain le général Orlow le fit-il sommer de se rendre ;
il était déterminé à mourir à son poste plutôt que de
souscrire à des conditions humiliantes, lorsqu'il reçut
l'avis que le maréchal Marmont , après avoir obtenu
une trève de quatre heures pour traiter de la reddition de Paris , allait entrer en négociations. Mortier se
rendit aussitôt à la Villette , où étaient les commis-

saires alliés ; mais pendant son absence, le général Langeron , violant la suspension d'armes , engagea un combat sanglant sur les hauteurs de Montmartre et finit par s'en emparer. Maîtres de cette position , les ennemis lancent des obus jusque vers la Chaus- sée - d'Antin. En même temps des cosaques péné- trent dans le faubourg Saint-Antoine , tandis qu'une colonne des Wurtembergeois franchit le pont de St.- Maur , force celui de Charenton , défendu avec une extrême bravoure par les élèves de l'école d'Alfort, et pousse jusque dans Bercy des éclaireurs qui font feu sur les patrouilles de la garde nationale.

La continuation du combat , lorsqu'on savait qu'un armistice venait d'être conclu , répandit dans Paris une soudaine terreur. On crut qu'il ne s'agissait rien moins que du sac de la ville , et chacun attendait avec effroi l'issue de cette crise déplorable. Au milieu de cette épouvante , les moins timides allaient et ve- naient à la recherche des nouvelles et accueillaient , dans leur anxiété, les récits les plus absurdes et les plus contradictoires ; tantôt on annonçait que l'en- nemi venait d'être repoussé, que le roi de Prusse était prisonnier et qu'on venait de le conduire à l'état- major ; tantôt, pour exciter un soulèvement, les agens du pouvoir impérial renouvelaient le bruit de l'arrivée de Napoléon , trompé et non pas vaincu par les alliés ; son nom inspirait encore une grande confiance ; nul doute que, quoique tardive , l'apparition de ce foudre de guerre n'eût opéré des prodiges et changé en cy-près les lauriers de nos ennemis.

La certitude que la suspension d'armes allait rece-voir son exécution , fit enfin cesser ces alternatives d'alarmes et d'espoir , et cette grande cité, que la consternation avait rendue silencieuse et deserte, reprit un aspect animé lorsqu'on connut les bases du traité d'après lequel nos troupes devaient évacuer Paris avec armes et bagages , sous la promesse que les alliés n'y entreraient que le lendemain 31 mars , à sept heures du matin. Par une seconde convention, qui réglait les intérêts civils de la ville, la garde nationale était maintenue et devait conserver la garde des barrières et de tous les postes utiles à la tranquillité publique.

Ainsi finirent les hostilités contre la capitale ; ses défenseurs, par le courage qu'ils déployèrent, étaient dignes de recueillir les palmes de la victoire ; ils eu-rent la douleur de succomber ; mais, au sein de cet affligeant revers , ils prouvèrent à vingt nations en-nemies que la gloire, moins inconstante que la for-tune, n'abandonne jamais les étendards de la France. En vain la trahison s'épuisa-t-elle en efforts pour diminuer les périls des assaillans : les cendres et le son mêlés à la poudre rendaient les cartouches inutiles ; plusieurs batteries, approvisionnées de boulets d'un diamètre supérieur à celui des canons, ne pouvaient faire feu ; malgré tant de coupables précautions, tant d'odieuses manœuvres, la perte des coalisés fut énorme : plus de quinze mille des leurs restèrent sur le carreau. De notre côté, le nombre des morts fut beaucoup moindre ; toutefois sur les six mille gardes nationaux qui firent le service de vrais soldats, plus de cinq cents furent tués ou blessés. Ce dévouement mérite d'autant plus d'être célébré que, parmi les citoyens qui en firent preuve, plusieurs étaient étrangers à la capitale, et qu'appartenant à tous les départemens de l'Empire, ce n'était pas la conservation de leurs propriétés qui leur avait mis les armes à la main, mais bien le noble sentiment de l'orgueil national. Après le combat, on vit ces braves soumis aux conseils et aux exhortations du sage maréchal Moncey, contribuer encore par leur attitude militaire à la sécurité de la première ville du monde.

Une étrange fatalité avait retenu Napoléon en Champagne : une victoire remportée près de Saint-Dizier sur la cavalerie de Winzingerode et de Czernichew , lui avait d'abord fait perdre cinq jours , et une nuit passée dans Troyes l'avait empêché d'être rendu à Paris dans la matinée du 30 mars. Depuis le 27 , il avait reçu la nouvelle que les deux armées alliées s'avançaient vers Meaux ; mais des motifs dont il serait difficile de rendre compte, lui avaient fait croire que, malgré les couriers qui lui faisaient part de la détresse de son frère, le danger n'était pas aussi grand qu'on le supposait. Il accourait néanmoins par la route de Fontainebleau , et à onze heures du soir il était à Morangis , petit village qui n'est qu'à quatre lieues de Paris , lorsqu'il fut joint par le général Belliard , qui lui apprit qu'une capitulation venait de livrer Paris aux étrangers. A ces mots , Napoléon pousse un profond soupir , et dans l'affliction de son ame , il s'écrie : « Et toi aussi , mon frère , tu m'as » donc trahi ! » Son premier mouvement fut de marcher sur la capitale et d'y produire un soulèvement ; mais ses officiers généraux se réunirent pour l'en détourner. Alors il s'emporta contre les maréchaux qui avaient conclu une convention : « Ils au- » raient dû tenir jusqu'à mon arrivée, dit-il avec feu ; » il fallait remuer Paris , mettre en action toute la » garde nationale et lui confier les hauteurs héris-

sées

» sées d'artillerie , pendant que les troupes de ligne
» auraient combattu dans la plaine. » Sur l'observation que ces hauteurs étaient mal fortifiées , et
qu'il ne s'y trouvait pas de pièces de gros calibre ,
il ajouta : « Allons, je vois que tout le monde a
» perdu la tête ; voilà ce que c'est que d'employer
» des hommes sans énergie et sans talent. Cependant ,
» Clarcke se croit un grand ministre, et Joseph un
» bon général. » Enfin , cédant aux instances du maréchal Berthier, Napoléon se décida à revenir sur ses
pas , pour hâter la marche des premières colonnes
de son armée. Jusqu'au point du jour , il s'occupa
de réunir les débris des deux corps qui avaient combattu sous Paris , et les dirigea sur Fontainebleau
où lui-même se rendit après avoir donné des pleins
pouvoirs au général Caulaincourt pour traiter avec les
souverains.

Le 31 mars, les alliés, à la tête desquels se trouvaient
Alexandre et le roi de Prusse, firent leur entrée dans
Paris. Ils s'étaient fait précéder d'une proclamation
dans laquelle le prince de Schwarzenberg, au nom de
l'Europe en armes, offrait aux habitans une réconciliation sincère et durable, s'ils cherchaient à accélérer

65

la paix du monde, en imitant la conduite de Bordeaux. A cette condition, aucun logement militaire né devait peser sur la capitale. Les chefs du parti royaliste s'emparèrent aussitôt de cet écrit pour opérer un mouvement en leur faveur. Ils le lurent à haute voix, en parcourant les rues, en agitant des drapeaux blancs, et en jetant des cocardes blanches avec profusion; mais le peuple, qui applaudissait à la promesse qu'il n'y aurait plus ni conscription, ni taxes arbitraires, semblait n'écouter encore qu'avec étonnement des acclamations qu'un silence de vingt ans avait frappées de désuétude et livrées à l'oubli. Cependant des femmes, transportées de joie à l'idée d'une révolution, qui, en fermant le temple de Janus, allait rouvrir celui de l'Hymen, demandaient les Bourbons à grands cris, et saluaient du titre de bienfaiteurs les monarques étrangers; tout Tartare était un libérateur, tout Allemand un héros; et les citoyens, déjà affligés des malheurs de la patrie, eurent encore la douleur de voir ce sexe qu'émerveillent les exploits guerriers, insulter à la valeur française par des louanges prodiguées à nos ennemis. Depuis la bataille de la Rothière, les soldats de la coalition portaient, pour se reconnaître entr'eux, une écharpe blanche au bras gauche; cette circonstance, peu importante en elle-même, facilita le succès des royalistes. Un signe, qui n'avait été adopté que pour éviter sur le champ de bataille les méprises auxquelles pouvait donner lieu la variété des uniformes, fut regardé comme un indice de la volonté des étrangers. Cet indice donna de l'énergie aux partisans des Bourbons, et fit entrevoir aux opposans un obstacle invincible. Ces derniers conservèrent une morne dignité; les autres, s'abandonnant sans réserve à toute l'expansion de la plus vive allégresse, excitèrent dans la foule un entraînement qui avait sa source dans l'espérance qu'au milieu de ce grand naufrage, l'ancienne dynastie serait la planche de salut. On entendit alors ces cris: *Vive l'empereur! vive le roi de Prusse! vivent les alliés!* Alexandre, fatigué des acclamations anti-nationales, dont il était poursuivi, ne put s'empêcher d'en relever l'inconvenance, en disant à ceux qui ne répugnaient pas à un pareil avilissement: « Criez plutôt *vive la paix!* » Quelques-uns de ces misérables osèrent porter une main sacrilége sur l'immortelle colonne d'Aus-

65.

terlitz ; mais le monarque dont les yeux seuls auraient
pu être blessés par l'aspect de ce monument, fit publier qu'il le prenait sous sa protection.

Aussitôt que les troupes alliées eurent pris leurs
campemens, le Czar, à qui le prince de Schwarzenberg, au nom de l'Autriche, avait déjà déclaré
qu'il regardait l'existence de Napoléon comme incompatible avec le repos de l'Europe, et qu'il n'y
avait rien de mieux à faire que de rétablir la dynastie
des Bourbons, rassembla un grand conseil afin de
connaître les dispositions des Français, et protesta
que le vœu de la majorité serait appuyé par toutes
les forces de la coalition. L'opinion du prince Talleyrand, qui affirma que la majorité était royaliste, pré-
valut. Alexandre déclara alors qu'il ne traiterait plus
avec Napoléon, ni avec aucun membre de sa famille. Les souverains proclamèrent en même temps
qu'ils respecteraient l'intégrité de l'ancienne France,
et qu'ils garantissaient la constitution que la nation
se donnerait. Sur - le - champ un manifeste, rédigé
dans cet esprit, fut imprimé et affiché dans tout
Paris.

Le corps municipal fut le premier à exprimer

le vœu que la monarchie fut rétablie dans la personne de Louis XVIII. Cette résolution fut expri-
mée dans une adresse que rédigea M. Bellart et que
signèrent les maires des arrondissemens de Paris.
Le 3 avril, le sénat, convoqué par l'empereur
Alexandre, pour créer un gouvernèment provisoire et préparer une nouvelle constitution, nomma
le prince Talleyrand, le duc d'Alberg, les comtes
Beurnonville, Jaucourt et M. de Montesquiou, pour
remplacer l'autorité impériale. Il prononça en même
temps la déchéance de Napoléon, et délia le peuple
et l'armée du serment de fidélité. Mais toutes les
ames généreuses se sentirent révoltées de l'ingratitude
de quelques hommes qui insultaient leur bienfaiteur
jusques dans l'abîme où leurs lâches complaisances
l'avaient précipité. Les souverains étrangers furent
moins injustes envers lui : la politique leur avait
conseillé la destruction de son pouvoir ; mais dans
le monarque déchu ils voyaient encore le guerrier
dont le génie avait si souvent commandó leur admiration. Cette haute estime qu'ils professaient pour
Napoléon, ils la conservaient aussi aux Français, qui
pour eux étaient toujours le grand peuple. « Il est

» juste, disait Alexandre, il est sage, de donner à
» la France des institutions fortes et libérales, qui
» soient en rapport avec les lumières actuelles. » Ce
prince, par un sentiment exquis des convenances, saisissait toutes les occasions de flatter l'orgueil national, en relevant par ses éloges la gloire de notre armée. Lorsqu'on l'assura que son arrivée était attendue
et impatiemment désirée, il répondit avec grâce :
«N'accusez de mon retard que la valeur française.»
Alexandre et le roi de Prusse, ayant manifesté le désir de se rendre à l'Opéra, les comédiens voulurent
jouer le *Triomphe de Trajan;* leur mémoire fidèle
leur rappelait que cette pièce avait été destinée à
célébrer la magnanimité d'un conquérant : en conservant les mêmes rôles, ils changeaient seulement l'objet des allusions et leur ame flexible se prêtait à cette
métamorphose, comme ces décorations banales, qui,
soumises à la seule impulsion du machiniste, passent
tour-à-tour sous les yeux du spectateur, et parent
indifféremment les temples de tous les Dieux !

Certaines personnes, persuadées que Napoléon ne
serait jamais complètement abattu, tant qu'on lui con-
serverait quelque affection, cherchèrent à le flétrir dans

l'opinion publique. Ils n'y eut pas d'imposture qu'elles ne cherchassent à accréditer pour le rendre odieux, surtout aux Parisiens ; elles répandirent le bruit que, sans respect pour le sanctuaire des sciences, des plaisirs et des arts, il avait résolu de faire de leur ville une autre Saragosse. Suivant quelques écrits apocryphes, de ces beaux monumens qu'il avait élevés de ses propres mains, il ne devait plus rester que des décombres; les rues, après avoir été coupées par des fossés, devaient être dépavées, et les pierres portées à tous les étages pour les précipiter sur l'ennemi ; l'empereur avait ordonné qu'on armât la populace, qu'on brûlât les faubourgs, qu'on fît sauter les ponts, ainsi que la poudrière de Grenelle, et qu'on se retirât sur la rive gauche de la Seine, qu'on défendrait avec acharnement, jusqu'au moment où il arriverait à la tête de son armée. Mais les mensonges absurdes et atro-ces dont on noya la vérité détruisirent l'effet de la calomnie, et l'on refusa d'accueillir les révélations de quelques pamphlétaires qui seuls avaient oublié les bienfaits que, dans d'autres temps, ils avaient reçus pour prix de leurs éloges.

Le 3 avril, quatre-vingts membres du corps législatif,

le tribunal de cassation, le corps des avocats et même
plusieurs membres de la convention, sanctionnèrent
par leur adhésion la décision du sénat, et demandèrent
le retour de l'ancienne dynastie avec des garanties pour
la liberté Les généraux Dessoles et Ricard suivirent
cet exemple. Le maréchal Victor et les généraux Dupont
et Legrand , ainsi qu'une foule d'autres officiers, sous-
crivirent aussi à ce changement , et la garde nationale
parisienne reçut l'ordre de prendre la cocarde blanche.

Cependant Napoléon rassemblait ses troupes à
Fontainebleau , où le maréchal Marmont, après avoir
pris position sur la petite rivière d'Essonne , ne tarda
pas à se rendre. Dans la conférence secrète qu'il
eut avec lui, l'empereur lui reprocha, dit-on , de
n'avoir pas prolongé d'un jour sa défense ; cette
faute paraissait d'autant plus grave à ses yeux, que
les nouvelles qu'il recevait de Paris devenaient de
plus en plus alarmantes. Les conséquences funestes
de ces événemens se faisaient ressentir même dans
l'armée où les agens de l'étranger cherchaient à se-
mer l'insubordination et la révolte. Pour s'assurer
de l'esprit de ses troupes, Napoléon ordonna , le 5
avril, une grande revue, et les ayant fait ranger autour

de lui , il leur adressa cette harangue , avec un accent plein d'énergie et de sentiment. « Soldats ! l'ennemi
» que vous avez vaincu tant de fois est entré dans
» Paris. Les émigrés que j'ai comblés de bienfaits
» ont arboré la cocarde blanche, ils se sont jetés
» dans les bras des Russes, La France, souvent mai-
» tresse chez les autres , l'a toujours été chez elle ; en
» me bornant à nos anciennes limites , je n'ai pu
» obtenir la paix. Avant peu , nous marcherons sur
» la capitale et j'espère la délivrer. Soldats ! puis-je
» compter sur vous ? .... Oui ! oui ! répondirent des
» milliers de voix.

Napoléon , satisfait de l'impression qu'il avait pro-
duite, convoqua les chefs de corps pour leur exposer
ses projets et en concerter avec eux l'exécution, qu'il
fixa au 5 avril. Mais la plupart n'envisageant déjà plus
leur cause comme liée à celle de l'empereur , se rendirent ensuite chez le maréchal Berthier , et délibérè-
rent ensemble sur la conduite qu'il fallait tenir. Après
une longue discussion , ils ne virent d'autre moyen de
salut que l'abdication de leur ancien maître. Le maréchal Berthier se chargea de lui proposer ce sacrifice ; mais il fut repoussé avec aigreur , et le soir

même la garde impériale reçut l'ordre de traverser pendant la nuit la forêt de Fontainebleau. De leur côté, les alliés se portaient en avant, et depuis deux jours leur ligne s'étendait de Versailles jusqu'à Lonjumeau. Toutefois les soldats de Napoléon étaient disposés à le suivre, et la capitale eût peut-être été reconquise, si l'armée française, petite par le nombre, mais terrible par l'ardeur dont elle était enflammée et protégée encore par sept cents bouches à feu, fût sortie de Fontainebleau.

Les maréchaux arrêtèrent son élan. Ney, le premier, se présentant à l'empereur, lui demanda hardiment s'il avait connaissance de la révolution qui venait de s'opérer ; et lui présentant les journaux : « Vous n'êtes plus empereur, dit-il ; vous ne pouvez » plus commander, et l'armée ne doit plus vous obéir; » lisez l'acte de votre déchéance ». En même temps le maréchal Lefebvre entra, et s'adressant à Napoléon, il lui dit avec feu : « Vous êtes perdu ! vous n'avez » voulu écouter les conseils d'aucun de vos serviteurs; » le sénat a prononcé votre déposition ». Les maréchaux Macdonald et Oudinot se joignirent à leurs compagnons d'armes et déclarèrent que la révolution était irrésistible ; que tout était perdu si Napoléon ne renonçait pas au trône. L'empereur, accablé par tant de représentations, se soumit à la cruelle nécessité et parut décidé à souscrire un acte d'abdication, pourvu que la dignité dont il était revêtu fût conservée à son fils. Il écrivit dans ce sens une lettre fort pressante à l'empereur Alexandre, et les maréchaux Ney et Macdonald, ainsi que le général Caulaincourt, partirent aussitôt, chargés des propositions de l'empereur. Sur ces entrefaites, le maréchal Marmont, commandant les postes avancés, avait entretenu, dit-on, des intelligences avec Schwarzenberg, et par un arrangement secret, il lui avait promis de ne plus combattre, si on voulait assurer la vie à Napoléon. En arrivant à Essonne, les députés envoyés à l'empereur de Russie pressèrent Marmont de se joindre à eux. Son embarras fut extrême, et il ne put déguiser qu'il avait fait à Schwarzenberg des ouvertures auxquelles on avait répondu ; mais comme il n'en fit pas connaître la nature, les maréchaux y virent moins un obstacle, qu'un acheminement à leurs desseins. Ils sollicitèrent de nouveau Marmont, qui, forcé de les suivre, laissa son commandement au général Souham. Parvenus à Chevilly, où Schwarzenberg avait son quartier-général, les négociateurs allèrent chez ce généralissime pour lui communiquer l'objet de leur mission.

Les maréchaux Ney et Macdonald, en arrivant à Paris, se rendirent chez Alexandre, et lui exposèrent les intentions de Napoléon et les vœux de l'armée. Le Czar les reçut avec obligeance, et disposé à accueillir leur proposition, il les ajourna au lendemain. Ce début leur parut si heureux, qu'ils s'empressèrent d'en faire part à Napoléon; mais il ne partagea pas leur espoir. « J'ai abdiqué, dit-il, parce » qu'on l'a voulu : ce n'est pas l'intérêt de la France. » Mon fils est un enfant, et ma femme n'entend rien » aux affaires. M. Schwarzenberg serait donc vice- » empereur ? Si cela convient à l'Autriche, les autres » puissances y consentiront-elles ? Je n'attends rien » de favorable de la démarche des maréchaux ».

L'empereur Alexandre ayant fait appeler le prince Talleyrand, le général Dessoles et les principaux ministres de la coalition, les consulta sur les offres qui lui étaient faites. Tous déclarèrent d'abord qu'en admettant même la légitimité de Napoléon, il avait mérité sa déchéance, pour avoir cherché à se mainténir par les violences qui ôtent au pouvoir son exercice légal, et qu'ayant voulu fonder son trône sur la force, ce trône devait s'écrouler par la force dont il avait tant abusé; d'un autre côté, ajoutèrent-ils, la France réparera ses malheurs en rappelant les Bourbons; sans verser une goutte de sang, elle se retrouvera dans les bras d'une famille qui, pendant plusieurs siècles, l'a gouvernée avec gloire et presque toujours avec bonté. Malgré ces allégations et l'acte par lequel Alexandre s'était engagé à ne plus traiter avec Napoléon, l'assurance donnée par les maréchaux Ney et Macdonald, que l'armée ne renoncerait jamais à son ancien chef, aurait peut-être paru de quelque poids à ses yeux, s'il n'eût reçu le jour même une dépêche par laquelle on lui annonçait que le corps entier d'un maréchal s'était rangé du côté des alliés. Cette nouvelle confondit les négociateurs; mais le maréchal Ney, prenant brusquement son parti, déclara que, puisque la troupe abandonnait Napoléon, il fallait se soumettre, et que lui-même adhérait à la déchéance. Une circonstance imprévue avait précipité la défection du corps d'armée dont nous parlons. Un moment après le départ de son chef immé-

diat , un général reçut de l'empereur l'ordre de se
rendre à Fontainebleau. Convaincu alors que les
relations du maréchal avec Schwarzenberg étaient
découvertes , il assemble ses principaux officiers ,
qui , à l'exception des généraux Chastel et Lu-
cotte , étaient tous dans le secret ; on fut d'avis
d'exécuter promptement le traité ; aussitôt des postes
furent placés sur la route pour arrêter les ordonnances qui venaient du quartier impérial , et le
lendemain , avant le jour , le corps d'armée se mit
en marche dans la persuasion qu'on allait attaquer
le flanc droit des alliés. Mais en arrivant à Versailles , les troupes , s'apercevant qu'on les avait
trompées , firent entendre des cris d'indignation :
les officiers brisèrent leurs épées , les soldats quittèrent leurs rangs , et ramenés vers Fontainebleau
par le sentiment de l'honneur , ils s'y rallièrent
d'eux - mêmes. Dès que Napoléon fut averti que
le 6.ᵉ corps l'avait abandonné , il chargea le général Belliard de faire couvrir la route de Versailles. « Ah ! s'écria - t - il , en donnant cet or-
» dre, qui aurait pu croire à un pareil trait ? Voila
» le sort des souverains, c'est de faire des ingrats ! »

Sur ces entrefaites, le maréchal Macdonald vint rendre compte à Napoléon du résultat de ses démarches, et lui annonça que le sénat avait reconnu les Bourbons. Il était impossible désormais de résister à une décision appuyée par un million de bayonnettes : l'empereur déclara que, puisqu'il était le seul obstacle à la paix, il renonçait pour lui et pour ses héritiers à sa double couronne, et acceptait pour retraite l'île d'Elbe, dont on avait offert de lui garantir la souveraineté avec une pension de deux millions. Dès ce moment, chacun se crut libre de s'éloigner de l'homme que la fortune avait abandonné et de faire aussi son traité à part. A l'exemple du maréchal Ney, beaucoup de généraux se rendirent à Paris, et embrassèrent la cause de la restauration.

Ce ne fut que le 7 avril que le gouvernement provisoire considéra l'abdication comme définitive, et déclara nul tout ce que Napoléon avait fait en qualité d'empereur, postérieurement à la déchéance prononcée par le sénat. Le même jour, on envoya aux différens corps une convention qui réglait la suspension des hostilités. Cet armistice parvint le soir même à Fontainebleau, et bientôt après au maréchal Augereau, qui, après avoir fait sauter le pont de Romans

et brûlé celui de Valence, était resté derrière l'I-
sère. Dès qu'il fut instruit de la révolution qui avait
suivi la prise de Paris, il convint avec le prince de Hesse-
Homburg que chacun des deux partis garderait ses positions. Mais, dans les autres contrées de la France, nos
guerriers versaient encore leur sang pour défendre
une cause déjà jugée sans retour ; dans le Midi surtout, où ils étaient guidés par un général dont les revers semblaient accroître l'énergie, ils se montrèrent
redoutables. Toutes les dispositions du maréchal Soult
tendaient à éloigner l'armée anglo-espagnole du centre
de la France. A cet effet, il se porta d'abord sur Tarbes
et ensuite sur Saint-Gaudens, où il se flattait qu'une
prompte jonction avec l'armée de Catalogne, que devait amener le maréchal Suchet, lui donnerait le
moyen de tenir tête à l'ennemi. Frustré dans cette espérance, il se retira sous les murs de Toulouse, où
il attendait quelques renforts détachés du corps
d'Augereau. En arrivant, il fit retrancher les positions
susceptibles d'être défendues. A peine les premiers
ouvrages étaient-ils achevés, que, le 25 mars, Wellington parut avec soixante-cinq mille combattans, et
s'établit à une demi-lieue de la ville. L'armée française ne s'élevait pas au quart de la sienne ; mais
l'ardeur

l'ardeur dont elle était animée , les talens de son chef
et cent pièces de canon en batterie la rendaient encore formidable.

Wellington , instruit que le faubourg St.-Michel
n'était pas fortifié , dirigea quinze mille hommes sur
ce point par la route de Lauragais; mais le mauvais
état des chemins et le débordement des rivières ayant
fait échouer cette manœuvre , il résolut alors de franchir la Garonne au dessous de Toulouse. Le corps
de Béresford , qui revenait de Bordeaux, n'eut pas
plutôt atteint la rive droite, que, par le stratagème
de nos officiers du génie, le pont qui lui avait servi
de passage fut rompu , et quinze mille Anglais se
trouvèrent ainsi isolés du reste de leur armée. Wellington, contrarié par ces deux tentatives infructueuses, était dans la plus vive anxiété , quand un officier
de sa nation, qui, depuis plusieurs années, demeurait
sur parole à Toulouse, alla le trouver et lui révéla
dans le plus grand détail les dispositions militaires
du maréchal Soult. Fort de ces renseignemens, le
général anglais jeta , dans la nuit du 7 au 8 avril, un
nouveau pont de bateaux, et renforça, par le corps
du général Freyre, celui de Béresford qui employa
les deux jours suivans à attaquer nos postes avancés,

66

tandis que le général Hill, resté sur la rive gauche,
cherchait à enlever le faubourg Saint-Cyprien, que
le général Reille défendait comme tête de pont.

Enfin, le 10 avril, Wellington fit avancer ses
colonnes contre notre armée, dont la ligne formait
une circonférence autour de Toulouse. L'action
commença dès six heures du matin. Nos troupes virent sans en être ébranlées, tous les corps anglais, espagnols et portugais réunis : au signal donné,
la brigade Saint-Pol s'élança de son camp retranché
sur la route d'Alby, enfonça les Espagnols et les mit
en fuite après en avoir fait un grand carnage ; deux
de leurs généraux, Mendizabol et Espolata furent
blessés dans ce sanglant combat. L'armée française, animée par ce succès, se déploya tout entière pour faire
face aux nombreux assaillans dont elle était entourée.

Béresford, pensant qu'il lui serait facile de tourner nos positions, longea le plateau que nous occupions et en attaqua successivement les quatre redoutes. Il fit d'énormes et inutiles sacrifices. Le maréchal Soult, apercevant de l'hésitation dans les rangs
de ce général, qui s'était imprudemment engagé, ordonna au général Taupin de s'embusquer derrière
des haies et de fondre sur lui à l'improviste. Le gé-

néral Taupin, trop pressé d'attaquer, se porta en désordre à la rencontre des Anglais, et se trouva placé
entre leurs colonnes et nos batteries du centre dont
il paralysa les feux. Cet intrépide militaire crut réparer sa faute en ralliant ses troupes pour les ramener à la charge; mais au moment où il tentait ce dernier effort, il tomba frappé de trois balles dans la
tête. En même temps Béresford fit avancer les montagnards Ecossais contre les retranchemens de droite,
et parvint à les enlever.

Le maréchal Soult tenta vainement de les reprendre; il fut encore forcé d'évacuer la redoute de la
Pujade, où le général Lamorandière périt glorieusement. Maître du plateau, Béresford se disposa à couper la seule route par laquelle notre armée pût se
retirer; mais le maréchal Soult, de concert avec le
général Clausel, prit une nouvelle ligne appuyée à la
redoute Sacarin, et par un mouvement aussi habile
qu'imprévu, obligea l'ennemi à renoncer à son entreprise. Le maréchal, ayant ainsi assuré sa retraite par
la route de Narbonne, fit des préparatifs pour recommencer le combat. De leur côté, les Anglo-Espagnols
mirent leurs obusiers en batterie, et disposèrent des
fusées à la Congrève, afin d'incendier la ville.

66.

Wellington, impatient de faire son entrée dans la capitale du Languedoc, la fit sommer d'ouvrir ses portes; Soult répondit par un refus formel; tout faisait présager que, dès le lendemain, Toulouse serait en proie aux plus affreuses calamités. Vers les neuf heures du soir, le maréchal convoqua un conseil de guerre, et déclara qu'il persistait dans l'intention de se défendre; toutefois sur les représentations et les prières des autorités civiles, il abandonna ce projet. A minuit, l'armée prit la route de Castelnaudary, laissant dans les hôpitaux près de deux mille blessés, parmi lesquels étaient les généraux Harispe, Baurot, Berlier, Saint-Hilaire et Gasquet.

Maître de Toulouse, Wellington put se proclamer vainqueur, mais il avait éprouvé tous les désavantages d'une défaite. Six mille Anglais étaient morts, douze mille étaient hors de combat : ainsi, dans cette lutte inégale, l'honneur appartint tout entier au maréchal, qui, par de savantes dispositions, sut balancer la supériorité du nombre, et aux soldats dont l'héroïque courage creusa le tombeau de tant d'ennemis : cette journée fut glorieuse pour nos armes; elle le fut aussi pour cette élite de la jeunesse française, ces étudians de l'Université, qu'on retrouve partout à la tête de ce qui est beau et généreux; on les vit s'élancer sous

une grêle de balles, pour enlever les soldats blessés
et leur prodiguer ensuite les soins les plus touchans.
Un tel dévouement eut peu d'imitateurs ; quelques
femmes, de pauvres ouvriers et plusieurs gardes nationaux partagèrent seuls l'honorable zèle des élèves en droit et en médecine.

L'approche de l'ennemi avait causé quelque fermentation parmi les habitans, la crainte exaltait les
têtes ; mais au moment du danger, tout rentra dans
le silence, nos troupes s'éloignèrent, et Wellington
fit son entrée triomphale ! A Toulouse, comme à Bordeaux, la cocarde blanche fut arborée sous les auspices des Anglais. Les Toulousains se livrèrent d'abord
à des transports de la plus bruyante allégresse ; mais
Wellington, ayant laissé entrevoir que la paix avec Napoléon n'était pas impossible, le refroidissement succéda
à l'enthousiasme. La ville était plongée dans la consternation, lorsque des dépêches du gouvernement
provisoire vinrent dissiper ses craintes; elles faisaient
connaître la chute de l'empire. A cette nouvelle, le
maréchal Soult demanda un armistice afin de s'assurer des faits par lui-même ; mais Wellington rejeta
une proposition si conforme à l'humanité, et lorsqu'il était inutile de verser du sang, l'état de désor-

ganisation dans lequel il supposait nos troupes, lui
suggéra l'idée de les faire poursuivre par sa cavalerie :
il crut l'occasion favorable pour se venger d'une résistance dont les résultats rabaissaient sa réputation
militaire ; mais le maréchal Soult ayant reçu de Paris l'avis officiel des événemens qui avaient eu lieu,
on entra sur-le-champ en pourparler, et le général
anglais ne put s'empêcher de conclure une convention. A cette époque, le général Decaen, marchant sur
Bordeaux, avait déjà poussé ses avant-gardes jusqu'à Pé-
rigueux ; son approche avait jeté les Bordelais dans les
transes les plus cruelles. On leur avait promis qu'ils
seraient secourus par les Vendéens, à la tête desquels
devait se mettre le duc de Berry ; mais cette promesse ne se réalisant pas, leurs alarmes ne cessèrent
que lorsqu'ils eurent appris que la revolution dont
ils avaient, en quelque sorte, donné le signal, était
consommée.

Le 11 avril, veille du jour où le comte d'Artois
fit son entrée dans la capitale, le maréchal Macdonald et les autres commissaires présentèrent à Napoléon le traité qui lui conservait son titre, et lui
conférait la propriété de l'île d'Elbe. Après qu'il se fut
recueilli un instant, il dicta au ministre Maret son

abdication conçue en ces termes : « Les puissances
» alliées ayant proclamé que l'empereur Napoléon
» était le seul obstacle au rétablissement de la paix
» de l'Europe, fidèle à son serment, il renonce pour
» lui et ses héritiers aux trônes de France et d'Italie,
» parce qu'il n'est aucun sacrifice personnel, même
» celui de la vie, qu'il ne soit prêt à faire à l'intérêt
» de la France ».

Ainsi descendit du premier trône du monde le
guerrier le plus étonnant qui ait paru dans les temps
modernes : son génie et la vigueur de son caractère
l'avaient fait monter au rang suprême ; mais l'ivresse
du pouvoir lui fit perdre de vue l'influence qu'il devait
exercer sur son siècle. Aveuglé par sa haute fortune,
il dédaigna cette force morale, qui, aux beaux jours
de la liberté, avait fait de la France la reine des nations. Aux prestiges des idées qui séduisent les
peuples, il substitua le poids de son épée, et mé-
connut le plus sublime de tous les droits, celui dont
la nature a donné la conscience à tous les cœurs, et que
la philosophie a proclamé. Tandis qu'il pouvait marcher à la tête de la délivrance humaine, il ne combattit
que pour affermir, pour étendre le pouvoir et léguer des
exemples au despotisme. Au lieu de présenter à l'Europe

une charte d'affranchissement, il prétendait la subjuguer, et l'Europe l'a puni d'avoir préféré le rôle de conquérant à celui de libérateur. Par lui des préjugés ébranlés, des erreurs qu'il pouvait détruire ont repris leur
ancienne vigueur, et la lumière qui devait éclairer
le globe a dû s'arrêter dans son cours. En fondant
le règne de la justice et de la raison, le héros eût
acquis des titres à la gratitude universelle; il ne con-
voita que cette admiration fugitive qui prend sa source
dans l'étonnement, et qui s'éclipse, avec la fortune
de celui qui occupait toutes les voix de la renommée.
Après avoir trompé tant d'espérances, Napoléon devait
être en butte à tous les ressentimens. Les peuples
accusèrent son ambition et les rois armèrent contre
lui les peuples, en leur promettant ce qu'il leur avait
refusé. L'appât de la liberté, l'amour de l'indépendance cimentèrent une ligue formidable, un accord
inouï. Au dedans, au dehors, Napoléon eut des
ennemis partout; il dut alors se convaincre qu'il n'avait
pas connu les hommes. Ne les jugeant que d'après
les opinions d'un maître absolu, le mépris qu'il
affectait pour eux le priva du seul appui assez fort
pour prévenir sa ruine.

A peine le sceptre impérial fut-il brisé, que tous les

grands de l'empire envoyèrent au nouveau gouvernement l'acte de leur soumission. Le conseil de Régence se retira au delà de la Loire. Marie-Louise
et le roi de Rome quittèrent Blois, et furent ramenés
à Rambouillet par le prince *Sterhazy*. Bientôt après,
cette princesse et son fils se rendirent à Vienne. Les
frères de Napoléon cherchèrent un asile dans la Suisse.

Napoléon, abandonné de tous ses courtisans, et
même de son mameluck, qui, fidèle aux mœurs
de l'Orient, s'était éloigné de lui au moment de sa
déchéance, supportait avec dignité tout le poids de
sa catastrophe ; mais, en lisant dans les journaux les
grossières invectives de ses anciens adulateurs, il
ne pouvait dissimuler l'agitation de son ame. La révolution avait été si extraordinaire et si soudaine,
que l'Europe étonnée la regardait encore comme
un songe : lui-même quelquefois se surprenait avec
des pensées orgueilleuses, avec des signes de commandement. Le 16 avril, les commisssaires nommés
par les quatre grandes puissances alliées se rendirent
à Fontainebleau, pour accompagner Napoléon à
l'île d'Elbe. Le départ devait avoir lieu le 20. Dans
la matinée de ce jour, il eut quelques velléités
de révoquer son abdication. « Si j'ai consenti à

» déposer la couronne, dit-il au général Koller, » ce n'est que pour la gloire et le bonheur de la » France. Aujourd'hui, j'ai reçu plus de mille adresses » qui toutes me conjurent de reprendre les rênes » de l'État ; d'ailleurs n'empêche-t-on pas l'Impé- » ratrice de m'accompagner jusqu'à Saint - Tropez, » comme on en était convenu ? » Puis, s'élevant contre d'autres injustices qu'on lui faisait éprouver , il accusa l'empereur d'Autriche d'être un homme sans foi, et de travailler au divorce de sa fille ; il se plaignit aussi d'Alexandre et sur-tout du roi de Prusse, contre lequel il manifestait la plus violente haine. « On m'a reproché , ajouta-t-il , de ne m'être pas » donné la mort ; le vrai courage consiste à savoir sup- » porter un malheur non mérité; à Arcis-sur-Aube, j'ai » assez prouvé que je méprisais la vie. » Après quelques instans de réflexion, Napoléon reprit tout-à-coup sa résignation et annonça qu'il était décidé à partir. Cette ame, si pleine de contrastes, montra alors de l'élé- vation, du sentiment, de la franchise. Ses adieux à son armée seront peut-être le plus beau monument de son histoire. A midi il descendit dans la cour du palais où se trouvaient environ trois mille hom- mes de la vieille-garde. Ces guerriers, en revoyant

leur ancien chef, gardèrent le plus profond silence.
Tous conservaient l'attitude du respect : leur ame,
oppressée par la douleur, étouffait leurs voix, et
aucun d'eux ne put prononcer les acclamations ac-
coutumées. Il se plaça au milieu des officiers venus
à lui et leur parla avec un si noble épanchement,
que tous ceux qui étaient présens en furent attendris.
« Soyez fidèles au nouveau roi, leur dit-il; n'aban-
» donnez pas cette chère patrie, si long-temps mal-
» heureuse; ne plaignez pas mon sort, de grands
» souvenirs me restent; je serai toujours heureux
» lorsque je saurai que vous l'êtes. J'aurais pu
» mourir ; mais je suivrai le chemin de l'honneur;
» j'écrirai ce que nous avons fait. Soldats, je ne
» puis pas vous embrasser tous, mais j'embrasse
» votre chef. » Alors il pressa dans ses bras le
général Petit; puis, se faisant apporter l'aigle de ses
vieux grenadiers, il la couvrit de baisers en prononçant ces paroles que la situation rendait sublimes:
« Chère aigle! que ces baisers retentissent dans le
» cœur de tous les braves!... Adieu, mes enfans! » A ces
mots il s'arrache aux transports de ses officiers, dont les
larmes coulaient sur sa main qu'ils cherchaient à presser, et montant en voiture, il donne le signal du départ.

Partout sur son passage il fut accueilli aux cris de *vive l'empereur!* Nulle part les regrets que l'on donnait à son infortune n'éclatèrent plus vivement qu'à Lyon; mais dans cette même ville il *eut à souffrir les insultes du maréchal Augereau;* le reste du voyage ne fut pas exempt de dangers. Ils devinrent plus grands à mesure qu'on avançait vers les provinces méridionales. Napoléon n'entra pas dans Avignon, où douze mille forcenés, manifestant des intentions féroces, l'attendaient peut-être pour le massacrer. A Orgon, l'animosité était encore plus grande : des misérables, rassemblés pour fêter les généraux autrichiens, voulurent l'assassiner. Ainsi sa vie fut exposée dans le même lieu où se commirent, dès la naissance de nos troubles, les plus horribles forfaits. Sous ce climat de feu, la raison n'a plus d'empire; toutes les passions prennent le caractère de la fureur.

Napoléon arriva enfin au port de Saint-Raphau, où, quatorze ans auparavant, il était débarqué à son retour d'Égypte. Aussitôt il monta un brick et fit bientôt flotter le drapeau qu'il s'était choisi, dans l'unique portion de souveraineté qui lui restât de sa domination universelle.

Dès que les destinées de l'Europe parurent fixées,

les souverains alliés se réunirent à Paris pour y
poser les bases d'une paix générale. Après de longues
conférences, où le prince Talleyrand devait défendre
nos intérêts, le comte d'Artois signa, le 23 avril,
une convention par laquelle les alliés s'engageaient
à sortir du territoire français, tel qu'il était au
premier janvier 1792, et à rendre les prisonniers
qu'ils avaient faits. Le même traité livrait à la coalition cinquante-trois places fortes que nos troupes
occupaient encore dans le Nord, ainsi que la moitié
du matériel des arsenaux et des flottes.

Les garnisons de Hambourg, de Berg-op-zoom
et de Magdebourg, sorties victorieuses des plus rudes
assauts, eurent l'honneur de rentrer en France
avec des armes qui ne s'abaissèrent jamais devant
nos ennemis. Sur plusieurs autres points la résistance
n'avait pas été moins glorieuse. Le général Maison,
campé sous les murs de Lille, après s'être emparé de Gand, était parvenu à faire sa jonction
avec la division Roguet. A la suite de quelques engagemens, il se préparait à ravitailler Maubeuge,
quand il apprit l'abdication de Napoléon. Aussitôt
il retourna à Lille, où il conclut une suspension
d'armes.

Dans les Pays - Bas , Carnot , dont les talens
militaires égalent la fermeté ; avait repoussé constamment les attaques des Anglais, qui , attachant
une haute importance à l'occupation d'Anvers, n'a-
vaient rien épargné pour faire leur proie de la flotte
et des établissemens maritimes que Napoléon y avait
créés. Lorsque Carnot , se soumettant à une décision
du gouvernement provisoire , quitta ces remparts où
il ne s'était pas moins illustré par ses travaux que par
son humanité, les habitans, reconnaissans de ce que
ce courageux guerrier n'avait point sacrifié leurs faubourgs à sa défense , résolurent de consacrer par un
monument le souvenir de son administration. Vers la
même époque l'amiral Verhuel, qui, sur sa flotte du
Texel, avait déployé une grande énergie, céda enfin aux
événemens, après avoir pendant six mois repoussé toutes les séductions et lutté avec succès contre les attaques
de la force. Toutes les garnisons de France , qui n'a-
vaient pas encore déposé leurs armes, se résignèrent successivement; celle de Bayonne ,assiégée par les Anglais,
était encore rayonnante de la victoire qu'elle venait de
remporter sur eux quand elle reconnut Louis XVIII.

L'Italie, qui n'était qu'un des rameaux de l'empire, devait être accablée par les mêmes revers. Murat

avait promis de chasser les Français de la Lombardie,
et de se joindre aux Anglais sous les murs de Gènes ;
mais , dans la crainte que Napoléon ne vînt à se rapprocher de l'armée du vice-roi , il avait été long-temps
sans oser rien entreprendre. Ce ne fut qu'après les événemens de Paris , qu'il se décida à marcher contre Plaisance. Le général Maucune, qui y était renfermé, n'avait
avec lui que six mille hommes ; mais il profita si bien
des ressources de l'art et de la nature du terrain , que
Murat , arrêté dans une expédition qu'on regardait
comme facile, fut accusé par les Autrichiens de les
avoir trahis.

Cependant lord Bentinck , après avoir rassemblé
à Palerme un corps de Siciliens et d'Anglais, débarque
à Livourne, et appelle les Toscans à la liberté. Digne
émissaire du cabinet de Saint-James , c'est tantôt
au nom de Joachim, et tantôt au nom de Ferdinand,
qu'il cherche à rallier les Italiens, ou plutôt qu'il
sème les discordes dont l'Angleterre sait si bien profiter. Les Génois, assiégés par l'amiral Pelew , font
flotter sur leurs tours le drapeau de la république.
Lord Bentinck promet de leur rendre leur ancienne
indépendance ; mais c'est au nom du roi de Sardaigne
qu'il occupe la ville, et, s'il se déshonore en faussant

ainsi sa parole, il a du moins la consolation de s'emparer des arsenaux et de la marine.

Les souverains n'avaient encore rien statué sur le sort de l'Italie, lorsque le gouvernement provisoire rappela notre armée campée sur les rives du Mincio. Le prince Eugène n'hésita pas à la laisser partir; mais croyant devoir veiller encore aux intérêts de la nation qu'il avait gouvernée, il continua l'exercice de ses fonctions. Il espérait, en quittant les rênes de l'état, les remettre au nouveau souverain, sans que l'ordre eût été troublé; les Italiens ne se virent pas plutôt libres de la domination française, qu'ils se livrèrent à tous les excès de l'anarchie. L'horrible assassinat du ministre Prina, dont la populace se disputa les membres déchirés, fut le signal d'une indépendance de quelques jours. Le vice-roi, après avoir conclu une convention avec le général Zucchi, fit ses adieux au peuple et à l'armée. Entouré de l'estime du monde, mais persécuté par les Milanais, dont il avait fait le bonheur, ce prince malheureux dut alors se rappeler avec amertume ces paroles de Napoléon : « *Mon* » *fils, ne comptez jamais sur la reconnaissance des* » *peuples.* » A son retour à Paris, Eugène offrit ses services au roi : ils furent agréés; mais, ne trouvant

vant peut-être pas à la cour une confiance qui répondît à sa loyauté, il se retira chez son beau-père, le roi de Bavière.

Nos troupes, forcées de quitter l'Italie, tournèrent plus d'une fois leurs regards vers cette belle contrée illustrée par leurs exploits, et dont l'indépendance éphémère avait été achetée par le sang d'une génération de braves. Rentrés sur le sol de la France, nos soldats se soumirent sans murmure aux ordres du gouvernement reconnu ; ils étaient fiers de rapporter avec eux les aigles immaculées et radieuses dont ils devaient compte à l'honneur et à la patrie.

Le grand jour de la paix était attendu avec impatience ; quoique la convention signée par le comte d'Artois eût déjà fait connaître quelles seraient les bases du traité définitif, on aspirait à des conditions plus favorables ; on pensait que les souverains, en fixant nos limites, tiendraient compte des garanties qu'offrait la dynastie des Bourbons. Ils en avaient fait la promesse ; mais ils surent la rendre illusoire, en ajoutant à la France, réduite à ses anciennes frontières, quelques cantons de la Belgique et de la Savoie. Les Anglais, en nous faisant la remise de

67

nos colonies, retinrent pour eux Tabago, Sainte-
Lucie et l'Ile de France. L'acte de notre réconciliation avec les peuples fut solennellement proclamé.
En recevant la loi de l'étranger, l'orgueil national
déplora sans doute ce qu'il considérait comme une
humiliation ; mais il restait à la France de si puissans motifs de se consoler ; son territoire était entièrement libéré ; son indépendance politique lui
était garantie ; à l'ombre d'une monarchie constitutionnelle, les citoyens s'attendaient à voir croître
et refleurir l'arbre de leur liberté, si long - temps
enveloppé d'un crêpe de deuil. Que de vœux, que
de prospérités devait réaliser cette liberté, fruit
de la sagesse, et si long-temps poursuivie avec tant
d'efforts ! L'abîme de la guerre paraissait fermé sans
retour, toutes les plaies sanglantes de la nation se
cicatrisaient, toutes les sources de la félicité publique
s'ouvraient à-la-fois ; plus de haines, plus de dissen-
sions civiles ; plus de regrets, plus de larmes ; tout
rentrait dans l'ordre et dans le calme si nécessaires
après de longs et douloureux sacrifices.

Depuis que Napoléon était confiné dans son île, il
paraissait que pour lui tout était fini sur la scène politique. Il était impossible de croire qu'il n'eût pas

renoncé sincèrement à remonter un jour sur le trône de France. Un tel espoir n'aurait été qu'une illusion insensée, l'on eût honoré davantage la vieille armée, et soutenu avec plus de fermeté les intérêts de la révolution. Mais le roi n'était pas revenu seul avec ses intentions sages et ses pensées généreuses; ce n'étaient pas seulement quelques Français de plus qui se trouvaient en France, comme un prince l'avait dit avec un heureux à propos; c'était un torrent de passions, de ressentimens, ou du moins d'imprudentes espérances qui s'y précipitaient; c'étaient, en même temps, de profonds malheurs qui faisaient entendre leurs réclamations; c'étaient de longues habitudes, de vifs regrets, qui venaient demander les profits d'une victoire inespérée; c'étaient d'antiques opinions, qui se croyaient relevées, rajeunies, remises en possession de l'esprit humain. Dès-lors, il y eut un effrayant retour sur le passé; des écrivains passionnés y provoquaient sans mesure; enchérissant à l'envi les uns des autres sur l'imprudence et la folie, ils déclamaient avec fureur contre le passé auquel ils avaient pris une part plus ou moins active, plus ou moins profitable.

Napoléon, informé de l'agitation des esprits, jugea le moment opportun pour ressaisir la couron-

67.

ne; il crut que l'intérêt de la France l'y invitait. Il
n'ignorait pas que le congrès de Vienne se disposait
à le faire enlever de l'île d'Elbe pour le transporter
à Sainte-Hélène; de plus on ne tenait aucune des
conditions du traité qui l'avaient exilé; ainsi, il était
entraîné par l'incitation de la défense personnelle à
faire un coup d'éclat. Il fit acheter des felouques à
Gênes, des munitions de guerre à Naples et des armes à Alger. Quand tout fut prêt, il s'embarqua
avec environ douze cents hommes et descendit à Cannes, en Provence, le 1.er mars, à trois heures du matin. Vingt jours après, il s'était ouvert un passage jusqu'à Paris.

Cet événement préparé peut-être par l'Angleterre,
jalouse de notre repos, ne pouvait manquer de renouer les fils de la coalition et de lui inspirer l'ardeur de la colère. Napoléon sut bientôt que l'Europe
entière allait marcher contre lui, et que les souverains
s'étaient juré de ne poser les armes qu'après l'avoir
renversé. Dès-lors, il était évident qu'il ne pouvait
plus se confier qu'à une excessive rapidité, à une
extrême audace. La temporisation et la tactique politique ne pouvaient que le perdre irrévocablement. Dès
le lendemain de son arrivée, il devait partir pour la

Belgique et profiter de la surprise générale , pour ressaisir la limite du Rhin. Ce premier acte lui eût donné
un avantage immense , et il n'y a pas de doute que ,
pour cette expédition improvisée , il n'eût trouvé
sur-le-champ assez d'armes , assez de soldats. Il préféra l'emploi des moyens astucieux et des formes tran-
sitoires. En convoquant une assemblée nationale sous
le nom de *Champ de Mai*, en abolissant la noblesse,
en annonçant le retour prochain de l'impératrice
Marie-Louise et de son fils , en publiant une am-
nistie générale pour tous les délits d'opinion , en faisant enfin intervenir en sa faveur les institutions
constitutionnelles , il crut séduire les Français et se
donner des droits auprès des peuples et des monarques étrangers. Quelle inconcevable méprise! Ses droits
ne pouvaient plus dériver que de la victoire , et
cette faute immense le jeta dans un dédale inextrica-
ble de fausses combinaisons , de fausses tentatives.

Cette lenteur et cette hésitation refroidirent les esprits. A Paris, on parvint , à la vérité , à organiser un
corps de fédérés ; mais il n'y eut d'impulsion prononcée, nationale, de fédération véritablement imposante
que dans une partie de la Bretagne et dans les départemens qui , l'année précédente, avaient souffert de l'in-

vasion ; l'irritation y était encore violente : la défense
de Napoléon s'y confondit naturellement avec la défense du territoire. Nulle part la résolution de repousser le joug de l'étranger ne se manifesta avec
plus d'énergie que dans nos provinces de l'Est. Dès
les premiers jours d'avril, les habitans se portèrent
sur les hauteurs qui dominent les défilés, les routes,
les passages, et travaillèrent à y élever des retranchemens. Chacun mettait la main à l'œuvre. On
s'égayait, on s'animait l'un l'autre : partout dans ces
contrées on remarquait le même zèle, la même ardeur;
les Vosges entières se hérissèrent de fortifications : dans
les villes, dans les villages, et jusques dans le moindre
hameau, on ne rencontrait que des Français dévoués.
En peu de jours, les forts furent approvisionnés,
et les montagnes remplies d'armes, de vivres, de
munitions de toute espèce. Pour dérober à l'ennemi
la connaissance des lieux où se trouvaient ces objets,
on les enferma dans des cavernes dont les officiers
municipaux et les commandans militaires avaient
seuls le secret. L'Alsace entière semblait transformée
en un camp. Hommes, femmes, enfans, vieillards,
tous avaient pris les armes ou le hoyau ; tous voulaient contribuer à la défense commune ! De tous

côtés retentissaient les chants patriotiques et les cris de vive la liberté ! vive la France ! Il y avait, entre toutes les classes, une émulation sans égale. Les uns construisaient des redoutes; les autres coulaient des balles, remontaient de vieux fusils, confectionnaient des cartouches ; enfin, tous les bras étaient en mouvement.

Une scène touchante et digne des temps antiques, eut lieu à Mulhausen. Les personnes les plus distinguées de la ville s'étaient réunies pour donner un bal au général Rapp. L'assemblée était brillante, et nombreuse ; vers la fin de la soirée on parla de la guerre, les dames discutaient entr'elles et s'entretenaient des dangers de la patrie ; tout-à-coup une des plus jeunes demoiselles propose à ses compagnes de jurer qu'elles n'épouseront que des Français qui aient défendu les frontières. Des cris de joie, des battemens de mains accueillent cette proposition. De toutes les parties de la salle, on se dirige vers cet essaim de beautés, on les environne, on se presse autour d'elles. Le général Rapp lui-même se joint à la foule ; il applaudit à la motion généreuse qui vient d'être faite, et reçoit le serment que chacune des jeunes patriotes vient prêter entre ses mains.

Ce trait, qui rappelle les mariages des Samnites, a peut-être quelque chose de plus admirable encore. Ce qui était une institution chez ce peuple fut parmi nous l'effet d'une résolution spontanée ; chez eux , le patriotisme était dans la loi ; chez nous, il était dans le cœur des jeunes filles.

Tandis que l'Est revoyait avec transport les couleurs nationales et se montrait animé de la haine de l'étranger, le Midi et l'Ouest s'insurgeaient contre le gouvernement impérial. Le Languedoc et la Provence, où le duc d'Angoulême s'était mis à la tête de quelques rassemblemens royalistes, furent promptement pacifiés : le 12 avril, le drapeau tricolore flotta dans Marseille. La Vendée , où les Anglais avaient jeté des armes et des munitions, était devenue le théâtre d'une insurrection nouvelle ; le général Lamarque y fut envoyé; quelques combats, où les deux partis déployèrent une égale valeur, furent livrés; mais, à la suite de plusieurs défaites, les insurgés , peu nombreux, mal soutenus, mal commandés, et surtout haïs des habitans, parurent ne plus songer qu'à se préparer les moyens de faire leur soumission : il n'était plus nécessaire que de les surveiller , et la guerre intestine n'était plus à craindre. Tout était calme les ennemis du dehors étaient les seuls contre lesquels il fallut se mettre en garde.

Les forces alliées s'étaient mises en marche dès le commencement du mois de mai : elles se composaient des troupes de quatorze puissances , et s'élevaient à six cent mille hommes , qui , dans le courant de juillet, devaient être prêts à attaquer la France. Le Portugal et la Suède n'avaient pas fourni de contingent, et l'Espagne ne faisait pas partie de la ligue : elle devait agir isolément. L'armée anglaise, commandée par Wellington , et l'armée prussienne, sous les ordres de Blucher, furent les premières en mesure de se battre : le 1.er juin , elles étaient déjà fortes de plus de deux cent vingt mille soldats, qui, rassemblés en Belgique, n'attendaient que le signal de franchir la frontière. Napoléon résolut de les prévenir par une vigoureuse offensive. Le 12 juin , il quitta Paris, après avoir pris toutes ses dispositions pour faire de cette capitale et de Lyon deux grands centres de résistance. Son projet était de dissoudre la coalition par un coup de tonnerre ; et , s'il échouait dans cette première tentative , de se rabattre sur les deux principales villes de l'Empire , en disputant le terrain pied-à-pied, afin de laisser à la guerre le temps de se nationaliser, et de prendre un caractère interminable.

Napoléon, après avoir distribué des aigles à son armée, et rendu aux régimens les anciens numéros qu'elle avait illustrés, quitta la capitale, et arriva le 13 à Avesne ; aussitôt il visita les fortifications de la place, et eut une conférence avec les maréchaux et commandans des corps. Le 14 au soir, son quartier-général était à Beaumont, et l'armée française, divisée en quatre corps, et forte de cent quinze mille combattans, était campée, la gauche à Laire et à Solre-sur-Sambre, le centre à Beaumont et la droite en avant de Philippeville. Notre cavalerie comptait vingt-un mille cinq cents chevaux, et nous pouvions mettre en batterie trois cent cinquante pièces de canon.

L'armée prussienne, sous les ordres de Blucher, comptait à elle seule plus de cent vingt mille hommes, parmi lesquels dix - huit mille cavaliers. Trois cents bouches à feu composaient le matériel de son artillerie, et elle était divisée en quatre corps, dont la concentration ne pouvait encore s'effectuer que dans l'intervalle de quinze heures. Le quartier-général prussien était à Namur, à seize lieues de

Bruxelles , où les Anglais avaient établi le leur. Cent
mille combattans, dont seize mille chevaux, formaient
l'effectif de l'armée anglo-hollandaise , commandée
par Wellington, qui pouvait mettre en batterie plus
de deux cent cinquante pièces de canon. Ces troupes,
réparties en deux grands corps , étaient tellement
dispersées , que , pour les rassembler sur Charleroi ,
il ne fallait pas moins de deux jours.

Dans la nuit du 14 au 15 , des espions rapportèrent
au quartier-général français que tout était tranquille
à Namur , à Bruxelles et même à Charleroi. La sécurité des deux armées ennemies donnait l'espoir
de les séparer pour les combattre l'une après l'autre :
c'était déjà un véritable succès de leur avoir dérobé pendant deux jours la connaissance des mouvemens que
nous avions faits. Bientôt on eut la certitude que
même les hussards de leurs avant-postes étaient sans défiance. Cependant dès la veille le général de Bourmont,
chef d'état-major du corps de Gérard , un colonel du
génie et quelques autres officiers avaient déserté à l'ennemi ; mais ces transfuges, ignorant les intentions de
l'empereur , et ne connaissant pas la marche du gros
de l'armée , n'avaient pu faire valoir leur défection par
de funestes indices.

Le 15, au point du jour, l'armée française se mit en marche sur trois colonnes. Un premier engagement nous rendit maîtres du pont de Marchiennes, et fit tomber entre nos mains trois cents soldats du corps de Ziethen, dont l'avant-garde, culbutée au premier choc, s'enfuit en toute hâte. En même temps, le général Gérard surprit le pont du Châtelet. A 11 heures, Napoléon, à la tête de sa garde, déboucha sur Charleroi : il comptait, suivant son ordre, que Vandamme l'y aurait devancé ; mais ce général, s'étant égaré dans des chemins de traverse, arriva quatre heures plus tard qu'il n'aurait dû le faire : les Prussiens n'avaient pas attendu nos troupes ; ils se retiraient, partie par la route de Namur, où ils étaient poursuivis par la division de cavalerie légère du général Pajol, et partie par celle de Bruxelles ; un régiment de hussards, commandé par le général Clary, harcelait leurs derrières. Napoléon, jugeant que les forces françaises qui se trouvaient alors engagées dans de violentes escarmouches n'étaient pas suffisantes, les fit soutenir dans la première direction, par la division d'infanterie du général Duhesme, et dans la seconde, par la cavalerie du général Lefebvre-Desnouettes, ayant avec elle de l'artillerie légère : toute la garde, les réserves du maréchal Grouchy et le corps de Vandamme ne tardèrent pas à être réunis ; mais, à l'aspect de cette masse imposante, Ziethen, qui s'était arrêté à Gilly, abandonna ce village où s'établit le général Pajol, devant qui l'ennemi laissa un corps considérable. Sur ces entrefaites, le maréchal Ney, accourant de Paris pour prendre part aux événemens de la guerre, fut investi du commandement de l'aile gauche, composée des corps des généraux Reille et Drouet, et de la division de cavalerie Pajol. Ney avait ainsi avec lui plus de quarante mille combattans. L'empereur lui prescrivit de donner tête baissée sur tout ce qu'il rencontrerait, et de prendre position au-delà des Quatre-Bras, en tenant de fortes avant-gardes sur les routes de Bruxelles et de Namur. L'enlèvement de Gosselies, par la brigade Clary, soutenue par le corps de Reille, et l'occupation du village de Frasnes, où quatre mille Belges, sous les ordres du prince Bernard de Saxe, furent culbutés, signalèrent les débuts de l'aile gauche : mais, pendant qu'elle continuait à s'avancer, le maréchal Ney, entendant tout-à-coup sur sa droite une forte canonnade, craignit de se voir débordé, et s'arrêta entre Gosselies et Frasnes à la hauteur du bruit de l'artillerie.

Napoléon, persuadé que son lieutenant se dirigeait toujours sur les Quatre-Bras, se porta sur Fleurus, comptant que, d'après ses ordres, il serait suivi dans ce mouvement par les corps de Vandamme et de Grouchy ; mais ces deux généraux trompés par de faux rapports, et croyant avoir devant eux toute l'armée prussienne, restèrent immobiles à Gilly : l'empereur, impatient de voir que leurs corps ne s'ébranlaient pas, et ayant acquis par lui-même la certitude que les deux divisions de Ziethen, déjà entamées, étaient les seules qui fussent en présence, ordonna de les attaquer sur-le-champ : l'ennemi n'attendit pas nos colonnes ; favorisé par leur lenteur, il se mit aussitôt en retraite, et l'on eut le regret de ne pouvoir le contraindre à accepter le combat. La destruction du corps de Ziethen eût été complète ; on ne put en atteindre que l'arrièregarde : elle fut chargée avec impétuosité par quatre escadrons de l'escorte de Napoléon ; guidés par le général Letort, ces braves firent des prodiges : en un instant ils eurent enfoncé deux carrés, et détruit un régiment entier. Quinze cents prisonniers et quatre pièces de canon furent le prix de leur victoire; mais le vaillant Letort , que son courage et ses talens signalaient comme un des meilleurs officiers de l'armée française , tomba mortellement blessé. Jamais nos soldats n'avaient été animés de plus d'ardeur; leur héroïque assurance contrastait avec l'hésitation de leurs chefs : hésitation fatale , qui permit aux ennemis d'occuper Fleurus pendant la nuit, et au prince Bernard de Saxe de conserver la position des Quatre-Bras. Après cette action , Napoléon revint à Charleroi. Tous les corps prussiens étaient alors en mouvement pour se joindre au corps de Ziethen , et marcher après leur concentration sur Sombref et Ligni. Les troupes anglaises seules n'avaient pas quitté leurs cantonnemens; Wellington ne se décida à faire battre la générale qu'après avoir reçu deux courriers de Blucher; il était minuit quand il expédia ses ordres pour rassembler son armée. Les corps du duc de Brunswick et la division Picton , réunis les premiers, partirent de Bruxelles au point du jour, et se dirigèrent sur Charleroi.

Le 16, les cuirassiers de Kellermann , ayant ren-

forcé le corps de Ney, Napoléon prescrivit au maréchal de prendre une bonne position au delà de celle
des Quatre-Bras qu'il avait négligé d'occuper la veille.
Lui-même se porta ensuite en personne sur Fleurus,
laissant le général Mouton à Charleroi. Bientôt on
aperçut sur les hauteurs de Bry un corps ennemi
assez considérable. L'armée s'arrêta. Napoléon envoya
au maréchal Ney l'ordre d'enlever avec son impétuosité ordinaire la position des Quatre-Bras, pour tomber
ensuite sur les derrières des Prussiens. Ce mouvement devait amener leur ruine; l'empereur en était
tellement persuadé, qu'il termina ainsi ses instructions à l'officier porteur de ses ordres : « Dites au
» maréchal Ney que le sort de la France est entre
» ses mains ». Tous les préparatifs terminés, Vandamme aborda l'ennemi qu'une division devait tourner, tandis que le général Gérard attaquait Ligni,
et que le maréchal Grouchy le rejetait au-delà du
ruisseau de Sombref. Un feu très-vif d'artillerie et de
mousqueterie s'engagea bientôt sur toute la ligne; le
village de Ligni, situé au-delà d'un ravin fort escarpé,
avait été pris et repris plusieurs fois; Napoléon rassemblait sa garde pour une attaque décisive, lorsque
le général Vandamme retarda ce choc en annonçant
que

que sa gauche était débordée par les Prussiens. Les forces qu'il prenait pour ennemies étaient celles du maréchal Ney. Dès qu'on eut reconnu cette erreur, la garde, qui avait suspendu sa marche, s'avança contre Ligni; les Prussiens, battus, enfoncés, dispersés de toutes parts, laissèrent en nos mains quarante pièces de canon, six drapeaux, et abandonnèrent sur le champ de bataille vingt-cinq mille des leurs, tués, blessés ou prisonniers. L'obscurité de la nuit ne permit pas de recueillir tous les fruits de cette journée, dans laquelle une armée, forte de quatre-vingt-dix mille hommes, fut battue en quatre heures par moins de soixante mille Français. Tandis que le centre de Napoléon remportait ce brillant avantage, le maréchal Ney n'occupait pas la position des Quatre-Bras; ce ne fut qu'après en avoir reçu l'ordre réitéré qu'il s'y rendit; mais négligeant de déployer tous ses moyens, au lieu d'un succès décisif, il n'obtint qu'un résultat incomplet, et se vit lui-même forcé de se tenir sur la défensive pour conserver le terrain qu'il avait gagné. Toutefois, par son intrépidité, il réussit à se maintenir et même à repousser un ennemi supérieur.

Le prince d'Orange fut grièvement blessé dans cette action, et le duc de Brunswick, qui, avec une division anglaise, était venu à son secours, y fut tué. Plus de huit mille Anglais ou Prussiens restèrent sur le carreau ; mais cette perte de nos ennemis ne put nous faire oublier que le brave général Girard et quatre mille de nos soldats avaient payé de leur vie les lauriers que la France cueillait pour la troisième fois dans les champs de Fleurus.

Pendant la nuit, l'artillerie, la cavalerie et les autres forces de Wellington arrivèrent successivement; mais le général anglais, instruit de la défaite de Blucher, dut abandonner les Quatre-Bras et repasser la Dyle, laissant dans cette position sa cavalerie avec trois ou quatre batteries à cheval pour protéger sa retraite et retarder le plus long-temps possible la marche de l'armée française.

Napoléon, pour communiquer avec sa gauche, envoya une forte reconnaissance vers les Quatre-Bras, mais l'officier qui la commandait, lui ayant rapporté qu'au lieu d'y trouver le maréchal Ney, il y avait rencontré l'ennemi, il détacha aussitôt sur ce point deux divisions du général Mouton, avec une partie de la cavalerie de Pajol, et suivit lui-même ce mouvement avec toute sa garde et les cuirassiers de Milhaud. En même temps il donna l'ordre au maréchal Grouchy de pour-

suivre vivement les Prussiens, de culbuter leur arrière-
garde, de les presser au point de ne pas les perdre de
vue, et de déborder leur aile droite, sans cependant
s'isoler du système général d'opérations. L'armée
française se dirigea en deux colonnes sur Bruxelles.
La première, où se trouvait Napoléon, était forte de
soixante-six mille hommes et de deux cent cinquante
bouches à feu, elle avait devant elle toute l'armée anglo-hollandaise. La seconde, composée de trente-six
mille combattans, devait passer la Dyle à Wavres,
afin de ne pas donner un instant de relâche aux Prussiens. Vers les onze heures, le général Mouton, ayant
rencontré la cavalerie anglaise, prit position au-delà
de Marbois. Napoléon y accourut sur-le-champ.
Bientôt nos tirailleurs s'engagèrent, la fusillade se fit
aussi entendre sur notre flanc gauche; on ne pouvait
s'expliquer ce qui donnait lieu à cet incident. On ne
tarda pas à savoir qu'il était l'effet d'une méprise des
avant-postes du maréchal Ney qui avaient tiré sur nos
hussards. Nos colonnes se portèrent alors en avant,
et tous les escadrons ennemis se replièrent précipitamment. Napoléon arriva au galop, et fit canonner leur
arrière-garde. En approchant des Quatre-Bras, il manifesta son étonnement de ce que le maréchal Ney

68.

n'avait pas encore quitté ses bivouacs, en avant de Frasnes. Il lui fit dire de se mettre en marche avec toutes ses forces, et de se joindre à lui ; mais il fallut encore l'attendre près d'une heure. Quand le maréchal parut, l'empereur lui témoigna son mécontentement ; mais comme il n'y avait pas de temps à perdre, il n'insista pas sur les reproches, et se mit à l'instant à la tête des colonnes. Dans la matinée, il avait eu l'intention de coucher à Bruxelles, ou dans la fôret de Soignes, et si les Anglo-Hollandais l'attendaient derrière la Dyle, de les attaquer le même jour ; il ne désespérait pas encore de les atteindre et de les contraindre à accepter la bataille. Il redoubla en conséquence de vitesse, et poussant avec vigueur la cavalerie ennemie, il la fit mitrailler par vingt-quatre pièces d'artillerie légère qui la chassèrent de position en position. A six heures et demie du soir, notre avant-garde était au village de Planchenoit, vis-à-vis le défilé de la forêt de Soignes ; elle voulut le forcer, mais vingt bouches à feu arrêtèrent son impétuosité. Cette résistance fit conjecturer qu'un corps considérable était là pour défendre le passage. La crainte de ne pouvoir le débusquer avant la nuit, et la pluie dont les torrens rendaient les chemins impraticables , engagèrent Na-

poléon à contre-mander les préparatifs d'attaque. On
ne découvrait point la ligne ennemie; mais les cuirassiers de Milhaud et l'artillerie de la garde s'étant dé-
ployés, elle se démasqua tout-à-coup, et il n'y eut plus
de doute que toutes les forces anglo-hollandaises ne fussent réunies sur ce point. Notre armée établit ses
bivouacs en avant de Planchenoit, à cheval sur la route de Bruxelles, à quatre lieues et demie de cette
ville.

Le quartier impérial était à la ferme du Caillou; celui
de Wellington était à Waterloo. Le maréchal Grouchy
était sur la droite; mais, incertain sur la direction
qu'avait prise Blucher, il n'avait fait que deux lieues
dans la journée. A dix heures, l'empereur lui fit connaître que le lendemain il livrerait une grande bataille.
Il lui prescrivait de passer la Dyle, de manœuvrer
sur Saint-Lambert, afin de déborder les Anglais,
et d'accourir par notre droite pour prendre part
à l'action. Pendant la nuit, on reçut des nouvelles
du maréchal; sa dernière dépêche annonçait qu'il
partirait de Gombloux au point du jour, pour harceler
les Prussiens qui s'étaient dirigés sur Wavres. Cette
marche était contraire aux instructions qui lui étaient
données; mais, comme il paraissait impossible à l'em-

pereur que les deux ordonnances qu'il lui avait successivement envoyées ne parvinssent pas à temps pour
assurer ses projets de victoire, il jugea inutile de lui
expédier un troisième avis.

Le 18, à onze heures du matin, le temps s'étant
éclairci, et la pluie ayant cessé, le général Reille engagea une canonnade contre le bois de Houguemont;
le prince Jérôme, à la tête de sa division, réussit
à s'emparer de ce poste, en fut déposté, et s'en rendit
maître une seconde fois. Le château, que les Anglais avaient mis à l'abri d'un coup de main, offrit
plus de résistance, et l'on se disposait à l'incendier,
lorsqu'une colonne de cinq à six mille hommes, qu'on
prit d'abord pour l'avant-garde du maréchal Grouchy,
mais qu'on ne tarda pas à reconnaître pour celle de
Bulow, parut du côté de Saint-Lambert. Aussitôt
l'empereur fit réitérer à Grouchy l'ordre de hâter son
mouvement, tandis que le général Mouton, avec
ses deux divisions, et la cavalerie du général Daumont,
se portait sur la droite, afin de s'opposer aux Prussiens
dans le cas où le maréchal n'arriverait pas à temps.

Napoléon, ayant parcouru sa ligne au milieu des
plus vives acclamations, se plaça près de la ferme
de la Belle-Alliance, d'où ses regards pouvaient s'éten-

dre sur les deux armées. Le maréchal Ney, renforcé par des batteries de réserve, s'avança contre la Haie-Sainte, et quatre-vingts pièces de canon commencèrent le feu. Au bout d'une demi-heure, l'artillerie anglaise s'éloigna, les tirailleurs évacuèrent le vallon, et les masses s'abritèrent en arrière de la crête des hauteurs. Notre infanterie se porta en avant; les équipages de l'ennemi se précipitèrent en tumulte sur la route de Bruxelles; mais Wellington, sans rien changer à son ordre de bataille, se contenta de faire charger par sa cavalerie une colonne du général Drouet. Napoléon, s'apercevant que cette manœuvre produisait quelque désordre à sa droite, s'y porta au galop. Le combat fut aussitôt rétabli; les cuirassiers du général Milhaud firent un grand carnage de l'élite des troupes anglaises. La canonnade continua avec fureur, et une seconde attaque à la Haie-Sainte nous rendit maîtres de ce poste important.

Cependant le général anglais avait envoyé des troupes fraîches à Houguemont; le général Reille les reçut avec vigueur, leur tua beaucoup de monde, et parvint à brûler le château. Il était quatre heures et demie. On vint prévenir l'empereur que Bulow débouchait par le bois de Frischenois, et que Grouchy ne paraissait pas encore. Mouton marcha contre les Prussiens, et repoussa leur première brigade ; mais le reste du corps d'armée accourut pour les soutenir, déborda les Français, et prolongea son feu sur nos derrières jusqu'à la chaussée, qui servait à tous les mouvemens de nos troupes.

Afin d'étendre sa ligne sur l'extrême gauche de Bulow, Napoléon fit avancer la jeune garde, que commandait le général Duhesme. En même temps une division de réserve s'empara du village de la Haie, et coupa ainsi la communication entre les Anglais et les Prussiens. Il était six heures, et Grouchy n'arrivait pas. Le maréchal Ney, vivement attaqué à la Haie-Sainte, s'y maintint long-temps malgré les efforts réitérés des Anglais. Emporté enfin par son ardeur, il fondit sur eux, les repoussa ; mais, oubliant les ordres qu'il avait reçus, il sortit de sa position, et compromit l'armée en débouchant sur le plateau.

Napoléon aperçut cette faute ; il n'y avait d'autre moyen de la réparer que de faire soutenir le maréchal. Les cuirassiers de Kellermann se portèrent au galop sur l'ennemi, aux cris de *vive l'empereur !* Cette manœuvre rassura la contenance de nos troupes :

le feu des Prussiens cessa sur nos derrières et rétrograda peu-à-peu. A six heures et demie, nos
soldats s'avancèrent, et l'on entendit enfin la canonnade lointaine de Grouchy. Napoléon, se croyant
débarrassé des Prussiens, veut profiter de l'inaction
à laquelle ils sont réduits; sans perdre de temps,
il fait ses dispositions pour enfoncer le centre de son
adversaire : infanterie, cavalerie, artillerie, il accu-
mule tout sur ce point, et faisant avancer sa garde,
il se porte lui-même en avant et donne le signal de
l'attaque. De part et d'autre on se bat avec le courage du désespoir ; le carnage est horrible. Les destinées des deux armées sont en suspens ; mais nos
soldats redoublent de fureur ; les Anglais montrent
de l'hésitation ; encore un effort, et la victoire est aux
Français.

Un incident imprévu enleva à nos troupes un si
glorieux triomphe. Toute l'armée prussienne que
l'on supposait éloignée du champ de bataille, vint
se précipiter sur notre aile droite. Les colonnes
assaillies, trop faibles pour résister au choc, sont
obligées de se replier ; pour les soutenir, il faut
diviser nos forces ; la vieille garde s'ébranle ; son
aspect a souvent fait fuir les phalanges ennemies :

elle est calme, mais son sang-froid rend sa valeur plus terrible. La jeune-garde charge en même temps sur les batteries anglaises ; tout ploye devant elle, quand, sabrée à son tour par les escadrons anglais, elle se replie précipitamment. La nuit avait commencé ; quelques régimens suivent le mouvement rétrograde ; le bruit se répand que la vieille garde a été culbutée ; l'épouvante gagne de proche en proche ; elle s'étend à toute la ligne ; les cris : *Tout est perdu ! sauve qui peut !* se font entendre ; les rangs se décomposent et le désordre est à son comble.

Wellington, surpris de ce retour de fortune, étonné de voir fuir des vainqueurs, lâche sa cavalerie dans la plaine, et fait jouer ses nombreuses batteries sur la vieille garde, qui marche au pas de charge, la bayonnette en avant, pour ressaisir la victoire. En vain ces vaillans guerriers affrontent-ils la mort ; leur exemple n'est plus aperçu. Derrière eux la confusion augmente sans cesse : artilleurs, fantassins, cavaliers, tous refluent à-la-fois à travers les caissons, les bagages, les affûts brisés et les cadavres amoncelés. Ce fut alors que le brave Cambronne, sommé de se rendre, fit cette réponse toute française : LA GARDE MEURT, ELLE NE SE REND PAS.

Dans ce moment critique , Napoléon rassemble quelques bataillons et s'efforce d'arrêter et de rallier les fuyards; mais l'obscurité de la nuit et la confusion extrême de toute l'armée ne lui permirent pas de ramener à l'ennemi ces soldats égarés et non vaincus , qu'un seul de ses regards faisait autrefois affronter la mort. Dans son désespoir , il voulut mourir avec ses grenadiers; déjà il entrait dans leur carré , lorsque le maréchal Soult lui dit : « *Ah!* » *Sire , les ennemis sont déjà assez heureux!* » En même temps il tourna le cheval de Napoléon , et lui fit prendre la route de Charleroi.

Cependant Grouchy, dont on avait entendu le feu , avait marché sur Wavres, et avait occupé les hauteurs. Malgré les vives représentations d'Excelmans et de Gérard , ce maréchal n'avait pas cru devoir se porter dans la direction de Saint-Lambert , où l'épouvantable canonnade d'une bataille aurait dû l'appeler; dès qu'il apprit quelle en était la fatale issue , il divisa son armée en deux corps et se replia sur Namur : les Prussiens attaquèrent son arrière-garde; mais ils furent vigoureusement repoussés. Enfin, après une retraite des mieux conduites, Grouchy arriva le 26 sous les murs de Laon, où nos troupes s'étaient ralliées. On a assigné plusieurs causes à la perte de la bataille de Mont-Saint-Jean. Les dispositions de l'empereur dans cette journée ont été blâmées par les uns, et approuvées par les autres. La diversité des jugemens portés par les plus savans stratégistes sur les combinaisons de sa tactique, prouve du moins qu'elle ne fut pas sensiblement en défaut; elle n'eut par conséquent aucun résultat définitif, aucune influence funeste qui puisse être constatée. Quant au plan général de campagne, il donna, au contraire, constamment les bons effets qu'on s'en était promis: la surprise des armées prussienne et anglo-hollandaise, ainsi que les premiers avantages qui suivirent ce début, démontre assez que ce plan avait été admirablement conçu, et que le caractère des généraux ennemis, la temporisation de Wellington et la fougue de Blucher, y avaient été exactement appréciés. Les Anglais battus et les Prussiens chassés, tout était terminé : une révolution dans le ministère, avait lieu à Londres; la Belgique toujours française s'armait et se levait en masse pour se replacer sous nos étendards ; toutes les troupes de la gauche du Rhin, de Saxe, de Bavière, de Wurtemberg, tous les princes

de l'Allemagne mécontens , fatigués de n'être plus
que les vassaux de la maison de Brandebourg ou
de celle de Lorraine , se tournaient du côté de la
France ; la Russie, ne voulant pas se risquer dans
une lutte dont les chances de part et d'autre devenaient égales , se renfermait sous ses climats ; l'Italie
échappait à l'Autriche , et l'Autriche elle - même
était réduite à rechercher notre amitié : le Rhin
nous offrait de nouveau sa barrière , et notre patrie rendue à toute son indépendance , satisfaite
d'avoir recouvré ces limites naturelles, commandait
elle-même le repos dont elle avait besoin. De si justes
espérances , les calculs sur lesquels elles se fondaient,
ne furent pas simplement déjoués par le hasard ;
de grandes fautes furent commises, mais pour juger
de leur étendue , ce n'est pas seulement sur le théâtre
de notre désastre qu'il faut se porter. L'organisation de l'armée, effectuée à la hâte, n'avait pu être
surveillée dans tous ses détails par Napoléon lui-même ;
contre sa volonté , plusieurs militaires qui ne l'ai-
maient point avaient été replacés dans les régimens ;
les soldats nourrissaient des soupçons contr'eux , et
leur défiance se trouvait justifiée par la désertion de
quelques officiers. Napoléon ne douta pas que des évé-

nemens de cette nature ne fissent une impression dangereuse. Les troupes avaient sans cesse sous les yeux le fantôme de la trahison; tantôt elles suspectaient la loyauté reconnue de tel maréchal, tantôt leurs craintes accusaient un autre général. Des hommes éparpillés dans les différens corps exageraient les forces de l'ennemi et publiaient à chaque instant qu'on était tourné. Le 16, pendant que l'action était le plus vivement engagée, Napoléon reçut les rapports les plus alarmans ; au moment même où le brave général Hénain avait la cuisse emportée par un boulet, on vint lui annoncer que cet officier haranguait l'état-major de sa division pour le faire passer du côté des Prussiens. Les mêmes inquiétudes et les mêmes manœuvres se renouvelèrent dans la journée du 18 ; elles n'ébranlèrent point la valeur de nos guerriers, mais elles nuisirent à l'ensemble, en substituant à une aveugle obéissance les fermens de l'insubordination. Plusieurs généraux, préoccupés d'idées politiques, agités par de funestes pressentimens, n'avaient plus ni ce sang-froid, ni cette présence d'esprit, ni cette justesse de coup-d'œil, qui, dans d'autres temps, avaient eu tant de part aux plus grands succès. Ils étaient devenus craintifs et circonspects dans toutes leurs opérations ; leur bravoure seule leur était restée : tous craignaient de se compromettre. Le maréchal Ney lui-même ne put se défendre d'un pareil trouble d'esprit ; on eût dit qu'il était frappé d'un vertige ; la foudre qu'il redoutait n'était pas sur le champ de bataille. Suivant sa coutume , il se battit comme un lion ; mais , au fort de la mêlée , il ne fut plus que le brave des braves, il perdit de vue son commandement, pour n'affronter que des périls. Il voulait mourir ; il n'eût voulu que vaincre, si, en présence de l'ennemi , il eût allié à son intrépidité ordinaire le courage civil qui rassure le cœur contre toutes les tempêtes. Pour triompher dans ce jour de malheur, il ne manqua à l'impétuosité française , que d'être tempérée à propos ; jamais nos troupes ne montrèrent mieux leur prééminence sur toutes les troupes de l'Europe ; remplies d'impatience et d'ardeur , elles brûlaient de combattre pour reculer, jusqu'au Rhin , la frontière de l'empire. Elles étaient inférieures en nombre; mais en trois jours, elles avaient déjà tué ou mis hors de combat plus de cinquante-huit mille ennemis , et leur perte, après même qu'elles eurent éprouvé un revers, ne s'élevait pas , en tués, blessés

ou prisonniers , à trente-six mille hommes, parmi
lesquels il se trouvait plusieurs généraux ; Mouton ,
Cambronne et Duhesme, tous trois dangereusement
blessés , étaient restés sur le champ de bataille. Les
deux premiers furent conduits en Angleterre ; le
troisième fut massacré de sang - froid le lendemain
du combat , le général Devaux , commandant l'artillerie de la garde, était au nombre des morts.

Toutes les ressources de la France ne s'étaient pas
anéanties à Mont-Saint-Jean. Les débris de l'armée,
après avoir passé la Sambre et s'être ralliés sur plusieurs points , s'étaient rendus à Laon , et le 26 juin,
plus de soixante-cinq mille hommes se trouvaient
rassemblés sous cette ville. La désertion avait produit
un vide dans nos rangs ; mais il était facile de le
combler, tous les vieux soldats couraient aux armes,
on en avait déjà formé plus de vingt bataillons. Trois
cent mille jeunes gens devaient être appelés sous les
drapeaux ; tous les dépôts des régimens étaient arrivés dans les environs de la capitale ; la garde nationale
soldée et ses tirailleurs allaient être doublés ; peu de
jours suffisaient pour qu'elle formât une masse de
plus de cent vingt mille combattans de bonne volonté ; vingt régimens de marine , des corps de partisans

sans qui s'organisaient partout dans les provinces les plus dévouées à la cause nationale ; l'insurrection des paysans dans l'Alsace, la Lorraine, la Bourgogne, la Franche-Comté, les Vosges, le Dauphiné, la Picardie, complétaient un ensemble de forces des plus formidables. Plus de cent cinquante mille fusils pouvaient être distribués sur-le champ, et il y en avait plus de trois cent mille prêts à sortir des arsenaux. A Paris, on en fabriquait plus de quinze cents par jour, et l'on avait la certitude de pouvoir porter ce nombre à plus de quatre mille; tous les ouvriers, serruriers, ciseleurs, orfévres, ébénistes, étaient devenus armuriers, et toutes les manufactures de France avaient triplé leurs produits. Plusieurs parcs considérables d'artillerie étaient sur la Loire, et plus de cinq cents pièces de campagne étaient renfermées dans Vincennes et dans l enceinte de la capitale. Avant la fin de juin, Napoléon pouvait manœuvrer sur l'Aisne, avec plus de quatre-vingt mille soldats, et dix jours plus tard, il en eût opposé plus de cent cinquante mille à Wellington et à Blucher, qu'il eût forcé de suspendre leur marche, afin de la combiner avec celle des armées russe et autrichienne, qui n'avaient pas encore franchi le Rhin. Il eût ainsi

gagné du temps pour multiplier et terminer les préparatifs de défense , et accroître ses forces, tandis
que celles de l'ennemi se seraient affaiblies soit par la
nécessité de masquer plus de cinquante places fortes où se trouvaient de nombreuses garnison , soit
par le besoin d'assurer ses communications et de contenir la population des départemens , disposée à se ré-
volter contre l'invasion. L'étranger rencontrant à chaque pas un obstacle et un péril , qu'auraient pu
les six cent mille bayonnettes des rois , contre le
courage de tant de Français exaltés par le souvenir des injures récentes , et résolus à vaincre ou
à mourir pour sauver la patrie d'un dernier affront ?
Plus les alliés eussent pénétré avant sur le territoire ,
plus le danger pour eux eût été grand : les approches
de la capitale se seraient hérissées de difficultés, et
dans la supposition d'un revers , la capitale elle-même
protegée sur les deux rives de la Seine par un système
continu de fortifications , armée de six cents bouches à feu, environnée d'une double ligne d'ouvrages, couverte au loin par les places de Soissons, de
Laon, de Château-Thierry , par les positions de
Montereau, de Nogent et de Meaux , aurait offert à
notre armée un point d'appui central , d'où elle eût

été à même de profiter de toutes les fautes inséparables de la complication des mouvemens de ses adversaires. Lyon, présentait un semblable avantage à
Suchet ; et si ce maréchal pour qui la campagne s'é-
tait ouverte par des succès , eût été obligé d'abandonner Montmélian dont il s'était emparé , et de se
replier devant l'ennemi qu'il avait rejeté au-delà du
Mont-Cenis, son corps, rallié devant la seconde ville
de France à toutes les gardes nationales de la contrée , aurait occupé toute l'armée autrichienne d'Italie.

Tels étaient encore les moyens militaires qui restaient à la France pour lutter contre la coalition et
lui arracher une paix glorieuse. Napoléon , pénétré
de l'urgence de ces grandes mesures, était revenu en
toute hâte pour en presser l'exécution. Mais à peine
était - il de retour dans la capitale d'où il voulait partir sous quarante-huit heures pour aller de
nouveau se mettre à la tête de son armée , qu'il
apprit que les deux chambres, méconnaissant son
pouvoir , se constituaient en permanence , et déclaraient traître à la patrie quiconque voudrait les
dissoudre. Bientôt les nouvelles les plus désastreuses
circulèrent avec une effrayante rapidité. On annonçait
que le maréchal Grouchy n'avait pas même réussi à

69.

rallier huit mille soldats, et que toutes les troupes
qui avaient combattu à Mont-Saint-Jean étaient détruites. Les partisans de l'étranger cherchaient des
prosélytes dans la garde nationale ; tout se désor-
ganisait autour de Napoléon : il voulut faire tête à
l'orage, et au sein de cette crise, sa première pensée
fut de renverser par un coup d'état la représentation
nationale ; mais il ne tarda pas à s'apercevoir que
cet acte de despotisme n'aurait d'autre résultat que
de paralyser de plus en plus son autorité. Dès-lors,
il se résigna à abdiquer en faveur de son fils. La déclaration par laquelle Napoléon faisait connaître son
abdication, porta la consternation et le désespoir
dans l'armée et inspira de l'audace aux chefs ennemis.
Blucher et Wellington, qui, d'après leurs plans de
campagne, ne devaient pas dépasser les frontières
de la France avant l'arrivée des armées russes et
autrichiennes, changèrent tout-à-coup de résolution
et se dirigèrent à tire-d'aile sur la capitale, afin de
profiter du désordre et de la confusion que devait y
causer l'agitation des esprits. Sans s'arrêter à la crainte
de laisser entre Laon et Soissons notre armée déjà
forte de plus de soixante-quinze mille hommes,
ils pénétrèrent par La Fère et Compiègne, et marchè-

rent sur Paris ; mais quelle que fût leur promptitude, ils y furent devancés par nos troupes, qui, dès le 28 avril, furent rassemblées autour de Saint-Denis. Le maréchal Davoust se mit à la tête de ses respectables débris ; mais, au moment où il venait d'en prendre le commandement, les alliés s'enhardirent au point de s'avancer par la vallée de Montmorency et de se porter à Saint - Germain et à Versailles, laissant leur flanc gauche entièrement à découvert. Napoléon était à la veille de s'éloigner pour jamais de la France, lorsqu'on vint lui apprendre cette manœuvre imprudente ; aussitôt il fit proposer aux chambres et au gouvernement provisoire, nouvellement créé, de se mettre à la tête des troupes comme général, de tomber avec toutes les forces françaises sur le flanc et les derrières de l'ennemi, de l'écraser et de gagner ainsi, en sauvant Paris, le temps de négocier avec avantage et les moyens d'obtenir des garanties pour l'indépendance nationale. Cette offre ne fut pas acceptée, et il ne lui resta plus qu'à partir.

On ne pouvait trouver une occasion plus favorable de s'illustrer aux yeux de la patrie, qu'en exécutant ce que Napoléon avait conçu ; mais, quand la position de l'ennemi était telle que, lors même qu'il se fût présenté avec une armée double de la nôtre, sa perte eût été certaine, on n'osa pas se mesurer contre des forces égales. Au lieu de déboucher tout à coup sur Saint - Denis, et de profiter de l'exaspération des soldats pour exterminer l'étranger, et lui faire expier sous les murs de Paris les destinées de Mont-Saint-Jean, on fit passer la Seine à une grande partie des troupes, et on les rangea en bataille dans la plaine de Grenelle.

Des commissaires, pris dans le sein de l'assemblée, se rendirent auprès des chefs alliés pour faire des ouvertures de paix. Cette démarche n'eut aucun résultat ; les négociateurs revinrent sans avoir pu même faire entendre leur voix. Le 6 juillet, une capitulation, qui rassemblait l'armée derrière la Loire, ouvrit une seconde fois Paris aux alliés ; et les députés, chassés du lieu de leurs séances par les bayonnettes prussiennes, ne se réunirent plus que chez leur président Lanjuinais, pour protester contre cet outrage à l'indépendance de la nation. Le 8 juillet, le Roi fit son entrée dans la capitale, et l'espérance de voir la liberté constitutionnelle revenir avec le prince qui l'avait donnée à ses sujets, fut la consolation de la France abandonnée pour la seconde fois aux alliés. Leur triomphe lui coûta bien cher. A la nouvelle du succès de la coalition, divers corps stationnés sur la rive droite du Rhin franchissent le fleuve et s'élancent pour saisir et dévorer leur proie. En un instant nos provinces limitrophes sont couvertes d'innombrables bataillons ; bientôt les hameaux et les villages sont incendiés et détruits : tout le Nord dans une violente irruption se précipite à la fois sur notre territoire : au milieu de ce déluge de soldats accourant pour se partager nos dépouilles, les troupes des cantons Suisses se montrent les plus ardentes à la dévastation, les plus avides de butin : elles se répandent dans les campagnes la torche à la main, et reduisent en cendres tout ce qu'elles ne peuvent pas emporter.

Dans ces tristes circonstances, les corps, à qui la garde de nos frontières est confiée, font un dernier effort pour arrêter l'invasion. Dans l'Alsace, le général Rapp, qui, avec quinze mille hommes et deux cents chevaux, avait su résister à une armée de soixante mille Russes ou Allemands par la sagesse de ses manœuvres, par son adresse à profiter de toutes les positions, les tint constamment en échec, remporta sur eux de nombreux avantages, écrasa le prince de

Wurtemberg, à qui il tua cinq mille soldats et se ren-
ferma enfin dans Strasbourg, où il fit cette réponse terrible et si connue à l'officier qui le sommait de rendre
la place. La fermété du général Rapp fut vigoureusement secondée par les généraux Rottembourg, Albert,
Grand-Jean, Merlin, Bourman et Fririon, qui déployèrent aussi une grande énergie.

L'armée du Jura, sous les ordres de Lecourbe,
n'était composée que de deux mille cinq cents fantassins de ligne, quatre mille gardes nationaux, neuf
cents chevaux et trente-six pièces d'artillerie. Cette
poignée de braves défendit long-temps les défilés des
Vosges et du Jura, contre une armée de cinquante
mille alliés dont elle paralysa les efforts : généraux,
officiers, soldats, tous brûlaient du désir de préserver le sol sacré de la patrie ; tous lui avaient fait d'a-
vance le sacrifice de leur vie. La France n'attendait
pas moins de l'ancien compagnon de gloire de Masséna
dans les campagnes de l'Helvétie. En dix-sept jours, plus
de dix-sept mille alliés furent mis hors de combat par la
petite armée du Jura, dont les soldats ne furent forcés
dans aucune rencontre. Le siège et le bombardement
de Longwy et d'Huningue furent les derniers actes
d'hostilité de la coalition : quoique ces deux forteresses

eussent arboré le drapeau des Bourbons , et qu'elles se
défendissent au nom de Louis XVIII , elles furent
assiégées avec plus de fureur qu'auparavant. Dans
la première de ces places, le général Ducos , avec trois
cents hommes, presque tous gardes nationaux, tint depuis le 1.er juillet jusqu'à la fin de septembre contre dix-
huit mille prussiens commandés par le prince de Hesse-
Hombourg. Trente mille bombes avaient éclaté dans
la ville ; les parapets et les ouvrages avancés étaient
détruits ; les remparts étaient sillonnés de tous côtés
par les boulets et les obus. Presque tous les canonniers
avaient été tués ; la plupart des maisons avaient été
incendiées ou s'étaient écroulées , et pourtant, après
trois mois de périls et de privations , ni la valeureuse
garnison de Longwy, ni ses magistrats , ni ses habitans ne parlaient de se rendre. La résistance d'Huningue fut peut-être encore plus prodigieuse. Le général Barbanègre, avec cent trente-cinq hommes,
et n'ayant pour s'abriter que des murs en ruines, tint
tête à trente mille coalisés ; l'archiduc Jean , sous
les ordres de qui ils étaient, voulant se donner en
temps de paix le spectacle de la guerre et de la destruction , rassembla tout l'enfer de l'artillerie autour

de la malheureuse ville de Huningue. Cent soixante-seize pièces de gros calibre lancèrent jour et nuit la dévastation et la mort sur un étroit espace. Bientôt les maisons ne furent plus qu'un amas de cendres et de décombres ; les soldats n'en continuèrent pas moins à se défendre ; enfin, après douze jours de tranchée ouverte, lorsqu'un assaut était inévitable, Barbanègre accepta, le 26 août, une capitulation, qui lui laissait la liberté de se retirer derrière la Loire avec sa garnison. De tous les points de la Suisse, on accourut pour voir défiler cette troupe intrépide. Une foule innombrable bordait la route qu'elle devait suivre. L'archiduc Ferdinand, le maréchal Barclay de Tolly, plusieurs princes et princesses d'Allemagne se faisaient remarquer parmi les curieux. Lorsque le général Barbanègre parut à la tête de cinquante hommes, on crut que le reste de nos soldats était encore dans la ville; mais on ne tarda pas à savoir que c'était là toute la garnison ; alors un sentiment d'admiration s'empara de tous les spectateurs. En un instant, tous les chapeaux furent en l'air, et des applaudissemens, des acclamations unanimes furent partout prodigués à ces braves. L'archiduc Jean, surpris et touché lui-même, témoigna hautement à leur chef l'estime qu'une conduite si héroïque lui inspirait. Ainsi le dernier événement de la guerre , fut encore de la part de nos ennemis un hommage rendu à la bravoure française.

F I N.

TABLE DES MATIÈRES

CONTENUES

Dans le Précis des Guerres de la Révolution.

PREMIÈRE PARTIE.

PREMIÈRE COALITION.

Campagne de 1792.

Fin de la Table des Matières.

De l'Imprimerie de P.-N. ROUGERON, rue de l'Hirondelle, n° 22.

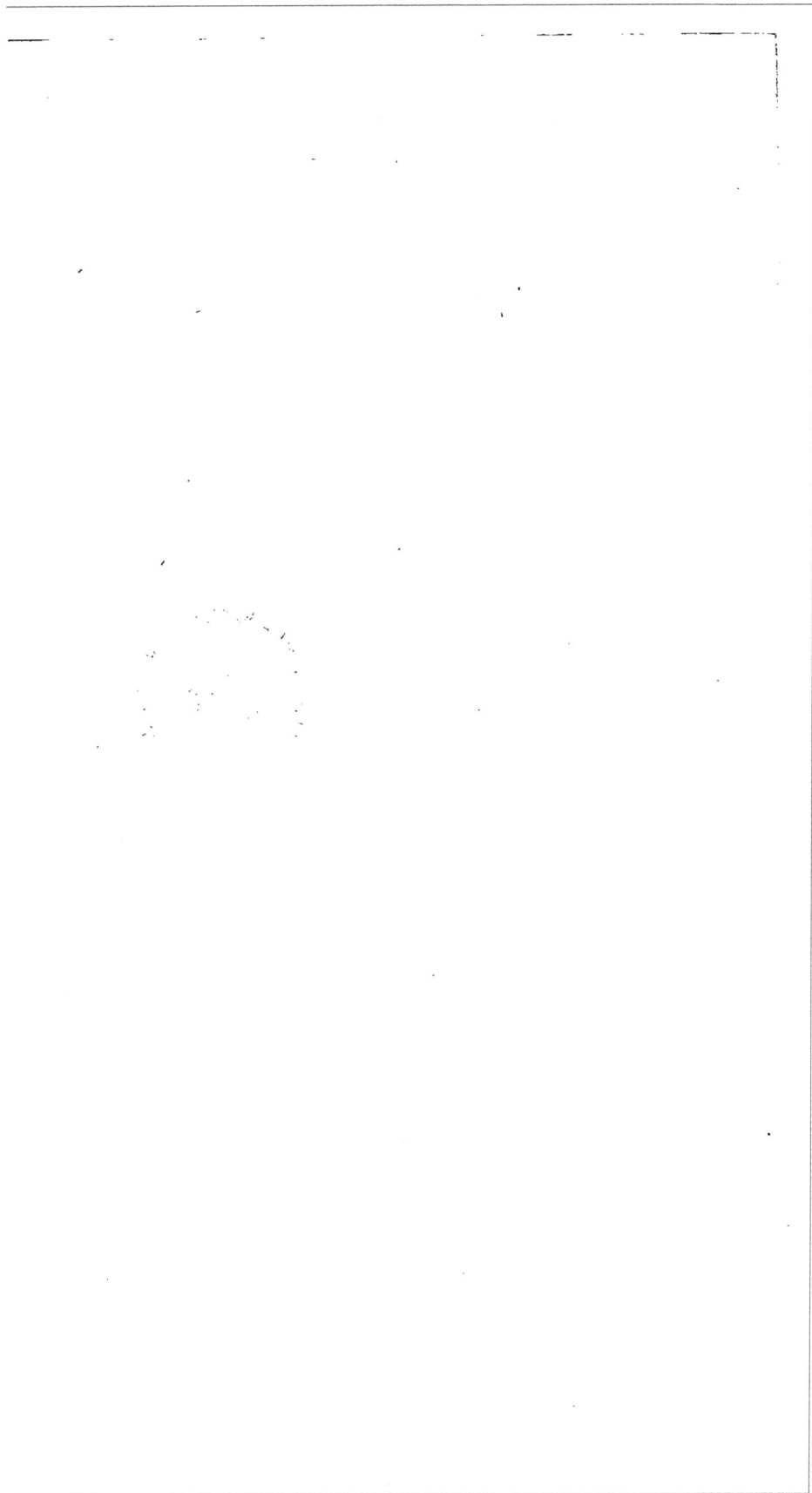

www.ingramcontent.com/pod-product-compliance
Lightning Source LLC
Chambersburg PA
CBHW071132270326
41929CB00012B/1727